Christian Werner
RELAX Guide 2026
Österreich

RELAX Guide & Magazin
Werner Medien GmbH, Wien
www.relax-guide.com

ISBN: 978-3-902115-90-4

Breitenfelder Gasse 10/5, 1080 Wien, Austria
office@relax-guide.com
www.relax-guide.com

Layout: Alexander Jonas KG
Produktion: Norbert Heißig
Covergestaltung: Nina Jul
Anzeigengestaltung: Nicola Reber
Lektorat: Luise Schmitz
Landkartendaten https://www.openstreetmap.org
Hintergrunddaten Topografie http://srtm.csi.cgiar.org
Herstellung: Samson, St. Margarethen

ISBN: 978-3-902115-90-4

Christian Werner

RELAX Guide 2026

Alle Hotels für Wellness und Gesundheit

1.107 Adressen
in Österreich

Getestet und bewertet

RELAX GUIDE

SPA AWARD
2026

Liebe Leserin, lieber Leser,

Testet seit mehr als 25 Jahren Spa-Hotels in Europa und Asien: **Christian Werner**

wir erleben verrückte Zeiten: blutige Kriege, wirtschaftlicher Niedergang, krebsartig wuchernde Bürokratie, gespaltene Gesellschaft. Dazu eine Politik der verworrenen Ziele. Trotz eindrucksheischender Gesten vermag sie es nicht, sinnstiftende Lösungen zu finden.

Und mittendrin die Wellnesshotels, die seit den Corona-Jahren unter den härtesten Bedingungen *ever* wirtschaften müssen – Fachkräftemangel und exorbitante Preissteigerungen in puncto Personal, Lebensmitteleinkauf und Energie inklusive.

Nicht wenige kämpfen ums Überleben, Insolvenzen und Schließungen sind längst keine Ausnahmefälle mehr. Auch Betriebe mit jahrzehntelanger Reputation wie etwa die renommierte Fastenklinik Buchinger in Bad Pyrmont ist davon betroffen.

Als Gast erlebt man dann nicht selten Dinge, die vor kurzem noch unvorstellbar waren. Roboter im Fünfstern-Restaurant etwa, das Fehlen eines Sommeliers, eines Barkeepers oder gleich einer Küche, da diese einer „Zentralküche", die mehrere Hotels beliefert, weichen musste, weil es der kalkulierende Rotstift so verlangt hat.

Auch das tendenzielle Verschwinden der Halbpension – sie war vor allem in Österreich, Südtirol und im südlichen Deutschland sozusagen über Jahrzehnte der Fixstern der Hotellerie – gehört dazu. Immer mehr Hotels gehen dazu über, kein inkludiertes Abendessen mehr anzubieten. Eines in Schleswig-Holstein, es hatte bis vor kurzem noch fünf Sterne, bietet neuerdings sogar Zimmer ohne jegliche Verpflegung an, nicht einmal ein Frühstück ist dann im Logispreis inkludiert. Aber die Situation in Deutschland ist ohnedies sehr speziell, nicht nur in Sachen Infrastruktur – und Eisenbahn!

Immer wieder wird man als Hotelgast auch mit sprachlichen Barrieren konfrontiert. Es gibt Hotels mit Mitarbeitern aus mehr als 20 Nationen und unterschiedlichsten Kulturkreisen, mitunter ist dann die Verständigung nur unter Einsatz von Händen und Füßen möglich. Multikulti dieser Art wird dann gerne als besonders soziales Engagement beworben, uns fällt es jedoch schwer, das nachzuvollziehen.

Denn man fährt doch in eine Region, um mit ihr, mit ihren Menschen, mit ihrer Landschaft und ihrer Kultur in Kontakt zu kommen. Eine asiatische Kellnerin, die bei der Frage nach dem Namen eines Berges nur mit Achselzucken antwortet, ist da keine Offenbarung, selbst wenn sie ein bayerisches Dirndl trüge.

Auch die *green option* so mancher Hotels ist nur bedingt erfreulich. Damit ist der Verzicht auf die tägliche Zimmerreinigung gemeint. Angeblich aus Gründen des Umweltschutzes. Keine Frage: Ein wesentlich verantwortungsvollerer Umgang mit unserem Planeten und seinen natürlichen Ressourcen ist dringend nötig. Doch Putzen nur mehr jeden dritten Tag kann nicht gegen den Weltuntergang helfen. Tatsächlich geht es um das Einsparen von Personalkosten.

Auch zuhause wird das Bett täglich aufgeschüttelt und frisch gemacht, so wie auch gelüftet wird und alles, was herumsteht, täglich aufgeräumt wird. Deswegen sollte es doch eigentlich klar sein, dass das tägliche Staubwischen und Reinigen von Bad und WC für den Gast ein Teil des Urlaubserlebnisses ist. Es gehört einfach dazu, natürlich auch zum Urlaubsfeeling schlechthin.

Außerdem: Man spielt dem Gast den Ball zu und versetzt ihn in eine gutmenschliche Zwangslage. Wer will denn schon hören müssen, dass er der Natur schadet? Selbst wenn man weiß, dass der ökologische Nutzen des Nichtputzens im Verhältnis sowohl zur gesamten Ökobilanz eines Beherbergungsbetriebs als auch zu jener des Reisens insgesamt wohl absolut zu vernachlässigen ist.

Nach dieser kurzen Zusammenfassung der Entwicklungen und unserer Erlebnisse während der vergangenen Testsaison darf ich Ihnen nun unsere Ergebnisse berichten: Die Zahl der Schließungen ist mit 31 Hotels (17 in Österreich, 14 in Deutschland) hoch, aber geringer als im Vorjahr (48 Hotels). Neu sind 35 Hotels (jeweils acht in Österreich und Südtirol, 19 in Deutschland), auch ganz großartige finden sich darunter.

35 Hotels (20 in Österreich, 15 in Deutschland) konnten besser bewertet werden. 185 mussten – zumeist geringfügig – schlechter eingestuft werden (131 in Österreich, 54 in Deutschland). Die Zahl der Lilien-Hotels ist erneut etwas gesunken. Mit mindestens einer Lilie zertifiziert wurde im Schnitt nur jedes fünfte Spa-Hotel, ganz genau sind es in Österreich 20 Prozent aller Häuser, in Südtirol 28 Prozent, in Deutschland hingegen nur 13 Prozent.

Wie jedes Jahr seit 1999 haben wir auch diesmal wieder versucht, mit unseren Hoteltests die Besten der Branche zu identifizieren. Das ist nötig, weil das Angebot heute längst unüberschaubar geworden ist. Influencer und Fake-Bewertungen tragen dazu bei. Ebenso Hotelwebseiten, die immer häufiger kaum brauchbare Informationen liefern, sondern mit tollen, mitunter massiv geschönten Bildern lediglich auf Emotionen abzielen. Ohne zu sagen, wer sie wirklich sind und welche Spa-Infrastruktur sie tatsächlich bieten.

Sehr oft werde ich nach dem besten Wellnesshotel gefragt. Meine Standardantwort lautet: „Das hängt viel von Dir ab.“ Es ist nämlich so wie beim Essen: Was den Schmied stärkt, zerreißt das Schneiderlein.

Der Begriff „das beste Hotel“ ist also eine Illusion. Denn zu unterschiedlich sind die Bedürfnisse der Gäste. Manche suchen Unterhaltung, Zerstreuung und Bespaßung, andere wiederum Stille, Kraft und Inspiration. Einige wollen eigentlich nur schlafen und gut essen, andere brauchen viele gute Saunamöglichkeiten und große Pools. Der eine möchte Pulled Pork – aber bitte vegan! –, der andere ein Wiener Schnitzel, in Butterschmalz herausgebacken. Und Fine Dining bedeutet nicht zwingend eine Küche, die Körper und Seele nährt, Hausmannskost auf hohem Niveau von Zutaten und Handwerk hingegen schon.

Daher versuchen wir stets, den Charakter eines Hauses zu vermitteln, damit jeder das für ihn passende Hotel finden kann. Natürlich immer im Hinblick auf unsere Qualitätskriterien, die wir auf den folgenden Seiten näher beschreiben.

Die Ausführungen über die Entwicklungen in der Branche sollen übrigens nicht den Eindruck vermitteln, dass es keine guten Hotels mehr gäbe, das ist nämlich nicht der Fall. Zahlreich finden sich Häuser, die mit ihren guten *Vibes* die Gäste inspirieren. In denen es auch bei den Mitarbeitern primär um Sinn und Freude geht. In denen sich Wellnessurlaub – auch – als soziales Erlebnis zelebrieren lässt.

Genau diese Erneuerung brauchen wir in dieser Zeit voller Umbrüche, in der so viele Menschen unter digitaler Reizüberflutung und emotionalem Dauerstress leben. Wie bereits angekündigt, berücksichtigen wir das nun sukzessive bei unseren Bewertungen. Jedes Jahr ein bisschen mehr. Kurz: Spa-Hardware wie große Pools ist fein, aber ohne gastgeberische Liebe ist alles nur Schein.

Denn das ist die Grundidee von Wellness: eine Auszeit, aus der man innerlich genährt und gestärkt nach Hause kommt.

Seit den Ausgaben 2024 führen wir übrigens auf den Bundeslandseiten lediglich Lilien-Hotels an, die restlichen (mit Bewertungen von 9 bis 12 Punkten) finden Sie im Index am Ende des Buches.

Alle Hotels können Sie übrigens zum Bestpreis über relax-guide.com buchen.

Großer Dank gebührt meinen großartigen, geradezu unschlagbaren Mitarbeitern, aber ebenso Ihnen: für Ihr Vertrauen, für Ihre vielen Zuschriften und die überaus zahlreichen anregenden Gastbewertungen auf relax-guide.com.

Und nun viel Freude mit Ihrem neuen RELAX Guide 2026. Schönen Urlaub! **C. W.**

Anonyme Hoteltests bedeuten verdeckte Ermittlung. Unsere Wohlfühl-Detektive agieren freilich nicht im Trenchcoat, sondern im Bademantel. Sie vermessen Pools wie Spa-Flächen und überprüfen das Wasser in den Becken. Besonders spannend: das Ruheliegenzählen. Da kann man ganz schön ins Schwitzen kommen, selbst wenn der Bademantel nicht aus Polyester ist. All das macht sonst niemand. Nur wir vom RELAX Guide!

Inhalt

So kommen Sie zu Ihrem eBook:
Beim RELAX Guide ist auch ein kostenloses eBook inkludiert.
Sie erhalten es in wenigen Sekunden.
Und zwar so:

1. Auf www.relax-guide.com/eBook gehen
2. Webformular ausfüllen: mit dem 16-stelligen Registrierungscode (siehe Lesezeichen)
3. Download starten und sofort speichern
4. Auf Tablet oder Smartphone übertragen – fertig!

Lilien und Punkte: das Bewertungssystem im RELAX Guide

⚜⚜⚜⚜	20 Punkte – vier Lilien: Höchstnote 19 Punkte – vier Lilien: Spitzenbetrieb
⚜⚜⚜	17 und 18 Punkte – drei Lilien: hervorragend
⚜⚜	15 und 16 Punkte – zwei Lilien: außergewöhnlich
⚜	13 und 14 Punkte – eine Lilie: sehr gute Leistungen
	12 Punkte – guter Durchschnitt 11 Punkte – durchschnittlich 10 Punkte – unterdurchschnittlich 9 Punkte – unangenehm

Die Küchenbewertung

1++	„hervorragend", Höchstnote
1+	„ausgezeichnet", hohes Niveau
1	„sehr gut"
2	„gut"
3	„durchschnittlich", wird nicht erwähnt, bei Premium-Hotels: „enttäuschend"
4	„enttäuschend", bei Premium-Hotels: „stark enttäuschend"
5	„stark enttäuschend"

Zeichen und Symbole

NF	Nächtigung mit Frühstück
HP	Nächtigung mit Halbpension
5 NHP	fünf Nächtigungen mit Halbpension
AI	Nächtigung mit All-inclusive-VP
VP	Nächtigung mit Vollpension
5 NVP	fünf Nächtigungen mit Vollpension
30 Liegen	Anzahl der Ruheliegen im Spa-Indoor-Bereich

Die Auswahl der Hotels unterliegt zeitlich unserem Redaktionsschluss (15. Juni 2025) und kann nicht zuletzt auch deshalb keinen Anspruch auf absolute Vollständigkeit erheben. Irrtümer bei der Bewertung und Fehler bei Satz und Druck vorbehalten.

Was wir mögen, aber eher selten erleben ...

> Beim Ankommen den Satz zu hören: „Herzlich willkommen, schön, dass Sie bei uns sind. Bitte setzen Sie sich doch einmal. Dürfen wir Ihnen etwas zu trinken bringen?"
> Die freie Wahl beim Willkommensgetränk. Wer eine lange Anreise hinter sich hat, freut sich außerdem über ein kleines Häppchen. Vielleicht mit Brot, Speck und Käse – die Südtiroler zeigen vor, wie's geht.
> Ruhe da draußen! An der Straße oder gar an der Eisenbahnlinie ist's nicht wirklich zum Entspannen geeignet. Auch Fluglärm, Events oder Hochzeiten im Haus kommen nicht gut.
> Eine Rezeption, die uns schon bei der Buchung auf Engpässe bei den Behandlungsterminen hinweist und auch das Spa-Menü erklären kann.
> Wenn man beim Check-in gleich über die gebuchten Behandlungen informiert wird.
> Mitarbeiter, die aufs Zimmer begleiten und dabei auch mit dem Gepäck behilflich sind.
> Stimmige Beleuchtung, die Atmosphäre schafft. Im Wellnessbereich, im Restaurant und auch überall sonst.
> Eine Küche für Gourmets, nicht für Gourmands: weniger, aber besser. Vornehmlich mit Zutaten aus biologischer Landwirtschaft. Sonnengereifte Früchte, saisonales Gemüse.
> Beim Frühstück: Sauerteigbrot (echtes!), frische, regionale Produkte, nichts aus der Fabrik.
> Lange Frühstückszeiten: Ab 10.30 Uhr wird's gemütlich.
> Das Frühstücksei aus Biofreilandhaltung.
> Ein winziges, federleichtes Häppchen als Light Lunch im Preis inkludiert, beispielsweise gute Süppchen oder Salate.
> Etwas frisches Obst sowie Quellwasser im Zimmer, täglich ergänzt.
> In der Sauna: einen ordentlichen Frischluftraum sowie ein möglichst großes Kaltwasserbecken. Auch ein dicker Kneippschlauch gehört dazu.
> Ruheliegen für alle, sowohl im Innen- als auch im Außenbereich.
> Wenn die Behandlung vorher erklärt wird oder – besonders bei umfangreicheren Beauty-Treatments – eine Beratung stattfindet.
> Musik im Behandlungsraum, die man sich selbst aussuchen kann. Auf jeden Fall sollte zumindest die Lautstärke regulierbar – oder die Berieselung abschaltbar – sein.
> Eine kleine Auswahl an feinen Tees und an frischem, gewaschenem (!) Obst im Spa.
> Hallenbad rund um die Uhr (gerne auch bei kleiner Beleuchtung), Sauna bis 23.30 Uhr.
> Wohltemperierte Therapieräume, speziell bei Anwendungen, die abkühlen, also etwa bei Lomi Lomi Nui oder ayurvedischen Massagen und Güssen.
> Nicht nur im Spa: echte Pflanzen und Blumen. Plastik ist unwürdig und stillos.
> Ein helles Leselicht am Bett, aber auch im Ruheraum.
> Ausreichend Kleiderhaken, Hosenbügel und Ablageflächen im Badezimmer.
> Ein stilles Örtchen, das auch still ist. Und uneinsehbar sowieso.
> Eine Gratisgarage für alle: Ein Parkplatz im Freien kann bei Fahrern von teuren Autos psychische Qualen auslösen. Muss nicht sein.
> Mitarbeiter, die der deutschen Sprache mächtig sind. „I nix wissen, du gehen Rezeption" hört man nicht so gern.
> Mitarbeiter, die das Wort Dienstleistung verstanden haben: als Dienen plus Leistung.
> Mitarbeiter, die genau daran Freude haben und am Umgang mit dem Gast wachsen.
> Wenn unsere Beschwerden ernst genommen werden und entsprechend reagiert wird.
> Wenn Kritik nicht bis zur Abreise mit reservierten Blicken geahndet, sondern mit einem Dankeschön als wertvoller Beitrag zur Produktverbesserung aufgefasst wird.
> Strahlende Sauberkeit im ganzen Haus.
> Im Spa und in der Lobby: statt Boulevard und Werbeprospekten eine Auswahl an niveauvollen Zeitungen und Magazinen.
> Wenn uns anstelle von dressiertem Personal menschliche Persönlichkeiten bedienen.

Was wir gar nicht mögen, aber häufig erleben ...

> Irreführende Lockangebote mit unrealistisch tiefen Ab-Preisen, die es in der Praxis gar nicht gibt.
> Das Fehlen von Zimmerpreislisten, womöglich noch mit dem zynischen Hinweis „Die Preise entnehmen Sie bitte unserer Buchungsmaschine." Weil: genau das ist nicht möglich.
> Hoteliers, die nur mit Fotos von neuen Zimmern werben und mit den Zimmergrößen schwindeln.
> Fragebögen, mit denen wir nach langer Anreise vor dem Check-in gequält werden. Auch das Meldeformular sollte längst vom Hotel ausgefüllt sein.
> Hintergrundmusik im gesamten Haus, als Ganztagesberieselung.
> Unpassende Hintergrundmusik. Pop zum Abendessen etwa, Techno in der Lobby. Radio mit Werbung und Nachrichten in der Bar. Zillertaler Schürzenjäger im Asia-Spa zur Balimassage.
> Das Fehlen einer Garage bei praller Sonne – und im Winter erst recht.
> Spa-Bereiche, die in Wahrheit deutlich kleiner sind, als in der Werbung versprochen wurde.
> Bademäntel und Liegetücher aus Polyester.
> Ruheliegen in Durchgangszonen, vor allem, wenn diese schlecht temperiert sind.
> Gestresste, nach Schweiß und Zigarettenrauch riechende Kosmetikerinnen und Masseure.
> Stümperhaft durchgeführte Massagen, die uns zudem teuer verkauft werden.
> Die Verwendung von klebrigen Billigölen bei der Massage.
> Kosmetikerinnen, die massieren: ohne Sachkenntnis, aber mit langen Fingernägeln.
> Therapeuten, die unaufgefordert ihre Probleme erzählen und dann noch viele Fragen stellen.
> Haare, Hautschuppen und anderen Schmutz auf dem Gestänge von Massageliegen.
> Hotels ohne eigenes Spa, mit Anschluss an öffentliche Thermen und Kureinrichtungen.
> Schwarzalgen und Schmutzränder in den Pools, Chlorgeruch in den Badezonen.
> Veraltete Fitnessgeräte in miefigen, tageslichtlosen Kellerräumen mit Spannteppich.
> Zerschlissene und viel zu kleine – oder viel zu große – Bademäntel.
> Hotels, die an unterschiedliche Zielgruppen zu differenzierten Preisen verkaufen. Nur bedingt lustvoll teilen etwa junge Leute Restaurant und Nacktbereich mit in Bussen angereisten, wanderfreudigen Rentnergruppen aus Osteuropa. Noch unangenehmer wird es, wenn sie dann erfahren, dass diese nur die Hälfte bezahlt haben.
> Hotels, die alle Zielgruppen bewerben. Wer mit dem Aston Martin vorfährt, wird sich nicht wohlfühlen, wenn in der Garage nur Autos der Billigmarke Logan stehen. Und umgekehrt!
> Hotels, die mehrere Zielgruppen gleichzeitig bedienen: etwa Familien mit Kindern, Alleinreisende, Tagungsteilnehmer und „Einbandagierte" (nach plastisch-chirurgischen Eingriffen).
> Reinigungsdamen, die frühmorgens mehrmals klopfen oder gar ins Zimmer platzen.
> Mitarbeiter, die selbst bei kleinsten Sonderwünschen genervt die Augen rollen.
> Mitarbeiter, die sagen: „Dafür bin ich nicht zuständig."
> Mitarbeiter, die unserer Sprache nicht mächtig sind und keine Ahnung von der Region haben – nicht einmal den Namen des nächsten Berges kennen.
> Hotelküchen, die fabrikmäßig vorgefertigte Speisen („Convenience-Food") verwenden.
> Luxushotels – die ganz besonders –, wenn sie ungelernte Mitarbeiter beschäftigen.
> Hoteliers, die uns über die Herkunft ihrer Küchenzutaten belügen.
> Üppige Buffets ohne ernährungsphysiologische Qualität und ohne guten Geschmack.
> Dresscodes – weil man in einem Relax-Urlaub ohne Kleidungszwang entspannen können sollte.
> Ein Management, das das Wort Sozialkompetenz für marxistisches Vokabular hält.

Mehr über die Bewertungskriterien

Zur Bewertung der Hotels in den Kategorien Wellness („ohne Arzt"), Kur („Arzt für chronisch Kranke"), Gesundheit (Prävention – „Arzt für Gesunde") und Beauty (Schönheitsfarmen) haben wir die „RELAX-Guide-Lilie" geschaffen. In alten Zeiten und in vielen Kulturen galt die Lilie als Symbol von Reinheit und Erneuerung. Seit 1999 schmücken unsere Lilien die besten Spa-Hotels.

Lilien als Qualitätsgütesiegel

Der RELAX Guide teilt alle Anbieter in die vier Kategorien Kur, Gesundheit, Wellness und Beauty. Kur beinhaltet einen zumindest einwöchigen Aufenthalt sowie ärztliche Diagnostik und Therapien. Wellness bedeutet „ohne Arzt".

Gesundheitshotels bieten Prävention, Detox und medizinische Check-ups an. Unter Beauty sind nur echte Schönheitsfarmen gelistet. Diese nehmen keine Feriengäste auf und bieten ausschließlich Wochenprogramme.

Kriterien für einen Spa-Urlaub

Alle Hotels werden nach unseren Wohlfühlkriterien beurteilt. Luxuriöse Stadthotels oder exklusive Fünfsternhäuser mit kleinem Spa können demnach nicht hoch bewertet werden. Für die Bewertung maßgeblich ist stets unser nach den folgenden Kriterien strukturiertes Erlebnis.

Natur & Lage

Belebende Natur ist einer der wichtigsten Relax-Faktoren. Blumenübersäte Almwiesen, stille Bergseen oder ein herrlicher Ausblick können sowohl psychisch als auch somatisch bereits kleine Wunder bewirken. Eine schöne Lage ist uns daher sehr wichtig. Auch das feinste Spa-Hotel wird, wenn es in einem Gewerbegebiet oder an der Autobahn liegt, nur schwerlich eine Lilie erhalten.

Ambiente

Wer auf Körper und Sinne achten möchte, findet sich in unharmonisch gestalteten Räumen in einer paradoxen Situation. Die höchsten Bewertungen vergeben wir jedenfalls für ein stilvolles Ambiente mit reduzierten visuellen Reizen. Inszenierte „Erlebniswelten" punkten im RELAX Guide nur schlecht – oder gar nicht!

Ausstattung & Dienstleistung

Ähnlich ist das bei einem Spa, das mit allerlei Schnickschnack aufgemotzt wurde. Auf Dinge wie Massagemaschinen, künstliche „Strände" oder gar einen Klimaapparat, der „einen dreistündigen Spaziergang am Strand ersetzt", wollen wir liebend gerne verzichten. Fazit: Qualität geht vor Quantität, Schmonzes drückt die Bewertung nach unten. Die Ausstattung muss aber dem heutigen Standard entsprechen. Und Sie dürfen nicht für jede Kleinigkeit extra zur Kasse gebeten werden.

Die Anzahl der Ruheliegen im Spa ist uns wichtig, wir zählen sie indoor und führen sie bei jedem Hotel vor der Bettenanzahl an.

Mehr noch als die harten Fakten zählt für uns aber die Dienstleistungsqualität. Sie hängt wesentlich von Ausbildung und Motivation ab. Bei den Mitarbeitern eine echte Wohlfühlatmosphäre von Freundlichkeit und ungekünsteltem Gut-drauf-Sein entstehen zu lassen, zählt zu den wichtigsten Aufgaben in der Spa-Hotellerie. Wer sie beherrscht, kommt im RELAX Guide auch mit einer weniger guten Ausstattung auf respektable Lilien-Werte. Familienbetriebe haben es hier übrigens leichter als große Bettenburgen und zentral verwaltete Kettenhotels.

Weiters wichtig sind uns kompetente Therapeuten und nicht zuletzt die Küchenleistung. Auch bei ihr gilt für uns: Qualität vor Quantität, Zutaten möglichst aus biologischer Herkunft, frisch zubereitet und für höchste Ansprüche. Bewertet wird – so angeboten – die Halbpensionsküche. Denn manche Hotels haben neben dem regulären Beherbergungsbetrieb noch ein À-la-carte-Restaurant, das nicht selten mit einer ausgezeichneten Küche aufwartet, deren Niveau jedoch deutlich über jenem der hauseigenen Halbpensionsküche liegt.

Locker & Easy
Nach unserer Auffassung verträgt sich ein Relax-Urlaub kaum mit Seminar-, Veranstaltungs- oder Bustourismus. Das Frühstück im Bademantel neben einer Gruppe von businessmäßigen Krawattenträgern empfinden wir nicht als angenehm. Wer sich auf die Zielgruppe Wellnessurlauber spezialisiert und nicht zusätzlich in alle Geschäftsrichtungen gleichzeitig losläuft, der hat es viel leichter, auf eine hohe Anzahl von Lilien zu kommen. Dasselbe gilt für Hoteliers, die ihren Gästen beispielsweise das Frühstück bis 13 Uhr oder den Zugang zum Pool 24 Stunden am Tag gewähren – also einen völlig zwanglosen Aufenthalt garantieren.

Beratung & Verkauf
Sie werden kaum frohlocken, wenn Ihnen ständig irgendwelche Schönheitsbehandlungen aufgedrängt werden. Speziell im Kosmetikbereich sollte vor jedem Treatment eine Beratung mit Behandlungsplan erfolgen, bevor man unkoordiniert mit Therapieabläufen beginnt. Gute Verkäufer sind oft schlechte Berater, für Letztere gibt es bei uns einen Punkteabzug.

Preis & Wert
Alle Hotels können ihre Einstufung durch besonders preiswürdige Angebote verbessern. Betriebe mit schlechtem Preis-Leistungs-Verhältnis müssen dagegen mit einem Punkteabzug rechnen. Die Anzahl der Lilien ist übrigens nicht unbedingt von einer luxuriösen Ausstattung abhängig.

Achtung: Auch die teuersten Luxushotels unterliegen den allgemeinen Bewertungsrichtlinien. Umgekehrt ist es deshalb auch möglich, dass Dreisternhotels hohe Bewertungen erhalten – einige wenige solcher Fälle gibt es.

Preisangaben
Die angeführten Preise beziehen sich im Regelfall auf den Tagespreis pro Person im Doppelzimmer mit Halbpension (HP, einfachste Zimmerkategorie, günstigste Saison). Häufig gibt es bereits ab zwei bis vier Nächtigungen Rabatte. Immer mehr Hotels veröffentlichen keine Preislisten mehr, sondern setzen – ähnlich wie Fluglinien – auf einen sogenannten Flex-Tarif, der von der Auslastung abhängig ist und einer Buchungsmaschine zu entnehmen ist. Einerseits erschwert uns das die genaue Preisermittlung ungemein, andererseits wird dann oft mit Preisen geworben, die in der Praxis fast niemals erzielbar sind – wir können's leider nicht ändern!

Auch Packages, also mehrtägige Arrangements mit Behandlungen und anderen Zusatzangeboten, werden als Ab-Preis in der günstigsten Zimmervariante (pro Person im Doppelzimmer) angegeben.

Achtung: In Alpinregionen können die Winterpreise ganz beträchtlich über denen des Sommers liegen. Genau umgekehrt ist das in den Seengebieten des Flachlandes.

Zur Beachtung
Alle Preise wurden im Juli 2025 mit Sorgfalt erhoben. Wir übernehmen aber keine Gewähr.

Hundefreundlich, kinderfreundlich, familienfreundlich, Adults only
Die Attribute „hundefreundlich", „kinderfreundlich" und „familienfreundlich" sollen schon beim „Überfliegen" der Texte ins Auge springen. Sie stehen daher jeweils am Beginn des Kommentars. „Hundefreundlich" meint ein Hotel, das Ihrem Vierbeiner Extras bietet. „Familienfreundlich" bezeichnet ein Hotel, das eine gewisse Infrastruktur für Kinder zur Verfügung stellt. „Kinderfreundlich" ist mehr, nämlich das gleichzeitige Vorhandensein von Infrastruktur und (im Logispreis inkludierter) Kinderbetreuung, dies ganzjährig.

„Kinderhotels" hingegen sind reine Spezialisten und ohne Kids gar nicht buchbar. Sie bieten Betreuung und häufig große Spielareale, im Regelfall aber ein kleineres Spa.

Adults only: Hier werden Kinder unter 16 Jahren nicht als Gäste akzeptiert.

Zum Bestpreis buchen
Die Web- und E-Mail-Adressen aller Spa-Hotels finden Sie auf relax-guide.com. Alle Hotels können außerdem zum Bestpreis über dieses Portal gebucht werden. Auch die Anforderung von Prospekten und Angeboten funktioniert für alle Hotels schnell und problemlos.

Die Bewertungsmathematik

Die Bewertungen im RELAX Guide werden dynamisch durchgeführt, das heißt, dass wir Punkte und Lilien alljährlich am Branchenniveau ausrichten. Denn wir wollen für Sie jene Hotels „herausfiltern", deren Niveau den Durchschnitt übertrifft, Ihnen Hotels empfehlen, die zu den besten gehören – Hotels mit Lilien.

Das Punkteminimum im Guide sind 9 Punkte, es wird für ungepflegte Häuser oder solche vergeben, die nur über ein höchst bescheidenes Wellnessangebot verfügen. Durchschnittliche Spa-Hotels liegen bei 11 bis 12 Punkten (keine Lilie). Hotels ohne eigenen Wellnessbereich – mit Anbindung an eine öffentliche Therme – punkten mit etwa 12, können aber durch eine gute Küche, entsprechende Service- oder Ausstattungsqualitäten um etwa 1 bis 2 Punkte besser abschneiden, also eine Lilie erreichen.

Das Maximum sind 20 Punkte, es wird nur an Häuser vergeben, die, von kleineren „Ausrutschern" abgesehen, in allen Bereichen – vor allem auch in der Küche – Höchstleistungen erbringen. Für das Bewertungssystem sind folgende Faktoren maßgeblich: Lage (max. 3,5 von 20 Punkten), Software (Ambiente, Dienstleistung, Küche; max. 8 von 20 Punkten), Hardware (Architektur, Infrastruktur, Ausstattung; max. 4,5 von 20 Punkten), „Locker & Easy" (Wohlfühlkriterien; max. 3 von 20 Punkten), Preis-Leistungs-Verhältnis (max. 1 von 20 Punkten).

Das Bewertungsbeispiel

Aktuelle Bewertung eines Hotels mit 13 Punkten (eine Lilie):

> **Lage:** Grünruhelage am Ortsrand, mit Fernblick

3 Punkte

> **Software:** Ambiente besser als regionaltypischer Durchschnitt, sehr sauberes Haus, dezente Dekoration, freundliche Mitarbeiter mit höherer Aufmerksamkeit, sehr gute Küche, kaum industriell vorgefertigte Speisen, hochkompetent durchgeführte Treatments

6 Punkte

> **Hardware:** zeitgemäße Zimmer, Spa-Fläche etwa 30 m^2 pro Zimmer, Freibecken (ganzjährig), Hallenbad, Sauna, Dampfbad, Massagen, Kosmetik, moderne Fitnessgeräte mit Laufband, Ruheliegen im Indoorbereich mindestens 30 Prozent der Bettenanzahl

2,5 Punkte

> **Locker & Easy:** kein Bus- oder Tagungstourismus, angenehme Frühstückszeiten

1,5 Punkte

> **Preis-Leistungs-Verhältnis:** regionaler Durchschnitt plus maximal fünf Prozent

0 Punkte

> **Summe Punkte:** 13 Punkte

TOP 15 ADULTS ONLY

Hotelname	Kategorie	PLZ	Ort	Seite
Alpenhotel Karwendel Leutasch ****	Wellness	6105	Leutasch	117
Am Holand ***	Wellness	6883	Au	169
Bergergut ****S	Wellness	4170	Afiesl	64
Cortisen am See ****S	Wellness	5360	St. Wolfgang	74
Der Steirerhof *****	Wellness	8271	Bad Waltersdorf	185
Die Wasnerin G'sund & Natur ****S	Wellness	8990	Bad Aussee	201
Guglwald ****S	Wellness	4191	Schönegg	64
Haldensee ****	Wellness	6672	Nesselwängle	157
Juffing ****S	Wellness	6335	Thiersee	140
Kristall Verwöhnhotel ****S	Wellness	6213	Pertisau	121
Posthotel Achenkirch *****	Wellness	6215	Achenkirch	123
Reduce Hotel Thermal ****S	Kur/Wellness	7431	Bad Tatzmannsdorf	177
Reiterhof Natur- & Aktiv-Resort ****S	Wellness	6215	Achenkirch	125
Reiters Supreme *****	Wellness	7431	Bad Tatzmannsdorf	179
Schlosspark Mauerbach ****S	Wellness	3001	Mauerbach bei Wien	56

Guglwald ****S

Schönegg (Oberösterreich), Seite 64

17 von 20 Punkten

Juffing ****S

Thiersee (Tirol), Seite 140

18 von 20 Punkten

Schlosspark Mauerbach ****S

Mauerbach bei Wien (Niederösterreich), Seite 56

15 von 20 Punkten

TOP 15 AM WASSER

Hotelname	Kategorie	PLZ	Ort	Seite
Brennseehof Familien-Sport-Hotel ****S	Wellness	9544	Feld am See	216
Die Forelle Genießerhotel ****S	Wellness	9762	Weißensee	220
Enzian Seehotel ****	Wellness	9762	Weißensee	221
Haldensee ****	Wellness	6672	Nesselwängle	157
Hochschober ****S	Wellness	9565	Turracher Höhe	218
Kollers ****S	Wellness	9871	Seeboden	223
Parkhotel Tristachersee ****S	Wellness	9908	Amlach bei Lienz	162
Post am See Traunkirchen ****S	Wellness	4801	Traunkirchen	71
Schloss Seefels *****S	Wellness	9212	Pörtschach	210
Seevilla Altaussee ****S	Wellness	8992	Altaussee	203
Seevilla Wolfgangsee ****	Wellness	5360	St. Wolfgang	75
St. Martins Therme & Lodge ****S	Wellness	7132	Frauenkirchen	174
Vila Vita Pannonia ****S	Wellness	7152	Pamhagen	175
Villa Postillion am See ****	Wellness	9872	Millstatt	225
Waldhof Fuschlsee Resort ****S	Wellness	5330	Fuschl am See	83

Enzian Seehotel ****

Weißensee (Kärnten), Seite 221

14 von 20 Punkten

Vila Vita Pannonia ****S

Pamhagen (Burgenland), Seite 175

15 von 20 Punkten

Villa Postillion am See ****

Millstatt (Kärnten), Seite 225

14 von 20 Punkten

AUFSTEIGER

Hotelname	Kategorie	PLZ	Ort	Seite
Alpenhotel Karwendel Leutasch ****	Wellness	6105	Leutasch	117
Berghof St. Johann ****S	Wellness	5600	St. Johann	90
Buchau Familienresort ****S	Wellness	6212	Maurach	119
Gut Stiluppe	Wellness	6290	Mayrhofen	132
Held ****S	Wellness	6263	Fügen	128
Jungbrunn – Der Gutzeitort	Wellness	6675	Tannheim	159
Kristall Verwöhnhotel ****S	Wellness	6213	Pertisau	121
Mohr Life Resort ****S	Wellness	6631	Lermoos	155
Oberforsthof ****S	Wellness	5600	St. Johann	90
Post am See Traunkirchen ****S	Wellness	4801	Traunkirchen	71
Schachner ****	Wellness	3672	Maria Taferl	59
Tirolerhof Tux ****S	Wellness	6293	Tux	135
Villa Postillion am See ****	Wellness	9872	Millstatt	225
Wagnerhof ****	Wellness	6213	Pertisau	123

Gut Stiluppe

Mayrhofen (Tirol), Seite 132

14 von 20 Punkten

Mohr Life Resort ****s

Lermoos (Tirol), Seite 155

15 von 20 Punkten

Post am See Traunkirchen ****s

Traunkirchen (Oberösterreich), Seite 71

14 von 20 Punkten

Schachner ****

Maria Taferl (Niederösterreich), Seite 59

14 von 20 Punkten

Wagnerhof ****

Pertisau (Tirol), Seite 123

14 von 20 Punkten

TOP 15 LUXUS

Hotelname	Kategorie	PLZ	Ort	Seite
Der Böglerhof *****	Wellness	6236	Alpbach	126
Der Steirerhof *****	Wellness	8271	Bad Waltersdorf	185
Forsthofgut Naturhotel *****	Wellness	5771	Leogang	103
Jagdhof Neustift *****	Wellness	6167	Neustift	118
Kaiserhof Ellmau *****S	Wellness	6352	Ellmau	143
MalisGarten *****S	Wellness	6280	Zell am Ziller	130
Moar Gut Familien Natur Resort *****	Wellness	5611	Großarl	94
Nesslerhof *****	Wellness	5611	Großarl	93
Post Lech *****	Wellness	6764	Lech	167
Posthotel Achenkirch *****	Wellness	6215	Achenkirch	123
Reiters Supreme *****	Wellness	7431	Bad Tatzmannsdorf	179
Sacher Alpin Resort *****S	Wellness	6100	Seefeld	116
Salzburgerhof *****S	Wellness	5700	Zell am See	99
Schalber Wellness-Residenz *****S	Wellness	6534	Serfaus	152
Stock Resort *****S	Wellness	6292	Finkenberg	134

Reiters Supreme *****

Bad Tatzmannsdorf (Burgenland), Seite 179

19 von 20 Punkten

TOP 15 AUSBLICK

Hotelname	Kategorie	PLZ	Ort	Seite
Bergblick Grän *****	Wellness	6673	Grän	159
Das Goldberg *****	Wellness	5630	Bad Hofgastein	95
Edelweiss Naturhotel Wagrain ****S	Wellness	5602	Wagrain	91
Feuerberg Mountain Resort ****S	Wellness	9551	Bodensdorf	207
Gut Sonnberghof ****S	Wellness	5730	Mittersill	101
Haldensee ****	Wellness	6672	Nesselwängle	157
Höflehner Naturhotel ****S	Wellness	8967	Haus	198
Jerzner Hof ****S	Wellness	6474	Jerzens	151
Kaiserhof Ellmau *****S	Wellness	6352	Ellmau	143
Panorama Royal ****S	Wellness	6323	Bad Häring	139
Pierer Almwellness ****S	Wellness	8163	Fladnitz	186
Post Lermoos ****S	Wellness	6631	Lermoos	156
Schachner ****	Wellness	3672	Maria Taferl	59
Schalber Wellness-Residenz *****S	Wellness	6534	Serfaus	152
Stock Resort *****S	Wellness	6292	Finkenberg	134

Das Goldberg *****

Bad Hofgastein (Salzburg), Seite 95

15 von 20 Punkten

Feuerberg Mountain Resort ****S

Bodensdorf (Kärnten), Seite 207

20 von 20 Punkten

Post Lermoos ****S

Lermoos (Tirol), Seite 156

17 von 20 Punkten

TOP 15 COOLE POOLS

Hotelname	Kategorie	PLZ	Ort	Seite
Der Bär	Wellness	6352	Ellmau	144
Der Steirerhof *****	Wellness	8271	Bad Waltersdorf	185
Feuerberg Mountain Resort ****S	Wellness	9551	Bodensdorf	207
Forsthofgut Naturhotel *****	Wellness	5771	Leogang	103
Gmachl Genussdorf ****S	Wellness	5101	Bergheim	81
Hochschober ****S	Wellness	9565	Turracher Höhe	218
Karwendel Pertisau ****S	Wellness	6213	Pertisau	120
Nesslerhof *****	Wellness	5611	Großarl	93
Panorama Royal ****S	Wellness	6323	Bad Häring	139
Pierer Almwellness ****S	Wellness	8163	Fladnitz	186
Priesteregg Premium Eco Resort	Wellness	5771	Leogang	107
Schütterhof ****	Wellness	8971	Schladming-Rohrmoos	199
Stock Resort *****S	Wellness	6292	Finkenberg	134
Wöscherhof ****S	Wellness	6271	Uderns	129
Zillergrund Rock ****S	Wellness	6290	Mayrhofen	133

Panorama Royal ****S

Bad Häring (Tirol), Seite 139

18 von 20 Punkten

Wöscherhof ****S

Uderns (Tirol), Seite 129

15 von 20 Punkten

Zillergrund Rock ****S

Mayrhofen (Tirol), Seite 133

14 von 20 Punkten

TOP 15 GESUNDHEITSHOTELS

Hotelname	Kategorie	PLZ	Ort	Seite
Bismarck Verwöhnhotel ****S	Wellness/Kur	5630	Bad Hofgastein	96
Die Klause Gesundheitsgut	Gesundheit	8344	Bad Gleichenberg	191
Die Schrothkur	Gesundheit/Kur	9821	Obervellach	222
Fritsch am Berg Mental-Spa Resort ****	Wellness/Gesundheit	6911	Lochau	170
Gugerbauer ****	Gesundheit	4780	Schärding	69
Lanserhof Lans	Gesundheit	6072	Lans	114
Original Mayr Medical Resort ****	Gesundheit	9082	Maria Wörth-Dellach	208
Park Igls Medical Spa Resort	Gesundheit	6080	Igls	115
Pulverer Thermenwelt *****	Wellness/Gesundheit	9546	Bad Kleinkirchheim	218
Reduce Hotel Thermal ****S	Kur/Wellness	7431	Bad Tatzmannsdorf	177
Reduce Hotel Vital ****S	Wellness/Kur	7431	Bad Tatzmannsdorf	177
Rickatschwende F. X. Mayr Health Retreat	Gesundheit	6850	Dornbirn	168
Somamed Home of Ayurveda	Gesundheit/Kur	4682	Geboltskirchen	69
Spanberger Gesundheitshotel ****	Gesundheit	8962	Gröbming	197
Warmbaderhof *****	Wellness/Kur	9504	Warmbad-Villach	214

Fritsch am Berg Mental-Spa Resort ****

Lochau (Vorarlberg), Seite 170 — 13 von 20 Punkten

Park Igls Medical Spa Resort

Igls (Tirol), Seite 115

16 von 20 Punkten

Reduce Hotel Vital ****S

Bad Tatzmannsdorf (Burgenland), Seite 177

14 von 20 Punkten

TOP 15 KÜCHE

Hotelname	Kategorie	PLZ	Ort	Seite
Am Holand ***	Wellness	6883	Au	169
Das Schiff Romantik-Hotel ****	Wellness	6952	Hittisau	171
Der Bär	Wellness	6352	Ellmau	144
Der Daberer – das Biohotel ****S	Wellness	9635	Dellach im Gailtal	219
Guglwald ****S	Wellness	4191	Schönegg	64
Gut Stiluppe	Wellness	6290	Mayrhofen	132
Höflehner Naturhotel ****S	Wellness	8967	Haus	198
Juffing ****S	Wellness	6335	Thiersee	140
Kaiserhof Ellmau *****S	Wellness	6352	Ellmau	143
Kollers ****S	Wellness	9871	Seeboden	223
Nesslerhof *****	Wellness	5611	Großarl	93
Quellenhof Leutasch ****S	Wellness	6105	Leutasch	117
Riederalm Good Life Resort ****S	Wellness	5771	Leogang	106
Schalber Wellness-Residenz *****S	Wellness	6534	Serfaus	152
Wiesergut	Wellness	5754	Saalbach-Hinterglemm	102

Kaiserhof Ellmau *****S

Ellmau (Tirol), Seite 143

19 von 20 Punkten

Nesslerhof *****

Großarl (Salzburg), Seite 93

18 von 20 Punkten

Riederalm Good Life Resort ****s

Leogang (Salzburg), Seite 106

16 von 20 Punkten

TOP 15 MIT KINDERN

Hotelname	Kategorie	PLZ	Ort	Seite
Allegria Resort ****	Wellness	7551	Stegersbach	180
Almhof Family Resort & Spa ****S	Wellness	6281	Gerlos	131
Brennseehof Familien-Sport-Hotel ****S	Wellness	9544	Feld am See	216
Eggerwirt Wellnesshotel ****S	Wellness	5582	St. Michael	89
Feuerberg Mountain Resort ****S	Wellness	9551	Bodensdorf	207
Forsthofgut Naturhotel *****	Wellness	5771	Leogang	103
Gut Weissenhof ****S	Wellness	5550	Radstadt	87
Höflehner Naturhotel ****S	Wellness	8967	Haus	198
Moar Gut Familien Natur Resort *****	Wellness	5611	Großarl	94
Paradiso ****S	Wellness	4701	Bad Schallerbach	70
Post Family Resort ****S	Wellness	5091	Unken	82
Reiters Finest Family ****S	Wellness	7431	Bad Tatzmannsdorf	178
Schalber Wellness-Residenz *****S	Wellness	6534	Serfaus	152
Stock Resort *****S	Wellness	6292	Finkenberg	134
Vila Vita Pannonia ****S	Wellness	7152	Pamhagen	175

Almhof Family Resort & Spa ****S

Gerlos (Tirol), Seite 131

16 von 20 Punkten

Eggerwirt Wellnesshotel ****S

St. Michael (Salzburg), Seite 89

17 von 20 Punkten

Post Family Resort ****S

Unken (Salzburg), Seite 82

15 von 20 Punkten

TOP 15 NATURLAGE

Hotelname	Kategorie	PLZ	Ort	Seite
Bergergut ****S	Wellness	4170	Afiesl	64
Der Daberer – das Biohotel ****S	Wellness	9635	Dellach im Gailtal	219
Der Steirerhof *****	Wellness	8271	Bad Waltersdorf	185
Edelweiss Naturhotel Wagrain ****S	Wellness	5602	Wagrain	91
Feuerberg Mountain Resort ****S	Wellness	9551	Bodensdorf	207
Guglwald ****S	Wellness	4191	Schönegg	64
Gut Sonnberghof ****S	Wellness	5730	Mittersill	101
Kaiserhof Ellmau *****S	Wellness	6352	Ellmau	143
Moar Gut Familien Natur Resort *****	Wellness	5611	Großarl	94
Pierer Almwellness ****S	Wellness	8163	Fladnitz	186
Priesteregg Premium Eco Resort	Wellness	5771	Leogang	107
Reiters Finest Family ****S	Wellness	7431	Bad Tatzmannsdorf	178
Reiters Supreme *****	Wellness	7431	Bad Tatzmannsdorf	179
Retter Bio-Natur-Resort ****S	Wellness	8225	Pöllauberg	188
Vila Vita Pannonia ****S	Wellness	7152	Pamhagen	175

Bergergut ****S

Afiesl (Oberösterreich), Seite 64

14 von 20 Punkten

Gut Sonnberghof ****S

Mittersill (Salzburg), Seite 101

16 von 20 Punkten

Retter Bio-Natur-Resort ****S

Pöllauberg (Steiermark), Seite 188

14 von 20 Punkten

TOP 15 NATURBADETEICH

Hotelname	Kategorie	PLZ	Ort	Seite
Der Böglerhof *****	Wellness	6236	Alpbach	126
Der Daberer – das Biohotel ****S	Wellness	9635	Dellach im Gailtal	219
Der Engel ****S	Wellness	6673	Grän	160
Der Steirerhof *****	Wellness	8271	Bad Waltersdorf	185
Eggerwirt Wellnesshotel ****S	Wellness	5582	St. Michael	89
Gmachl Genussdorf ****S	Wellness	5101	Bergheim	81
Jerzner Hof ****S	Wellness	6474	Jerzens	151
Kaiserhof Ellmau *****S	Wellness	6352	Ellmau	143
Nesslerhof *****	Wellness	5611	Großarl	93
Post Family Resort ****S	Wellness	5091	Unken	82
Puradies – Mein Naturresort ****S	Wellness	5771	Leogang	105
Rieser Achensee Resort ****S	Wellness	6213	Pertisau	122
Sacher Alpin Resort *****S	Wellness	6100	Seefeld	116
Schalber Wellness-Residenz *****S	Wellness	6534	Serfaus	152
Vila Vita Pannonia ****S	Wellness	7152	Pamhagen	175

Der Daberer – das Biohotel ****S

Dellach im Gailtal (Kärnten), Seite 219

18 von 20 Punkten

TOP 15 SMALL HOTELS

Hotelname	Kategorie	PLZ	Ort	Seite
Alpenrose Naturhotel ****	Wellness	9872	Millstatt	223
Am Holand ***	Wellness	6883	Au	169
Bergergut ****S	Wellness	4170	Afiesl	64
Berghof Ramsau ****	Wellness	8972	Ramsau	200
Cortisen am See ****S	Wellness	5360	St. Wolfgang	74
Das Schiff Romantik-Hotel ****	Wellness	6952	Hittisau	171
Der Daberer – das Biohotel ****S	Wellness	9635	Dellach im Gailtal	219
Die Forelle Genießerhotel ****S	Wellness	9762	Weißensee	220
Edelweiss Naturhotel Wagrain ****S	Wellness	5602	Wagrain	91
Enzian Seehotel ****	Wellness	9762	Weißensee	221
MalisGarten *****S	Wellness	6280	Zell am Ziller	130
Seevilla Wolfgangsee ****	Wellness	5360	St. Wolfgang	75
Sonne Mellau ****S	Wellness	6881	Mellau	168
Villa Postillion am See ****	Wellness	9872	Millstatt	225
Wiesergut	Wellness	5754	Saalbach-Hinterglemm	102

Am Holand ***

Au (Vorarlberg), Seite 169

17 von 20 Punkten

TOP 15 SPA EXCLUSIV - KEIN DAY SPA

Hotelname	Kategorie	PLZ	Ort	Seite
Am Holand ***	Wellness	6883	Au	169
Der Bär	Wellness	6352	Ellmau	144
Der Böglerhof *****	Wellness	6236	Alpbach	126
Der Steirerhof *****	Wellness	8271	Bad Waltersdorf	185
Die Wasnerin G'sund & Natur ****S	Wellness	8990	Bad Aussee	201
Fasching Dorfhotel ****S	Wellness	8654	Fischbach	193
Gut Weissenhof ****S	Wellness	5550	Radstadt	87
Haldensee ****	Wellness	6672	Nesselwängle	157
Kollers ****S	Wellness	9871	Seeboden	223
Posthotel Achenkirch *****	Wellness	6215	Achenkirch	123
Quellenhof Leutasch ****S	Wellness	6105	Leutasch	117
Reiters Supreme *****	Wellness	7431	Bad Tatzmannsdorf	179
Schalber Wellness-Residenz *****S	Wellness	6534	Serfaus	152
Schütterhof ****	Wellness	8971	Schladming-Rohrmoos	199
Wiesergut	Wellness	5754	Saalbach-Hinterglemm	102

Der Steirerhof *****

Bad Waltersdorf (Steiermark), Seite 185

20 von 20 Punkten

Die Wasnerin G'sund & Natur ****S

Bad Aussee (Steiermark), Seite 201

18 von 20 Punkten

Fasching Dorfhotel ****S

Fischbach (Steiermark), Seite 193

19 von 20 Punkten

Quellenhof Leutasch ****S

Leutasch (Tirol), Seite 117

18 von 20 Punkten

Schütterhof ****

Schladming-Rohrmoos (Steiermark), Seite 199

15 von 20 Punkten

TOP 15 THERMENHOTELS

Hotelname	Kategorie	PLZ	Ort	Seite
Allegria Resort ****	Wellness	7551	Stegersbach	180
Bismarck Verwöhnhotel ****S	Wellness/Kur	5630	Bad Hofgastein	96
Das Ronacher Therme & Spa *****	Wellness	9546	Bad Kleinkirchheim	217
Der Steirerhof *****	Wellness	8271	Bad Waltersdorf	185
Heilthermen Resort Bad Waltersdorf ****	Wellness	8271	Bad Waltersdorf	189
Larimar ****S	Wellness/Kur	7551	Stegersbach	181
Paradiso ****S	Wellness	4701	Bad Schallerbach	70
Pulverer Thermenwelt *****	Wellness/Gesundheit	9546	Bad Kleinkirchheim	218
Reduce Hotel Thermal ****S	Kur/Wellness	7431	Bad Tatzmannsdorf	177
Reduce Hotel Vital ****S	Wellness/Kur	7431	Bad Tatzmannsdorf	177
Reiters Finest Family ****S	Wellness	7431	Bad Tatzmannsdorf	178
Reiters Supreme *****	Wellness	7431	Bad Tatzmannsdorf	179
St. Martins Therme & Lodge ****S	Wellness	7132	Frauenkirchen	174
Therme Laa ****S	Wellness	2136	Laa an der Thaya	53
Warmbaderhof *****	Wellness/Kur	9504	Warmbad-Villach	214

Heilthermen Resort Bad Waltersdorf ****

Bad Waltersdorf (Steiermark), Seite 189

15 von 20 Punkten

TOP 15 WANDERN

Hotelname	Kategorie	PLZ	Ort	Seite
Beim Hochfilzer Hotel & Chalets ****S	Wellness	6306	Söll	138
Berghof Ramsau ****	Wellness	8972	Ramsau	200
Der Daberer – das Biohotel ****S	Wellness	9635	Dellach im Gailtal	219
Der Engel ****S	Wellness	6673	Grän	160
Die Wasnerin G'sund & Natur ****S	Wellness	8990	Bad Aussee	201
Fasching Dorfhotel ****S	Wellness	8654	Fischbach	193
Guglwald ****S	Wellness	4191	Schönegg	64
Gut Weissenhof ****S	Wellness	5550	Radstadt	87
Juffing ****S	Wellness	6335	Thiersee	140
Lürzerhof Alpin Life Resort ****S	Wellness	5561	Untertauern	85
Pierer Almwellness ****S	Wellness	8163	Fladnitz	186
Poppengut ****	Wellness	4573	Hinterstoder	66
Schalber Wellness-Residenz *****S	Wellness	6534	Serfaus	152
Singer ****S	Wellness	6622	Berwang	155
Taurerwirt Wanderhotel ****	Wellness	9981	Kals am Großglockner	162

Berghof Ramsau ****

Ramsau (Steiermark), Seite 200

13 von 20 Punkten

Der Engel ****s

Grän (Tirol), Seite 160

17 von 20 Punkten

Fasching Dorfhotel ****s

Fischbach (Steiermark), Seite 193

19 von 20 Punkten

TOP 15 ZIMMER MIT SPA

Hotelname	Kategorie	PLZ	Ort	Seite
Beim Hochfilzer Hotel & Chalets ****S	Wellness	6306	Söll	138
Berghof St. Johann ****S	Wellness	5600	St. Johann	90
Das Edelweiss Mountain Resort *****	Wellness	5611	Großarl	92
Der Böglerhof *****	Wellness	6236	Alpbach	126
Forsthofgut Naturhotel *****	Wellness	5771	Leogang	103
Gmachl Genussdorf ****S	Wellness	5101	Bergheim	81
Nesslerhof *****	Wellness	5611	Großarl	93
Reiterhof Natur- & Aktiv-Resort ****S	Wellness	6215	Achenkirch	125
Reiters Supreme *****	Wellness	7431	Bad Tatzmannsdorf	179
Riederalm Good Life Resort ****S	Wellness	5771	Leogang	106
Rieser Achensee Resort ****S	Wellness	6213	Pertisau	122
Schwarz Alpenresort *****	Wellness	6414	Mieming	147
Stock Resort *****S	Wellness	6292	Finkenberg	134
Wiesergut	Wellness	5754	Saalbach-Hinterglemm	102
Wöscherhof ****S	Wellness	6271	Uderns	129

Gmachl Genussdorf ****S

Bergheim (Salzburg), Seite 81

19 von 20 Punkten

Reiterhof Natur- & Aktiv-Resort ****S

Achenkirch (Tirol), Seite 125

16 von 20 Punkten

Rieser Achensee Resort ****S

Pertisau (Tirol), Seite 122

18 von 20 Punkten

VIER LILIEN

Hotelname	Kategorie	Punkte	PLZ	Ort	Seite
Der Steirerhof *****	Wellness	20	8271	Bad Waltersdorf	185
Feuerberg Mountain Resort ****S	Wellness	20	9551	Bodensdorf	207
Lanserhof Lans	Gesundheit	20	6072	Lans	114
Fasching Dorfhotel ****S	Wellness	19	8654	Fischbach	193
Gmachl Genussdorf ****S	Wellness	19	5101	Bergheim	81
Kaiserhof Ellmau *****S	Wellness	19	6352	Ellmau	143
Reiters Supreme *****	Wellness	19	7431	Bad Tatzmannsdorf	179
Wiesergut	Wellness	19	5754	Saalbach-Hinterglemm	102

DREI LILIEN

Hotelname	Kategorie	Punkte	PLZ	Ort	Seite
Der Daberer – das Biohotel ****S	Wellness	18	9635	Dellach im Gailtal	219
Die Klause Gesundheitsgut	Gesundheit	18	8344	Bad Gleichenberg	191
Die Wasnerin G'sund & Natur ****S	Wellness	18	8990	Bad Aussee	201
Juffing ****S	Wellness	18	6335	Thiersee	140
Nesslerhof *****	Wellness	18	5611	Großarl	93
Panorama Royal ****S	Wellness	18	6323	Bad Häring	139
Posthotel Achenkirch *****	Wellness	18	6215	Achenkirch	123
Priesteregg Premium Eco Resort	Wellness	18	5771	Leogang	107
Quellenhof Leutasch ****S	Wellness	18	6105	Leutasch	117
Reiters Finest Family ****S	Wellness	18	7431	Bad Tatzmannsdorf	178
Rieser Achensee Resort ****S	Wellness	18	6213	Pertisau	122
Sacher Alpin Resort *****S	Wellness	18	6100	Seefeld	116
Schalber Wellness-Residenz *****S	Wellness	18	6534	Serfaus	152
Schwarz Alpenresort *****	Wellness	18	6414	Mieming	147
Stock Resort *****S	Wellness	18	6292	Finkenberg	134
Am Holand ***	Wellness	17	6883	Au	169
Das Ronacher Therme & Spa *****	Wellness	17	9546	Bad Kleinkirchheim	217
Der Bär	Wellness	17	6352	Ellmau	144
Der Böglerhof *****	Wellness	17	6236	Alpbach	126
Der Engel ****S	Wellness	17	6673	Grän	160
Die Schrothkur	Gesundheit/Kur	17	9821	Obervellach	222
Eggerwirt Wellnesshotel ****S	Wellness	17	5582	St. Michael	89

Fernblick Montafon ****	Wellness	17	6781	Schruns-Bartholomäberg	168
Forsthofgut Naturhotel *****	Wellness	17	5771	Leogang	103
Geinberg5 Private Spa Villas	Wellness	17	4943	Geinberg	73
Guglwald ****S	Wellness	17	4191	Schönegg	64
Gut Weissenhof ****S	Wellness	17	5550	Radstadt	87
Hochschober ****S	Wellness	17	9565	Turracher Höhe	218
Jagdhof Neustift *****	Wellness	17	6167	Neustift	118
Jungbrunn – Der Gutzeitort	Wellness	17	6675	Tannheim	159
Kollers ****S	Wellness	17	9871	Seeboden	223
Moar Gut Familien Natur Resort *****	Wellness	17	5611	Großarl	94
Original Mayr Medical Resort ****	Gesundheit	17	9082	Maria Wörth-Dellach	208
Pierer Almwellness ****S	Wellness	17	8163	Fladnitz	186
Post Lech *****	Wellness	17	6764	Lech	167
Post Lermoos ****S	Wellness	17	6631	Lermoos	156
Schloss Seefels *****S	Wellness	17	9212	Pörtschach	210
Somamed Home of Ayurveda	Gesundheit/Kur	17	4682	Geboltskirchen	69
Theresa Genießer-Hotel ****S	Wellness	17	6280	Zell am Ziller	129

ZWEI LILIEN

Hotelname	Kategorie	Punkte	PLZ	Ort	Seite
Almhof Family Resort & Spa ****S	Wellness	16	6281	Gerlos	131
Alpenrose Maurach *****	Wellness	16	6212	Maurach	119
Bergfried Tux *****	Wellness	16	6293	Tux	134
Berghof St. Johann ****S	Wellness	16	5600	St. Johann	90
Das Edelweiss Mountain Resort *****	Wellness	16	5611	Großarl	92
Gut Sonnberghof ****S	Wellness	16	5730	Mittersill	101
Held ****S	Wellness	16	6263	Fügen	128
Höflehner Naturhotel ****S	Wellness	16	8967	Haus	198
Holzleiten Bio-Hotel ****	Wellness	16	6416	Obsteig	148
Jerzner Hof ****S	Wellness	16	6474	Jerzens	151
Karwendel Pertisau ****S	Wellness	16	6213	Pertisau	120
Klosterbräu *****	Wellness	16	6100	Seefeld	115
Krallerhof *****	Wellness	16	5771	Leogang	104
Kristall Verwöhnhotel ****S	Wellness	16	6213	Pertisau	121
Larimar ****S	Wellness/Kur	16	7551	Stegersbach	181
Lürzerhof Alpin Life Resort ****S	Wellness	16	5561	Untertauern	85
Molzbachhof Naturhotel ****	Wellness	16	2880	Kirchberg	55

Park Igls Medical Spa Resort	Gesundheit	16	6080	Igls	115
Reiterhof Natur- & Aktiv-Resort ****S	Wellness	16	6215	Achenkirch	125
Rickatschwende F. X. Mayr Health Retreat	Gesundheit	16	6850	Dornbirn	168
Riederalm Good Life Resort ****S	Wellness	16	5771	Leogang	106
Salzburgerhof *****S	Wellness	16	5700	Zell am See	99
Schwaigerhof ****S	Wellness	16	8971	Schladming-Rohrmoos	199
Tuxerhof Alpin Spa *****	Wellness	16	6293	Tux	136
Waldklause Naturhotel *****	Wellness	16	6444	Längenfeld	149
Allegria Resort ****	Wellness	15	7551	Stegersbach	180
Bergblick Grän *****	Wellness	15	6673	Grän	159
Bismarck Verwöhnhotel ****S	Wellness/Kur	15	5630	Bad Hofgastein	96
Chesa Valisa Naturhotel ****S	Wellness	15	6992	Hirschegg	171
Dachsteinkönig Familux Resort ****S	Wellness	15	4824	Gosau	73
Das Goldberg *****	Wellness	15	5630	Bad Hofgastein	95
Das Kohlmayr ****S	Wellness	15	5562	Obertauern	87
Das Schiff Romantik-Hotel ****	Wellness	15	6952	Hittisau	171
Der Lärchenhof Erpfendorf *****	Wellness	15	6383	Erpfendorf	146
Die Hochkönigin ****S	Wellness	15	5761	Maria Alm	102
Die Post ****	Wellness	15	9546	Bad Kleinkirchheim	217
Edelweiss Naturhotel Wagrain ****S	Wellness	15	5602	Wagrain	91
Enzian Sölden ****S	Wellness	15	6450	Sölden	149
G'Schlössl Murtal	Wellness	15	8734	Großlobming	196
Gridlon ****	Wellness	15	6574	Pettneu	154
Gugerbauer ****	Gesundheit	15	4780	Schärding	69
Haldensee ****	Wellness	15	6672	Nesselwängle	157
Heilthermen Resort Bad Waltersdorf ****	Wellness	15	8271	Bad Waltersdorf	189
Interalpen-Hotel Tyrol *****S	Wellness	15	6410	Telfs-Buchen	147
Karnerhof ****S	Wellness	15	9580	Egg am Faaker See	218
MalisGarten *****S	Wellness	15	6280	Zell am Ziller	130
Mandira Ayurveda Resort ****S	Gesundheit/Wellness	15	8271	Bad Waltersdorf	190
Mohr Life Resort ****S	Wellness	15	6631	Lermoos	155
Paradiso ****S	Wellness	15	4701	Bad Schallerbach	70
Post Family Resort ****S	Wellness	15	5091	Unken	82
Puradies – Mein Naturresort ****S	Wellness	15	5771	Leogang	105
Royal Bad Ischl ****S	Wellness/Kur	15	4820	Bad Ischl	72
Schlosshotel Fiss *****	Wellness	15	6533	Fiss	151
Schlosspark Mauerbach ****S	Wellness	15	3001	Mauerbach bei Wien	56
Schütterhof ****	Wellness	15	8971	Schladming-Rohrmoos	199
Singer ****S	Wellness	15	6622	Berwang	155
Sonnhof Ayurveda Resort ****	Gesundheit/Wellness	15	6335	Thiersee	141
Therme Laa ****S	Wellness	15	2136	Laa an der Thaya	53

Tuffbad Almwellness-Resort ****S	Wellness	15	9654	St. Lorenzen im Lesachtal	220
Vila Vita Pannonia ****S	Wellness	15	7152	Pamhagen	175
Vivea Bad Bleiberg ****	Kur/Gesundheit	15	9530	Bad Bleiberg	215
Vivea Bad Eisenkappel ****	Kur/Gesundheit	15	9135	Bad Eisenkappel	209
Vivea Bad Traunstein ****	Kur/Gesundheit	15	3632	Bad Traunstein	58
Waldhof Fuschlsee Resort ****S	Wellness	15	5330	Fuschl am See	83
Warmbaderhof *****	Wellness/Kur	15	9504	Warmbad-Villach	214
Wöscherhof ****S	Wellness	15	6271	Uderns	129

EINE LILIE

Hotelname	Kategorie	Punkte	PLZ	Ort	Seite
A-Rosa Straubinger Grandhotel	Wellness	14	5640	Bad Gastein	97
Alpbacherhof Mountain & Spa ****S	Wellness	14	6236	Alpbach	125
Alpenhotel Karwendel Leutasch ****	Wellness	14	6105	Leutasch	117
Alpenrose Naturhotel ****	Wellness	14	9872	Millstatt	223
Aurelio Hotel & Chalet *****S	Wellness	14	6764	Lech	166
Bergergut ****S	Wellness	14	4170	Afiesl	64
Berghof Hintertux ****S	Wellness	14	6294	Tux	137
Brennseehof Familien-Sport-Hotel ****S	Wellness	14	9544	Feld am See	216
Cervosa Gourmet & Spa *****	Wellness	14	6534	Serfaus	151
Cortisen am See ****S	Wellness	14	5360	St. Wolfgang	74
Das Schäfer ****S	Wellness	14	6733	Fontanella	166
Das Seekarhaus *****	Wellness	14	5562	Obertauern	88
Der Wiesenhof Pertisau ****S	Wellness	14	6213	Pertisau	120
Die Forelle Genießerhotel ****S	Wellness	14	9762	Weißensee	220
Dilly Nationalpark Resort ****S	Wellness	14	4580	Windischgarsten	67
Edelweiss Vitalhotel ****S	Wellness	14	6167	Neustift	118
Elisabeth Fügen ****	Wellness	14	6263	Fügen	127
Enzian Seehotel ****	Wellness	14	9762	Weißensee	221
Erzherzog Johann ****	Wellness	14	8990	Bad Aussee	202
Falkensteiner Balance Resort *****	Wellness	14	7551	Stegersbach	180
Gradonna Mountain Resort ****S	Wellness	14	9981	Kals am Großglockner	162
Grandhotel Lienz *****	Wellness	14	9900	Lienz	161
Gut Stiluppe	Wellness	14	6290	Mayrhofen	132
Haidachhof Boutique-Hotel ****S	Wellness	14	6263	Fügen	127
Haus Hirt Alpine Spa ****	Wellness	14	5640	Bad Gastein	97
Karawankenhof Thermenhotel ****	Wellness	14	9504	Warmbad-Villach	214

Laschenskyhof ****S	Wellness	14	5071	Wals-Viehhausen	81
Lindenhof Ramsau ****S	Wellness	14	8972	Ramsau	201
Mein Almhof ****S	Wellness	14	6543	Nauders	153
Oberforsthof ****S	Wellness	14	5600	St. Johann	90
Pacheiner Alpinhotel ****	Wellness	14	9521	Treffen	215
Peternhof ****S	Wellness	14	6345	Kössen	141
Poppengut ****	Wellness	14	4573	Hinterstoder	66
Post am See Traunkirchen ****S	Wellness	14	4801	Traunkirchen	71
Ratscher Landhaus	Wellness	14	8461	Ratsch an der Weinstraße	196
Reduce Hotel Thermal ****S	Kur/Wellness	14	7431	Bad Tatzmannsdorf	177
Reduce Hotel Vital ****S	Wellness/Kur	14	7431	Bad Tatzmannsdorf	177
Rehbach Ruhe- & Naturresort	Wellness	14	6677	Schattwald	161
Retter Bio-Natur-Resort ****S	Wellness	14	8225	Pöllauberg	188
Rupertus Biohotel ****	Wellness	14	5771	Leogang	108
Salzburger Hof Leogang ****S	Wellness	14	5771	Leogang	107
Schachner ****	Wellness	14	3672	Maria Taferl	59
Schöne Aussicht Sölden ****S	Wellness	14	6450	Sölden	150
Seefischer Romantik-Hotel ****S	Wellness	14	9873	Döbriach	225
Seevilla Altaussee ****S	Wellness	14	8992	Altaussee	203
Seevilla Wolfgangsee ****	Wellness	14	5360	St. Wolfgang	75
Sonne Mellau ****S	Wellness	14	6881	Mellau	168
Sonnenpark Lutzmannsburg ****S	Wellness	14	7361	Lutzmannsburg	175
Sonnhof Alpendorf ****S	Wellness	14	5600	St. Johann	92
St. Martins Therme & Lodge ****S	Wellness	14	7132	Frauenkirchen	174
Stanglwirt Bio-Hotel *****	Wellness	14	6353	Going	144
Stoiser Thermenhotel ****	Wellness	14	8282	Loipersdorf Therme	190
Streklhof ****	Wellness	14	9220	Velden	211
Tauernhof Großarl	Wellness	14	5611	Großarl	95
Übergossene Alm Resort ****S	Wellness	14	5652	Dienten am Hochkönig	98
Villa Gleichenberg	Wellness	14	8344	Bad Gleichenberg	192
Villa Postillion am See ****	Wellness	14	9872	Millstatt	225
Vivea Umhausen ****	Kur/Gesundheit	14	6441	Umhausen	148
Vivea Zum Landsknecht ****	Kur/Gesundheit	14	2853	Bad Schönau	54
Vivea Zur Quelle ****	Kur/Gesundheit	14	2853	Bad Schönau	54
Wagnerhof ****	Wellness	14	6213	Pertisau	123
Zillergrund Rock ****S	Wellness	14	6290	Mayrhofen	133
Adler Au ****	Wellness	13	6883	Au	170
Alpenhof Hintertux ****S	Wellness	13	6294	Tux	137
Alpenrose Zauchensee ****	Wellness	13	5541	Altenmarkt	84
Althof Retz ****	Wellness	13	2070	Retz	52
Amerika-Holzer ****S	Wellness	13	9122	St. Kanzian	208

Avita Resort ****S	Wellness	13	7431	Bad Tatzmannsdorf	176
Bauernhofer Naturhotel ****	Wellness	13	8172	Heilbrunn	187
Beim Hochfilzer Hotel & Chalets ****S	Wellness	13	6306	Söll	138
Berghof Ramsau ****	Wellness	13	8972	Ramsau	200
Buchau Familienresort ****S	Wellness	13	6212	Maurach	119
Burg Vital Resort *****S	Wellness	13	6764	Lech	166
Das Balance Pörtschach ****S	Wellness	13	9210	Pörtschach	209
Das Sieben ****S	Gesundheit	13	6323	Bad Häring	139
Eichingerbauer ****S	Wellness	13	5310	Mondsee-St. Lorenz	73
Falkensteiner Schloss Velden *****	Wellness	13	9220	Velden	211
Fritsch am Berg Mental-Spa Resort ****	Wellness/Gesundheit	13	6911	Lochau	170
Grand Hotel Zell am See ****S	Wellness	13	5700	Zell am See	98
Hotel im Park ****S	Wellness/Kur	13	8490	Bad Radkersburg	196
Imlauer Hotel Schloss Pichlarn *****	Wellness	13	8943	Aigen	197
Kitzspitz Naturhotel ****	Wellness	13	6392	St. Jakob in Haus	146
Kothmühle Relax-Resort ****S	Wellness	13	3364	Neuhofen an der Ybbs	57
Kowald ****	Wellness	13	8282	Loipersdorf Therme	190
Magdalensberg Gipfelhaus ****	Wellness	13	9064	Magdalensberg	207
Miraverde ****	Wellness/Kur	13	4540	Bad Hall	66
Nidum Casual Luxury	Wellness	13	6100	Mösern	115
Panorama Obertauern ****S	Wellness	13	5562	Obertauern	88
Parkhotel Pörtschach ****S	Wellness	13	9210	Pörtschach	210
Parkhotel Tristachersee ****S	Wellness	13	9908	Amlach bei Lienz	162
Pulverer Thermenwelt *****	Wellness/Gesundheit	13	9546	Bad Kleinkirchheim	218
Rogner Bad Blumau ****	Wellness	13	8283	Bad Blumau	191
Scheiblhofer The Resort ****S	Wellness	13	7163	Andau	175
Schermer Landhotel ****S	Wellness	13	6363	Westendorf	145
Seeglück Forelle ****S	Wellness	13	9872	Millstatt	224
Seehotel Europa ****S	Wellness	13	9220	Velden	211
Spanberger Gesundheitshotel ****	Gesundheit	13	8962	Gröbming	197
Sperlhof	Wellness	13	4580	Windischgarsten	68
Spielmann Romantik-Hotel ****	Wellness	13	6632	Ehrwald	158
Steiner ****S	Wellness	13	5562	Obertauern	89
Tauern Spa ****S	Wellness	13	5710	Kaprun	100
Taurerwirt Wanderhotel ****	Wellness	13	9981	Kals am Großglockner	162
Tirolerhof Flachau ****	Wellness	13	5542	Flachau	84
Tirolerhof Tux ****S	Wellness	13	6293	Tux	135
Trofana Royal *****S	Wellness	13	6561	Ischgl	154
Tuxertal ****	Wellness	13	6293	Tux	136
Vivea Bad Vöslau ****	Kur/Gesundheit	13	2540	Bad Vöslau	54

NIEDER-
ÖSTERREICH

ALLE LILIEN-HOTELS IN **NIEDERÖSTERREICH**

Althof Retz

WELLNESS

13 PUNKTE – 1 LILIE

Althof Retz ****

Ruhige Zentrumslage in Retz – Weinviertel

Hundefreundlich. Charmantes Landhotel, vor allem für Wiener „Naherholer“: Unweit der tschechischen Grenze befindet sich dieses ursprünglich als Gasthof erbaute, liebevoll restaurierte und mit modernen Akzenten kombinierte Wellness- und Tagungshotel. Idyllisch eingebettet zwischen Weinbergen und Äckern, lädt die Gegend zu schönen Spaziergängen und Wanderungen ein. Nicht zu vergessen der gute Wein, der in dieser Region wächst und gedeiht.

Zimmer gibt es in sieben sehr unterschiedlichen Kategorien (DZ von 22 bis 40 m^2), darunter finden sich einfachere, preisgünstigere und teurere, stilvollere – unsere Empfehlung als Wohlfühlurlaubs-Tester gilt vor allem den vielen renovierten. Diese haben Böden in Holzoptik, gute Betten und Klimaanlage.

Das Spa, das mit architektonischer Finesse in den ehemaligen Wehrturm der Burg integriert wurde, erstreckt sich über fünf Ebenen (mit Lift) und verströmt ein ganz besonderes Flair. Alleine der 10 m lange, auch im Winter nutzbare Infinitypool am Dach mit Ausblick auf die Retzer Windmühle und die umliegenden Weingärten ist ein Erlebnis für sich. Zudem bietet der auch externen Gästen offenstehende Wellnessbereich unter anderem fünf Saunen und mehrere windgeschützte Sonnendecks. Sehr gute Massagen, auch „Vinotherapie“, das ist leider nichts zum Trinken („so ein Räuscherl ist mir lieber als a Krankheit, als a Fieber“), sondern eine Kosmetikbehandlung mit Wirkstoffen aus Weintrauben.

Besuche bei den Winzern der Umgebung lohnen sich, und auch im Hotel gibt es einen Heurigen sowie eine Vinothek mit erstaunlich großer regionaler Auswahl. Präsenter Gastgeber, viele freundliche und hilfsbereite Mitarbeiter, nette, unaufgeregte Atmosphäre. Ruhesuchende sollten sich vorab erkundigen, ob Tagungen oder Events anstehen. 40 Liegen, 220 Betten.

Freibecken, Sauna, Dampfbad, Massagen, Kosmetik, Fitnessgeräte.

2070 Retz, Althofgasse 14
+43 2942 3711

HP ab € 170,–

Therme Laa

WELLNESS
15 PUNKTE – 2 LILIEN

Therme Laa ****S

Grünlage am Ortsrand in Laa – 65 km von Wien

Familienfreundlich. Klassisches Thermenhotel der Vamed, es ist über eine Glasbrücke mit der gleichnamigen öffentlichen Therme verbunden. Dort geht es sozusagen „loud & wild“ zu, handelt es sich doch um ein Eldorado für Familien mit Kindern – lange Wasserrutschen inklusive. „Smooth & silent“ hingegen erlebten wir das hoteleigene Spa, und auch die neueste Innovation des Hauses, ein Minidörfchen mit superluxuriösen Bungalows über dem Wasser, gehorcht dem Imperativ der Ruhe.

Diese sogenannten „Silent Villas“ (Adults only) warten jedenfalls mit Sauna, Kamin und Whirlpool auf der Terrasse sowie mit direktem Einstieg in einen neu angelegten Badeteich auf. Die Zimmer des Hotels (DZ von 30 bis 60 m^2) sind schön gestaltet und großzügig geschnitten, sie haben Holzböden und Balkon, manche auch Boxspringbetten und extragroße Loggien.

Der Eintritt in das kleine, feine Hotel-Spa (Indoorpool, drei Saunen, FKK-Außenzone mit Whirlpool) und in die Therme ist im Preis inkludiert, jener ins wunderschöne „Silent Spa“ (ein separater exklusiver Wellnessbereich) sowohl für Hotelgäste als auch für Externe nur gegen Aufpreis erhältlich. Geboten werden hier reservierbare Liegen in großer Zahl, zusätzliche Sauna- und Wasserflächen sowie ein Aktivprogramm, unter anderem mit Yoga und Meditation.

Reichhaltiges Frühstücksbuffet in feiner, regionaler Ausrichtung, gute Küche. Viele sehr freundliche, professionell agierende Mitarbeiter. Die Umgebung lädt zum Joggen und Biken ein, Räder gibt's zur Gratisleihe. Kostenlose Thermennutzung am Anreisetag ab 9 Uhr. Garage gegen 7,90 Euro pro Tag. Hunde erlaubt. 114 Liegen, 270 Betten.

Thermalhallenbad, Sauna, Dampfbad, Massagen, Kosmetik, Fitnessgeräte. In der Therme: Solefreibecken, Freibecken, Thermalhallenbad, Sauna, Dampfbad, Fitnessgeräte. Bei den Villas: Naturbadeteich.

2136 Laa an der Thaya, Thermenplatz 3
+43 2522 84700 733

HP ab € 160,–

KUR/GESUNDHEIT
14 PUNKTE – 1 LILIE

Vivea Bad Vöslau ****

Grünruhelage am Ortsrand – 35 km südlich von Wien

Place to be für Arthrose-Geplagte: Vor einer malerischen Weinbergkulisse, umgeben von einem weitläufigen Park liegt dieses große Kurhotel der Vivea-Kette. Es besteht aus sechs Gebäuden, die durch lange Gänge miteinander verbunden sind, was mitunter zu längeren Wegen zwischen Rezeption, Anwendungen und Restaurant führen kann. Der Fokus liegt auf Sozialversicherungsgästen, viele kommen mit Erkrankungen des Bewegungsapparates (Stichwort Arthrose-Urlaub), privat buchbare „Gesundheitswochen" (Light-Kuren) sowie Wellnessurlaubs-Packages ohne Arzt- oder Therapieleistungen werden zudem angeboten.

Zimmer wählt man aus sechs Kategorien (DZ von 30 bis 40 m²), sie sind großzügig geschnitten, hell und sauber, allerdings längst in die Jahre gekommen, alle haben Teppichböden und Balkon. Gegen Aufpreis können Extras wie Kaffee-Tee-Ecke, Obstkorb oder Tageszeitung dazugebucht werden.

Das Spa verfügt unter anderem über vier Saunen und einen 20 m langen, auch im Winter nutzbaren, aber dann doch recht frischen Außenpool. Die Öffnungszeiten sind großzügig angesetzt. Zahlreiche Anwendungen, darunter auch Akupunktur und Ganzkörperkältetherapie bei minus 110 Grad.

Freundliche und hilfsbereite Mitarbeiter, viele Stammgäste, viele Alleinreisende, abends auch externe Gäste in der Bar – mitunter getrieben von der Sehnsucht, ein Kurschatten zu sein. Gutes Preis-Leistungs-Verhältnis, von der Küche darf man sich aber nicht allzu viel erwarten. Wanderwege ohne Zahl. Gratisgarage für alle. Ungeeignet für Kinder, Hunde (und sogar Katzen) erlaubt. 141 Liegen, 400 Betten.

Thermalfreibecken, Hallenbad, Sauna, Dampfbad, Massagen, Fitnessgeräte.

2540 Bad Vöslau, Badner Straße 7-9, +43 2252 90600
HP ab € 140,-

KUR/GESUNDHEIT
14 PUNKTE – 1 LILIE

Vivea Zum Landsknecht ****

Grünruhelage in Bad Schönau – Bucklige Welt

Gut fürs Herz: Das im Jahr 1995 eröffnete und 2020 umfassend renovierte Kurhotel der Vivea-Kette ist auf Kuren mit Kohlensäuregas spezialisiert, die bei Durchblutungsstörungen und Herz-Kreislauf-Erkrankungen besonders gute Erfolge erzielen. Das Hotel liegt zentral im Ort, es bietet sozusagen „alles in Reichweite" – nur leider auch die Bundesstraße, deren Verkehr vor allem bei geöffnetem Fenster frühmorgens hörbar ist.

Das Ambiente präsentiert sich in moderner und gefälliger Zweckmäßigkeit. Zimmer gibt es in fünf verschiedenen Kategorien (DZ von 22 bis 40 m²), alle mit Parkettboden und Balkon. Gegen einen Aufpreis können Extras wie frische Blumen, ein Obstkorb oder eine gefüllte Minibar hinzugebucht werden.

Der wahre Mittelpunkt des Hauses ist jedoch das weitläufige Therapiezentrum, das auch externen Gästen offensteht und eine Vielzahl an Behandlungen anbietet. Im Wellnessbereich fanden wir unter anderem ein 20 m langes Außenbecken, das auch in der kalten Jahreszeit genutzt werden kann, einen Innenpool mit 13 m Länge sowie fünf Saunen.

Die Küche ist zumeist gut, die Mitarbeiter sind bemüht und freundlich. Viele Gäste kommen im Rahmen von Sozialversicherungskuren, doch es werden auch private Kuraufenthalte, Gesundheitswochen und sogar individuelle Programme wie Intervallfasten angeboten. Gratisgarage für alle. Ungeeignet für Kinder, Hunde (und sogar Katzen) erlaubt. 79 Liegen, 213 Betten.

Freibecken, Hallenbad, Sauna, Dampfbad, Massagen, Fitnessgeräte.

2853 Bad Schönau, Kurhausstraße 11, +43 2646 90500 1501
HP ab € 140,-

KUR/GESUNDHEIT
14 PUNKTE – 1 LILIE

Vivea Zur Quelle ****

Grünruhelage in Bad Schönau – Bucklige Welt

„CO_2-Sprudel" für Kranke und Gesunde: Das Vivea Hotel zur Quelle ist eines der zwei Hotels der Tiroler Kette im Ort, es bietet heilsame Kohlensäureanwendungen, die vor allem bei Durchblutungsstörungen und Herz-Kreislauf-Erkrankungen hilfreich sind. Die öffentlichen Bereiche präsentieren sich modern und einladend.

Zimmer gibt es in sechs hellen und freundlichen Kategorien (DZ von 24 bis 41 m²), alle sind renoviert, haben Balkon und Böden in Holzoptik. Gegen einen kleinen Aufpreis gibt es Extras

Molzbachhof Naturhotel

wie einen Obstkorb, eine Tageszeitung sowie eine kleine Kaffee- und Teestation.

Das Spa ist ausschließlich Hotelgästen zugänglich und bietet eine Vielzahl an Annehmlichkeiten, darunter drei Saunen, ein gut ausgestattetes Fitnessstudio und ein 20 m langes Außenbecken, das ganzjährig genutzt werden kann. Im Außenbereich fanden wir eine Liegewiese mit Ausblick in die Natur. Das Therapieangebot umfasst neben verschiedenartigen Behandlungen mit Kohlensäuregas auch eine Ganzkörperkältetherapie bei minus 110 Grad – das ist gut bei chronischen Leiden, aber auch ein tolles Erlebnis, wenn einem gar nichts fehlt.

Sozialversicherungsgäste überwiegen, privat buchbar sind aber auch „Gesundheitswochen" (Light-Kuren) wie etwa Basenfasten sowie Wellnessurlaub ohne medizinische Leistungen. Gutes Preis-Leistungs-Verhältnis, viele freundliche Mitarbeiter. Gratisgarage für alle. Ungeeignet für Kinder, Hunde (und sogar Katzen) erlaubt. 63 Liegen, 240 Betten.

Freibecken, Hallenbad, Sauna, Dampfbad, Massagen, Kosmetik, Fitnessgeräte.

2853 Bad Schönau, Landsknechteplatz 1
+43 2646 90500 2501
HP ab € 150,–

WELLNESS

16 PUNKTE – 2 LILIEN

Molzbachhof Naturhotel ****

Grünruhelage bei Kirchberg am Wechsel

Natur auch in der Küche: Inmitten einer schönen Landschaft befindet sich dieser charmante Familienbetrieb, der bereits in dritter Generation geführt wird. Umgeben von Wäldern und Wiesen liegt das Haus ruhig auf 580 m Seehöhe, äußerliches Herzstück ist das sogenannte „Paradiesgartl", ein schnuckeliger Rückzugsort, in dem auch Beeren, Gemüse und Kräuter gedeihen, die sich später in kreativer Form auf dem Teller wiederfinden.

Stark unterschiedliche Zimmer gibt es in 15 Kategorien (DZ von 25 bis 50 m^2), jene im Neubau, die ganz aus Mondholz und ohne Leim errichtet wurden, gefallen uns besonders gut: heimelige Atmosphäre, feines Raumklima. Die älteren Zimmer hingegen wirken etwas einfacher.

Der schöne Wellnessbereich steht neuerdings auch externen Gästen offen, er wurde vor kurzem modernisiert, unter anderem geboten werden vier Saunen, ein Solestollen (textil), ein

Schlosspark Mauerbach

15 m langer, ganzjährig nutzbarer Außenpool, ein von einem malerischen Wasserfall gesäumter Naturbadeteich und eine feine FKK-Zone im Freien. Gute Massagen, kleines Aktivprogramm, auch Stretching, Pilates und Yoga.

Reichhaltiges Frühstücksbuffet, herrlich etwa auch das Sauerteigbrot, das Mehl wird noch wie in alten Zeiten in der Hausmühle mit Wasserkraft gemahlen, das Brot im Holzofen gebacken. Sehr, sehr gute Küche, der Juniorchef sorgt hier selbst für kulinarische Höhepunkte, er kocht sogar noch besser als sein ohnedies legendärer Vater. Frische, Regionalität und Saisonalität gehören zu seinem Credo, das er „Cook the Gart'l" nennt, ein Light Lunch ist inkludiert. Höchst sauberes Preis-Leistungs-Verhältnis. Ringsum viele Rad- und Wanderwege. E-Bikes zur Gratisleihe. Das Spa kann am Anreisetag ab 12 Uhr genutzt werden, am Abreisetag (ab zwei Nächten Aufenthalt) noch gratis bis 16 Uhr. Hunde erlaubt. 90 Liegen, 100 Betten.

Naturbadeteich, Freibecken, Sauna, Dampfbad, Massagen, Kosmetik, Fitnessgeräte, Personal Trainer.

2880 Kirchberg, Tratten 36
+43 2641 2203
HP-plus ab € 132,–

WELLNESS
15 PUNKTE – 2 LILIEN

Schlosspark Mauerbach ****S

Grünruhelage im Wienerwald – Nähe Wien

Hundefreundlich, Adults only (ab 16). Perfekt für eine kurze Auszeit: Hübsch im Wienerwald und doch ganz nah an der Stadtgrenze liegt dieses moderne Business- und Spa-Hotel. Es ist romantisch in einen weitläufigen historischen Park eingebettet, im Kontrast zur Natur steht die geradlinige Architektur des Hauses. Die öffentlichen Bereiche sind tageslichtdurchflutet und großzügig angelegt.

Die Zimmer (drei Kategorien, DZ mit 34 oder 45 m^2) sind schlicht, elegant und in erdigen Farben gehalten, sie haben überdurchschnittlich viele Ablagemöglichkeiten, feine Holzböden und Klimaanlage, der Bademantel ist aus reiner Baumwolle, die Schnur bereits eingefädelt.

Das Spa, das übrigens auch mit Tageszimmer („Lazy Day"-Package) zugänglich ist, bietet unter anderem einen 14 m langen Außenpool, einen 11 m langen Innenpool sowie einen schönen, geradezu tiefenentspannenden Außenbereich. Highlights ebendort: die zwei Waldsaunen mit ihrer FKK-Zone. Die fünf Saunen sind nahezu

Kothmühle Relax-Resort

konkurrenzlos lange von 7 bis 22 Uhr geöffnet, die Massagen sehr gut, auch Yoga und Waldbaden werden angeboten.

Fabelhafte Terrasse mit Morgensonne, schönes Wintergartenrestaurant (am besten gleich Tischwunsch bei der Buchung erwähnen), reichhaltiges Frühstücksbuffet, eine Nachmittagsjause ist inkludiert. Viele freundliche und bemühte Mitarbeiter. Der Wienerwald ringsum bietet erquickende Schönheit, zudem Rad- und Wanderwege sowie Laufstrecken. Direktbucher genießen einige Vorteile wie Gratisgarage (ansonsten 20 Euro pro Tag) und kostenfreie Spa-Nutzung am Abreisetag. 90 Liegen, 172 Betten.

Freibecken, Hallenbad, Außensauna, Sauna, Dampfbad, Massagen, Kosmetik, Fitnessgeräte.

3001 Mauerbach bei Wien, Herzog-Friedrich-Platz 1
+43 1 97030 100
HP ab € 196,–

WELLNESS
13 PUNKTE – 1 LILIE

Kothmühle Relax-Resort ****S

Grünruhelage – 10 km südlich von Amstetten

Hundefreundlich. Einst eine Waldmühle, heute eine Wochenendausstiegshilfe für gestresste Städter: Ein freundlicher Familienbetrieb mit eigenem Obstanbau, er ist auch auf Tagungen und Events spezialisiert.

Zimmer (DZ von 20 bis 38 m²) kann man aus acht recht unterschiedlichen Kategorien wählen, viele haben Holzböden und Balkon. Jene, die gerne kuscheln wollen, aber nur einen kratzbürstigen Partner an ihrer Seite haben, können sich hier gegen einen kleinen Aufpreis eine „entzückende Schmusekatze mit besonders weichem Fell“ buchen – aber Achtung: sie ist aus Plüsch!

Das Spa ist indoor kein Riese, unter anderem gibt es vier Saunen, ein 9 m langes Innenbecken sowie einen Whirlpool. Im Freien hingegen wird es groß und schön, wir fanden einen bezaubernden Garten mit Rosenlauben, einem großen Schwimmteich, Kneippweg und FKK-Zone. Die Massagen sind gut, die Spa-Öffnungszeiten großzügig (bis 23 Uhr). Yoga gibt's gegen Aufpreis.

Reichhaltiges Frühstücksbuffet (schon ab 6.30 Uhr), die Küche ist zumeist gut, sie bietet auch vegane Varianten, eine süße Nachmittagsjause ist inkludiert. Gemütliche Bar, die selbstgebrannten Schnäpse der Seniorchefin

Schachner

sind eine selbstverschuldete Berauschung in mittlerem Ausmaß durchaus wert. Viele junge und freundliche Mitarbeiter, das Service ist aber nicht an jedem Tag in Bestform. Ruhesuchende sollten sich vor der Buchung informieren, ob nicht Tagungen oder Veranstaltungen stattfinden. Das Spa kann am Abreisetag noch ganztägig ohne Aufpreis genutzt werden. Gute Laufstrecken ringsum. Ungeeignet für Kinder. 34 Liegen, 185 Betten.

Naturbadeteich, Freibecken, Hallenbad, Außensauna, Sauna, Dampfbad, Massagen, Kosmetik, Fitnessgeräte.
18-Loch-Parcours in 11 km, 20 % Greenfee-Rabatt, Tennisplätze.

3364 Neuhofen an der Ybbs, Kothmühle 1
+43 7475 52112
HP ab € 165,–

KUR/GESUNDHEIT

15 PUNKTE – 2 LILIEN

Vivea Bad Traunstein ****

Grünruhelage 20 km südlich von Zwettl – Waldviertel

Naturlage auf 900 m Seehöhe: Das 2009 eröffnete Kurhotel der Vivea-Kette liegt am Rande der 100-Seelen-Gemeinde Bad Traunstein. Das Ambiente verströmt zeitgemäß adaptierte Zweckmäßigkeit, die öffentlichen Räume sind gut geplant und weitläufig.

Die Zimmer (sieben Varianten, DZ von 33 bis 60 m²) sind großzügig geschnitten, gut gepflegt, jedoch mitunter nicht mehr ganz taufrisch. Alle haben Balkon, einige noch Teppichböden, in den bereits renovierten Zimmern mit Holzoptik-Böden gibt es zudem einen Kühlschrank mit täglicher Nachfüllung von Mineralwasser und Fruchtsäften.

Das Spa steht auch externen Gäste offen, es bietet ein knapp 20 m langes, auch im Winter nutzbares Freibecken sowie fünf Saunen – mehrmals pro Woche exklusiv für Damen. Breites Spektrum an medizinischen Behandlungen, darunter solche mit dem örtlich vorkommenden Heilmoor, zudem der Frischekick bei minus 110 Grad. Das Haus ist auf klassische Sozialversicherungskuren (u. a. gegen Durchblutungsstörungen und Stoffwechselleiden) fokussiert, Privatgäste können zudem „Kompaktkuren", „Gesundheitswochen" (Light-Kuren) und zahlreiche Packages ohne medizinische Betreuung buchen.

Viele freundliche und hilfsbereite Mitarbeiter. Musik- und Tanzabende, Vorträge, Diashows und Ausstellungen sorgen hier zusätzlich für Abwechslung. Herrliche Wanderwege ohne Zahl. Kostenlose Bustransfers aus fünf Städten, Gratisgarage für alle. Sehr gutes Preis-Leistungs-Verhältnis. Hunde (und sogar Katzen) erlaubt. Ungeeignet für Kinder. 63 Liegen, 178 Betten.

Freibecken, Hallenbad, Sauna, Dampfbad, Massagen, Fitnessgeräte.

3632 Bad Traunstein, Kurhausstraße 50
+43 2878 25050

HP ab € 140,-

WELLNESS

14 PUNKTE - 1 LILIE

Schachner ****

Grünlage mit Fernblick in Maria Taferl – Waldviertel

Erfrischend bodenständig: Neben der berühmten Wallfahrtsbasilika Maria Taferl liegt dieser schmucke Familienbetrieb, der sich als Seminarhotel und Day-Spa-Location längst einen guten Ruf erarbeitet hat, und auch das Restaurant ist in der Region zu allen Tageszeiten hochbeliebt. Seit kurzem ist man auch zu einem überraschend netten Wellnesshotel herangewachsen, ein gewaltiger Umbau hat's gebracht. Das Haus besteht aus zwei rund 100 m voneinander entfernt liegenden Logiergebäuden, eines liegt in einem großen Garten mit Pool, das andere ist das Haupthaus mit Restaurant und Spa.

Ein modernes Wohlfühlambiente, geheimnisvoll verwinkelte Grundrisse mit einem schier unergründlichen Zimmernummernsystem und ein traumhafter Ausblick aus vielen Räumen gehören zum liebenswerten Charakter des Hauses. Zumeist recht schöne Zimmer kann man aus nicht weniger als 27 Kategorien (DZ von 21 bis 56 m²) wählen, viele haben Himmelbetten und feine Holzböden, einige auch Sauna und freistehende Badewanne, die Ablagemöglichkeiten sind mitunter eher bescheiden. Auch Zimmer mit bodentiefen Glasflächen gibt es – das tolle Panorama will schließlich auch genossen werden. Daher raten wir zu einem südseitigen, das erhebende Gefühl ist den Aufpreis jedenfalls wert.

Das kleine Spa steht auch externen Gästen offen, es fühlt sich ganz neu an – optische Altlasten gibt es jedenfalls keine. Unter anderem fanden wir eine separate Adults-only-Zone, insgesamt fünf Saunen (zwei davon textil), einen 15 m langen Indoorpool und einen großen Außenwhirlpool mit dem für das Haus so typischen Ausblick übers Land.

Fabelhafte Restaurantterrasse mit Morgen- und Abendsonne, reichhaltiges Frühstücksbuffet (unsere Eier stammten aus Bodenhaltung), zumeist sehr gute Küche, die Tischkultur ist recht nett. Stimmungsvolle Bar, tolle Cocktails (unser Pornstar-Martini wurde mit frischen Maracujas gemacht, nicht wie anderswo mit Sirup – chapeau!). Herzensgute Mitarbeiter, präsente Gastgeber. Hunde erlaubt. 108 Liegen, 180 Betten.

Freibecken, Freibecken (Sommer), Hallenbad, Sauna, Dampfbad, Massagen, Kosmetik, Fitnessgeräte.
18-Loch-Parcours in 0,8 km, 30 % Greenfee-Rabatt.

3672 Maria Taferl, Nr. 24
+43 7413 6355

HP ab € 160,-

OBER-ÖSTERREICH

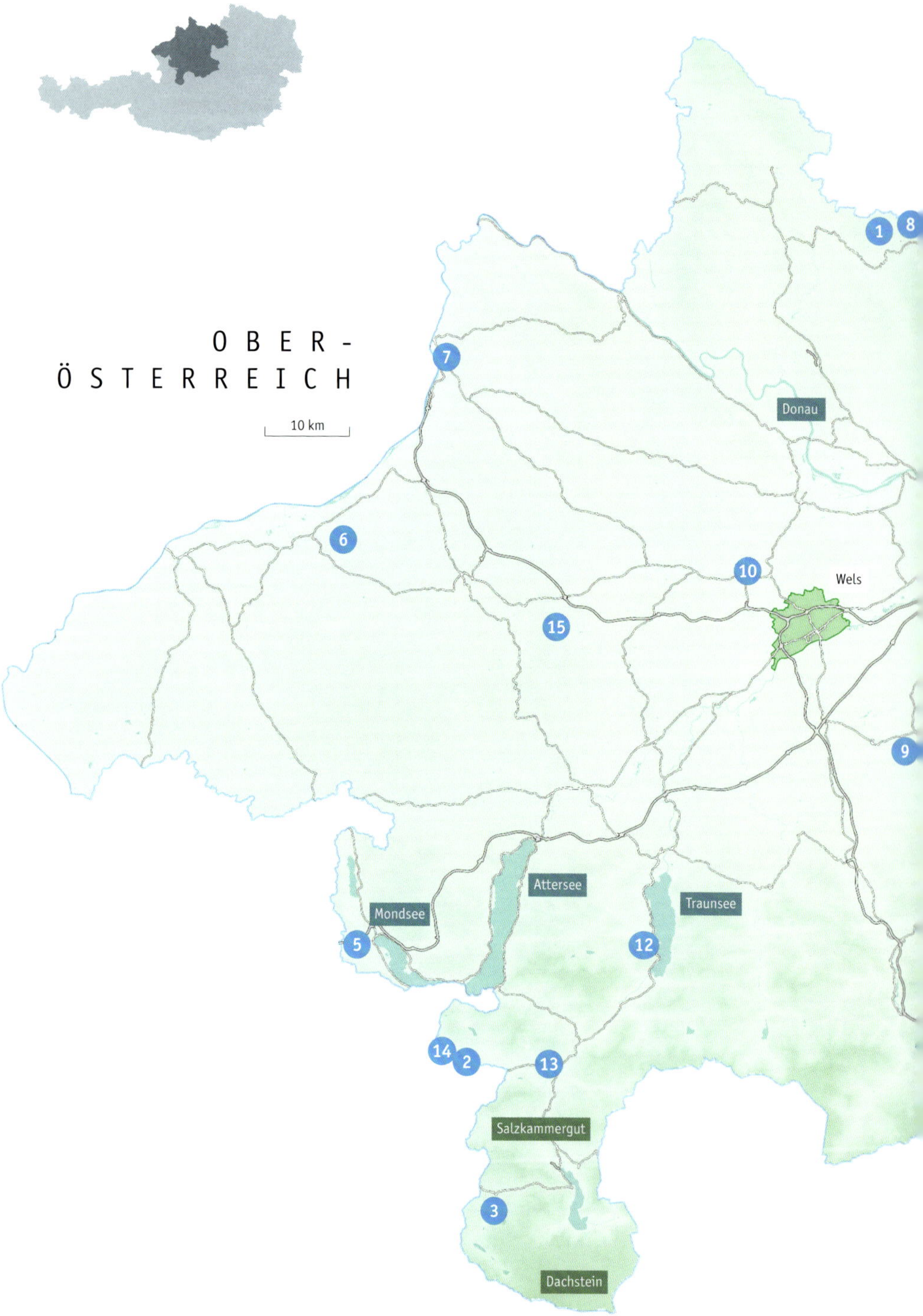

ALLE LILIEN-HOTELS IN **OBERÖSTERREICH**

jaGDHOF

★★★★★ wellness & sport

4 LILIEN

Nie war Erholung im Urlaub so wertvoll wie heute. Für ein ganzheitliches Wohlgefühl wurde im Jagdhof eine Symbiose aus Wellness, Sport und Luxus geschaffen, die Ihnen diesen Raum gibt.

www.jagdhof-roehrnbach.de
94133 Röhrnbach
Bayern, Deutschland
T. +49 8582 9159-0

JAGDHOF RÖHRNBACH *****

Bergergut

WELLNESS
14 PUNKTE – 1 LILIE

Bergergut ****s

Grünruhelage am Ortsrand in Afiesl – Mühlviertel

Adults only (ab 18). Abgeschieden auf einer Anhöhe und nur ein paar gute Schritte von der Grenze zu Tschechien entfernt liegt dieses auf Pärchen und Hochzeiten spezialisierte Hideaway ruhevoll im Grünen. In den 1990er Jahren als pseudoerotisch inszeniertes Erlebnishotel gegründet, besinnt es sich neuerdings auf Wald und Natur, ein Kurswechsel, der sich – nach entsprechenden Modifikationen – auch im Ambiente der öffentlichen Räume wiederfindet.

Zimmer gibt es in acht stark unterschiedlichen Kategorien (DZ von 22 bis 120 m²), einige zeigen sich noch im unvergleichlichen Liebesnest-Look – mit Whirlpool vor und Spiegel über dem Bett. Teuerstes Zimmer ist die Penthouse-Suite, eine weitläufige Schlaf- und Wohnlandschaft mit Bar, Sauna und Fitnessgeräten.

Das auch Tagesgästen offenstehende Spa wurde vor kurzem großzügig modernisiert, unter anderem bietet es sechs kleine Saunen (zwei davon im Freien) und einen knapp 11 m langen Außenpool, ein schöner Garten mit lauschigen Rückzugszonen gehört auch dazu. Sehr gute Massagen, kleines Aktivprogramm, auch Waldbaden und so Seltenes wie etwa Aurareinigung.

Serviertes Frühstück bis 12 Uhr in feiner Qualität, sehr gute Küche, vorwiegend regionale und saisonale Zutaten. Präsente Gastgeber, viele besonders freundliche und zuvorkommende Mitarbeiter, viele Stammgäste. Mountainbikes gibt's zur Gratisleihe, E-Bikes und Vespas gegen einen kleinen Aufpreis. Für Hochzeiten steht von Kapelle über Trauungssaal bis hin zu einer für die Hochzeitsnacht gerüsteten Suite alles Erdenkliche zur Verfügung. Hunde erlaubt. 68 Liegen, 72 Betten.

Freibecken, Hallenbad, Sauna, Dampfbad, Massagen, Kosmetik, Fitnessgeräte, Personal Trainer.
18-Loch-Parcours in 28 km.

4170 Afiesl, Oberafiesl 7, +43 7216 4451
HP ab € 178,–

WELLNESS
17 PUNKTE – 3 LILIEN

Guglwald ****s

Grünruhelage Nähe Bad Leonfelden – Mühlviertel

Adults preferred (ab 14). Märchenhaft im

Guglwald

Böhmerwald: Ein familiengeführtes Hotel, es besteht aus mehreren miteinander verbundenen Gebäuden und liegt schön im Grünen, fast direkt an der tschechischen Grenze. Der Traditionsbetrieb erinnert fast an ein Schloss, der äußerliche Charme wird innen durch eine Melange aus moderner Zeitlosigkeit und traditionellen Akzenten unterstrichen. Alles steht hier im Zeichen von Slow Wellness, was bedeutet, „die Geschwindigkeit aus dem Alltag zu nehmen". Ja, einverstanden, darum geht es eigentlich, und da passen auch der bezaubernde Park, der liebevoll angelegte Kräutergarten, das rauschende Bächlein sowie viele lauschige Ruheplätze dazu, der herzliche Empfang ebenso.

Zimmer gibt es in 22 Varianten (DZ von 18 bis 60 m²), sie sind detailreich gestaltet, haben mitunter Tischbeine aus Birkenstämmen oder Leiterwagen-Betten, viele haben Balkon, einige sogar Sauna, Whirlpool und Dachterrasse. „Slow" gilt hier übrigens auch für das W-Lan.

Das Spa steht neuerdings auch externen Gästen offen, es bietet unter anderem 10 Saunen, einen FKK-Whirlpool im Freien, gemütliche Ruhezonen und einen Schneeraum mit minus 10 Grad. Den 16 m langen Außenpool und den kleinen Naturschwimmteich kann man ebenfalls textilfrei nutzen. Sehr gute Massagen und Kosmetikbehandlungen, täglich Aktivprogramm, auch Pilates, Faszientraining und geführte Wanderungen, im Winter auch mit Schneeschuhen.

Gemütliches Restaurant (ausschließlich für Hausgäste), reichhaltiges Frühstücksbuffet in feiner Qualität, unter anderem gibt es Biofreilandeier, tolle Tees und selbstgemachte Marmeladen. Sehr gute bis ausgezeichnete Küche mit bodenständiger Ausrichtung, die Lebensmittel werden großteils von Lieferanten aus der Umgebung bezogen. Aufpreis für vegane Menüs, ein Light Lunch (reichlich) ist inkludiert. Ansprechende Tischkultur, junge, sehr zuvorkommende und gutgelaunte Mitarbeiter, fast alle kommen – so wie die Gäste – aus der Region. Herrliche Wanderwege und Laufstrecken, zahlreiche Ausflugsziele in naher Umgebung. Mountain- und E-Bikes gegen kleine Gebühr. Absolut stimmiges Preis-Leistungs-Verhältnis. Spa-Nutzung am Abreisetag bis 20 Uhr gegen 25 Euro. Hunde erlaubt. 138 Liegen, 160 Betten.

Naturbadeteich, Freibecken, Hallenbad, Außensauna, Sauna, Dampfbad, Massagen, Kosmetik, Ayurveda, Fitnessgeräte. 18-Loch-Parcours in 20 km.

4191 Schönegg, Guglwald 8, +43 7219 7007
HP ab € 171,–

Miraverde

WELLNESS/KUR

13 PUNKTE – 1 LILIE

Miraverde ****

Grünruhelage im Kurpark von Bad Hall

Inmitten eines bezaubernden Parks: Das Traditionshaus der oberösterreichischen Eurothermen-Resorts, hier kann man zwischen Götterbäumen, Sumpfzypressen und allerlei exotischen, zumeist uralten Bäumen wunderbar tagträumen und lustwandeln, auf nicht weniger als 35 Hektar.

Zimmer stehen in 10 Kategorien (DZ von 16 bis 120 m²) zur Auswahl, viele haben Holzböden und Balkon, einige sogar Dampfbad und Whirlpool. Vor allem den preisgünstigeren Varianten merkt man ihr Alter jedoch schon etwas an, auch in Sachen Sauberkeit ginge vielleicht noch ein bisschen mehr.

Das hauseigene Spa ist kein Riese, steht aber neuerdings auch externen Gästen offen. Es bietet unter anderem einen kleinen Thermalpool sowie vier Saunen und sehr gute Massagen. Die öffentliche Therme mit ihren zahlreichen Pools und Saunen ist fußläufig erreichbar. Der Eintritt ist im Zimmerpreis inkludiert, die Nutzung an An- und Abreisetag inbegriffen. Neben Wellness stehen unter anderem auch Heilfasten nach Buchinger, Trinkkuren mit dem natürlichen Heilmittel Jodsole sowie Therapieprogramme gegen Augenleiden im Angebot.

Feines, reichhaltiges Frühstücksbuffet von 7 bis 12 Uhr – das ist wirklich großzügig. Die Küche ist zumeist gut, eine Nachmittagsjause inkludiert. Viele freundliche und hilfsbereite Mitarbeiter. Herrliche Wege zum Joggen, für Nordic Walking oder einfach zum alltagsabgewandten Spazieren. Check-out bis 12 Uhr. Gratisgarage für alle höheren Zimmerkategorien. Ungeeignet für Kinder, Hunde erlaubt. 75 Liegen, 125 Betten.

Thermalhallenbad, Sauna, Dampfbad, Massagen, Kosmetik, Fitnessgeräte.
18-Loch-Parcours in 3 km.

4540 Bad Hall, Parkstraße 4, +43 7258 799 6600
HP ab € 167,–

WELLNESS

14 PUNKTE – 1 LILIE

Poppengut ****

Grünruhelage am Ortsrand in Hinterstoder

Ein sehr gemütlicher Familienbetrieb, er ist sozusagen seit Menschengedenken auf Wandern

Dilly Nationalpark Resort

spezialisiert. Zimmer gibt es in sieben Kategorien (DZ von 18 bis 60 m²), sie verteilen sich auf Alt- und Neubau, wobei jene im Neubau deutlich geräumiger und auch um ein Alzerl ansprechender sind. Fast alle haben Holzböden, Kruzifixe an der Wand und meist Balkon oder Terrasse, und alles wirkt wie aus dem Ei gepellt.

Das kleine Spa ist exklusiv für Hausgäste, es bietet unter anderem einen 7 m langen, im Winter nur eingeschränkt nutzbaren Außenpool und Heubäder – die Spezialität des Hauses. Gute Massagen, drei bis fünf geführte Wanderungen pro Woche, im Winter auch mit Schneeschuhen.

Reichhaltiges Frühstücksbuffet, sehr gute bis ausgezeichnete Küche, auch mit vegetarischen und veganen Varianten. Eine Nachmittagsjause mit selbstgebackenen Torten ist inkludiert, hier konnten selbst unsere willensstärksten Tester nicht widerstehen! Ausgesprochen freundliches und hilfsbereites Team. Alles rund ums Wandern gibt's zur Gratisleihe. Sauberes Preis-Leistungs-Verhältnis. Ungeeignet für Kinder, Hunde erlaubt. 55 Liegen, 94 Betten.

Freibecken, Hallenbad, Außensauna, Sauna, Dampfbad, Massagen, Kosmetik.

4573 Hinterstoder, Mitterstoder 20, +43 7564 5268
HP-plus ab € 153,–

WELLNESS

14 PUNKTE – 1 LILIE

Dilly Nationalpark Resort ****S

Grünlage am Ortsrand in Windischgarsten

Kinderfreundlich. Viel Neues: Seit dem Vorjahr nun wieder im erlauchten Kreis der Lilien-Hotels, große Umbauten waren dafür maßgeblich. Es handelt sich um einen bereits in fünfter Generation geführten Betrieb mit Fokus auf Familien, der nun aus vier Logiergebäuden besteht – ein eigenes für Adults only inklusive. Das Ambiente zeigt sich je nach Gebäude unterschiedlich, die Grundrisse sind mitunter geheimnisvoll verschlungen, verschiedene Stockwerke und Häuser müssen durchquert werden, um etwa zum Restaurant zu gelangen. Verlorengehen ist jedoch ausgeschlossen – Überwachungskameras sind zahlreich vorhanden.

Zimmer gibt es in 16 Kategorien (DZ von 17 bis 70 m²), alle haben Holzböden und Klimaanlage, viele Südbalkon mit Ausblick, einige auch Sauna auf Terrasse oder Balkon. Ganz fein fanden wir übrigens jene, von denen man direkt in den Adults-only-Badeteich gelangt. Der Willkommensgruß auf dem Bett ist herzlich, der Polyesteranteil im Bademantel stattlich.

Somamed Home of Ayurveda

Es gibt drei Spa-Bereiche, zwei davon sind Erwachsenen vorbehalten, jener im neuen Haus gefällt uns am besten, hat er doch einen 14 m langen Infinity-Außenpool auf dem Dach und einen weiteren Badeteich obendrein! Insgesamt fanden wir 12 Saunen und sieben Pools. Das 25 m lange Außenbecken macht von Ostern bis November Freude, die Massagen sind gut.

Reichhaltiges Frühstücksbuffet (auch: Eier aus biologischer Freilandhaltung), sehr gute Küche, die Tischkultur ist fairly casual. Light Lunch (reichlich) sowie Alkoholfreies und Heißgetränke sind inkludiert. Viele freundliche und bemühte Mitarbeiter, bisweilen mit bescheidenen Deutschkenntnissen. Viele Attraktionen für Kids (u. a. Kart-Bahn, Kinderfitnessraum, Softplay-Anlage, Abenteuerspielplatz, Streichelzoo), zudem täglich 10 Stunden Betreuung. Gutes Preis-Leistungs-Verhältnis. Gratisgarage für alle. Hunde erlaubt. 198 Liegen, 350 Betten.

Naturbadeteich, Freibecken, Freibecken (Sommer), Kinderfreibecken (Sommer), Hallenbad, Kinderbecken, Außensauna, Sauna, Dampfbad, Massagen, Kosmetik, Fitnessstudio, Personal Trainer.
18-Loch-Parcours in 3 km, Greenfee-Rabatt bis 50 %, Tennis.

4580 Windischgarsten, Pyhrnstraße 14, +43 7562 5264 0
VP (inkl. Softdrinks) ab € 195,–

WELLNESS

13 PUNKTE – 1 LILIE

Sperlhof

Grünruhelage mit Fernblick bei Windischgarsten

Familienfreundlich. In schöner Naturlage: ein familiengeführtes Landhotel, das sich auch als Seminarhotel einen guten Ruf erarbeitet hat. Es liegt auf 690 m Seehöhe am Waldrand. Zweckmäßige Zimmer gibt es in sieben Kategorien (DZ von 21 bis 100 m²), sie zeigen sich bodenständig-ländlich, die schöneren sind im Neubau, der Polyesteranteil des Bademantels ist stattlich.

Zwei Wellnessbereiche gibt es, sie sind nicht allzu groß, aber exklusiv für Hotelgäste. Ein neuerer, sehr gemütlicher Teil mit zwei Saunen ist Adults-only-Zone (ab 16), drei weitere textile Saunen finden sich im Familien-Spa. Der Außenpool mit Panoramablick ist 18 m lang.

Reichhaltiges Frühstücksbuffet, zumeist gute Küche mit gutbürgerlicher Orientierung, eine Nachmittagsjause mit Säften und Heißgetränken ist inkludiert. Freundliches Team, präsente und sehr sympathische Gastgeber, ausgesprochen faires Preis-Leistungs-Verhältnis. Kinderspielplatz mit Trampolin, Gokart-Bahn und Aussichtsplattform über das Wildgehege. Rad- und

Wanderwege ohne Zahl. Hunde erlaubt (auch im Restaurant). 36 Liegen, 170 Betten.

Freibecken, Hallenbad, Sauna, Dampfbad, Massagen, Kosmetik, Fitnessgeräte. 18-Loch-Parcours in 2 km.

4580 Windischgarsten, Edlbach 34, +43 7562 7430
HP ab € 134,–

GESUNDHEIT/KUR

17 PUNKTE – 3 LILIEN

Somamed Home of Ayurveda

Grünruhelage am Ortsrand – Nähe Ried im Innkreis

Authentische Ayurvedakuren: kein Wellnesshotel, sondern ein ganzheitsmedizinisches Zentrum mit Wahlarztpraxis und fünf Zimmern für stationäre Gäste. Es liegt solitär am Waldrand, gebaut ist es überwiegend mit Mondholz aus dem eigenen Wald, zudem nach den uralten vedischen Architekturprinzipien. Ausschließlich natürliche Baumaterialien, metallfreie Interieurs und die weitgehende Freiheit von elektromagnetischer Strahlung gehören hier dazu, die wunderbare Absenz von W-Lan und TV-Geräten ebenso.

Wer hierherkommt, kann sich mit allen Sinnen auf die Behandlungen – und auf sich selbst – einlassen. Alles fühlt sich angenehm, freundlich und hell an. Die Zimmer (zwei Kategorien, DZ mit 24 und 34 m²) zeigen sich in hochwertiger Schlichtheit, alle haben Team-sieben-Interieurs, feine Eichenböden, bodentiefe Fenster und eine Loggia mit Nachmittagssonne.

Pools gibt es keine, man ist auf ambulante Ayurvedabehandlungen, authentische Panchakarma-Reinigungskuren und alternativmedizinische Heilmethoden sowie Thermalwasseranwendungen mit Heilwasser aus der nahen Dreikönigsquelle spezialisiert. All das wird mit Universitätsmedizin sowie Alternativem kombiniert, so fanden wir auch etwa Aderlass oder Mikronährstoffsubstitution nach Vollblutanalyse auf der ärztlichen „Menükarte“. Sowohl die Anwendungen als auch die Öle und Heilmittel entsprechen höchsten ayurvedischen Standards, die leider anderswo nicht selten üblichen Nonsens- oder Schönwettervarianten haben wir hier nicht gefunden. Weiters gibt es die Möglichkeit, transzendentale Meditation zu erlernen, das wirkt wunderbar gegen Stress. Wermutstropfen: Yoga steht zurzeit nur jeden zweiten Sonntag am Programm.

Sehr gute (ayurvedische) Küche, herzliche und liebevolle Mitarbeiter, die Atmosphäre fördert Heilung und Selbstfindung. Damit bietet der Ort genau das, was heute viele Menschen eigentlich dringend brauchen. Der Hotel-Shop bietet ein breites Spektrum qualitativ hochwertiger ayurvedischer Produkte, auch selbstgemachtes Ghee oder handgemachte Köstlichkeiten wie etwa Laddus, die traditionellen indischen Süßigkeiten in Form von Bällchen. 10 Betten.

Massagen, Ayurveda, Thermalwannenbäder.
18-Loch-Parcours in 2 km.

4682 Geboltskirchen, Reitting 4
+43 7732 45576

Pauschalen, etwa „Ayurveda-Kurwoche“ inkl. Diät-VP, Arzt und 17 Therapien ab € 4.419,–

GESUNDHEIT

15 PUNKTE – 2 LILIEN

Gugerbauer ****

Grünruhelage am Innufer in Schärding

Ruheoase am Inn: Ein sympathischer Familienbetrieb, er ist auf Fastenkuren (Basenfasten, Intervallfasten, Heilfasten nach Buchinger) spezialisiert. Zimmer gibt es in sieben Varianten (15 bis 50 m²), allesamt mit Naturholzböden und hochwertigen Vollholzinterieurs – auch solche mit Ausblick auf den Fluss sind zu haben.

Das Spa ist exklusiv für Hausgäste, es verfügt unter anderem über vier Saunen, einen knapp 13 m langen Innenpool und eine Liegewiese. Die Massagen sind ausgezeichnet, zum Aktivprogramm gehören auch Yoga, Qi Gong, Pilates und Muskelentspannung nach Jacobson.

Fabelhafte Terrasse am Wasser, sehr gute und optisch ansprechende Slow-Food-Küche mit frischen Kräutern, feinen Gewürzen sowie vegetarischen und veganen Alternativen. Wer fastet, wird mit Ingwer-Shots, frischen Säften und Gemüsebrühen gestärkt. Präsente, junge Gastgeber, freundliche und bemühte Mitarbeiter, zuvorkommendes Umfeld. Nettes Publikum, viele Stammgäste, gutes Preis-Leistungs-Verhältnis. Die Umgebung lädt zum Spazierengehen, Joggen und Radfahren ein, Nordic-Walking-Stöcke und Fahrräder gibt's zur Gratisleihe. Gratisgarage für (fast) alle. Ungeeignet für Kinder, Hunde erlaubt. 17 Liegen, 60 Betten.

Hallenbad, Sauna, Dampfbad, Massagen, Kosmetik, Fitnessgeräte.
18-Loch-Parcours in 13 km, 25 % Greenfee-Rabatt.

4780 Schärding, Kurhausstraße 4
+43 7712 3191 0

Pauschalen, etwa Basenfasten-Woche ab 1.260,–. HP ab 197,–

Paradiso

WELLNESS

15 PUNKTE – 2 LILIEN

Paradiso ****S

Grünruhelage am Ortsrand in Bad Schallerbach

Kinderfreundlich. Spaß für Groß und Klein: ein Hotel im XL-Format mit eigenem Spa und zusätzlich direkter „Bademantelanbindung" an die größte öffentliche Therme Österreichs. Es handelt sich um das Flaggschiff der Eurothermen-Resorts, das inmitten eines weitläufigen Parks liegt, vor 20 Jahren eröffnet und vor kurzem wiederum in einigen Bereichen modernisiert wurde.

Zimmer gibt es in 17 Kategorien (DZ von 27 bis 120 m²), sie zeigen sich farbenfroh bis mutig bunt, haben Laminat- oder Teppichböden sowie stets Balkon oder Terrasse, einige wurden vor kurzem einem Makeover unterzogen.

Die öffentliche Therme bietet sehr viel, und das gleich in drei Arealen: einem zum Baden („Tropicana", mit Cabriodach und einer großen Anzahl verschiedenartigster Pools innen und außen, 9 bis 24 Uhr), einem mit zahlreichen Attraktionen für Kinder („Aquapulco" – Stichwort Wasserrutschen, 9 bis 22 Uhr) sowie einem großen Saunadorf („Auszeit", 12 Saunen, 9 bis 24 Uhr) mit zusätzlichem Pool. All das ist gut bis bestens besucht, besonders an Wochenenden! Deutlich ruhiger geht es im Hotel-Spa zu, dieses ist großzügig angelegt und exklusiv für Hausgäste obendrein. Es bietet unter anderem einen 24 m langen Thermalaußenpool, eine feine FKK-Zone (indoor und outdoor), sechs Saunen (drei davon textil, wo auch Kinder willkommen sind) und sehr gute Massagen.

Reichhaltiges Frühstücksbuffet, gute Küche, eine süße Nachmittagsjause mit Heißgetränken ist inkludiert. Viele freundliche Mitarbeiter, mitunter längere Wartezeiten, vor allem an der Rezeption. Wie das Hotel-Spa kann auch die öffentliche Therme an Anreise- und Abreisetag ohne Aufpreis ganztägig genutzt werden. Check-out bis 12 Uhr. Täglich fünf Stunden Betreuung für Kinder ab drei Jahren. Für Ruhesuchende nur bedingt geeignet. Hunde erlaubt. 210 Liegen, 300 Betten.

Thermalfreibecken, Außensauna, Sauna, Dampfbad, Massagen, Kosmetik, Ayurveda, Fitnessgeräte.
18-Loch-Parcours in 27 und 34 km, bis zu 25 % Greenfee-Rabatt.

4701 Bad Schallerbach, Promenade 1, +43 7249 440 710
HP ab € 255,–

Post am See Traunkirchen

WELLNESS

14 PUNKTE – 1 LILIE

Post am See Traunkirchen ****S

Grünruhelage am Traunseeufer – Salzkammergut

Hundefreundlich. Schöner Newcomer: Das reizvolle Traunkirchen liegt auf einer malerischen Halbinsel, die seit langem als inspirierender Treffpunkt für Kunstschaffende gilt. Hier liegt auch dieser Lilien-Aufsteiger, das Schwesterhotel vom benachbarten „Das Traunsee", das im Vorjahr um 21 zusätzliche Zimmer und ein kleines Rooftop-Spa erweitert wurde. Der Ausblick auf den Traunstein, die überaus freundlichen Mitarbeiter, das köstliche Essen und ein Ambiente, das sich als kreativ-gemütlich und lässig-elegant beschreiben lässt, zählen zu den Vorzügen des Hauses – die Webseite und der Hotelprospekt allerdings mit ziemlicher Sicherheit nicht!

Durchwegs schöne Zimmer stehen in 13 Varianten (DZ von 20 bis 53 m^2) zur Auswahl, alle haben Nespresso-Maschine, die meisten Balkon oder Terrasse, einige auch Sauna, nicht alle einen belebenden Ausblick, der Polyesteranteil des Bademantels ist stattlich. Logismäßiger Höhepunkt ist die Spectacular Lake Suite im fünften Stock, mit großer Sonnenterrasse, Sauna und Daybed, und ja, sie ist wirklich spectacular!

Wie die Restaurants steht das Spa auch externen Gästen offen, es ist auf drei Etagen verteilt und kein Riese, jedoch einnehmend gestaltet und verströmt blütenhafte Buntheit in dezenten Dimensionen. Wir fanden unter anderem eine separierte Adults-only-Zone, drei Saunen (eine davon textil) und einen 7 m langen Infinitypool im Dachgeschoß, auch hier genießt man Bilderbuchpanorama. Kleines Aktivprogramm, auch Yoga (bis zu sechsmal pro Woche), Pilates und E-Bike-Touren. Der bescheidene Fitnessraum vom „Das Traunsee" kann mitgenutzt werden.

Reichhaltiges Frühstücksbuffet bis 12 Uhr, sehr gute À-la-carte-Küche (bodenständig mit modernem Twist) bei netter Tischkultur, Halbpension wird nicht angeboten. E-Bikes, Kajaks und SUP-Boards gegen Gebühr. Eher ungeeignet für Kinder. 43 Liegen, 140 Betten.

Freibecken, Sauna, Dampfbad, Massagen, Kosmetik.

4801 Traunkirchen, Ortsplatz 5
+43 7617 2307
NF ab € 105,–

Royal Bad Ischl

WELLNESS/KUR
15 PUNKTE – 2 LILIEN

Royal Bad Ischl ****s

Zentrumslage in Bad Ischl – Salzkammergut

Thermenhotel mit Sisi-Touch: Mitten im Zentrum von Bad Ischl gelegenes Hotel der oberösterreichischen Eurothermen-Resorts, es ist über einen Bademantelgang an die öffentliche Therme angebunden, verfügt aber auch über einen kleinen Wellnessbereich, sogar ganz oben am Dach im sechsten Stock, da ist ein schöner Ausblick auf die Bergwelt des Salzkammerguts ohne Aufpreis zu genießen. Das Ambiente gibt sich mitunter etwas kaiserlich, in der Lobby residieren zwei Papageien, einer davon ist älter als der RELAX Guide – und hat schon so einige Hoteldirektoren gesehen.

Zimmer kann man aus 12 sehr unterschiedlichen Kategorien (DZ von 23 bis 81 m²) wählen, alle haben Balkon, W-Lan und Klimaanlage, viele Teppichböden, mitunter in Purpurrot. Wir haben uns für die hellblau-weiß-goldene „Sisi Suite" mit satinbespannten Rokokomöbeln, vielen Schnörkeln, Kristallkronleuchter und Himmelbett entschieden, denn da fehlt nur noch ein Zauner-Stollen zum süßen Glück.

Das hoteleigene Sky-Spa ist exklusiv für Hausgäste, es ist klein und fein, bietet zwei Saunen, Ruhezonen und einen knapp 8 m langen, auch im Winter nutzbaren Infinity-Außenpool. Die Hauptattraktionen in der öffentlichen Therme (bis 24 Uhr geöffnet) sind eine abwechslungsreiche Saunawelt, ein größerer Außenbereich und ein Strömungskanal, in dem man gemütlich im Salzwasser dahin-„floaten" kann. Kurmäßige Anwendungen für die Atemwege und den Bewegungsapparat werden ebenfalls geboten, Hilfe bei Burnout ebenso, und natürlich gibt's auch eine „Sisi-Massage" – what else? Während der warmen Jahreszeit kann man den Hotelbadestrand am Wolfgangsee nutzen (20 Autominuten).

Reichhaltiges Frühstücksbuffet bis 12 Uhr, die Küche hat sich neuerdings verbessert, sie verwendet Zutaten aus biologischer Landwirtschaft, eine süße Nachmittagsjause mit Heißgetränken ist inkludiert. Freundliche Mitarbeiter, viele langjährige Stammgäste. Die Therme kann an An- und Abreisetag ohne Aufpreis ganztägig genutzt werden. Gratisgarage für alle. Ungeeignet für Kinder, Hunde erlaubt. 100 Liegen (im „Hotelbereich" der Therme und im Sky-Spa), 240 Betten.

In der Therme: Thermalsolefreibecken, Thermalsolehallenbad, Außensauna, Sauna, Dampfbad, Massagen, Kosmetik. 18-Loch-Parcours in 7 km.

4820 Bad Ischl, Voglhuberstraße 10, +43 6132 204 2600
HP ab € 205,-

WELLNESS

15 PUNKTE – 2 LILIEN

Dachsteinkönig Familux Resort ****S

Grünruhelage am Ortsrand in Gosau – Salzkammergut

Kinder- und Babyhotel. „Kinder an die Macht": Das Grönemeyer-Lied beschreibt beinahe das Sein in diesem Resort. Es liegt auf etwa 770 m Seehöhe am Fuße des Gosaukamms, im Winter ist man hier ganz nahe am Hornspitz-Sessellift, dem Einstieg in 140 Pistenkilometer. Außen wie innen ist das Gebäude wohldurchdacht angelegt und mit viel Holz atmosphärisch gestaltet.

Zimmer gibt es in fünf Varianten (Apartments von 40 bis 157 m² für bis zu acht Personen), sie sind gemütlich und großzügig angelegt.

Das Spa ist zwar ausschließlich Hotelgästen vorbehalten, aber gemessen an der Größe des Hotels dennoch recht knapp bemessen. Unter anderem fanden wir eine Kombination aus Außen- und Innenpool, ein Babybecken, eine Familiensauna, Wasserkanonen, eine 100 m lange Reifenrutsche sowie einen Adults-only-Bereich mit sechs Saunen und FKK-Zone im Freien.

Wunderbares Frühstücksbuffet, zumeist gute Küche, Essen wird nahezu durchgehend von 7.30 bis 20.30 Uhr geboten, und zwar stets als Buffet. Softdrinks aus dem Automaten sowie Heißgetränke sind rund um die Uhr inkludiert. Für Kids gibt es ein Füllhorn an Attraktionen sowie täglich 13 Stunden Betreuung. Viele sehr freundliche und hilfsbereite Mitarbeiter. Das Spa kann am Abreisetag ohne Aufpreis genutzt werden. Gratisgarage für alle. Hunde erlaubt. 112 Liegen, 500 Betten.

Freibecken, Hallenbad, Kinderhallenbad, Außensauna, Sauna, Dampfbad, Massagen, Kosmetik, Fitnessgeräte.

4824 Gosau, Am Hornspitz 1, +43 6136 8888
VP (inkl. Softdrinks) ab € 333,-

WELLNESS

17 PUNKTE – 3 LILIEN

Geinberg5 Private Spa Villas

Grünruhelage am Ortsrand in Geinberg – Innviertel

Luxus mit Privacy: Ein kleines Dorf mit 11 ganz großen Bungalows („Villas"), es wurde vor mehr als 13 Jahren von der Vamed eröffnet und liegt in unmittelbarer Nähe der öffentlichen Therme Geinberg, zu der es auch einen Durchgang gibt.

Eine Villa umfasst im Regelfall zwei Suiten, und diese sind stets riesig (114 m²), in einem Fall sogar 300 m – das war anno 2013 noch eine Sensation! Obwohl der erste Glanz nun etwas verblasst ist und es auch bei Instandhaltung und Sauberkeit noch besser ginge, offerieren sie dennoch ein großartiges Wohngefühl: Sauna, Dampfbad, offener Kamin, feine Holzböden und übergroße Betten mit hochwertigen Matratzen. Vor dem Wohnzimmer gibt es eine große Terrasse mit Thermalwhirlpool und einen Badesteg an einem großen Naturbadeteich.

Das allgemeine Spa ist in einem zweistöckigen Badehaus untergebracht und recht funktional gestaltet, unter anderem fanden wir hier zwei Thermalwasserpools und eine kleine Saunazone.

Großartiges Frühstück, es wird bis 12 Uhr serviert, bei der Küche hat man etwas an Terrain verloren. Die Mitarbeiter agieren zuvorkommend und freundlich, zeigen sich aber mitunter überfordert. Hunde erlaubt. 46 Liegen, 54 Betten.

Naturbadeteich, Thermalfreibecken, Thermalhallenbad, Sauna, Dampfbad, Massagen, Kosmetik, Fitnessgeräte. 18-Loch-Parcours in 15 und 20 km, Tennishalle, Tennisplätze.

4943 Geinberg, Thermenplatz 1, +43 7723 8500 5555
HP ab € 445,-

WELLNESS

13 PUNKTE – 1 LILIE

Eichingerbauer ****S

Grünlage bei Mondsee – 30 km von Salzburg

Ein sympathisches Haus mit modern-ländlichem Flair, angenehmer Größe und einem schönen Garten. Es liegt etwas außerhalb des Ortes. Der Fokus liegt neben Sport und Wellness auch auf Seminaren und Tagungen.

Die Zimmer (10 Kategorien, DZ von 30 bis 80 m²) sind großzügig geschnitten und stilvoll gestaltet, einige haben auch eine Sauna. Das auch Tagesgästen offenstehende Spa umfasst unter anderem drei Saunen, einen 8,5 m langen Außenpool und eine Liegewiese.

Fabelhafte Restaurantterrasse, reichhaltiges Frühstücksbuffet ab 7 Uhr, sehr gute Küche. Präsente Gastgeber, viele freundliche Mitarbeiter, unkompliziertes Umfeld. Ruhesuchenden sei empfohlen, eventuell stattfindende Tagungen vor der Buchung abzuklären. Check-out bis 10.30

Cortisen am See

Uhr. Das Spa steht Hotelgästen an An- und Abreisetagen ohne Aufpreis zur Verfügung. Sonntag ist Ruhetag, daher gibt es dann im Rahmen der Halbpension kein Abendessen. Eher ungeeignet für Kinder. 41 Liegen, 100 Betten.

Freibecken, Sauna, Dampfbad, Massagen, Kosmetik, Fitnessgeräte.
18-Loch-Parcours in 1 und 4,5 km, bis zu 30 % Greenfee-Rabatt, Tennishalle, Tennisplätze.

5310 Mondsee-St. Lorenz, Eich 34, +43 6232 2658 0
HP ab € 181,-

WELLNESS

14 PUNKTE – 1 LILIE

Cortisen am See ****S

Grünlage am Wolfgangsee – Salzkammergut

Adults only (ab 16). „Kreativ, bunt und weitab vom Mainstream“, so lautet die Selbstbeschreibung im O-Ton, und das können wir getrost so stehen lassen. Das Boutique-Hotel liegt direkt am Wolfgangsee, ausgefallene Gestaltung und eine gehörige Portion Eigensinn des Gastgebers charakterisieren es. Mut auch: Vor zwei Jahrzehnten hatte man sich als erstes Adults-only-Hotel des Landes positioniert und dafür eine beispiellose mediale Hexenjagd hinnehmen müssen.

Die Zimmer (10 Kategorien, DZ von 20 bis 70 m²) sind farbintensiv und recht individuell gestaltet, nicht selten überraschen kontrastreiche Akzente – netzbestrumpfte Damenbeine etwa, die den Lampenschirm im Leopardenfell-Look jonglieren. Als zimmermäßiges Highlight erscheint uns übrigens die Suite im Bootshaus: direkt am Wasser, große Panoramafenster, traumhafter Ausblick – einfach phantastisch.

Das kleine Spa ist exklusiv für Hausgäste, es bietet unter anderem drei Saunen, einen 25 m langen Indoorpool und eine feine Liegewiese mit Badesteg. Die Außensauna kann man für sich alleine buchen, ab 19 Uhr. Die Massagen sind gut, man kann sie auch unter freiem Himmel genießen.

Fabelhafte Restaurantterrasse, ein reichhaltiges Frühstück wird bis 11 Uhr serviert. Gute Küche, eine süße Nachmittagsjause ist im Preis inkludiert. Viele junge Mitarbeiter, sie sind sehr bemüht. SUP-Boards gibt es zur Gratisleihe, Boote und Wasserski gegen Aufpreis, ebenso Mountainbikes und sogar eine Harley. Sie kostet 135 Euro pro Tag, allerdings „exklusive schwerer Waffen, harter Drogen und leichter Mädchen“

Seevilla Wolfgangsee

(werblicher O-Ton). Parken könnte zum Spießrutenlauf werden, ein öffentlicher Parkplatz (8,50 Euro pro Nacht) ist hilfreich in der Nähe. 25 Liegen, 70 Betten.

Seebadestrand, Hallenbad, Außensauna, Sauna, Dampfbad, Massagen, Fitnessgeräte.

5360 St. Wolfgang, Markt 15, +43 6138 2376 0
NF ab € 130,–

WELLNESS

14 PUNKTE – 1 LILIE

Seevilla Wolfgangsee ****

Grünlage am Wolfgangsee – Salzkammergut

Adults preferred (ab 8). Ein familiengeführtes Traditionshaus, es liegt direkt am See und gleichzeitig ganz nah am Ortszentrum. Das Haus verströmt einen niveauvollen, ländlichen Charme. Trotz Zielgruppenfokus auf Erwachsene sind auch Kinder erlaubt, aber erst ab 16 Jahren dürfen sie ins Spa. Vor kurzem erhielt das Haus ein porentiefes Remake, es zeigt sich nun so verjüngt, dass wir es kaum wiedererkannt haben.

Sehr gemütliche Zimmer gibt es in sieben Kategorien (DZ von 23 bis 65 m^2), alle haben Holzböden und Balkon, fast alle bieten einen schönen Ausblick auf den See, einige der neuen Suiten auch eine Sauna.

Das Spa ist klein und fein, neuerdings steht es auf Anfrage auch externen Gästen offen – der kalkulierende Rotstift hat offenbar auch hier gewonnen. Unter anderem genießt man drei Saunen mit direktem Seezugang, gemütliche Ruhezonen und einen 10 m langen, auch im Winter nutzbaren Außenpool. Im Dachgeschoß werden zweimal pro Woche Yogastunden abgehalten, dafür wurde ein neuer Raum mit herrlichem Ausblick geschaffen.

Fabelhafte Restaurantterrasse mit Morgen- und Abendsonne, reichhaltiges Frühstücksbuffet bis 11.30 Uhr. Eine Halbpension wird nicht angeboten, man kann aber im hauseigenen Restaurant à la carte essen, und das zumeist sehr gut und hauptsächlich regional, auch als Hausgast muss man allerdings reservieren. Gemütliche Bar, wunderbar freundliche und hilfsbereite Mitarbeiter, präsente Gastgeber. Hunde erlaubt. 19 Liegen, 70 Betten.

Seebadestrand, Freibecken, Sauna, Dampfbad, Massagen, Fitnessgeräte.

5360 St. Wolfgang, Markt 17, +43 6138 20055
NF ab € 141,–

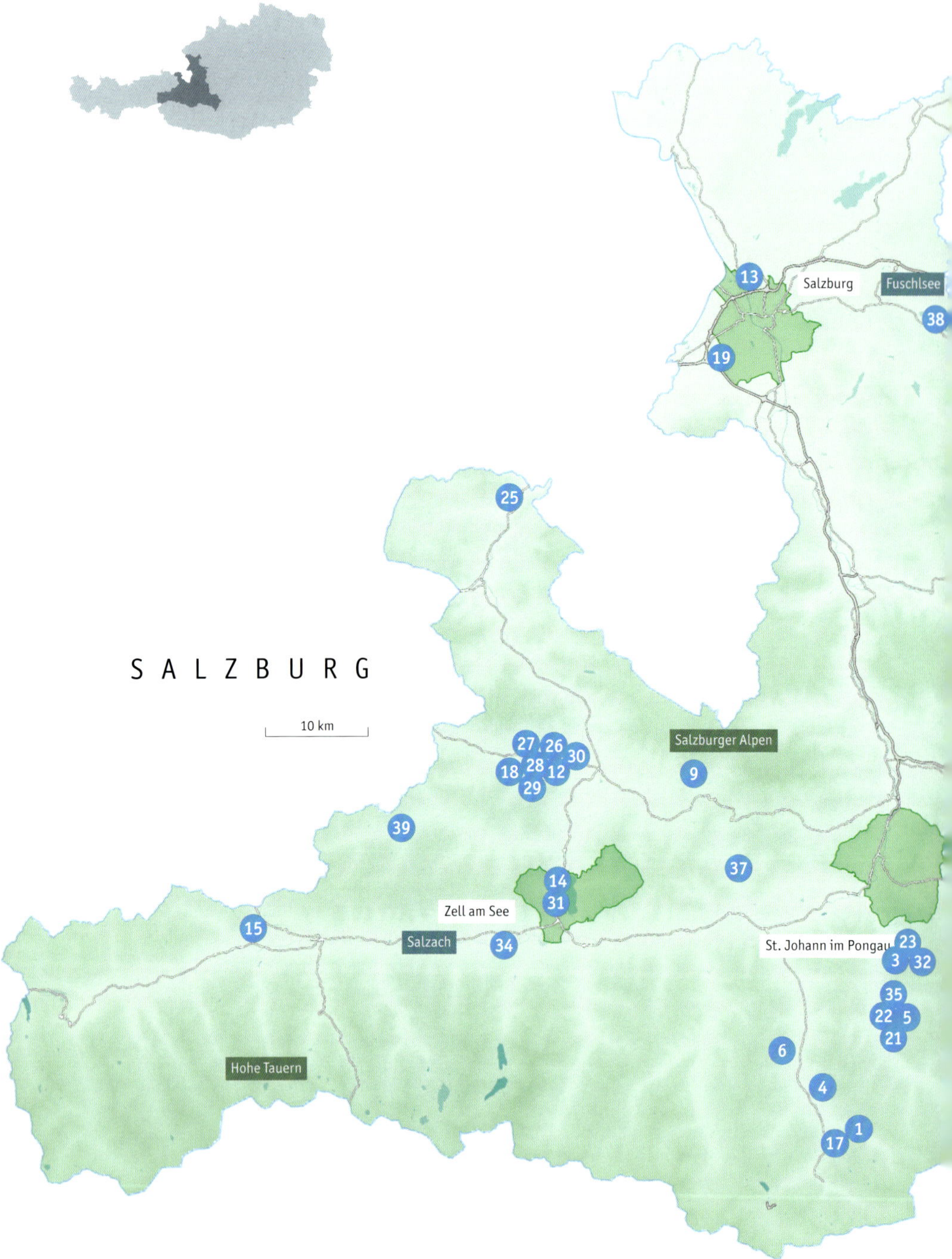
S A L Z B U R G
10 km
Salzburg
Fuschlsee
Salzburger Alpen
Zell am See
Salzach
St. Johann im Pongau
Hohe Tauern
13
38
19
25
27
26
30
18
28
12
29
9
39
37
14
31
15
34
23
3
32
35
22
5
21
6
4
1
17

ALLE LILIEN-HOTELS IN **SALZBURG**

	Hotel	Seite
1	A-Rosa Straubinger Grandhotel	97
2	Alpenrose Zauchensee ****	84
3	Berghof St. Johann ****S	90
4	Bismarck Verwöhnhotel ****S	96
5	Das Edelweiss Mountain Resort *****	92
6	Das Goldberg *****	95
7	Das Kohlmayr ****S	87
8	Das Seekarhaus *****	88
9	Die Hochkönigin ****S	102
10	Edelweiss Naturhotel Wagrain ****S	91
11	Eggerwirt Wellnesshotel ****S	89
12	Forsthofgut Naturhotel *****	103
13	Gmachl Genussdorf ****S	81
14	Grand Hotel Zell am See ****S	98
15	Gut Sonnberghof ****S	101
16	Gut Weissenhof ****S	87
17	Haus Hirt Alpine Spa ****	97
18	Krallerhof *****	104
19	Laschenskyhof ****S	81
20	Lürzerhof Alpin Life Resort ****S	85
21	Moar Gut Familien Natur Resort *****	94
22	Nesslerhof *****	93
23	Oberforsthof ****S	90
24	Panorama Obertauern ****S	88
25	Post Family Resort ****S	82
26	Priesteregg Premium Eco Resort	107
27	Puradies – Mein Naturresort ****S	105
28	Riederalm Good Life Resort ****S	106
29	Rupertus Biohotel ****	108
30	Salzburger Hof Leogang ****S	107
31	Salzburgerhof *****S	99
32	Sonnhof Alpendorf ****S	92
33	Steiner ****S	89
34	Tauern Spa ****S	100
35	Tauernhof Großarl	95
36	Tirolerhof Flachau ****	84
37	Übergossene Alm Resort ****S	98
38	Waldhof Fuschlsee Resort ****S	83
39	Wiesergut	102

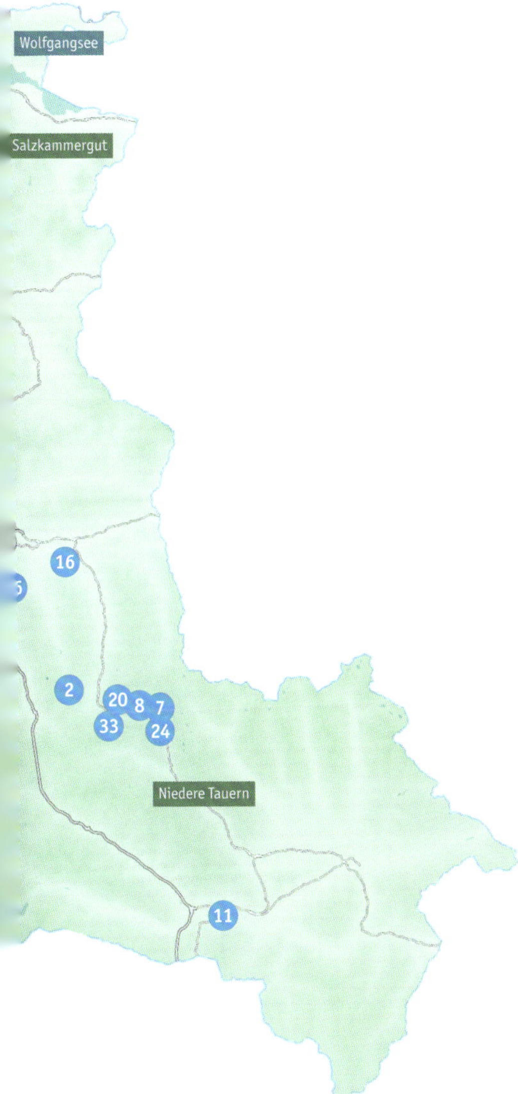

FEUERBERG

4 LILIEN

Auf 1.769 Metern Seehöhe gelegen. Ein Wellnesshotel mit Chalet-Almdorf auf der Gerlitzen Alpe in Kärnten mit freiem Blick über die Seen, Täler und Berge. Österreichs Badewelt am Berg.

www.feuerberg.at
9551 Bodensdorf/Gerlitzen Alpe
Kärnten, Österreich
T. +43 4248 2880

FEUERBERG MOUNTAIN RESORT ****S

Gmachl Genussdorf

WELLNESS

19 PUNKTE – 4 LILIEN

Gmachl Genussdorf ****S

Grünruhelage am Ortsrand in Bergheim – Nähe Salzburg

Genuss im Dorf: Das „Genussdorf" ist ein einnehmend sympathisches Hotel und zugleich ein leuchtender Stern am Himmel der Salzburger Wellnesshotellerie. Bereits beim Betreten wird die Professionalität und Sorgfalt spürbar, mit der das Haus geführt wird – und das bereits in achter Generation. Alles zeigt sich behaglich gestaltet und so bodenständig wie modern, erwähnenswert ist auch der schöne große Garten.

Zimmer gibt es in elf Varianten (DZ von 20 bis 75 m^2), sie verströmen wohnliche Eleganz, haben feine Holzböden, einige auch Whirlpool, Sauna, Biosauna und Infrarotbank, die Gartensuiten bieten zudem auch noch eine Außensauna.

Der weitläufige Wellnessbereich ist wunderschön und höchst vielfältig, er ist auf drei Areale aufgeteilt (Hang-Spa und Dach-Spa für Adults only sowie Garten-Spa), die Ästhetik besticht. Insgesamt fanden wir sechs Pools, 12 Saunen sowie hübsch gestaltete Ruheräume – am Dach vermittelt ein wohlig warmer Infinitypool das Gefühl, direkt zur Festung Hohensalzburg hinüberschwimmen zu können. Weiters gibt's unter anderem zwei Naturbadeteiche sowie einen feinen FKK-Bereich im Freien. Unser Lieblingsplatz ist ein sensationell gestalteter Raum mit Hängematten, Sandboden und Tropenklima – dabei ist man ja gar nicht auf Bali! Kleines Aktivprogramm, auch Yoga (am Wochenende) und Krafttraining in ansprechend gestalteten Fitnessräumen.

Fabelhafte Restaurantterrasse, wunderbares Frühstücksbuffet, zumeist sehr gute Küche, sie legt Wert auf frische und regionale Zutaten, eine Nachmittagsjause ist inkludiert. Fleischspezialitäten wie die Gmachl-Hauswurst kommen aus der hauseigenen Metzgerei, naturtrübe Hausbiere hingegen aus dem hauseigenen Braukessel. Überwiegend junge Mitarbeiter, sehr bemüht, manchmal etwas überfordert, aber sehr herzlich. Tolle Bar, Tennisplatz plus Schläger und Bälle inklusive, E-Bikes gegen Gebühr, Gratisgarage für alle. Hunde erlaubt. 156 Liegen, 224 Betten.

Naturbadeteich, Freibecken, Hallenbad, Außensauna, Sauna, Dampfbad, Massagen, Kosmetik, Ayurveda, Fitnessstudio. Vier 9-Loch-Parcours in 10 bis 30 km, fünf 18-Loch-Parcours in 12 bis 30 km, Tennisplatz.

5101 Bergheim, Dorfstraße 35, +43 662 452124 0
HP-plus ab € 195,–

Seit Generationen schätzen wir es, für Menschen da zu sein. Es freut uns, sie stets mit Neuem zu überraschen.

Franz Gmachl jun.
Gastgeber in achter Generation

WELLNESS

14 PUNKTE – 1 LILIE

Laschenskyhof ****S

Grünlage am Ortsrand in Wals bei Salzburg

Familienfreundlich. Mit einem weitläufigen Gastrobereich sozusagen seit Menschengedenken schlechthin das Ausflugsziel der Salzburger Lower Upper Class, erst seit einigen Jahren setzt man hier auch auf Wellness. Das Haus liegt unweit von Flughafen und Autobahn, es besteht aus drei Gebäuden unterschiedlichen Alters. Alles verströmt den Charme unaufgeregter Gemütlichkeit.

Zimmer gibt es in 12 stark unterschiedlichen Kategorien (DZ von 20 bis 58 m^2), viele sind großzügig angelegt, haben schöne Vollholzinterieurs und bieten einen feinen Ausblick, einige

Post Family Resort

auch eine eigene Sauna.

Das Spa ist öffentlich zugänglich, es bietet unter anderem eine Poolkombi (10 m Länge innen, 20 m außen) und vier Saunen, die Massagen sind sehr gut. Der separate Adults-only-Bereich (ab 14 Jahren) zeigt sich stilvoll arrangiert, hier fanden wir etwa eine „Weitblicksauna", einen FKK-Pool, einen kühlen Naturbadeteich sowie feine, aber zu wenige Ruheliegen – speziell dann, wenn Tagesgäste zahlenmäßig die Oberhand gewinnen, was auch unser Leser Julian aus Dachau erlebt hat.

Reichhaltiges Frühstücksbuffet (ab 6.30 Uhr), unsere Eier stammten aus biologischer Freilandhaltung. Die Küche ist bodenständig, die Tischkultur, je nach Stube, nett bis fairly casual. Buchbar ist das Haus nur mit NF, für das Abendessen à la carte muss man auch als Hausgast reservieren. Großer Kinderspielplatz, einen Spielraum gibt's auch indoor. Schöne Laufstrecken beginnen vor der Haustüre. Gutes Preis-Leistungs-Verhältnis. Hunde erlaubt. 42 Liegen, 175 Betten.

Naturbadeteich, Freibecken, Hallenbad, Sauna, Dampfbad, Massagen, Kosmetik, Fitnessgeräte.

5071 Wals-Viehhausen, Josef-Hauthaler-Straße 2, +43 662 852361
NF ab 136,–

WELLNESS

15 PUNKTE – 2 LILIEN

Post Family Resort ****S

Grünruhelage am Ortsrand – Nähe Lofer im Pinzgau

Kinder- und Babyhotel. Und was für eines! Ein Familienbetrieb mit zahlreichen Attraktionen für die Kleinen. Er liegt ruhig auf 540 m Seehöhe am Rande eines Wäldchens und ist übrigens Mitglied der deutschen Marketingvereinigung Familotel, was wir deshalb erwähnen, weil die Post weit über dem Durchschnittsniveau dieser Gruppe liegt. Alles zeigt sich hier stimmig, sauber und gemütlich. Für die Kleinen gibt es viel: eingezäunten Spielplatz direkt neben der Restaurantterrasse, Kletterturm, Reitstall, Streichelzoo mit Ponys, Eseln, Ziegen, im Winter einen kleinen Skilift, Skikindergarten, Eislaufplatz sowie das gesamte notwendige Equipment zur Gratisleihe.

Zimmer gibt es in 11 Varianten (DZ von 25 bis 75 m²), alle sind im ländlichen Chic gehalten, haben Balkon, Vollholzinterieurs und teilweise auch separate Kinderzimmer. Den besten Ausblick haben jene in den oberen Stockwerken mit Blick in Richtung Badeteich.

Waldhof Fuschlsee Resort

Das Spa ist exklusiv für Hausgäste, es bietet eine Wasserwelt mit Rutschen, Babybecken und einer Familiensauna. Im Dachgeschoß fanden wir einen feinen Adults-only-Bereich mit vier Saunen, einem Außenwhirlpool sowie schönen Ruhezonen. Im Freien gibt's einen knapp 15 m langen, auch im Winter nutzbaren Außenpool mit Thermalwasser und – ganz toll – einen großen Badesee: mit Sprungturm, Sandstrand und langer Wasserrutsche. In der Strandbar bekommt man Softdrinks und Eis – alles, was das Kinderherz begehrt. Täglich Aktivprogramm, auch Yoga, Pilates, Qi Gong, ebenso Bike-Touren und Eisbaden im See.

Restaurantterrasse (leider nicht fürs Abendessen), reichhaltiges Frühstücksbuffet bis 10.30 Uhr, Light Lunch und Nachmittagsjause sind inkludiert, Softdrinks vom Automaten und Heißgetränke ebenso. Viele freundliche und zuvorkommende Mitarbeiter. Stimmungsvolle Bar. Baby- und Kinderbetreuung täglich von 9 bis 20 Uhr. Hunde erlaubt. 56 Liegen, 190 Betten.

Naturbadeteich mit Wasserrutsche, Thermalfreibecken, Hallenbad, Babybecken, Sauna, Dampfbad, Massagen, Kosmetik, Fitnessgeräte.

18-Loch-Parcours in 25 und 46 km, bis zu 20 % Greenfee-Rabatt, Tennisplätze.

5091 Unken, Niederland 28
+43 6589 4226

HP-plus (inkl. Softdrinks) ab € 237,-

WELLNESS
15 PUNKTE – 2 LILIEN

Waldhof Fuschlsee Resort ****s

Grünruhelage am Fuschlsee – 25 km von Salzburg

Familienfreundlich. Viel für Groß und Klein: Ein traditionsreiches Großhotel auf 664 m Seehöhe in idyllischer Lage am See, ein besonderes Kennzeichen ist das umfangreiche Freizeitangebot, ein weiteres das Erscheinungsbild. Nämlich ein Stilmix mit gefällig romantisierendem Salzkammergut-Barock als Grundstruktur, und das kombiniert mit geheimnisvollen Grundrissen – hier könnte mitunter eine höhere Pfadfinderausbildung nicht schaden. All das beeinträchtigt den Wohlfühlfaktor aber nur wenig.

Die Zimmer (17 Kategorien, DZ von 27 bis 100 m^2) zeigen sich ebenso facettenreich, sie sind überwiegend großzügig gestaltet, haben Holzböden sowie Balkon oder Terrasse, viele bieten einen herrlichen Ausblick auf den See.

Das auch öffentlich zugängliche Spa erstreckt sich über drei Stockwerke und steht auch Tagesgästen offen, unter anderem fanden wir sechs Pools (der größte misst 14,5 m), sieben Saunen, ein Ladys-Spa sowie zahlreiche Ruhezonen. Täglich Aktivprogramm, auch Yoga, Pilates, geführte Wanderungen (im Winter mit Schneeschuhen), Bogenschießen und Klangschalen-Floating. Am Badestrand warten Ruderboote, SUPs und Kajaks zur Gratisleihe. Zudem verfügt das Haus über einen eigenen Golfplatz und einen Fitnessparcours im Wald.

Fabelhafte Restaurantterrassen, Frühstück bis 11 Uhr (unsere Eier stammten aus biologischer Freilandhaltung), Light Lunch und Nachmittagsjause sind inkludiert. Feine Tischkultur, schwankende Küchenleistung, einzelne Gänge fanden wir richtig gut. Freundliche und flinke Mitarbeiter, viele langjährige Stammgäste, inhomogene Gästeschar – Familien, Festspielfans, Kulturreisende und Ferrari-Fahrer finden sich hier ebenso ein wie Pauschaltouristen. Ein weiteres Haus befindet sich auf dem Hotelgelände, nämlich ein kleines „Bibliotel" garni, eine Adults-only-Frühstückspension mit 2.000 Büchern, die man kaufen oder ausleihen kann. Kinderbetreuung an fünf Tagen die Woche, viele Möglichkeiten für Kids – darunter Streichelzoo, eine 70 m lange Reifenrutsche und im Winter ein kleiner Skilift sowie eine Rodelbahn. Garage gegen 8 Euro pro Tag. Hunde erlaubt. 94 Liegen, 300 Betten.

Seebadestrand, Freibecken, Solefreibecken, Hallenbad, Sauna, Dampfbad, Massagen, Kosmetik, Damensauna, Fitnessstudio, Personal Trainer.
9-Loch-Parcours, Driving Range, Putting Green, acht weitere Golfplätze im Umkreis von 25 km, Golfschule, Tennisplatz, Tennishalle.

5330 Fuschl am See, Seestraße 30
+43 6226 8264
HP-plus ab € 204,-

WELLNESS
13 PUNKTE – 1 LILIE

Alpenrose Zauchensee ****

Grünruhelage in Zauchensee bei Altenmarkt – Pongau

Familienfreundlich. Ein sympathisches, bodenständiges Hotel mit alpinem Charme, auf 1.350 m Seehöhe und so nahe an der Talstation der Unterbergriedl-Sesselbahn (Skigebiet mit 110 Pistenkilometern), dass man fast schon mit den Skischuhen zum Frühstück erscheinen will. Hinter einer blumengeschmückten Fassade wartet das Haus mit einer gepflegten, heimeligen Ländlichkeit auf.

Auch die Zimmer folgen diesem Konzept, sie sind sehr sauber (sieben Varianten, DZ von 20 bis 40 m²), fast alle haben Vollholzmöbel, Teppichböden und Balkon.

Der auf vier Ebenen angelegte Wellnessbereich ist ausschließlich Hotelgästen vorbehalten. Unter anderem fanden wir sechs Saunen (hier dürfen auch Kinder mit hinein, das war übrigens bis vor wenigen Jahren hierzulande überall ganz normal) sowie einen 10 m langen Innenpool. Aus dem Whirlpool auf der Dachterrasse blickt man direkt auf die Piste – es ist beinahe großes Kino, die Spätabfahrt der letzten Après-Ski-Helden zu verfolgen.

Gutes Frühstücksbuffet bis 10.30 Uhr, zumeist gute bis sehr gute Küche. Gekocht wird deftig und gutbürgerlich, Light Lunch und Nachmittagsjause (nur im Winter) sind inkludiert. Für Veganer und Allergiker wird nichts geboten, das Hotel kommuniziert das allerdings schon deutlich und vorab, das finden wir anderswo selten, zeigt aber, welch guter Geist hier herrscht. Herzliche Gastgeber, wunderbar familiäres Umfeld, viele Stammgäste. Wanderwege starten direkt beim Haus, ein paar Gehminuten entfernt liegt ein schöner, naturbelassener Gebirgssee. Ruderboote, Tretboote, Kindersegelboote und SUP-Boards gibt's zur Gratisleihe. Gratisgarage für (fast) alle. 45 Liegen. 100 Betten.

Hallenbad, Außensauna, Sauna, Dampfbad, Massagen, Kosmetik, Fitnessgeräte.

5541 Altenmarkt, Zauchensee 24
+43 6452 4027
HP-plus ab € 144,-

WELLNESS
13 PUNKTE – 1 LILIE

Tirolerhof Flachau ****

Grünlage am Ortsrand in Flachau – Pongau

Familienfreundlich. Ganz nahe an der Piste: Ein herzlicher Familienbetrieb, solide geführt, in klassischer Lage – auf 913 m Seehöhe, nur wenige Skischuhschritte von der Star-Jet-Eins-Sechsersesselbahn entfernt, zugleich angenehm abseits des Durchzugsverkehrs, das Ortszentrum ist in wenigen Gehminuten erreichbar.

Das Resort besteht aus drei Gebäuden, die allesamt unterirdisch miteinander verbunden sind, inwendig zeigt sich alles durchgängig in ländlicher Gemütlichkeit. Zimmer gibt es in 11 Kategorien (DZ von 19 bis 50 m²), sie haben Teppich- oder Holzböden, Vollholzmöbel, Klimaanlage und fast immer auch Balkon oder Terrasse.

Das Spa ist auch öffentlich zugänglich und zweigeteilt: Familien finden Hallenbad, Babybecken und zwei Textilsaunen (die man bei Bedarf selbst anheizen darf), Ruhesuchende hingegen einen Adults-only-Bereich auf dem Dach. Dieser bietet fünf Saunen, einen auch im Winter geöffneten, 9 m langen Außenpool, feine Ruheräume und ein Sonnendeck mit Aussicht auf Berggipfel. Die Massagen sind sehr gut.

Frühstück ab 7.30 Uhr, gute Küche bei netter Tischkultur, Nachmittagsjause gibt's nur mittwochs und sonntags, an den sogenannten „Entschleunigungstagen", an denen das Hotel statt drei Abendmenüs zur Auswahl nur ein Schmankerlmenü anbietet. Präsente Gastgeber, viele freundliche und teils langjährige Mitarbeiter, viele Stammgäste. Im Winter warten direkt vor der Haustür Langlaufloipen und fünf Rodelbahnen – Schlitten werden kostenlos verliehen. Für Kinder gibt's Indoor- und Outdoor-Spielzonen (Spielplatz, Gokarts, Boulderhalle) sowie drei- bis viermal pro Woche Betreuung in den Sommerferien. Check-out bereits um 10 Uhr. Garage gegen 15 Euro pro Tag. Hunde erlaubt. 38 Liegen, 150 Betten.

Freibecken, Hallenbad, Babybecken, Sauna, Dampfbad, Massagen, Kosmetik, Fitnessgeräte.

5542 Flachau, Hofgasse 214
+43 6457 2779

HP ab € 112,-

WELLNESS

16 PUNKTE – 2 LILIEN

Lürzerhof Alpin Life Resort ****S

Grünlage in Untertauern – 80 km von Salzburg

Hunde- und familienfreundlich. Sympathischer Familienbetrieb mit superfeinem Spa: Auf 1.010 m Seehöhe gelegen, rund 12 Autominuten vom Skigebiet Obertauern entfernt, im Winter hält hier alle 30 Minuten ein kostenfreier Skibus. Trotz naher Katschberg-Bundesstraße lässt es sich dank guter Dämmung der Fenster entspannt schlummern – sofern man diese geschlossen hält. Viel Holz, offener Kamin, gedeckte Farben und Samt bestimmen das Ambiente der öffentlichen Räume.

Die Zimmer (DZ von 20 bis 96 m²) setzen auf neoalpinen Chic, alle haben Holzböden, Balkon oder Terrasse, mitunter hört man das Brummen der Klimaanlage vom Dach des Stammhauses. Erwähnenswert sind die Suiten im Zubau, sie sind groß und recht modisch gestaltet, die größte befindet sich im Dachgeschoß und bietet eine 110 m² große Terrasse sowie eine Außensauna.

Attraktion des Hauses ist das Spa, es steht auch Tagesgästen offen und bietet viel, zunächst einmal die Unterteilung in Zonen für Familien und solche für Ruhesuchende. Unter anderem fanden wir einen 18 m langen Innenpool, sieben Saunen sowie im Freien einen 10 m langen Pool, zwei Naturbadeteiche, eine FKK-Zone mit großem Whirlpool und eine Eventsauna mit Showaufgüssen. Kinovergnügen mit Rückenwärme genießt man hingegen auf den Infrarotliegen. Und ja, hier schläft man bisweilen auch süß ein. Aktivprogramm, auch geführte Wanderungen, im Winter mit Schneeschuhen.

Reichhaltiges Frühstücksbuffet (auch Freilandeier) bis 11 Uhr, zumeist gute Küche, sie verwendet auch so einige Zutaten aus der eigenen Landwirtschaft. Die Tischkultur ist fairly casual, Light Lunch und Nachmittagsjause (beides reichlich) sowie alkoholfreie Getränke (bis 17 Uhr) sind inkludiert. Stimmungsvolle Bar mit Raucherlounge. Die Mitarbeiter agieren herzlich und aufmerksam. Check-out ist bereits um 10 Uhr, das Spa steht am Abreisetag inklusive der Verpflegung noch den ganzen Tag zur Verfügung. Langlaufloipen direkt vor dem Haus, umfangreiches Service für Biker. Spielbereiche für Kinder, Betreuung in den Ferienzeiten. Gratisgarage für (fast) alle. 53 Liegen, 154 Betten.

Naturbadeteich, Freibecken, Hallenbad, Babybecken, Außensauna, Sauna, Dampfbad, Massagen, Kosmetik, Fitnessgeräte, Personal Trainer, Personal Trainer.
18-Loch-Parcours in 10 km.

5561 Untertauern, Dorfstraße 23
+43 6455 251

HP-plus ab € 235,-

Gut Weissenhof

WELLNESS

17 PUNKTE – 3 LILIEN

Gut Weissenhof ****S

Grünruhelage am Golfplatz in Radstadt – Pongau

Kinderfreundlich. Bauernhofurlaub für Anspruchsvolle: Wer sich je gefragt hat, wie ein gelungener Urlaub aus Reiten, Golfen und Alpenidylle wohl aussieht, könnte hier schnell fündig werden. Es handelt sich um ein schmuckes, familiengeführtes Landgut, es liegt auf 860 m Seehöhe an einem 27-Loch-Golfplatz, im Winter ist man hier direkt an der Loipe (260 km zusammenhängendes Netz) und nur einen Schneeballwurf von der Talstation der Skischaukel Radstadt-Altenmarkt-Zauchensee entfernt. Inwendig regiert mit Stil und Liebe arrangierte Gemütlichkeit: geölte Eichenböden, Leinenstoffe, warme Farben, viel edles Holz.

Zimmer gibt es in 15 Kategorien (DZ von 24 bis 100 m^2), alle haben Holzböden, die meisten Balkon. Sie sind recht unterschiedlich gestaltet, wirken jedoch durchwegs hochwertig.

Das Spa ist indoor nicht riesig, aber exklusiv für Hausgäste, zudem sehr gepflegt und fein ausgestattet. Unter anderem fanden wir fünf Saunen (eine davon im Freien), zwei beheizte Pools, einer mit 11, der andere mit 12 m Länge, eine großzügige Liegewiese im Außenbereich und gute Massagen.

Fabelhafte Terrasse mit Ausblick auf die Pferdeweiden, reichhaltiges Frühstücksbuffet bis 11 Uhr, Light Lunch und Nachmittagsjause (reichlich) sowie Softdrinks und Heißgetränke sind inkludiert. Sehr gute bis ausgezeichnete Küche, viele Zutaten kommen aus der eigenen Biolandwirtschaft. Präsente Gastgeber, viele freundliche Mitarbeiter – nicht wenige sind schon seit Langem dabei, viele Stammgäste. Ringsum gute Laufstrecken, blitzsauberer Reitstall mit Dressurplatz und Gastpferdeboxen. Für Kids gibt es Ponyreiten, Streichelzoo, Lagerfeuerabende und Picknicks auf der Alm – Letztere sind auch ohne eigenes Pferd ein schönes Erlebnis. Tägliche Kinderbetreuung von 9 bis 21 Uhr (mit saisonalen Einschränkungen), Räder und E-Bikes gegen kleine Gebühr, Gratisgarage für (fast) alle. Hunde erlaubt. 45 Liegen, 160 Betten.

Freibecken, Hallenbad, Kinderbecken, Außensauna, Sauna, Dampfbad, Massagen, Kosmetik, Fitnessstudio.
Putting Green, Driving Range, 27-Loch-Parcours, bis zu 30 % Greenfee-Rabatt, Tennishalle, Tennisplätze, Fußballplatz.

5550 Radstadt, Weissenhof 6, +43 6452 7001
HP-plus ab € 199,-

Mit unserem Team stehen wir dafür, dass Urlaubsträume wahr werden, die Zeit ein bisschen stehen bleibt und man Kraft sammeln kann.

Josef Habersatter
Gastgeber Gut Weissenhof

WELLNESS

15 PUNKTE – 2 LILIEN

Das Kohlmayr ****S

Zentrale Ortslage in Obertauern – 100 km von Salzburg

Niveauvoll, hochwertig, gemütlich: ein Wintersporthotel auf 1.700 m Seehöhe, nur zwei Gehminuten vom Einstieg ins 100 Pistenkilometer umfassende Skigebiet. In den letzten Jahren hat sich hier viel getan, und so entstand ein Ort, der nicht nur funktional, sondern auch emotional anspricht – ein bisschen Protz darf auch sein. Man kann ihn übrigens auch kaufen, denn das ganze Haus ist gleichsam ein Hotelshop – vom Teelichthalter über den Wandspiegel bis zum Deko-Osterhasen ist alles mit einem Preisschild versehen.

Zimmer können aus nicht weniger als 19 Kategorien (von 22 bis 104 m²) ausgewählt werden, viele sind äußerst großzügig geschnitten, einige haben freistehende Badewanne, private Sauna oder Infrarotkabine.

Das Spa ist exklusiv für Hausgäste und auf mehrere Bereiche verteilt, wirkt aber optisch dennoch wie aus einem Guss. Unter anderem gibt es vier Pools, darunter einen 10 m langen Infinitypool auf dem Dach, sowie einen Außenwhirlpool und fünf Saunen (zwei davon textil, eine mit Panorama). Die Massagen sind ausgezeichnet.

Reichhaltiges Frühstücksbuffet, gute Küche, feine Tischkultur. Light Lunch und süße Nachmittagsjause sowie Heißgetränke und Softdrinks sind inkludiert. Gute Weinkarte mit fairen Preisen. Professionelle und zugleich herzliche Mitarbeiter, angenehme Gäste, viele davon aus Deutschland. Sauberes Preis-Leistungs-Verhältnis. Valet Parking. 87 Liegen, 160 Betten.

Freibecken, Hallenbad, Kinderbecken, Sauna, Dampfbad, Massagen, Kosmetik, Fitnessgeräte.

5562 Obertauern, Ringstraße 5, +43 6456 72720
HP-plus ab € 167,–

WELLNESS

14 PUNKTE – 1 LILIE

Das Seekarhaus *****

Grünruhelage mit Fernblick bei Obertauern

Kinderfreundlich. Von den Betten auf die Bretteln: Auf 1.800 m Seehöhe direkt an der Talstation gelegen und mitten im Skigebiet, hier starten drei Lifte unmittelbar vor der Tür. Eine tolle Lage für Skifahrer, ein modern-heimeliges Ambiente und hohe Preise kennzeichnen dieses familiengeführte Haus, das neuerdings auch im Sommer geöffnet hat.

Zimmer gibt es in nicht weniger als 34 Varianten (DZ von 22 bis 120 m²), sie sind hochwertig und schön gestaltet, viele haben Eichenböden und Balkon, nicht wenige entbehrliche Sinnsprüche über dem Bett, einige absolut null Ausblick.

Das Spa ist auch Tagesgästen zugänglich und nach Bedürfnissen getrennt: Der Familienbereich bietet zwei Indoorpools (jeweils 11 m lang), ein Kinderbecken und zwei Textilsaunen, brandneu ist ein 25 m langer Außenpool. Im Erwachsenen-Spa gibt es fünf Saunen (mit Aufgüssen auf hohem Niveau) sowie einen kleinen Infinity-Dachpool mit Logenblick auf die Piste. Kleines Aktivprogramm, auch Yoga (zweimal wöchentlich).

Fabelhafte Restaurantterrasse, allerdings regelmäßig von Tagesgästen belagert. Reichhaltiges Frühstücksbuffet, die Küche im Rahmen der Halbpension hat uns nicht so ganz überzeugt (wie üblich ist das À-la-carte-Restaurant nicht Teil unserer Bewertung), eine Nachmittagsjause ist inkludiert. Präsente Gastgeber, viele freundliche Mitarbeiter, mitunter zeigen sie sich aber etwas überfordert. Für Kids gibt's viel: Elektro-Trial-BMX- und Bobby-Car-Parcours sowie Ninja-Warrior-Parcours, um nur einiges zu nennen, weiters täglich 12,5 Stunden Betreuung (ab 12 Monaten). Bar mit Beatles-Devotionalien. Gratisgarage für alle. Hunde erlaubt. 116 Liegen, 200 Betten.

Freibecken, Freibecken (Sommer), Hallenbad, Kinderbecken, Sauna, Dampfbad, Massagen, Kosmetik, Ayurveda, Fitnessgeräte.

5562 Obertauern, Seekarstraße 32, +43 6456 20010
HP-plus ab € 234,–

WELLNESS

13 PUNKTE – 1 LILIE

Panorama Obertauern ****S

Ortsrandlage in Obertauern – 100 km von Salzburg

Ein liebevoll geführter Familienbetrieb in bester Lage – auf 1.664 m Seehöhe direkt an der Talstation des Gamsleiten-Sesselliftes. Drinnen zeigt sich geschmackvoll arrangiertes Interieur, alles wirkt persönlich und gepflegt.

Zimmer gibt es in 15 Kategorien (DZ von 20 bis 130 m²), sie sind mehrheitlich in neoalpinem Charme gestaltet.

Das erst vor kurzem renovierte Spa ist auf zwei Ebenen angelegt: im ersten Stock die Familienzone mit zwei Textilsaunen und einem 9 m langen Innenpool, am Dach ein Adults-only-Bereich (ab 16 Jahren) mit schönem Ausblick auf die Berge und drei weiteren Saunen. Einen Außenbereich gibt es nicht, schließlich war man bis vor kurzem ein reines Wintersporthotel.

Frühstücksbuffet bis 11.30 Uhr, sehr gute Küche, sie macht auch Vegetarier und Veganer glücklich. Das Abendessen kann täglich à la carte oder als Menü gebucht werden – montags bleibt die Küche aber geschlossen. Überaus engagierte Gastgeberfamilie, ebenso das Team: aufmerksam, herzlich, präsent. Gratisgarage für fast alle Gäste. 37 Liegen, 110 Betten.

Hallenbad, Sauna, Dampfbad, Massagen.

5562 Obertauern, Brettsteinstraße 1, +43 6456 7432
HP ab € 129,–

Eggerwirt Wellnesshotel

WELLNESS

13 PUNKTE – 1 LILIE

Steiner ****S

Ortsrandlage in Obertauern – 100 km von Salzburg

Kinderfreundlich. Ein familiengeführtes Wintersporthotel, das seit kurzem auch im Sommer geöffnet hat, es liegt direkt an der Bundesstraße, über die man im Winter über eine Brücke zur Piste gelangt, der Einstieg ist nur zwei Gehminuten entfernt. Das Ambiente wirkt stellenweise etwas zusammengewürfelt, wobei die großzügige Lounge sich zu unserem Lieblingsplatz entwickelt hat.

Zimmer gibt es in 19 Varianten (DZ von 20 bis 45 m²), die Unterschiede in Look und Feel sind teils erheblich.

Das öffentlich zugängliche Spa ist auf fünf Ebenen verteilt: Unter anderem gibt es acht Saunen (davon drei textil), einen 12 m langen Innenpool und ein kleines Sky-Außenbecken (nur für Erwachsene). Die Massagen sind sehr gut.

Reichhaltiges Frühstücksbuffet bis 12 Uhr (unsere Eier stammten aus Freilandhaltung), Light Lunch und Nachmittags-Snacks sind inkludiert. Gute Küche, große Weinkarte. Für Kids gibt's unter anderem einen Indoor-Sandspielplatz sowie acht Stunden Betreuung (Mo bis Fr). Hunde erlaubt. 66 Liegen, 230 Betten.

Freibecken, Hallenbad, Sauna, Dampfbad, Massagen, Kosmetik, Fitnessgeräte.

5562 Obertauern, Römerstraße 45, +43 6456 7306
VP ab € 157,–

WELLNESS

17 PUNKTE – 3 LILIEN

Eggerwirt Wellnesshotel ****S

Zentrale Grünruhelage in St. Michael – Lungau

Kinderfreundlich. Viel Spa und großer Garten: Absolute Naturlage ist freilich auch schön, hier dagegen ist man mitten im Ort (auf 1.075 m Seehöhe), hat aber trotzdem seine Ruhe, einen feinen Ausblick auf die Berge gibt es obendrein! Es handelt sich um einen traditionsreichen Familienbetrieb – gemütlich, ländlich-bodenständig und seit vielen Jahren mit drei Lilien ausgezeichnet, aber das nicht nur wegen seiner guten Mehlspeisen!

Zimmer kann man aus 23 Kategorien wählen (DZ von 30 bis 100 m²), sie zeigen sich durchwegs hell und freundlich mit Vollholzinterieurs, feinen Holzböden und sehr guten Betten. Die meisten haben – zumindest französischen – Balkon, viele bieten einen schönen Ausblick nach Süden, einige zudem Infrarotkabine, freistehende Badewanne oder Dampfbad.

Das Spa ist öffentlich zugänglich und besteht aus drei Bereichen: für Ladys, Familien und Ruhesuchende (ab 14 Jahren). Unter anderem fanden wir 10 Saunen (eine davon textil), gemütliche Ruheräume, ein sehr gut ausgestattetes Fitnessstudio mit Ausblick ins Grüne, einen weitläufigen Garten mit tiefem Schwimmteich und einen knapp 13 m langen Innenpool, der mit seidenweichem, ph-neutralem „Perlwasser" befüllt ist – wunderbar, es schmeichelt der Haut, selbst wenn sich diese ansonsten wie eine Drama-Queen verhalten sollte.

Restaurantterrasse, reichhaltiges Frühstücksbuffet, sehr gute Küche bei netter Tischkultur, vegane und vegetarische Optionen gibt es auf Wunsch. Light Lunch, Nachmittagsjause, Softdrinks und Heißgetränke sind inkludiert. Präsente Gastgeber, viele langjährige und freundliche Mitarbeiter. Kinderbetreuung von 9 bis 19.30 Uhr (Mo bis Fr, zu Ferienzeiten auch an Samstagen), viele Stammgäste. Für Kurzaufenthalte bis zwei Nächte wird ein Zuschlag von 15 Prozent fällig. Valet Parking, Gratisgarage für alle. Hunde erlaubt. 100 Liegen, 200 Betten.

Naturbadeteich, Freibecken, Hallenbad, Solehallenbad, Kinderbecken, Sauna, Dampfbad, Massagen, Kosmetik, Ayurveda, Fitnessstudio, Personal Trainer.
9- und 18-Loch-Parcours in 4 km, 30 % Greenfee-Rabatt.

5582 St. Michael, Kaltbachstraße 5, +43 6477 8224 0
HP-plus ab € 221,–

WELLNESS
16 PUNKTE – 2 LILIEN

Berghof St. Johann ****S

Grünlage bei St. Johann – Pongau

Kinderfreundlich. Fein für Wanderer und Skifahrer: Ein seit Generationen familiengeführtes Haus auf 723 m Seehöhe, es liegt hinter Lärmschutzglas in einer Straßenkehre direkt gegenüber der Gondelbahnstation, damit ist man im Winter an 120 km Pisten angebunden. Im Vorjahr wurde großzügig erweitert und modernisiert, des Ergebnis kann sich sehen lassen.

Ein hochfeines Rooftop-Spa, gemütlicher neoalpiner Chic, ausgesprochen freundliche Mitarbeiter und Gastgeber, die selbst tüchtig mitanpacken, zählen zu den Vorzügen, ein herrliches Panorama aus vielen Räumen ebenso. Zimmer kann man nun aus 13 Kategorien (DZ von 22 bis 80 m²) wählen, besonders die neuen sind wunderschön, alle haben feine Holzböden, Balkon, Terrasse oder Loggia, einige auch Sauna oder Badewanne auf der Loggia, der Polyesteranteil des Bademantels ist stattlich.

Der Wellnessbereich steht neuerdings auch Tagesgästen offen, er ist in ein kleineres Areal für Familien und ein beinahe viermal so großes für Adults only unterteilt. Letzteres ist brandneu, liegt im Dachgeschoß und bietet unter anderem einen 11 m langen Infinity-Außenpool sowie eine Terrasse mit Ausblick bis auf den Hochkönig. Insgesamt fanden wir fünf Saunen (keine textil, bravo!), außerdem einen schönen Garten mit einem knapp 13 m langen, nur im Sommer nutzbaren Außenpool, Wasserrutsche und Hängematten. Sehr gute Massagen, Aktivprogramm, auch Yoga (täglich!), geführte Wanderungen, E-Bike-Touren sowie im Winter Skitouren für Anfänger.

Fabelhafte Restaurantterrasse, reichhaltiges Frühstücksbuffet, solide, zumeist sehr gute Küche, die Tischkultur ist rather casual, die Weinkarte recht groß. Es gibt vegetarische, gluten- und laktosefreie oder vegane Menüs als Alternativen. Familiäre Atmosphäre, zahlreiche Stammgäste. Für Verkehrslärmsensible nur bedingt geeignet. Kinderspielplatz, täglich 8,5 Stunden Betreuung für Kinder ab drei Jahren. Hunde erlaubt. 90 Liegen, 170 Betten.

Freibecken, Freibecken (Sommer), Kinderfreibecken (Sommer), Hallenbad, Sauna, Dampfbad, Massagen, Kosmetik, Fitnessgeräte.
18-Loch-Parcours in 12 km.

5600 St. Johann, Alpendorf 1, +43 6412 6181
HP ab € 190,–

WELLNESS
14 PUNKTE – 1 LILIE

Oberforsthof ****S

Grünruhelage mit Fernblick bei St. Johann – Pongau

Kinderfreundlich. Ein familiengeführtes Haus in schöner Panoramalage auf 760 m Seehöhe. Zur Talstation der Gernkogel-Sechsersesselbahn mit Anschluss an 210 Pistenkilometer sind es nur ein paar Schritte. Das Haus war in unserem Beobachtungszeitraum geschlossen, eine groß angelegte Modernisierung soll erst kurz nach Erscheinen dieser Ausgabe abgeschlossen sein, auch so einige öffentliche Räume werden einem Makeover unterzogen.

Edelweiss Naturhotel Wagrain

Die Zimmer (in 13 Kategorien, DZ von 22 bis 90 m²) sind gediegen und traditionell alpin arrangiert. Fast alle sind renoviert und haben feine Holzböden, alle Balkon oder Terrasse, einige auch Sauna, Whirlpool und offenen Kamin.

Das bislang recht kleine Spa soll gewaltig vergrößert werden, eine Adults-only-Zone mit vier Saunen und Onsen gehört dann unter anderem ebenso dazu wie ein Familienbereich, ein 20 m langer Innenpool und ein großer, schöner Garten. Die ganze Pracht kann natürlich erst nach unserem Besuch, also in der nächsten Ausgabe, vollinhaltlich beschrieben und bewertet werden, die aktuelle Bewertung ist daher möglicherweise etwas unscharf.

Reichhaltiges Frühstücksbuffet, gute Küche mit Biozutaten aus der Region, feine Tischkultur, eine Nachmittagsjause und die Saftbar für Kinder (nur im Sommer) sind inkludiert. Veganer und Gäste mit Unverträglichkeiten werden individuell bekocht. Viele freundliche Mitarbeiter, beim Service ist noch ein wenig Luft nach oben. Täglich 13 Stunden Kinderbetreuung (ab drei Jahren). Ruhesuchenden sei empfohlen, eventuell stattfindende Tagungen und Events vor der Buchung abzuklären. Gratisgarage für Direktbucher. Hunde erlaubt. 41 Liegen, 180 Betten.

Naturbadeteich, Hallenbad, Außensauna, Sauna, Dampfbad, Massagen, Kosmetik, Fitnessgeräte.
18-Loch-Parcours in 12 km, Tennisplatz.

5600 St. Johann, Alpendorf 11, +43 6412 6171
HP-plus ab € 173,–

WELLNESS
15 PUNKTE – 2 LILIEN

Edelweiss Naturhotel Wagrain ****S

Naturlage mit herrlichem Panorama – Pongau

Hunde- und familienfreundlich. Wer hier hereinkommt, merkt schnell: Naturverbundenheit ist hier keine Marketingfloskel, sondern Teil des Hotelcharakters. Auf einer Alm in 1.200 m Seehöhe gelegen und familiengeführt, wird hier Umweltbewusstsein mit Bodenhaftung gelebt und auf Schnickschnack verzichtet, nicht jedoch auf Qualität. Im Winter ist man buchstäblich an der Piste, die Rote-Achter-Gondelbahn verbindet mit 120 km Pisten, ein Übungshang für Kinder ist gleich nebenan. Das Haus mit seiner modernen Holzfassade zeigt sich innen naturnah, reduziert und mit liebevollen Details akzentuiert.

Die Zimmer (19 Kategorien, DZ von 22 bis

68 m²) sind mit Naturmaterialien wohnlich gestaltet, haben Boxspringbetten und Holzböden, alle verfügen über Balkon und bieten einen Ausblick, der auch den größten Morgenmuffel versöhnt – und alle anderen freudig den Tag erwarten lässt.

Das Spa wird mit Erdwärme betrieben, es steht auch Tagesgästen offen, ist indoor zwar nicht riesig, aber gut bestückt: zwei Innenpools (einer davon für Familien), fünf Saunen (zwei davon textil). Im Freien fanden wir Schwimmteich und Liegewiese, die Massagen sind sehr gut.

Fabelhafte Restaurantterrasse, reichhaltiges Frühstücksbuffet (auch: Eier aus biologischer Freilandhaltung), Light Lunch und süße Nachmittagsjause sind im Preis enthalten. Die Küche ist sehr gut und legt erkennbar Wert auf Regionales und Bio, vegane Menüs gibt's auf Vorbestellung, sie kosten aber 15 Euro extra. Freundliche Mitarbeiter, viele Stammgäste. Wanderwege ohne Zahl, Rodeln, Nordic-Walking- und Wanderstöcke gibt's zur Gratisleihe. Stimmungsvolle Bar mit riesiger Auswahl, unter anderem an Cocktails und Gins. Wer öffentlich anreist, wird kostenlos vom Bahnhof abgeholt. Täglich sechs Stunden Kinderbetreuung ab vier Jahren (mit saisonalen Einschränkungen). Gutes Preis-Leistungs-Verhältnis. Hunde erlaubt. 40 Liegen, 80 Betten.

Naturbadeteich, Hallenbad, Kinderhallenbad, Sauna, Dampfbad, Massagen, Ayurveda, Fitnessgeräte.
18-Loch-Parcours in 16 km, 100 % Greenfee-Rabatt, Tennisplatz.

5602 Wagrain, Weberlandl 65, +43 6413 8447
HP-plus ab € 180,-

WELLNESS
14 PUNKTE – 1 LILIE

Sonnhof Alpendorf ****S

Grünruhelage mit Fernblick bei St. Johann – Pongau

Adults only (ab 16). Piste, Pools und Yoga: Ein familiengeführtes Haus in angenehmer Größe, es liegt auf 760 m Seehöhe, und zwar gegenüber dem Schwesterhotel Oberforsthof (das auf Familien ausgerichtet ist). Im Winter ist man hier direkt an der Skipiste, und es ist nur ein kurzes Stück zur Sechsersesselbahn, dem direkten Anschluss an 120 zusammenhängende Pistenkilometer und zahlreiche Liftanlagen. Inwendig zeigt sich das Haus so zeitgemäß wie wohltuend unaufgeregt gestaltet.

Schöne in neoalpinem Look arrangierte Zimmer gibt es in 24 Varianten (DZ von 20 bis 70 m²), Holzböden, zarte Erdtöne und elegante Textilien regieren. Einige Zimmer haben einen offenen Kamin, die meisten Balkon – sogar mit herrlichem Ausblick. Ganz neu ist eine Suite mit Badewanne vor dem Panoramafenster und finnischer Sauna.

Das kleine, feine Spa steht auch Tagesgästen offen, es bietet unter anderem fünf Saunen (eine davon textil), einen 9 m langen Indoorpool, einen 4,5 m langen, im Winter eingeschränkt nutzbaren Außenpool sowie einen neuen Onsen (das ist ein heißes Becken nach japanischem Vorbild). Kleines Aktivprogramm, auch Yoga (mindestens fünfmal pro Woche).

Fabelhafte Restaurantterrasse, reichhaltiges Frühstücksbuffet bis 11 Uhr, zumeist sehr gute Küche, eine süße Nachmittagsjause ist im Preis inkludiert. Präsente Gastgeber, freundliche Mitarbeiter. Umfangreiches Service für Biker (Reparaturecke, Wäscheservice etc.), im Winter gibt's Rodeln und Schneeschuhe zur Gratisleihe. Garage im Partnerhotel gegen Gebühr. Hunde erlaubt. 48 Liegen, 75 Betten.

Freibecken, Hallenbad, Sauna, Dampfbad, Massagen, Kosmetik, Fitnessgeräte.
18-Loch-Parcours in 12 km.

5600 St. Johann, Alpendorf 16, +43 6412 7271
HP ab € 166,-

WELLNESS
16 PUNKTE – 2 LILIEN

Das Edelweiss Mountain Resort *****

Grünlage in Großarl bei St. Johann – Pongau

Kinderfreundlich. „Mountain Resort" im Tal: Wer hochalpine Abgeschiedenheit erwartet, könnte sich wundern, denn der Berg ist oben, das Hotel aber unten – am tiefsten Punkt und direkt an der Hauptstraße! Dafür sind es zur Gondelbahn nur ein paar Schritte, im Winter bedeutet das die Anbindung an ein Skigebiet mit 75 km Pisten. Das familiengeführte Haus hat vor kurzem neuerlich um- und zugebaut, es wurde sozusagen nochmals verdichtet, das bringt den Vorteil eines einheitlichen Erscheinungsbildes mit sich. Nachteil: Einen Garten wird man nicht finden, ein bisschen Rasen gibt es bestenfalls auf Dachflächen. Praktisch das gesamte Grundstück ist mehrgeschoßig zugebaut, die Orientierung ist anfänglich nicht unbedingt einfach.

Wunderschöne Zimmer gibt es in 19 Katego-

Nesslerhof

rien (DZ von 28 bis 100 m²), alle mit Holzböden, teils mit eigener Sauna oder Außensauna, alle mit W-Lan, das zigmal schneller ist als so mancher Teenager, die Erstbefüllung der Minibar ist inkludiert.

Das Spa – auf fünf Etagen untergebracht und auch für Tagesgäste zugänglich – bietet unter anderem ein weitläufiges Adults-only-Areal mit drei Saunen sowie einen Familienbereich mit Innenpool, Kinderbecken, vier Textilsaunen und fünf Wasserrutschen. Die zwei auch im Winter nutzbaren Außenpools empfanden wir als ein bisserl sehr frisch, die Massagen hingegen als kompetent durchgeführt. Aktivprogramm, auch Yoga (neuerdings etwas eingeschränkter als bisher) und geführte Wanderungen.

Fabelhafte Restaurantterrasse, reichhaltiges Frühstücksbuffet mit regionalen Produkten und Wurstwaren aus eigener Fleischerei, zumeist sehr gute Küche bei netter Tischkultur, feine Weinkarte. Präsente Gastgeber, viele freundliche Mitarbeiter, hoher Anteil an Stammgästen. Concierge-Service, das gerne auch schon einmal einen Hubschrauber für einen Rundflug über die Alpen organisiert. Das Spa darf am Anreisetag ganztägig genutzt werden, am Abreisetag jedoch nicht mehr. Kinderbetreuung ab null Jahren, Indoor-Fußballplatz und Boulderwand. Gratisgarage für alle. Hunde erlaubt. 281 Liegen, 375 Betten.

Freibecken, Solefreibecken, Hallenbad, Kinderbecken, Babybecken, Außensauna, Sauna, Dampfbad, Massagen, Kosmetik, Fitnessgeräte, Personal Trainer.
18-Loch-Parcours in 25 km, 20 % Greenfee-Rabatt.

5611 Großarl, Unterbergstraße 65, +43 6414 3000
HP ab € 280,-

WELLNESS
18 PUNKTE – 3 LILIEN

Nesslerhof *****

Grünruhelage am Ortsrand bei Großarl – Pongau

Familienfreundlich. Skifahren, wandern und gut essen: Ein modernes und sehr sympathisches Fünfsternhotel, es liegt auf 880 m Seehöhe, in erster Reihe fußfrei gegenüber der Talstation der neuen Kieserlbahn – ein Katzensprung zu 70 Pistenkilometern im Winter und in der restlichen Zeit ein idealer Startpunkt für Wanderungen. Das Haus besteht aus drei miteinander verbundenen Logiergebäuden, ziemlich neu sind Luxussuiten mit Spa – bis hin zum eigenen Pool auf der 95 m² großen Dachterrasse. Dort findet

Tauernhof Großarl

man sozusagen fast mehr Wellness als in einem einfachen Spa-Hotel.

Ausnahmslos große, schöne Zimmer kann man aus 15 Kategorien (von 35 bis 100 m^2) wählen, sie sind durchwegs hochwertig ausgestattet, viele mit feinem Holzboden, alle mit Balkon oder Loggia, überlange Betten und viel Licht kommen hinzu.

Auch das Spa ist großzügig dimensioniert, aufgeteilt in einen Familien- und einen Adults-only-Bereich zeigt es sich atmosphärisch arrangiert. Unter anderem fanden wir acht Saunen (davon vier textil), einen 12 m langen Innenpool, einen wunderbar naturnahen Badeteich und einen 25 m langen Outdoorpool. Sehr gute Massagen, Fitnessraum mit Bergpanorama, Aktivprogramm, auch Yoga (bis zu sechsmal pro Woche), geführte Wanderungen und E-Bike-Touren.

Fabelhafte Restaurantterrasse, großartiges Frühstücksbuffet, sehr gute bis ausgezeichnete Küche, sie begeisterte uns mit regionalem Fokus, Raffinesse und ansprechender Präsentation. Light Lunch und Nachmittagsjause sind inkludiert. Die Weinkarte ist gelungen, die Barpreise sind erfreulich, nicht zuletzt bei den hauseigenen Schnäpsen. Außerordentlich freundliche Mitarbeiter, präsente Gastgeber. „Definitiv stimmiges Gesamtpaket mit verbesserungsfähigen Kleinigkeiten", schrieb uns eine Leserin aus Wien-Alsergrund. Das sehen wir auch so. Gratisgarage für alle. 125 Liegen, 250 Betten.

Naturbadeteich, Freibecken, Solefreibecken, Hallenbad, Außensauna, Sauna, Dampfbad, Massagen, Kosmetik, Fitnessgeräte, Personal Trainer.
18-Loch-Parcours in 25 km.

5611 Großarl, Unterbergstraße 50, +43 6414 81200
HP-plus ab € 221,-

WELLNESS
17 PUNKTE – 3 LILIEN

Moar Gut Familien Natur Resort *****

Grünruhelage am Ortsrand bei Großarl – Pongau

Kinder- und Babyhotel. Stil, Stall und Spa: Wären Kinderhotels eine olympische Disziplin, dieses hier hätte gute Chancen auf Gold. Auf 910 m Seehöhe, umgeben von Almwiesen und Bergpanorama, versteckt sich dieser Familienbetrieb am Ende einer Sackgasse – was für Kinder und Erwachsene gleichermaßen gut ist. Zur Talstation der Gondelbahn, dem direkten Anschluss an knapp 75 km zusammenhängende Pisten im Winter, sind es 3 km. Das Ambiente zeigt sich niveauvoll und fast wie im Bilderbuch, stilisierte Ländlichkeit und Zen-artige Schlichtheit geben sich die Hand, und einen Schuss Trapp-Familie-Flair gibt es obendrein.

Zimmer gibt es gleich in 29 Kategorien (25 bis 105 m²), viele davon mit Naturholz an Boden, Wänden und Decke – wohltuend heimelig, teils fast wie ein Baumhaus de luxe. Die „Natursuiten" verfügen über freistehende Badewanne und Klimaanlage – nobles Penthouse-Feeling inklusive, denn der Aufzug führt direkt ins Zimmer.

Das Spa ist exklusiv für Hausgäste, es bietet unter anderem sieben Saunen (davon drei textil), einen 20 m langen, ganzjährig beheizten Außenpool, einen FKK-Schwimmteich und feine Ruhezonen. Für Kinder gibt es ein eigenes Wasserreich, Baby-Spa, Schokomassagen und kunterbunte Maniküren.

Großartiges Frühstücksbuffet, gute Küche, sie legt großen Wert auf Regionalität und versteht sich auch auf Vegetarisches und Veganes. Light Lunch und Nachmittagsjause sind inkludiert, Heißgetränke ebenso, beim Blick in die Weinkarte stockte uns allerdings der Atem – aber die Zielgruppe sind ohnedies nicht unbedingt Kleinanleger. Viele freundliche und hilfsbereite Mitarbeiter. Ganz viel für Kids, täglich liebevolle Kinderbetreuung von 9 bis 21 Uhr ab dem 30. Lebenstag (!). Gratisgarage mit Autowaschanlage. 67 Liegen, 170 Betten.

Naturbadeteich, Freibecken, Hallenbad mit Rutsche, Kinderbecken mit Rutsche, Sauna, Dampfbad, Massagen, Kosmetik, Fitnessgeräte, Personal Trainer.
Reithalle mit Schule, Tennisplatz.

5611 Großarl, Moargasse 22, +43 6414 318
VP ab € 315,-

WELLNESS

14 PUNKTE – 1 LILIE

Tauernhof Großarl

Ortslage in Großarl bei St. Johann – Pongau

Familienfreundlich. Viel Wellness for the money: Auf 875 m Seehöhe gelegen, vis-à-vis vom Parkplatz der Kieserlbahn liegt dieser vor kurzem großzügig modernisierte Familienbetrieb. Er ist vielleicht nicht der Inbegriff beherbergungsmäßiger Ästhetik, dafür punktet er mit einer unkomplizierten, familiären Atmosphäre und einem indoor relativ großen Spa, Lobby und Restaurant zeigen sich zudem in gefälliger Modernität, und alles ist gut gepflegt.

Zimmer gibt es in neun recht unterschiedlichen Kategorien (DZ von 18 bis 55 m²), sie präsentieren sich gemütlich-ländlich, viele haben Holzböden, alle Balkon.

Herzstück des Hauses ist das auf mehreren Ebenen angelegte Spa. Es steht neuerdings auch externen Gästen offen, bietet unter anderem sechs Saunen (zwei davon textil), einen beachtlich dimensionierten Indoor-Whirlpool (laut werblichem O-Ton „der größte im Alpenraum"), einen 15 m langen Infinity-Außenpool (ganzjährig beheizt und in den Ferien nicht selten in Kinderhand) sowie eine FKK-Zone im Freien. Kleines Aktivprogramm, auch Yoga (einmal pro Woche).

Reichhaltiges Frühstücksbuffet, kleine Weinkarte mit Österreich-Schwerpunkt und fairen Preisen, für unsere jüngsten Hoteltester wurde das Eisbuffet zum Hotspot. Für sie gab es freilich noch mehr, etwa Streichelzoo mit Zwergschafen und Ziegen, Ponys und Hasen, Spielzonen sowie einen öffentlichen Spielplatz im Freien, der direkt an das Hotel grenzt. Check-out ist um 10.30 Uhr, das Spa bleibt danach ohne Aufpreis nutzbar. Gratisgarage für alle. Hunde erlaubt. 71 Liegen, 250 Betten.

Freibecken, Hallenbad, Babybecken, Außensauna, Sauna, Dampfbad, Massagen, Kosmetik, Fitnessgeräte, Personal Trainer.
18-Loch-Parcours in 25 km.

5611 Großarl, Unterbergstraße 55, +43 6414 264
HP ab € 171,-

WELLNESS

15 PUNKTE – 2 LILIEN

Das Goldberg *****

Grünlage mit Fernblick in Bad Hofgastein

Neuerdings mit fünf Sternen: Dieses familiengeführte Hotel präsentiert sich als Refugium für jüngeres, eher designaffines Publikum, es liegt auf 938 m Seehöhe über dem Gasteinertal, nur einen Steinwurf von der Schlossalm-Talstation entfernt, mit direktem Pistenanschluss im Winter. Ebenfalls in unmittelbarer Nähe: die Bahnlinie, deren Geräusche bei geöffnetem Fenster eher an urbanes Wohnen als an alpinen Rückzug erinnern – gut, dass die Fenster dreifach isoliert sind, und gut, dass man sie schließen kann. Ambientemäßig fehlt es uns hier ein bisschen an Bodenständigkeit, offenbar zählt die Optik, nicht weniges scheint hier fürs Auge gemacht.

Bismarck Verwöhnhotel

Auch die Zimmer (14 Kategorien, DZ von 26 bis 90 m²) folgen diesem Konzept, alle haben Balkon oder Terrasse, viele Holzböden, die höheren Kategorien sogar Kamin, freistehende Badewanne und private Sauna. Und wer ganz viel Abgeschiedenheit sucht, wird im Spa-Chalet fündig: eine Berghütte aus Holz, Glas und Weitblick – Instagram-Tauglichkeit inklusive.

Das auch Tagesgästen zugängliche Spa ist schön gestaltet. Unter anderem fanden wir stylische Lounges, fünf Saunen, einen 22 m langen Infinitypool mit Panoramablick, zudem einen Badeteich mit Sandstrand. Neu ist ein Schaum-Dampfbad, das ist amüsant und wohltuend für die Haut obendrein. Kleines Aktivprogramm, auch Yoga (auch Retreats), Stretching und geführte Wanderungen.

Fabelhafte Restaurantterrasse, Frühstücksbuffet bis 11 Uhr, ein Nachmittagsimbiss wird im Spa gereicht. Viele freundliche Mitarbeiter, einige aus der Region, die meisten aus der Ferne – in puncto fünfsternmäßiger Servicequalität ist man auf gutem Weg, aber noch nicht ganz am Gipfel angekommen. Die Spa-Nutzung am Abreisetag ist bis 15 Uhr inkludiert. Kostenlose Abholung vom Bahnhof. Ungeeignet für Kinder, Hunde erlaubt. 76 Liegen, 140 Betten.

Naturbadeteich, Freibecken, Außensauna, Sauna, Dampfbad, Massagen, Kosmetik, Fitnessgeräte.
18-Loch-Parcours in 8 km, bis zu 100 % Greenfee-Rabatt.

5630 Bad Hofgastein, Haltestellenweg 23, +43 6432 6444
HP-plus ab € 240,–

WELLNESS/KUR

15 PUNKTE – 2 LILIEN

Bismarck Verwöhnhotel ****S

Grünruhelage in Zentrumsnähe in Bad Hofgastein

Familienfreundlich. Old school für Wellness und Kur: Ein freundlicher Familienbetrieb, hier werden noch viele gute alte Hoteltugenden hochgehalten, so wird man etwa stets mit seinem Namen angesprochen und freundlich gegrüßt – das ist ja längst nicht mehr selbstverständlich. Auf 860 m Seehöhe gelegen und umgeben von einem wunderschönen Garten, besteht das Haus aus drei unterirdisch verbundenen Logiergebäuden. Das Ambiente zeigt sich in klassischer Gediegenheit, überall im Haus brennen Kerzen, es geht also ruhig und gemütlich zu, schade nur, dass neuerdings die Blumen aus Plastik sind.

Zimmer kann man aus 19 Kategorien (DZ

von 20 bis 80 m²) wählen, das Spektrum reicht vom klassischen Landhaus bis hin zu elegantem Neoalpin, meist mit Holzböden, aber auch gelegentlich mit farbenfrohem Teppich, immer mit Balkon oder Terrasse.

Das Spa ist exklusiv für Hausgäste, es gliedert sich in einen Bereich für Familien und einen für Ruhesuchende. Unter anderem fanden wir vier Thermalpools (je zwei innen und außen, jeweils 10 m lang, aber teilweise ein bisserl sehr frisch!), sechs Saunen (drei davon textil), ein separates Ladys-Spa sowie einen schönen Garten mit Pavillon und Poolbar. Erstklassige Massagen, kleines Aktivprogramm, auch Yoga und Rücken-Fit. Als staatlich anerkannter Kurbetrieb bietet das Hotel darüber hinaus medizinische Diagnostik und Therapie, die berühmten, wohltuenden Radonwannenbäder ebenso.

Gemütliche Stuben, reichhaltiges Frühstücksbuffet (unsere Eier stammten aus Bodenhaltung), feine Tischkultur, umfangreiche Weinkarte, faire Getränkepreise. Light Lunch und Nachmittagsjause sind inkludiert. Präsente und zuvorkommende Gastgeber, professionell freundliche und gut motivierte Mitarbeiter. Viele langjährige Gäste, zahlreich kommen sie aus Deutschland. Gratis-Skibus alle 10 Minuten. Fahrräder gibt's zur Gratisleihe. Das Spa kann an An- und Abreisetag ohne Aufpreis genutzt werden. Sauberes Preis-Leistungs-Verhältnis. Hunde erlaubt. 62 Liegen, 145 Betten.

Thermalfreibecken, Thermalhallenbad, Sauna, Dampfbad, Radonbäder, Massagen, Kosmetik, Fitnessgeräte.
18-Loch-Parcours in 6 km, 25 % Greenfee-Rabatt.

5630 Bad Hofgastein, Alpenstraße 4, +43 6432 6681
HP-plus ab € 154,-

WELLNESS

14 PUNKTE – 1 LILIE

A-Rosa Straubinger Grandhotel

Zentrale Ortslage mit Fernblick in Bad Gastein

Adults only (ab 14 Jahren). Auferstanden von den Toten: Ein traditionsreiches Haus aus der goldenen Ära Gasteins, nach jahrzehntelangem Verfall wurde es vor zwei Jahren von der deutschen Travelcharme-Kette wiedereröffnet, seit kurzem segelt es nun unter der ebenfalls deutschen A-Rosa-Flagge. Die Lage ist etwas ganz Besonderes: direkt am tosenden Wasserfall! Innen zeigt sich das Grandhotel in einnehmender Gefälligkeit, als Historie mit kontemporären Akzenten. Nicht weniges zeigt sich luxuriös, mondän sogar, den restaurierten Belle-Époque-Speisesaal zählen wir übrigens zu den schönsten Restaurants aller Lilien-Hotels.

Die Zimmer (vier Kategorien, DZ von 22 bis 60 m²) sind ansprechend gestaltet, nur wenige haben Balkon, einige freistehende Badewanne oder Zirbensauna. Die Bettwäsche ist wunderbar angenehm, Turndown-Service gibt's auf Wunsch, die Ablagemöglichkeiten sind begrenzt. Wir empfehlen ein Zimmer mit Ausblick auf den Wasserfall – ein Schmaus für Ohren und Atemwege.

Das Spa ist sehr klein, aber ganz fein. Es ist exklusiv für Hausgäste und begeistert ebenfalls durch seine Lage direkt am Wasserfall – eine fast schon therapeutische Erfahrung, dieser Sprühnebel! Unter anderem fanden wir zwei Saunen und einen 20 m langen (sehr seichten) Infinity-Außenpool – ohne Thermalwasser, auch die üblichen Gasteiner Radonwannenbäder gibt es nicht.

Reichhaltiges Frühstücksbuffet (auch für externe Gäste), gute bis sehr gute Küche bei netter Tischkultur, die Abstände zwischen den Tischen dürften jedoch gerne etwas würdevoller bemessen sein. Viele freundliche und professionelle Mitarbeiter. Parken muss man in der öffentlichen Garage (100 m entfernt, 8,50 Euro pro Tag). Hunde erlaubt. 11 Liegen, 202 Betten.

Freibecken, Sauna, Massagen, Kosmetik, Fitnessgeräte, Personal Trainer.
18-Loch-Parcours in 3 km.

5640 Bad Gastein, Straubingerplatz 2, +43 6434 30490 500
HP ab € 169,-

WELLNESS

14 PUNKTE – 1 LILIE

Haus Hirt Alpine Spa ****

Grünruhelage mit Fernblick am Ortsrand – Bad Gastein

Hunde- und kinderfreundlich. Für Freigeister und Bobos: Ein ganz außergewöhnlicher Familienbetrieb, er liegt auf 1.000 m Seehöhe oberhalb von Bad Gastein, der Ausblick ins Tal ist herrlich. Einst Treffpunkt von Thomas Mann und Lady Churchill, heute ein Place to be für hippe Münchner und Berliner Familien, zudem Rückzugsort für Kreative, die Ruhe und Anregung gleichermaßen suchen – wobei Letzteres mitunter von den vielen Kindern kommt, die in Socken durch Lobby, Bar und Restaurant wuseln.

Das Haus verbindet virtuos die Eleganz der Belle Époque mit modernem Design – viel Holz, farbige Akzente plus eine Prise Shabby Chic. Die Zimmer (neun Kategorien, DZ von 19 bis 45 m²) zeigen sich niveauvoll und gemütlich gestaltet, sie haben Holzböden und zumeist Balkon oder Terrasse. Für Familien stehen kombinierbare Zimmer mit Verbindungstüren zur Verfügung.

Das Mini-Spa steht exklusiv Hausgästen offen, unter anderem fanden wir einen kleinen Innenpool, zwei Saunen, ein Dampfbad und Ruhebereiche mit Blick auf die umliegenden Berge. Die Massagen sind sehr gut, auch Radonwannenbäder können ausprobiert werden – sie sind wunderbar. Aktivprogramm, auch Yoga (zweimal täglich) und geführte Wanderungen.

Fabelhafte Restaurantterrasse, Frühstücksbuffet bis 11 Uhr, sehr gute Küche, sie legt Wert auf regionale und saisonale (Bio-)Produkte und versteht sich auch auf Vegetarisches, Veganes sowie auf Unverträglichkeiten, eine Nachmittagsjause ist inkludiert. Stimmungsvolle Bar. Präsente Gastgeber, junge, herzliche Mitarbeiter, legeres Umfeld mit kosmopolitischem Touch, umfangreiche Kinderbetreuung (ab 18 Monaten 12 Wochenstunden, ab dem dritten Lebensjahr 45 Wochenstunden). Das Spa kann sowohl am An- als auch am Abreisetag ganztägig genutzt werden. 21 Liegen, 70 Betten.

Hallenbad, Sauna, Dampfbad, Radonbäder, Massagen, Kosmetik, Ayurveda.
18-Loch-Parcours in 2 km.

5640 Bad Gastein, Kaiserhofstraße 14, +43 6434 2797
HP-plus ab € 135,-

WELLNESS
14 PUNKTE – 1 LILIE

Übergossene Alm Resort ****S

Grünlage bei Dienten am Hochkönig – Pinzgau

Kinderfreundlich. Mainstream auf bodenständig: Das „sagenhafte Hotel“ (werblicher O-Ton) ist ein familiengeführter Landhotelklassiker, er liegt auf 1.240 m Seehöhe direkt an der Straße, im Winter gelangt man über diese direkt an die Piste (Einstieg zu 120 Pistenkilometern). Der Ausblick ist herrlich, das Innere ist von verschiedenartigsten Einrichtungsstilen geprägt, verströmt aber dennoch eine große Portion Gemütlichkeit.

Die Zimmer (12 Kategorien, DZ von 25 bis 90 m²) zeigen sich recht unterschiedlich, auch recht feine gibt es. Alle haben Balkon, nicht alle sind ganz ruhig gelegen, wem das wichtig ist, nimmt am besten eines im Neubau auf der straßenabgewandten Seite.

Das Spa steht neuerdings auch externen Gästen offen. Unter anderem fanden wir acht Saunen, zwei kleine Pools, einen ganzjährig beheizten Badeteich sowie eine feine Liegewiese. Am kleinen Almsee wartet ein Floß, das gerne mal als Piratenschiff herhält – Tretboote und SUP-Boards sind gratis, Kentern inklusive. Aktivprogramm, auch Yoga, Meditation und geführte Wanderungen.

Reichhaltiges Frühstücksbuffet, zumeist gute Küche, Light Lunch und Nachmittagsjause mit Softdrinks und Heißgetränken sind im Preis inkludiert. Präsente Gastgeber, viele freundliche und hilfsbereite Mitarbeiter. Pepper, der erste Roboter in der österreichischen Hotellerie, war das nicht, er wurde deshalb zwischenzeitlich entlassen. Dem Vernehmen nach befindet er sich mittlerweile in Ghana – unter Millionen Tonnen von Elektronikschrott aus dem nachhaltigkeitsverliebten Europa. Für Kinder gibt es großzügige Spielareale, auch indoor mit Bällebad sowie täglich acht Stunden Betreuung ab drei Jahren. Gratisgarage für (fast) alle. Hunde erlaubt. 68 Liegen. 170 Betten.

Naturbadeteich, Freibecken, Hallenbad, Außensauna, Sauna, Dampfbad, Massagen, Kosmetik, Fitnessgeräte.
Sechs 18-Loch-Parcours im Umkreis von 60 km, bis zu 30 % Greenfee-Rabatt, Tennishalle, Tennisplätze.

5652 Dienten am Hochkönig, Sonnberg 23, +43 6461 230 0
HP-plus ab € 187,-

WELLNESS
13 PUNKTE – 1 LILIE

Grand Hotel Zell am See ****S

Grünlage am Seeufer in Zell am See – Pinzgau

Hunde- und familienfreundlich. Top-Lage am See: Wer das traditionsreiche Grandhotel auf seiner privaten Halbinsel im Zeller See betritt, findet sich zwischen Belle Époque und Glücksspiel wieder – man logiert hinter stilvollen Fassaden, schläft mit Seeblick (sofern gebucht) und kann bei Bedarf auch auf eine Partie Roulette zurückgreifen, ein Casino ist im Haus. Nicht so wie im Bellagio oder im MGM Grand in Las Vegas, sondern stilvoll, romantisch fast. Das Haus ist im Sommer, so wie der ganze Ort, ein Magnet für Gäste aus aller Welt, besonders aus dem arabischen Raum. Neben dem imposanten

Salzburgerhof

Stammhaus gibt es ein neueres Nebengebäude, dort befindet sich der edle Teil des Wellnessbereichs – großartiger Ausblick inklusive.

Die Zimmer (16 Kategorien, DZ von 20 bis 85 m²) verströmen imperiales Flair in unterschiedlichen Reifestadien, mitunter mit Marmorboden, offenem Kamin und Kristallleuchter über dem Bett, aber auch solche mit Sauna oder Dampfbad gibt es. Wir bevorzugen stets ein Zimmer mit Ausblick aufs Wasser, das ist einfach wunderschön, und zudem hört man die Eisenbahn nicht!

Das Spa ist exklusiv für Hotelgäste und zweigeteilt. Adults only gewidmet ist das luxuriöse „Grand Spa" (ab 16) im Dachgeschoß, die Familienzone liegt hingegen im Erdgeschoß, ambientemäßig vielleicht sogar noch ein bisschen tiefer. Unter anderem fanden wir sieben Saunen (zwei davon textil), weiters einen Innenpool sowie den direkten Zugang zum hoteleigenen Badestrand mit Liegewiese und Badesteg.

Fabelhafte Restaurantterrasse, reichhaltiges Frühstücksbuffet, hundetaugliches Jägerstüberl. Die Küche bietet täglich drei Menüs (klassisch, vegetarisch, gesund) zur Auswahl an, eine süße Nachmittagsjause ist inkludiert. Viele freundliche und bemühte Mitarbeiter, beim Service ist bisweilen noch ein bisschen Luft nach oben. Tretboote gibt's zur Gratisleihe, Betreuung für Kinder ab drei Jahren von 15 bis 20 Uhr (nur in den Sommerferien). Herausfordernde Parkverhältnisse, Stellplatz gegen 10 Euro pro Tag. 40 Liegen, 230 Betten.

Seebadestrand, Hallenbad, Kinderbecken, Sauna, Dampfbad, Massagen, Kosmetik, Ayurveda, Fitnessgeräte.
36-Loch-Parcours in 5 km, 30 % Greenfee-Rabatt, acht weitere Plätze im Umkreis einer Autostunde.

5700 Zell am See, Esplanade 4-6, +43 6542 7880
HP ab € 136,–

WELLNESS
16 PUNKTE – 2 LILIEN

Salzburgerhof *****S

Grünruhelage in Seenähe in Zell am See – Pinzgau

Klassiker mit Paradiesgarten: Schlechthin das Zeller Traditionshaus, es liegt nur ein paar gute Schritte vom See entfernt, dort kann man den Privatstrand des Schwesterhotels (Grand Hotel) nutzen. Besondere Kennzeichen sind das klassisch-zeitlose Ambiente, das ungebeugt vor jeder Modeströmung verharrt, sowie ein prachtvoller Garten mit Goldfischteich, vor dieser

Gut Sonnberghof

berauschenden, farbenprächtigen Kulisse kann man hier abends wunderbar auf der Terrasse speisen.

Großzügig geschnittene Zimmer gibt es in elf Kategorien (DZ von 30 bis 170 m²), sie zeigen sich in quasi unvergänglichem Landhausstil, alle haben Klimaanlage und Balkon, einige auch noch Teppichböden oder offenen Kamin und Dampfbad. Wir empfehlen die Zimmer zum Garten hin, unbedingt sogar, denn der ist wunderbar, und außerdem hört man dann weder Autos noch Eisenbahn. Die Amenities stammen von Chopard, der Polyesteranteil des Bademantels ist stattlich.

Das Spa ist neuerdings auch externen Gästen zugänglich, es ist auf mehrere Zonen verteilt und bietet unter anderem einen 20 m langen, ganzjährig nutzbaren Außenpool, einen glasklaren Badeschwimmteich und ein Liegedeck mit FKK-Zone. Täglich Aktivprogramm, auch Yoga, Qi Gong, Pilates und geführte Wanderungen.

Fabelhafte Restaurantterrasse, reichhaltiges Frühstücksbuffet bis 11.30 Uhr, ein großzügiger Light Lunch und eine Nachmittagsjause (feinste Mehlspeisen) sind inkludiert. Abends speist man stilvoll bei Pianoklängen und beleuchteter Gartenpracht. Zumeist sehr gute Küche, feine Wein- und Barkarte, hochfeine Tischkultur. Viele freundliche Mitarbeiter, einigen stünde ein wenig mehr Charme und Herzlichkeit gut zu Gesicht. Im Winter fährt ein hoteleigener Skibus zu den Talstationen von CityXPress (1 km) und Schmittenhöhebahn (3 km) mit Anschluss an insgesamt 70 Pistenkilometer. Walking-Stöcke und Fahrräder gibt's zur Gratisleihe, E-Bikes gegen kleine Gebühr. Gratisgarage für alle. Eher ungeeignet für Kinder. 52 Liegen, 130 Betten.

Seebadestrand, Naturbadeteich, Freibecken, Hallenbad, Außensauna, Dampfbad, Massagen, Kosmetik, Ayurveda, Fitnessgeräte, Personal Trainer.
36-Loch-Parcours in 5 km, 30 % Greenfee-Rabatt, acht weitere Plätze im Umkreis einer Autostunde.

5700 Zell am See, Auerspergstraße 11, +43 6542 765 0
HP-plus ab € 190,–

WELLNESS

13 PUNKTE – 1 LILIE

Tauern Spa ****S

Grünruhelage am Ortsrand in Kaprun – Pinzgau

Kinderfreundlich. Thermenhotel mit Ausblick auf das Kitzsteinhorn: ein modernes, architektonisch eher funktional denn charmant gestaltetes Großhotel der Vamed-Kette. Es liegt auf 786 m Seehöhe und ist an die gleichnamige öffentliche Therme angeschlossen, der Eintritt ist im Zimmerpreis inkludiert.

Die Zimmer (11 Kategorien, DZ von 31 bis 73 m²) zeigen sich solide und zeitgemäß in warmen Farben, alle haben Holzböden, bodentiefe Fenster und Balkon oder Gartenterrasse mit schönem Ausblick in die umliegende Landschaft. Auch solche mit Sauna und Fake-Kamin gibt es, und die Minibar wird täglich mit Wasser und Softdrinks aufgefüllt.

Die weitläufige Therme bietet vier Außenpools, drei Wasserrutschen, 10 Saunen – und regelmäßig eine Besucherdichte, die uns unweigerlich an Ölsardinen erinnert. Zwei separate Hotel-Spas sind aber auch vorhanden: eines für Adults only (mit drei Saunen und gläsernem, auch im Winter nutzbarem, 15 m langem Außenpool auf dem Dach) sowie eine Familienzone mit ebenfalls „gläsernem", aber noch kleinerem Außenpool und einer kleinen Textilsauna. Täglich Aktivprogramm, auch Yoga (zweimal wöchentlich), Stretching und Aqua-Fit. Aber sowohl für Fitnessaktivitäten als auch für Kinderbetreuung muss man in die Therme, das bedeutet weite Wege – für uns mit Badetasche und Testerkind etwas herausfordernd.

Reichhaltiges Frühstücksbuffet, bei Küche und Service könnte man noch ein Alzerl zulegen, dann würde uns auch das Preis-Leistungs-Verhältnis besser gefallen. Kinderbetreuung täglich 12 bis 19 Uhr (ab drei Jahren). Die Nutzung der Therme ist am Anreisetag schon ab 9 Uhr möglich, am Abreisetag jedoch nur bis zum Check-out um 11 Uhr. Gratisgarage nur für Direktbucher. Hunde erlaubt. 147 Liegen (in den Hotel-Spa-Bereichen), 500 Betten.

Freibecken, Hallenbad, Sauna, Dampfbad. In der öffentlichen Therme: Solefreibecken, Freibecken, Kinderfreibecken, Hallenbad, Babybecken, Außensauna, Sauna, Dampfbad, Massagen, Kosmetik, Fitnessgeräte.
36-Loch-Parcours in 4 km, 25 % Greenfee-Rabatt.

5710 Kaprun, Tauern-Spa-Platz 1, +43 6547 2040 0
HP ab € 178,–

WELLNESS

16 PUNKTE – 2 LILIEN

Gut Sonnberghof ****S

Naturlage mit Fernblick Nähe Mittersill – Pinzgau

„Mit Aura und Aussicht": So lautet der werbliche Claim dieses Familienbetriebs, der auf 900 m Seehöhe wunderschön abgeschieden und von Wiesen und Wäldern umgeben liegt, samt kleinem Biobauernhof, eigener Quelle und weitem Ausblick auf die Tauern in der Ferne. Im Inneren zeigt sich behagliche ländliche Modernität, unser besonderes Lob verdienen die schöne Lage, der Wellnessbereich und die Küche.

Die Zimmer (13 Kategorien, DZ von 20 bis 60 m²) präsentieren sich in schlichter und moderner Alpenlandästhetik, Vollholz und Naturmaterialien regieren, in einigen duftet Zirbe, in anderen lädt eine Hängeliege zum Tagträumen ein. Nahezu alle Zimmer haben Balkon, uns gefallen die südseitig gelegenen im sogenannten „Waldhaus" ganz besonders.

Das Spa steht auch externen Gästen offen, es bietet unter anderem fünf Saunen (ab 14 Jahren), einen Whirlpool im Freien, einen Naturbadeteich und einen ganzjährig nutzbaren, 18 m langen Außenpool – für unseren Geschmack aber etwas sehr frisch! Sehr gute Massagen, kleines Aktivprogramm, auch Yoga, Rückenfit und geführte Wanderungen – im Winter inklusive Schneeschuhen. Yoga-Retreats gibt es mehrmals pro Jahr.

Fabelhafte Restaurantterrasse mit Sonne in der Früh und am Abend, Frühstücksbuffet (mit Eiern aus biologischer Freilandhaltung) bis 10.30 Uhr, sehr gute Küche mit vielen Zutaten vom eigenen Biohof, eine Nachmittagsjause mit vitaminreichen Salatbowls, hausgemachten Kuchen (köstlich!) und Heißgetränken ist inkludiert. Simmungsvolle Bar mit angenehmer Musik. Das Spa kann an An- und Abreisetag ganztägig genutzt werden. Präsente Gastgeber, viele junge Mitarbeiter – in puncto Freundlichkeit haben sie ihre Melodie noch nicht ganz gefunden –, viele Stammgäste. Im Winter fährt ein Ski-Shuttle zur Talstation der Panoramabahn. Ringsum Wanderwege ohne Zahl, Nordic-Walking-Stöcke gibt's zur Gratisleihe, E-Bikes gegen Gebühr (35 Euro pro Tag). Garagenplätze gegen 8 Euro pro Tag. Aus unserer Sicht eher ungeeignet für Kinder. Hunde erlaubt. 99 Liegen, 135 Betten.

Naturbadeteich, Freibecken, Hallenbad, Außensauna, Sauna, Dampfbad, Massagen, Kosmetik, Ayurveda, Fitnessgeräte.
18-Loch-Parcours in 9 km.

5730 Mittersill, Lämmerbichl 8
+43 6562 8311
NF ab € 191,–

Wiesergut

WELLNESS
19 PUNKTE – 4 LILIEN

Wiesergut

Grünlage am Ortsrand in Hinterglemm – Pinzgau

Ruhepol für Betuchte: Dieses wunderschöne Refugium auf 1.010 m Seehöhe bleibt eine wohltuende Ausnahme in einer Region, die sich zumindest im Winter eher dem Massenbetrieb widmet. Das Haus liegt nahe der Talstation der Zwölferkogelbahn, dem Einstieg in die 270 Pistenkilometer des Skicircus Saalbach-Hinterglemm. Doch wer hier eincheckt, hat meist anderes im Sinn: Rückzug.

Statt Zimmern gibt es hier nur Suiten, sie verteilen sich auf das Haupthaus (35 oder 45 m²) und ein lichtdurchflutetes Nebengebäude. Sie haben bodentiefe Fenster, offenen Kamin, freistehende Badewanne und warmen Badezuber auf der Terrasse, einige auch Außensauna. Neu ist das riesige Berg-Loft mit sage und schreibe 360 m² Wohnfläche, für zwei bis sechs Personen, mit Spa und Gym.

Der Hotelwellnessbereich ist exklusiv für Hausgäste, er ist wohltuend reduziert gestaltet und wunderbar still, er umfasst unter anderem zwei Saunen, einen 15 m langen Innenpool sowie ein 18 m langes, auch im Winter nutzbares Freibecken. Die Massagen sind ausgezeichnet, wer sich die ohnedies kurzen Bademantelwege sparen möchte, kann sie auch im Zimmer genießen.

Reichhaltiges Frühstück bis 11 Uhr, es wird serviert, und zwar mit Köstlichkeiten! Darunter hausgemachtes Joghurt, frische Smoothies und Brot aus der eigenen Backstube. Ausgezeichnete Küche, hochklassig, saisonal, regional – und völlig frei von Convenience-Produkten. Vieles kommt direkt vom eigenen Hof des Gastgebers. Ringsum Rad- und Wanderwege ohne Zahl, E-Bikes gibt's zur Gratisleihe. Ungeeignet für Kinder, Hunde erlaubt. 24 Liegen, 50 Betten.

Freibecken, Hallenbad, Sauna, Dampfbad, Massagen, Kosmetik, Fitnessgeräte.
36-Loch-Parcours in 27 km.

5754 Saalbach-Hinterglemm, Wiesern 48, +43 6541 6308
NF ab € 215,-

WELLNESS
15 PUNKTE – 2 LILIEN

Die Hochkönigin ****S

Grünlage an der B164 in Maria Alm – Pinzgau

Familienfreundlich. Modisch und frisch – aber

Forsthofgut Naturhotel

im Tal: Der Namenszusatz „Mountain Resort" ist hier wohl eher ein kreativer Wunsch, tatsächlich liegt dieser freundliche Familienbetrieb mitten im Ortszentrum von Maria Alm, auf 802 m Seehöhe. Im Winter ist die Natrunbahn samt Anschluss an 120 Pistenkilometer in fünf Gehminuten erreichbar. Von der gelben Retrofassade des Stammhauses darf man sich nicht täuschen lassen, im Inneren des Hotels ist alles superchic und stylisch – auch im Zubau, der „Lodge".

Die Zimmer sind großzügig geschnitten und zeitgemäß-elegant eingerichtet, teils mit Dekotapeten versehen. Es gibt sie in neun Kategorien (DZ von 25 bis 109 m²), alle haben Holzböden und Balkon oder kleine Loggia, die Suite im Penthouse verfügt sogar über eine eigene Sauna.

Der Wellnessbereich ist auf vier Etagen verteilt, er steht auch Tagesgästen offen und gliedert sich in eine Familienzone sowie einen großzügig dimensionierten Adults-only-Bereich, zu dem ein Dach-Spa mit Relax-Pool und Ruhezonen gehört, einen feinen Ausblick gibt's obendrein. Unter anderem fanden wir neun Saunen (vier davon textil), einen 17 m langen Infinity-Außenpool und einen Whirlpool im Freien. Täglich Aktivprogramm, auch Yoga (zweimal pro Woche), geführte Wanderungen und E-Bike-Touren.

Reichhaltiges Frühstücksbuffet bis 10.30 Uhr, zumeist sehr gute Küche, Fleisch kommt auch vom familieneigenen Biobauernhof. Die Nachmittagsjause ist inkludiert, abends herrscht Dresscode (das gefällt übrigens nur einer unserer Testerinnen). Stets präsente Gastgeber, äußerst freundliche und engagierte Mitarbeiter. Großzügiger Indoor-Spielbereich für Kinder. Umfangreicher Service für Radfahrer. Gratisgarage für Suitengäste, für alle anderen 15 Euro pro Tag. Hunde erlaubt. 74 Liegen, 190 Betten.

Freibecken, Hallenbad, Sauna, Dampfbad, Massagen, Kosmetik, Fitnessgeräte.
18-Loch-Parcours in 2 km, 30 % Greenfee-Rabatt.

5761 Maria Alm, Hochkönigstraße 27, +43 6584 7447
HP-plus ab € 238,–

WELLNESS
17 PUNKTE – 3 LILIEN

Forsthofgut Naturhotel *****

Grünlage bei Leogang Nähe Saalfelden – Pinzgau

Kinderfreundlich. Superb instagramabel: Ein auf Familien spezialisierter Luxus-Hotspot mit digitaler Charmeoffensive, er begrüßt bei der Einfahrt mit Erwin Wurms Skulptur

„Big Suit". Das schöne Haus liegt auf 837 m Seehöhe am Ortsrand, im Winter funktioniert ski in, ski out – zum Skicircus Saalbach-Hinterglemm sind's nur 250 m, allerdings ziemlich flache. Die große Anlage besteht aus fünf unterirdisch miteinander verbundenen Gebäuden.

Innen regiert sozusagen Alpenchic für fortgeschritten Modebewusste, man bewegt sich zwischen Loden, Holz und Designelementen, alles hochwertig natürlich. Die Zimmer (acht Kategorien, DZ von 21 bis 140 m²) zeigen sich sehr unterschiedlich in Größe, Stil und Qualität. Wundervoll: die hochexklusiven Suiten am Naturbadeteich mit eigenem Spa plus Außensauna. Für eine Nacht hier bekommt man in Asien schon eine Woche Fünfsternurlaub, Flug inklusive. Allerdings ist das halt etwas komplett anderes und gar nicht vergleichbar.

Das Spa bietet eine Trennung in Familien- und Adults-only-Bereich. Letzterer wartet unter anderem mit einem 42 Grad warmen Onsen, einer großen FKK-Zone mit Seesauna und einem wunderbar ruhigen Außenpool auf. Insgesamt fanden wir neun Saunen (davon fünf textilfrei), im Familienbereich mehrere Wasserrutschen, Innenpool und eine Saunalandschaft (ausschließlich textil). Täglich Aktivprogramm, auch Yoga und geführte Wanderungen.

Wunderbares Frühstücksbuffet (unsere Eier stammten aus biologischer Freilandhaltung), gute Küche, eine Nachmittagsjause ist inkludiert, die Tischkultur fairly casual. Zwei À-la-carte-Restaurants (Fine Dining und japanisch inspiriert), dazu eine Bar mit feiner Auswahl – und hochambitionierten Preisen. Viele sympathische, engagierte Mitarbeiter, zumeist professionell, manche mitunter ein bisschen zu relaxed. Garage gegen 20 Euro pro Tag. Internationales Publikum, viele Stammgäste. Ein Highlight für Kinder: der Spielbauernhof mit Ziegen, Ponys, Hasen und Co, dazu großer Spielplatz, ein Reitstall mit Halle und tägliche Betreuung ab zwei Jahren von 9 bis 21 Uhr. Für Ruhesuchende nur bedingt geeignet. Hunde erlaubt. 118 Liegen, 300 Betten.

Naturbadeteich, Freibecken, Hallenbad, Sauna, Dampfbad, Massagen, Kosmetik, Fitnessstudio, Personal Trainer. 18-Loch-Parcours in 15 und 16 km, bis zu 30 % Greenfee-Rabatt, Tennisplatz.

5771 Leogang, Hütten 2, +43 6583 8561
HP ab € 310,-

WELLNESS
16 PUNKTE – 2 LILIEN

Krallerhof *****

Grünruhelage bei Leogang Nähe Saalfelden – Pinzgau

Kinderfreundlich. Ein Hingucker, zumindest teilweise: ein äußerlich typisches Alpenlandhotel mit einem Badeteich, der Wellen schlägt – nicht nur bei den Influencern auf Instagram. Weil: Riesengroß, sogar der 50 m lange Außenpool verschwindet beinahe in diesen Weiten. Das Großhotel liegt auf 845 m Seehöhe erhöht über dem Ort, im Winter ist man durch die Steinbergbahn neben dem Hotel mit dem Skigebiet von Saalbach-Hinterglemm (70 Lifte und 270 Pistenkilometer) verbunden.

Im Inneren regieren geheimnisvoll verschlungene Grundrisse und ein gewöhnungsbedürftiges Kaleidoskop aus Stilen, Farben und Formen. Zimmer gibt es in nicht weniger als 30 Varianten (DZ von 27 bis 114 m²), sie zeigen sich höchst individuell gestaltet und in sehr unterschiedlichen Reifestadien, einige haben Sauna oder Infrarotkabine.

Das Spa steht auch externen Gästen offen, es wurde vor kurzem um einen spektakulären Adults-only-Bereich erweitert – wahrscheinlich die waghalsigste touristische Innovation der letzten fünf Jahre. Der renommierte Designer Hadi Teherani hat ihn entworfen, nicht ganz zweckmäßig (zu wenig Liegen!), aber wie aus einer völlig anderen Welt, die sich zum Rest des Hauses in etwa so verhält wie die Venus zum Mars. Unter anderem fanden wir 12 Saunen (eine davon textil), zwei Außenwhirlpools und einen 18 m langen Innenpool. Kleines Aktivprogramm, auch Yoga und geführte Wanderungen.

Fabelhafte Restaurantterrasse, reichhaltiges Frühstücksbuffet (unsere Eier stammten aus biologischer Freilandhaltung) bis 11.30 Uhr, gute Küche, eine neuerdings etwas abgespeckte Nachmittagsjause ist inkludiert. Viele freundliche Mitarbeiter, beim Service ist man nicht alle Tage in Höchstform. E-Bikes gibt es gegen eine kleine Gebühr. Viel für Kids, zudem ganztägige Betreuung (ab zweieinhalb Jahren, 9 bis 21 Uhr). Das Spa kann vor dem Check-in und nach dem Check-out ganztägig genutzt werden. Garage gegen 10 Euro pro Tag. Hunde erlaubt (um 40 Euro pro Tag plus 50 Euro Endreinigung). 102 Liegen, 360 Betten.

Puradies – Mein Naturresort

Naturbadeteich, Freibecken, Hallenbad, Sauna, Dampfbad, Massagen, Kosmetik, Ayurveda, Fitnessstudio, Personal Trainer.
18-Loch-Parcours in 14 und 15 km, bis zu 30 % Greenfee-Rabatt, Tennisplatz.

5771 Leogang, Rain 6, +43 6583 8246
HP-plus ab € 313,-

WELLNESS
15 PUNKTE – 2 LILIEN

Puradies – Mein Naturresort ****S

Grünruhelage bei Leogang Nähe Saalfelden – Pinzgau

Hunde- und familienfreundlich. Wunderschön gelegen: Auf einem Sonnenplateau (850 m Seehöhe) mit beeindruckendem Panorama liegt dieses familiengeführte, schmucke Resort, im Sommer ist man umgeben von Wiesen und Wäldern, im Winter nahezu direkt an der Piste, dem Einstieg ins gigantische Skigebiet Saalbach-Hinterglemm (270 Pistenkilometer, 70 Lifte). Das Ensemble aus zwei unterirdisch verbundenen Logiergebäuden und gut einem Dutzend Chalets präsentiert sich in gepflegtem, harmonischem Zustand. Die öffentlichen Bereiche verströmen souveräne Zeitlosigkeit, die einfach tiefenentspannend wirkt.

Die blitzsauberen Zimmer (acht Kategorien, DZ von 25 bis 80 m^2) erscheinen fast neuwertig, mit intelligenter Raumaufteilung und hochwertigen Materialien. Alle haben Holzböden, viele Balkon. Chalets für zwei bis sechs Personen mit eigener Sauna gibt es in fünf Varianten (55 bis 120 m^2), auf Wunsch werden die Mahlzeiten hier serviert.

Das „Heaven Spa“, wie es hier genannt wird, steht neuerdings auch externen Gästen offen, es teilt sich auf in ein wunderschönes Adults-only-Saunahaus und einen Familienbereich. Unter anderem fanden wir vier Saunen, einen Outdoor-Infinitypool (15 m) mit Inneneinstieg und herrlichem Ausblick auf die Leoganger Steinberge, einen Naturbadeteich sowie einen Kinderpool. Letzterer hat, wie uns ein treuer Leser aus Dachau mitteilte, „eine schleifpapierähnliche Oberfläche, die Schürfwunden erzeugt“ – das ist uns entgangen. Täglich Aktivprogramm, auch Yoga (10 Einheiten von Mi bis So), Meditation und geführte Wanderungen – zum Teil nun auch in englischer Sprache.

Fabelhafte Restaurantterrasse, reichhal-

Riederalm Good Life Resort

tiges Frühstücksbuffet, gute Küche, eine Nachmittagsjause ist inkludiert. Stimmungsvolle Bar mit tollen Cocktails, sie ist wohl deswegen auffallend gut besucht. Viele freundliche Mitarbeiter, die meisten noch sehr jung, aber dennoch bemüht. Für Kids gibt es Streichelzoo, Abenteuerspielplatz und Betreuung (ab drei Jahren an fünf Tagen pro Woche). 79 Liegen, 250 Betten.

Naturbadeteich, Freibecken, Hallenbad, Sauna, Dampfbad, Massagen, Kosmetik, Fitnessgeräte.
18-Loch-Parcours in 14 und 15 km, bis zu 30 % Greenfee-Rabatt.

5771 Leogang, Rain 9, +43 6583 8275
HP-plus ab € 205,-

WELLNESS
16 PUNKTE – 2 LILIEN

Riederalm Good Life Resort ****S

Grünlage bei Leogang Nähe Saalfelden – Pinzgau

Familienfreundlich. Best Choice für Skifahrer und Gourmets: Ein ebenso sympathischer wie professionell geführter Familienbetrieb auf 800 m Seehöhe, er besteht aus vier miteinander verbundenen Häusern, die in unterschiedlichen Stilrichtungen (traditionell, modern-ländlich und modern-urban), aber stets sehr gemütlich gestaltet sind. Das Hotel liegt ganz nah an der Talstation der Asitzbahn, im Winter bedeutet das den direkten Anschluss an 270 km Piste und 69 weitere Lifte, im Sommer lockt der nahe Bikepark Leogang.

Zimmer gibt es in 18 Kategorien (DZ von 22 bis 70 m²), sie präsentieren sich stilvoll, mit hochwertigen Naturmaterialien gestaltet, alle haben Balkon oder Terrasse. Ein Hingucker: die großzügigen Penthouse-Suiten mit Sauna und freihängender Badewanne, die aussieht wie ein Designobjekt, sich aber nicht ganz so bewegt wie eine Hängematte.

Der Wellnessbereich erstreckt sich über mehrere Etagen und ist – mit Ausnahme der Hauptsaison – auch Tagesgästen zugänglich. Er gliedert sich in einen Familienbereich mit 20 m langem Außenpool und 60 m langer Rutsche und das Adults-only-Spa (ab 18 Jahren) mit 16 m langem Außenpool, gefüllt mit Thermalwasser aus der Heilquelle St. Martin. Kleines Aktivprogramm, auch geführte Wanderungen, Bike-Touren sowie eine Fackelwanderung mit dem Seniorchef.

Reichhaltiges Frühstücksbuffet, serviertes Langschläferfrühstück bis 11.30 Uhr. Ausgezeichnete Küche – der Juniorchef Andreas kocht selbst –, eine Nachmittagsjause ist inkludiert. Spannende Weinkarte, stimmungsvolle Bar, das À-la-carte-Restaurant „Dahoam" bringt Regionalität virtuos auf den Punkt – inklusive Landkarte mit Herkunft der Zutaten! Stets präsente Gastgeber, äußerst freundliche, hilfsbereite und geschulte Mitarbeiter – hier läuft alles rund, und das mit bemerkenswert unaufgeregter Selbstverständlichkeit. Viel für Kids (Abenteuerspielplatz, Trampolin und Gokarts, Skischule und Kinderskihang direkt neben dem Haus). Loipen, Laufstrecken und Wanderwege direkt vor der Tür. Gratisgarage für alle. Hunde erlaubt. 87 Liegen, 180 Betten.

Thermalfreibecken, Freibecken, Hallenbad, Babybecken, Sauna, Dampfbad, Massagen, Kosmetik, Fitnessgeräte.
18-Loch-Parcours in 13 und 15 km, bis zu 30 % Greenfee-Rabatt.

5771 Leogang, Rain 100
+43 6583 7342
HP-plus ab € 204,-

WELLNESS
18 PUNKTE – 3 LILIEN

Priesteregg Premium Eco Resort

Grünruhelage mit Fernblick bei Leogang – Pinzgau

Hundefreundlich. Luxus-Hideaway inmitten der Natur: Auf 1.100 m Seehöhe liegt dieses bezaubernde Chalet-Dörfchen – nicht auf einem Berggipfel, aber immerhin so weit vom Alltag entfernt, dass man das Handy gerne im Flugmodus lässt. Die Lage ist erhaben, das Panorama großartig, das Konzept durchdacht bis ins kleinste Detail.

Schöne Holzhäuschen, großzügige „Seehütten" und hochluxuriöse „Villen" stehen zur Auswahl (sieben Kategorien, 100 bis 250 m²), sie bieten bis zu 10 Personen Platz. Alle sind mit liebevollen Details naturnah und gemütlich gestaltet – jeweils mit uriger Außensauna und dampfendem Badezuber. Neu sind sieben „Seehütten" an einem großen Badeteich – private Badebucht inklusive. Sie sind 150 m² groß, haben großflächige Glasfronten und Terrassen auf dem Dach. Bei den „Villen" ist ein eigenes Außenbecken (14 m) dabei, bei einer sogar ein eigener Naturbadeteich drumherum.

Der allgemeine Wellnessbereich ist traumhaft schön, der Ausblick vom 25 m langen Infinity-Außenpool grenzgenial. Sehr gute Massagen, wunderbare Yogadecks mit Morgensonne, regelmäßig werden auch Retreats angeboten.

Feines Frühstück mit vielen Produkten aus der Region, es kommt morgens recht nett ins Chalet, das Abendessen auch, oder man isst im urigen Gasthof, sofern sich dort nicht zu viele externe Gäste tummeln. Sehr gute Küche, sie bietet Bodenständiges à la carte, die Tischkultur ist fairly casual. Freundliche und durchwegs engagierte Mitarbeiter, geduzt wird man hier ganz ungefragt. Für die Anreise empfiehlt sich das Vertrauen in die Beschilderung vor Ort, auf unser Navi war hier kein Verlass. Gratis-Carports für alle. Eher ungeeignet für Kinder. 16 Liegen, 104 Betten.

Naturbadeteich, Freibecken, Hallenbad, Außensauna, Sauna, Massagen, Kosmetik.
18-Loch-Parcours in 12 und 14 km.

5771 Leogang, Sonnberg 22, +43 6583 82550
NF ab € 355,-

WELLNESS
14 PUNKTE – 1 LILIE

Salzburger Hof Leogang ****S

Ortsrandlage an der B164 in Leogang – Pinzgau

Hunde- und familienfreundlich. Option für Biker und Skifahrer: Ein moderner Familienbetrieb mit Fokus auf Aktivurlaub, er liegt auf 834 m Seehöhe durchaus verkehrsgünstig. Das ist nicht immer zu überhören, dafür sind es sowohl zum Einstieg in den Skicircus (270 Pistenkilometer) als auch zum Bikepark Leogang nur ein paar Schritte. Zwei Logiergebäude gibt es hier, dazwischen hängt ein schiefer Glaskubus in luftigen Höhen – schräg!

Inwendig präsentiert sich das Haus zeitgemäß-ländlich, an allerlei Deko wird nicht gespart. Zimmer gibt es in 10 Kategorien (DZ von 24 bis 60 m²), fast alle haben Holzböden, alle Balkon. Lärmempfindlichen empfehlen sich die gartenseitigen.

Das Spa steht neuerdings auch externen Gästen offen, es ist zweigeteilt: Im Untergeschoß gibt es einen Familienbereich mit sechs Saunen (drei davon textil) und einem 10 m langen, ganzjährig beheizten Außenpool. Oben, im fünften und sechsten Stock, ist die

Rupertus Biohotel

Adults-only-Zone mit vier weiteren Saunen, einem Schneeraum und einem knapp 21 m langen Infinitypool – der Ausblick ist hier natürlich die große Besonderheit. Umfangreiches Aktivprogramm, auch Yoga, Pilates, Meditation, Qi Gong sowie geführte Wanderungen und Bike-Touren.

Reichhaltiges Frühstücksbuffet, zumeist gute Küche, eine Nachmittagsjause (reichlich) ist inkludiert. Viele freundliche, bemühte Mitarbeiter. Gemütliche Bar mit schöner Auswahl an Cocktails. Für Biker gibt es Waschplatz, Werkstatt und Wäscheservice. Garage gegen 10 Euro pro Tag. 81 Liegen, 220 Betten.

Freibecken, Außensauna, Sauna, Dampfbad, Massagen, Kosmetik, Fitnessgeräte, Personal Trainer.
18-Loch-Parcours in 18 km, 30 % Greenfee-Rabatt.

5771 Leogang, Sonnberg 170, +43 6583 7310 0
HP-plus ab € 190,–

WELLNESS

14 PUNKTE – 1 LILIE

Rupertus Biohotel ****

Grünlage bei Leogang Nähe Saalfelden – Pinzgau

Hunde- und familienfreundlich. Explizit gay- und queer-friendly: Ein sympathischer Familienbetrieb, er liegt auf 870 m Seehöhe am Ortsrand von Leogang, etwa 350 m von der Asitzbahn (Skicircus-Anschluss mit 270 Pistenkilometern) entfernt, die Bundesstraße ist akustisch präsent. Man versteht sich hier nicht nur als nachhaltig, sondern sogar als „klimapositiv" – dank Waldschutzprojekten in Südamerika!

Das Innere zeigt sich freundlich und hell, Naturmaterialien und viel Holz regieren. Zimmer gibt es in 15 Kategorien (DZ von 25 bis 60 m²), sie haben metallfreie Betten, Holzböden, große Fensterflächen und zumeist auch Balkon, viele auch duftende Zirbenholzinterieurs. Das W-Lan wird nächtens deaktiviert.

Das Spa steht auch Tagesgästen offen, es bietet unter anderem eine Innen-außen-Poolkombi von 14 m Länge, einen kleinen Garten mit Liegewiese und Sonnendeck, weiters liebevoll arrangierte Ruheräume und eine Außensauna im Obergeschoß mit FKK-Terrasse. Aktivprogramm, auch Yoga – dabei erhält man offenbar so viel Energie, dass man pro Einheit gleich wieder einen „Energieausgleichsbeitrag" von 10 Euro ans Hotel entrichten darf – nach US-Präsident Trump wäre das ein Deal, wohl „energiepositiv“ obendrein.

Reichhaltiges Frühstücksbuffet mit regionalen Bioprodukten, gute Küche, sie versteht sich auch auf Vegetarisches und Veganes. Umfangreiche Bioweinkarte, gemütliche Bar. Für Kinder gibt’s Spielplatz, Baumhaus, Riesensandkiste und Hasen, in den Ferien wird nachmittags Kinderbetreuung angeboten. Schneeschuhe zur Gratisleihe, breites Service für Biker. Garage gegen 10 Euro pro Tag. 54 Liegen, 125 Betten.

Freibecken, Hallenbad, Außensauna, Sauna, Dampfbad, Massagen, Kosmetik, Fitnessgeräte.
18-Loch-Parcours in 14 km, 30 % Greenfee-Rabatt.

5771 Leogang, Hütten 40, +43 6583 8466
HP-plus ab € 195,–

ALLE LILIEN-HOTELS IN **TIROL**

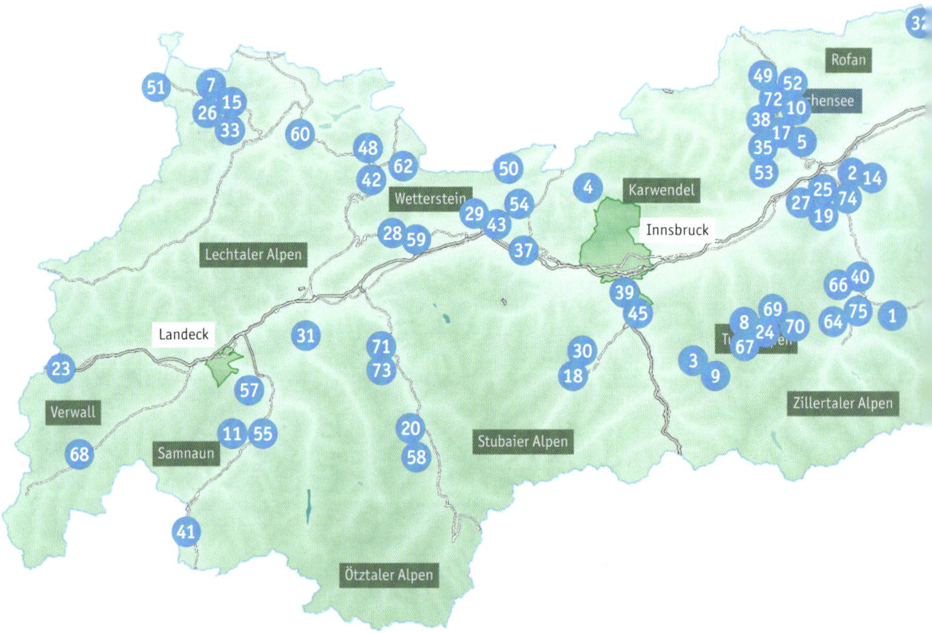

47
16
Kufstein
13
63
36
34
Kitzbühel
TIROL
10 km
21
Großglockner
65
Nationalpark Hohe Tauern
Lienzer Dolomiten
Lienz
22
46
Hochpustertal

DER
STEIRER
Bad Waltersdorf HOF

4 LILIEN

Das schöne Leben!

www.dersteirerhof.at
8271 Bad Waltersdorf, Wagerberg
Steiermark, Österreich
T. +43 3333 3211-0

DER STEIRERHOF *****

Lanserhof Lans

GESUNDHEIT

20 PUNKTE – 4 LILIEN

Lanserhof Lans

Grünruhelage am Ortsrand in Lans – Nähe Innsbruck

Die Luxusmarke für Detox: Die Mutter aller „Lanserhöfe“ (auch in Bayern, auf Sylt und demnächst sogar im andalusischen Marbella gibt es inzwischen „Exportprodukte“) wurde vor 40 Jahren eröffnet und bietet seither moderne Mayr-Medizin, und zwar auf höchstem Niveau – auch preislich. Außergewöhnlich ist auch die Lage: ruhevoll auf 850 m Seehöhe am Waldrand, mit einem Panorama wie im Bilderbuch. Innen begeistern herrlich gemütliche Interieurs und ganz allgemein ein von ebenso sachkundiger wie stilsicherer Hand geschaffenes Geborgenheitsflair in berührenden Dimensionen.

Schöne Zimmer gibt es in 17 Kategorien (DZ von 25 bis 100 m²), fast alle haben Balkon und edle Holzböden, einige verfügen über begrünte Dachterrassen mit eigenem Liegebereich – das teuerste schlägt mit einem Ab-Preis von 2.300 Euro pro Nacht zu Buche. Die superfeine Bettwäsche schmeichelt der Haut, der Polyesteranteil des Bademantels ist stattlich.

Der weitläufige Therapiebereich beeindruckt mit riesigen Glasflächen und Panoramablick auf die Gipfel Nordkette oberhalb von Innsbruck. Der Wellnessbereich bietet unter anderem drei Saunen, einen 18 m langen, auch im Winter nutzbaren Infinity-Außenpool, einen 10 m langen Innenpool sowie eine Kältekammer mit minus 110 Grad. Aktivprogramm, auch Yoga, Pilates und geführte Wanderungen.

Feine Diätküche, die Tischkultur ist fairly casual. Freundliche und hilfsbereite Mitarbeiter. Freundliches, niveauvolles Umfeld, internationales, mitunter erstaunlich junges Publikum. Neben Detox stehen etwa auch Schmerztherapien, medizinische Check-ups, Burnout-Prävention und Gewichtsreduktion im Angebot. Aufenthalte sind ausschließlich wochenweise buchbar. Ungeeignet für Kinder. 10 Liegen, 120 Betten.

Solefreibecken, Solehallenbad, Sauna, Dampfbad, Massagen, Kosmetik, Fitnessgeräte, Personal Trainer.
9- und 18-Loch-Parcours in 1 und 7 km.

6072 Lans, Kochholzweg 153
+43 512 38666 0

Pauschalen, etwa „Lanserhof Kur Classic“-Woche inkl. Diät-VP, Arzt und Therapien ab € 5.900,–

GESUNDHEIT

16 PUNKTE – 2 LILIEN

Park Igls Medical Spa Resort

Grünlage am Ortsrand in Igls – Nähe Innsbruck

Adults only (ab 16). Gesundheitsurlaub mit Aussicht: Ein solide geführtes Zentrum für Entgiftungs- und Entschlackungskuren nach F. X. Mayr, es liegt auf einem Sonnenplateau (Seehöhe 870 m) in einem kleinen Park, gleichzeitig aber auch an der Durchzugsstraße nach Innsbruck. Das Haus ist deutlich kleiner als der wesentlich teurere Lanserhof im Nachbarort, und im Inneren zeigt es sich vergleichsweise schlichter und bodenständiger, aber dennoch rundum behaglich.

Die Zimmer (12 Varianten, DZ von 28 bis 64 m²) präsentieren sich klassisch-gediegen in unterschiedlichen Reifestadien, alle haben feine Holzböden, Klimaanlage und Balkon, einige auch Infrarotkabine. Westseitig genießt man am Nachmittag auf dem Balkon die Sonne und den Ausblick auf die Berge, die Straße ist aber nicht zu überhören.

Das Spa erstreckt sich über drei Ebenen und bietet unter anderem vier Saunen (eine davon textil), einen 15 m langen Innenpool (geöffnet bis 22 Uhr) sowie einen Fitnessraum im Dachgeschoß, hier genießt man das beste Panorama des Hauses. Ausgezeichnete Massagen, breites Aktivprogramm, auch Yoga und Feldenkrais.

Frühstück ab 7.15 Uhr, sehr gute Diätküche, viele freundliche und gutgelaunte Mitarbeiter, angenehmes Publikum, gute Atmosphäre. Ideale Aufenthaltsdauer: 21 Tage. Gratisgarage für (fast) alle. Ungeeignet für Kinder. 20 Liegen, 78 Betten.

Hallenbad, Sauna, Dampfbad, Massagen, Kosmetik, Fitnessgeräte, Personal Trainer.
9- und 18-Loch-Parcours in 2 und 9 km.

6080 Igls, Iglerstraße 51
+43 512 377305

Pauschalen, etwa „Detox-Klassik"-Woche inkl. Diät-VP, Arzt und 6 Therapien ab € 4.031,–

WELLNESS

13 PUNKTE – 1 LILIE

Nidum Casual Luxury

Grünruhelage mit Fernblick Nähe Seefeld

Hip, cool und ein bisschen schräg: Am Hang auf 1.240 m Seehöhe gelegenes, inhabergeführtes Hotel, es setzt auf Instagram-Charme und „Casual Luxury". Der Ausblick ist wunderbar, für weitere Selfies wartet ein schwarzer Plastikgorilla in der Lobby – cringe!

Zimmer gibt es in sechs Kategorien (DZ von 35 bis 118 m²), sie sind großzügig geschnitten, haben schöne Vollholzinterieurs, feine Holzböden, Schafwollteppiche sowie bodentiefe Glasfronten nach Süden. Eine Illy-Espressomaschine gehört zur Grundausstattung, manche Einheiten bieten sogar Sauna oder Whirlpool am Balkon, ein bisschen mehr Sauberkeit und Instandhaltung könnte aber nicht schaden.

Das Spa ist kein Riese, aber exklusiv den Hausgästen vorbehalten. Unter anderem fanden wir vier Saunen, einen kleinen, auch im Winter nutzbaren Außenpool (knapp 9 m lang), einen Whirlpool im Freien sowie einen kleinen Badeteich. Highlight ist die „Sauna in the Rocks", sie ist nur über eine abenteuerliche Hängebrücke erreichbar. Der Liegenmangel ist chronisch.

Frühstücksbuffet bereits ab 7 Uhr, zumeist gute Küche, ambitionierte Getränkepreise, das Preis-Leistungs-Verhältnis erscheint uns nur bedingt harmonisch. Junge, freundliche Mitarbeiter, denen gelegentlich noch ein Hauch Professionalität fehlt, präsente Gastgeber. Fazit: Mehr casual als luxury, und für Ruhesuchende mit höheren Ansprüchen eher eine Herausforderung. Gratisgarage für alle. Ungeeignet für Kinder, Hunde erlaubt. 54 Liegen, 126 Betten.

Naturbadeteich, Freibecken, Hallenbad, Außensauna, Sauna, Dampfbad, Massagen, Kosmetik, Fitnessgeräte.
18-Loch-Parcours in 4 km, 20 % Greenfee-Rabatt.

6100 Mösern, Am Wiesenhang 1, +43 5212 3820300
HP ab € 169,–

WELLNESS

16 PUNKTE – 2 LILIEN

Klosterbräu *****

Ruhige Zentrumslage in Seefeld

Hunde- und kinderfreundlich. Wo einst Mönche lebten, wird heute entspannt, geplanscht und – wenn man möchte – auch selbst Bier gezapft: Dieses familiengeführte Fünfsternhaus liegt auf 1.180 m Seehöhe mitten im Ort in der Fußgängerzone, nur ein paar Schritte von den Loipen (247 km) entfernt. Für Skifahrer gibt es ein kostenloses Shuttle zu den Skigebieten der Umgebung. Innen trifft man auf stimmungsvolle Romantik mit schweren Stoffen, steinernen Gewölben und vielen Kerzen.

Zimmer gibt es in 14 Kategorien (DZ von 30

Sacher Alpin Resort

bis 110 m²), sie sind sehr unterschiedlich gestaltet, von rustikal bis naturinspiriert ist so einiges zu haben. Besonders schön: die neuen Naturzimmer und -suiten mit Mondholz aus dem eigenen Wald, mit Biolehmwänden und Hanfdämmung. Die Suiten haben Saunen und freistehende Badewanne, manche sogar einen Bierbrunnen – so ein Räuscherl wäre da quasi inklusive.

Der Wellnessbereich steht auch externen Gästen offen, er bietet unter anderem einen 15 m langen Indoorpool, einen 17 m langen Außenpool sowie einen großen Whirlpool im Freien. Die stimmungsvolle Spazone im Untergeschoß umfasst sieben Saunen (eine davon textil) und einen „All you can drink"-Bierbrunnen zum Selbstzapfen – stilecht platziert im „Sündenkeller". Kleines Aktivprogramm, auch Yoga und Pilates.

Reichhaltiges Frühstücksbuffet (bis 11 Uhr) mit Eiern aus der eigenen Landwirtschaft, gute Küche, Light Lunch und süße Nachmittagsjause sind inkludiert (auch am Abreisetag). Präsente Gastgeber, viele freundliche Mitarbeiter, beim Service ist man zurzeit noch unterwegs in Richtung Fünfsterngipfel. Hunde bis mittlerer Größe dürfen ins Restaurant mitgenommen werden, für Kinder gibt es Streichelzoo, Rodelhang sowie täglich 8,5 Stunden Betreuung (ab drei Jahren). E-Bikes und E-Mopeds zur Gratisleihe. Das Spa kann am Abreisetag ohne Aufpreis ganztägig genutzt werden. Bei Anreise mit öffentlichen Verkehrsmitteln winken 150 Euro Cashback. Valet Parking, Parkplatz kostenpflichtig (8,50 Euro pro Tag), Garage etwa dreimal so teuer. 80 Liegen, 180 Betten.

Freibecken, Hallenbad, Außensauna, Sauna, Massagen, Kosmetik, Fitnessgeräte, Personal Trainer.
18-Loch-Parcours in 6 km, 35 % Greenfee-Rabatt.

6100 Seefeld, Klosterstraße 30, +43 5212 2621 0
HP-plus ab € 259,–

WELLNESS
18 PUNKTE – 3 LILIEN

Sacher Alpin Resort *****S

Grünruhelage am Ortsrand in Seefeld

Hundefreundlich. Die wohl exklusivste Wellnessadresse des Ortes: Ein luxuriöses Refugium, es thront gleichsam über Seefeld (1.200 m Seehöhe) und wird von der Wiener Society-Hotelière Elisabeth Gürtler geführt. Viele öffentliche Räume zeigen sich in opulenter neoalpiner Modernität, Hirschgeweihe sind hier absolut keine Ausnahme. Gestaltet hat das der französische Architekt Pierre-Yves Rochon, dessen Handschrift etwa auch im Four Seasons George V in Paris zu bewundern ist.

Wunderschöne Zimmer gibt es in sechs Kategorien (DZ von 30 bis 95 m²), sie verfügen allesamt über zumindest einen französischen Balkon, die höherwertigen bieten zusätzlich einen (elektrischen) Kamin, Nespresso-Maschine sowie Sauna auf der Terrasse. Das Turn-down-Service am Abend ist Standard – endlich mal wieder. Wir empfehlen südostseitige Zimmer, dort ist der Ausblick einfach feiner.

Das Spa steht auch Tagesgästen offen, es ist indoor nicht riesig, bietet aber nicht wenig: sechs Saunen (vier davon textil), FKK-Zone, einen 12 m langen Innenpool sowie zwei Außenpools (einer davon 20 m lang), weiters Solewhirlpool und einen schönen Naturbadeteich. Täglich kleines Aktivprogramm, unter anderem Yoga, Qi Gong und Pilates.

Fabelhafte Restaurantterrasse mit Morgensonne, gute bis sehr gute Küche, eine süße Nachmittagsjause ist im Preis inkludiert. Im Restaurant herrscht Dresscode, in puncto Tischgröße und Abstände würden wir uns etwas mehr Großzügigkeit wünschen. Für Gäste mit Hunden gibt es einen eigenen Speisesaal. Viele freundliche und kompetente Mitarbeiter. Parken 15 bis 20 Euro, Garage 25 Euro pro Tag. Ruhesuchende sollten sich vorab über eventuell stattfindende Hochzeiten oder Feiern informieren. Ungeeignet für Kinder. 104 Liegen, 180 Betten.

Naturbadeteich, Freibecken, Solefreibecken, Hallenbad, Sauna, Dampfbad, Massagen, Kosmetik, Fitnessgeräte, Personal Trainer.
18-Loch-Parcours in 7 km, Putting Green.

6100 Seefeld, Geigenbühelstraße 185, +43 5212 2272 0
HP-plus ab € 284,–

WELLNESS
14 PUNKTE – 1 LILIE

Alpenhotel Karwendel Leutasch ****

Grünlage am Ortsrand in Leutasch – Nähe Seefeld

Hundefreundlich, Adults only (ab 16). Ein sympathischer Familienbetrieb in angenehmer Größe, er liegt an einer Landstraße, der Ausblick auf die Berge ist reizvoll. Vor drei Jahren wurde hier großzügig modernisiert und erweitert, dabei hat man nicht wie anderswo auf ach so Trendiges gesetzt, sondern sich eine gehörige Portion an bodenständiger Ländlichkeit erhalten, das ist schön zu sehen – und gemütlich obendrein. Ein harmonisches, freundliches Umfeld, präsente Gastgeber, ein gutes Preis-Leistungs-Verhältnis und ein direkter Einstieg in das weitverzweigte Loipennetz im Winter zählen zu den Vorzügen des Hauses.

Zimmer kann man aus 11 Varianten (DZ von 18 bis 40 m²) wählen, auch sie folgen dem Gestaltungskonzept der öffentlichen Räume. Die meisten haben Balkon und Teppichböden, jene an der straßenabgewandten Seite bieten ein noch schöneres Panorama. Ein paar gute Schritte entfernt gibt es zudem eine Dependance mit Ferienwohnungen für bis zu vier Personen.

Das auch externen Gästen offenstehende Spa ist kein Riese, zudem zweigeteilt – sowohl an der Ost- als auch an der Westseite des langgestreckten Gebäudes gibt es einen Bereich. Unter anderem fanden wir einen 13 m langen, ganzjährig nutzbaren Außenpool mit Inneneinstieg, weiters sechs Saunen (erst ab 13 Uhr geöffnet), schöne Liegemöglichkeiten im Freien und einen 17 m langen Naturbadeteich, der zumindest an der Ostseite das nicht vorhandene Kaltwasserbecken wettmacht. Kleines Aktivprogramm, auch Yoga, Meditation und progressive Muskelentspannung.

Reichhaltiges Frühstücksbuffet bis 10 Uhr, sehr gute Küche (ehrliche, bodenständige Hausmannskost), Light Lunch und eine süße Nachmittagsjause sind inkludiert. Ringsum Wanderwege ohne Zahl. Fahrräder gibt's zur Gratisleihe, E-Bikes gegen Gebühr. 37 Liegen, 100 Betten.

Naturbadeteich, Freibecken, Sauna, Dampfbad, Massagen, Fitnessgeräte.
18-Loch-Parcours in 13 km, 30 % Greenfee-Rabatt.

6105 Leutasch, Ostbach 18, +43 5214 6304
HP-plus ab € 119,–

WELLNESS
18 PUNKTE – 3 LILIEN

Quellenhof Leutasch ****S

Grünruhelage in Leutasch – Nähe Seefeld

Hundefreundlich. Ankommen und wohlfühlen: Ein Spa-Hotel der gehobenen Kategorie, es liegt auf 1.136 m Seehöhe und steht für 100 Prozent Erholung. Weil: freundliches, gut eingespieltes Team, gepflegtes und gediegenes Ambiente und abwechslungsreiches Spa. Was uns hier so ganz besonders erfreut: die gemütliche Bibliothek, die guten Zeitungen und die vielen Blumen innen wie außen. Und nicht zuletzt: der herrliche Ausblick auf die Bergwelt.

Zimmer gibt es in 20 Varianten (DZ von 20 bis 80 m²), sie präsentieren sich in solidem Landhausstil, haben Holzböden und sind mit natürlichen Materialien ausgestattet, der Panoramaausblick ist allerdings nur auf der straßenabgewandten Seite zu genießen.

Das Spa ist, so wie das ganze Anwesen, exklusiv den Hausgästen vorbehalten. Unter anderem fanden wir sechs Saunen (keine textil – bravo!), einen Schneeraum mit minus 8 Grad, herrliche FKK-Zonen sowie einen wunderschönen Außenbereich mit 25 m langem Pool, Solewhirlpool und Rooftop-Whirlpool. Sehr gute Massagen, täglich (außer So) Aktivprogramm, auch Yoga, Pilates und geführte Wanderungen. Im Winter startet man in das 280 km umfassende Loipennetz vor der Tür.

Schöne Restaurantterrassen, Frühstücksbuffet bis 11 Uhr in guter Qualität (unsere Eier stammten aus biologischer Freilandhaltung), sehr gute bis ausgezeichnete Küche, sie ist biologisch und regional orientiert und versteht sich ebenso auf Veganes und Vegetarisches. Light Lunch und süße Nachmittagsjause mit Heißgetränken sind im Preis enthalten. Feine Tischkultur, kompetente Weinberatung, hervorragender, großer Weinkeller, hier kann man mit der Zimmerkarte auch selbst ein Gläschen zapfen, und das rund um die Uhr, noch dazu zu absolut fairen Preisen! Das Spa kann an An- und Abreisetag ohne Aufpreis genutzt werden. Viele, viele Stammgäste. Ringsum schöne Wanderwege, endlose Laufstrecken. Gratisgarage für Suitengäste, Carports für alle anderen. Sauberes Preis-Leistungs-Verhältnis. Ungeeignet für Kinder, Hunde erlaubt. 79 Liegen, 220 Betten.

Freibecken, Hallenbad, Außensauna, Sauna, Dampfbad, Massagen, Kosmetik, Ayurveda, Fitnessstudio, Personal Trainer. 18-Loch-Parcours in 13 km.

6105 Leutasch, Weidach 288, +43 5214 67820
HP-plus ab € 221,-

WELLNESS

14 PUNKTE – 1 LILIE

Edelweiss Vitalhotel ****S

Grünlage außerhalb von Neustift – Stubaital

Familienfreundlich. Sympathischer Wohlfühlort: Ein bodenständiger Familienbetrieb in angenehmer Größe, er liegt auf 1.100 m Seehöhe direkt an der Bundesstraße. Zur Talstation des Stubaier Gletschers (26 Lifte, 63 Pistenkilometer) sind es etwa 15 Autominuten, mehrmals täglich fährt ein Shuttle.

Das Hotel besteht aus dem Stammhaus und einem neueren Zubau („Landhaus"), außen wie innen zeigt sich gepflegte, heimelige Ländlichkeit in harmonischen Dimensionen. Die Zimmer (23 Varianten, DZ von 23 bis 85 m²) sind sehr unterschiedlich gestaltet, die meisten haben Holzböden, viele Balkon oder Terrasse, einige auch Kamin und Sauna.

Das Spa steht exklusiv Hotelgästen offen, es ist überschaubar in der Größe und angenehm gestaltet. Unter anderem fanden wir vier Saunen (eine davon textil), einen 10 m langen Innenpool sowie einen etwas größeren Außenpool. Ansprechende Ruheräume, ausreichend Handtücher – ein Detail, das anderswo gelegentlich als geheime Luxusleistung behandelt wird. Sehr gute Massagen, täglich kleines Aktivprogramm, auch Yoga und geführte Wanderungen (im Winter mit Schneeschuhen).

Schöne Caféterrasse, reichhaltiges Frühstücksbuffet bereits ab 7 Uhr – perfekt für Frühaufsteher, Wanderer und Skifahrer –, sehr gute, regional geprägte Küche, eine Nachmittagsjause ist im Preis inkludiert. Präsente und engagierte Gastgeber, ausgesprochen freundliche Mitarbeiter – mitunter aber etwas überfordert –, viele Stammgäste. Umfassendes Service für Wanderer (Rucksackverleih, Wanderführer, Shuttle). Im Winter Langlaufloipen direkt vor der Tür, für Kinder gibt es Spielplatz, Kinderkino, kostenloses Ponyreiten sowie täglich sechs Stunden externe Betreuung in den Ferienzeiten (Montag bis Freitag, ab vier Jahren). Garage gegen 10 Euro pro Tag. Hunde erlaubt. 50 Liegen, 140 Betten.

Freibecken, Hallenbad, Babybecken, Sauna, Dampfbad, Massagen, Kosmetik, Fitnessgeräte.
Tennisplatz.

6167 Neustift, Krößbach 1, +43 5226 2280
HP-plus ab € 140,-

WELLNESS

17 PUNKTE – 3 LILIEN

Jagdhof Neustift *****

Grünruhelage mit Fernblick in Neustift – Stubaital

Kinderfreundlich. Herzlich, zuvorkommend und heimelig: Ein niveauvoller Familienbetrieb mit Geschichte, er liegt auf 994 m Seehöhe angenehm ruhig im Ort – fern von Hektik, aber nah an Loipen und Pisten. In drei Gehminuten ist man bei der Talstation der Elferbahnen (sieben

Pistenkilometer), zum Stubaier Gletscher fährt man rund 25 Minuten. Das Haus verströmt so wunderbar gemütlichen wie edelrustikalen Old Style – Kassettendecken, weidmännische Motive, rustikale Stoffe und massive heimische Hölzer.

Wunderschöne Zimmer gibt es in 14 großzügigen Kategorien (DZ von 40 bis 115 m^2), sie haben Holzböden, sind blitzsauber und liebevoll gestaltet, die Bettwäsche schmeichelt der Haut, die Holzvertäfelungen den Sinnen.

Das Spa steht auch Tagesgästen offen, es bietet unter anderem vier Saunen, Whirlpools drinnen und draußen, einen 12 m langen, ganzjährig nutzbaren Außenpool, einen FKK-Außenbereich mit Tauchbecken, ein elegant gestaltetes Ruhe-Chalet und eine Liegewiese mit Ausblick auf den Stubaier Gletscher. Gute Massagen, täglich Aktivprogramm, auch Yoga (bei geeigneter Witterung im Freien), Tabata, geführte Wanderungen und E-Bike-Touren.

Fabelhafte Restaurantterrasse, Frühstück bis 11 Uhr, sehr gute bis ausgezeichnete Küche bei feiner Tischkultur, eine süße Nachmittagsjause ist inkludiert. Großartiger Weinkeller, stimmungsvolle Bar mit beachtlicher Auswahl an regionalen Schnäpsen. Ausgesprochen freundliche Mitarbeiter, präsente Gastgeber, in Garten und Restaurant gibt es ausgewiesene Plätze für Gäste mit Hund. Kostenfreie Tennisplätze, das Spa ist an An- und Abreisetag ganztägig nutzbar. Für Kinder: täglich (außer Sa) 11 Stunden Betreuung (ab vier Jahren). Garage für Direktbucher gratis, ansonsten gegen 10 Euro pro Tag. Hunde erlaubt. 90 Liegen, 200 Betten.

Freibecken, Hallenbad, Außensauna, Sauna, Dampfbad, Massagen, Kosmetik, Fitnessstudio, Personal Trainer.
18-Loch-Parcours in 27 km, Tennisplätze.

6167 Neustift, Scheibe 44, +43 5226 2666
HP ab € 239,-

WELLNESS

16 PUNKTE – 2 LILIEN

Alpenrose Maurach *****

Grünruhelage in Maurach – Achensee

Kinderfreundlich. Architektonischer Abenteuerspielplatz: Ein eigentümergeführter Betrieb auf 970 m Seehöhe, er besteht aus zwei sehr unterschiedlichen Häusern – der traditionellen, größeren „Alpenrose" und dem visuell andersartigen „Cocoon" auf der anderen Straßenseite. Die beiden sind durch einen unterirdischen Gang verbunden, was den Wechsel zwischen zünftigen Stuben und Design-Showroom-Anmutung wetterunabhängig macht. Labyrinthische Grundrisse sowie das Zusammentreffen von allerlei Farben, Formen und Interieurstilen kennzeichnen die öffentlichen Räume.

Zimmer gibt es in 12 Kategorien (DZ von 38 bis 140 m^2), sie sind gut gepflegt und überwiegend sehr schön arrangiert, alle haben Holzböden, viele auch Balkon. Tipp für Romantiker: die Cocoon Spa Suite mit Hängeofen, finnischer Sauna, freistehender Badewanne und Ausblick auf die Berglandschaft.

Das Spa steht auch externen Gästen offen (Mo bis Do), es ist auf zahlreiche Zonen verteilt, das hält wunderbar fit, und auch die vielen Treppen sind da hilfreich. Unter anderem fanden wir acht Saunen, ein 20 m langes Sportbecken, einen 10 m langen Außenpool, einen kleinen Solepool, Schwimmteiche und FKK-Zonen im Garten. Zudem ein bestens ausgestattetes Fitnessstudio und sehr gute Massagen. Täglich Aktivprogramm, auch Yoga, Meditation und Aqua-Gym, im Winter Schneeschuhwanderungen.

Zumeist gute Küche, Light Lunch (reichlich) und süße Nachmittagsjause sowie ganztägig alkoholfreie Getränke sind im Preis inkludiert. Freundliche und hilfsbereite Mitarbeiter, viele Stammgäste – die meisten kommen aus Deutschland und der Schweiz. Mountain- und E-Bikes gibt's zur Gratisleihe, ebenso Wanderausrüstung sowie Rodeln und Snowbikes im Winter. Viel für Kids innen und außen, zudem täglich 10 Stunden Betreuung (ab drei Jahren) sowie ein Jugendprogramm (ab 10 Jahren). Check-out bis 11 Uhr, das Spa kann am Abreisetag gratis bis 17 Uhr genutzt werden (inklusive Lunch und Jause). Valet Parking, Gratisgarage für alle. Hunde erlaubt. 160 Liegen, 280 Betten.

Naturbadeteich, Freibecken, Solefreibecken, Hallenbad, Babybecken, Außensauna, Sauna, Dampfbad, Massagen, Kosmetik, Ayurveda, Fitnessstudio, Personal Trainer.
18-Loch-Parcours in 5 km, Leih-E-Bikes gratis.

6212 Maurach, Mühltalweg 10, +43 5243 5293 0
HP-plus ab € 244,-

WELLNESS

13 PUNKTE – 1 LILIE

Buchau Familienresort ****S

Grünlage an der B181 bei Maurach – Achensee

Kinder- und Babyhotel. Viel für Kids: Ein großes Hotel mit eher funktionierender denn beseelter

Anmutung, es liegt ausgesprochen verkehrsgünstig, nämlich direkt an der Bundesstraße (die man trotz Lärmschutzwand weder überhört noch übersieht), und besteht aus vier Logiergebäuden, von denen eines mit dem Hauptgebäude über einen Gang verbunden ist.

In den letzten Jahren wurde hier vieles modernisiert und erweitert, die Zimmer (30 Kategorien, DZ von 22 bis 30 m²) zeigen sich stark unterschiedlich in puncto Interieurs, Reifegrad und Ausblick. Der Bademantel ist aus reiner Baumwolle, das W-Lan kriecht schneckenartig. Alles, was man fürs Baby benötigt, ist vorhanden, von Wickelauflage bis hin zum Badethermometer.

Das indoor nicht allzu große Spa bietet unter anderem eine nur bedingt attraktive Zone mit vier Saunen, einen tollen, 22 m langen Innenpool sowie einen 11 m langen Außenpool mit Liegendeck. Weiters Whirlpool und Naturbadeteich, Letzterer erscheint auf den Werbefotos kristallklar, war jedoch bei unserem Besuch ziemlich veralgt. Zum Schlechtesten, was wir jemals erlebt haben, zählt jedoch unsere Massage. Ein paar Gehminuten entfernt befindet sich der hoteleigene Badestrand am See, hier fanden wir schöne Liegekojen, drehbare Riesenstrandkörbe und eine Strandbar.

Frühstücksbuffet bis 10 Uhr (unsere Eier stammten aus Bodenhaltung), gute Küche, ebensolche Kinderbuffets, die Tischkultur ist fairly casual. Light Lunch und Nachmittagsjause, zudem Wein, Bier und Sekt sowie Softdrinks und Heißgetränke sind inkludiert. Für Kinder gibt es einen Spielplatz (mit Kunstrasen), Trampolin, Schwimmkurse, Reifenrutsche, Reithalle mit Ponys, Bogenschießen und vieles mehr sowie täglich 11 Stunden liebevolle Betreuung in vier Altersgruppen. 99 Liegen, 330 Betten.

Naturbadeteich, Freibecken, Hallenbad, Kinderbecken, Sauna, Dampfbad, Massagen, Kosmetik, Fitnessgeräte.
18-Loch-Parcours in 10 km, 20 % Greenfee-Rabatt.

6212 Maurach, Buchauer Straße 3, +43 5243 5210
All-inclusive-VP ab € 260,-.

WELLNESS

14 PUNKTE – 1 LILIE

Der Wiesenhof Pertisau ****S

Grünruhelage am Ortsrand in Pertisau – Achensee

Familienfreundlich. Wunderschönes Badehaus: Ein sympathischer Familienbetrieb, er liegt auf 952 m Seehöhe seinem Namen entsprechend auf einer ganz großen Wiese, das Ufer des Achensees ist nur ein paar gute Schritte entfernt. Eine Besonderheit ist das an die viktorianische Glashausarchitektur erinnernde Schwimmbad – eigentlich schlechthin die Sehenswürdigkeit in Pertisau!

Hinter schmucken, nach sommerfrischigem Salzkammergut anmutenden Fassaden wartet stilsicher arrangierte Eleganz – einfach zum Wohlfühlen. Durchwegs schöne Zimmer gibt es in 11 Kategorien (DZ von 25 bis 60 m²), sie haben Vollholzinterieurs, Holzböden und zumeist Balkon, unter den Amenities findet man auch Produkte aus Tiroler Steinöl.

Steinöl wird auch für Behandlungen im Spa eingesetzt, dieses steht auch Tagesgästen offen. Unter anderem fanden wir vier Saunen und zwei Innenpools, einen ganz kleinen und einen von 25 m Länge. Bei Letzterem lassen sich die Glashauswände öffnen, das ist fein bei Sommerhitze.

Restaurantterrasse, reichhaltiges Frühstücksbuffet bis 10.30 Uhr. Schöne Stuben, zumeist sehr gute Küche, sie ist regional ausgerichtet. Sehr freundliche Mitarbeiter, präsente Gastgeber, familiäre Atmosphäre, viele Stammgäste. Für die Kleinen gibt es eine liebevoll gestaltete Spielzone mit Kletterwand und Holzspielzeug, für die Größeren einen „Clubraum". Alles fürs Wandern gibt es zur Gratisleihe, Rodeln und Fahrräder ebenso. E-Bikes, E-Carts und Segways gegen Gebühr. Hunde erlaubt. 83 Liegen, 165 Betten.

Hallenbad, Sauna, Dampfbad, Massagen, Kosmetik, Fitnessstudio.
18-Loch-Parcours in 0,5 km.

6213 Pertisau, Naturparkstraße 20, +43 5243 52460
HP ab € 190,-

WELLNESS

16 PUNKTE – 2 LILIEN

Karwendel Pertisau ****S

Grünlage in Pertisau – Achensee

Hunde- und familienfreundlich. Ein Klassiker für Generationen: Was in den 1960er Jahren als kleines Wiener Café begann, ist heute ein sympathisch-bodenständiges Traditionshotel, eine Häusertrilogie mit blumengeschmückter Tiroler Fassade. Sie liegt auf 952 m Seehöhe, schön ruhig und sonnseitig vor einer ausladenden Wiese, zum Ufer des Achensees sind es nur ein paar gute Schritte, im Winter ist man hier gleich an einer der zahlreichen Loipen.

Karwendel Pertisau

Sechs Familienmitglieder packen hier tüchtig mit an, und das mit Verve.

Innen regieren Naturmaterialien und ländliche Gemütlichkeit. Blitzsaubere Zimmer gibt es in 23 Kategorien (DZ von 26 bis 85 m²), viele haben Holzböden, manche Kachelofen und Zirbenholzvertäfelung, die Bademantelschnur ist bereits eingefädelt.

Das Spa steht ausschließlich Hausgästen offen – das ist heute schon eine ganz große Seltenheit! Es ist in zwei Zonen unterteilt: Im Untergeschoß findet sich der Familienbereich mit vier Saunen, einem 12 m langen Innenpool und einem kleineren (im Winter eingeschränkt nutzbaren) Außenpool. Hoch oben auf dem Dach thront ein toller Adults-only-Bereich (ab 16 Jahren), hier fanden wir drei Saunen, feine Ruhezonen sowie einen 20 m langen Infinity-Außenpool mit herrlichem Ausblick! Sehr gute Massagen, kleines Aktivprogramm, auch Wassergymnastik und geführte Wanderungen.

Restaurantterrasse mit Morgen- und Abendsonne, gemütliche Stuben, gute bis sehr gute Küche mit regionaler Ausrichtung, ein Light Lunch ist inkludiert. Liebevolle Tischkultur, große Weinkarte. Mehrmals pro Woche gibt es abends Musik und Tanz. Präsente Gastgeber, ausgesprochen freundliche und aufmerksame Mitarbeiter, viele, viele Stammgäste. Kinderbetreuung extern, über den Tourismusverband. Fahrräder zur Gratisleihe, E-Bikes gegen Gebühr. Das Spa kann an An- und Abreisetag ohne Aufpreis ganztägig genutzt werden. Gratisgarage für (fast) alle. 74 Liegen, 150 Betten.

Freibecken, Hallenbad, Sauna, Dampfbad, Massagen, Kosmetik, Ayurveda, Fitnessgeräte, Personal Trainer.
18-Loch-Parcours in 0,6 km, 20 % Greenfee-Rabatt.

6213 Pertisau, Karwendelstraße 1, +43 5243 5284
HP-plus ab € 226,–

WELLNESS
16 PUNKTE – 2 LILIEN

Kristall Verwöhnhotel ****S

Grünruhelage am Ortsrand in Pertisau – Achensee

Hundefreundlich, Adults preferred (ab 14). Sympathisches Haus für Ruhesuchende: Ein inhabergeführtes Hotel am Waldrand in ruhiger Lage auf 952 m Seehöhe, der Fokus liegt auf Auszeit für Paare in Wohlfühlambiente. Zum Seeufer sind es nur ein paar gute Schritte, das Interieur zeigt sich in betont stimmungsvoller

Rieser Achensee Resort

Ländlichkeit, die Stuben teils urig, teils alpin-modern.

Zimmer gibt es in 15 Varianten (DZ von 22 bis 66 m²), sie sind zumeist heimelig gestaltet, alle haben Holzböden und Interieurs aus heimischen Hölzern, einige auch Sauna, Whirlpool und offenen Kamin. Zimmerservice bietet man übrigens von 8 bis 24 Uhr, das ist heute eine Rarität.

Der Wellnessbereich ist exklusiv für Hausgäste, er wurde vor wenigen Monaten um ein großes, ganz feines Sky-Spa erweitert, allerdings erst weit nach unserem Redaktionsschluss – die ganze Pracht kann daher naturgemäß erst in der nächsten Ausgabe beschrieben und vollumfänglich bewertet werden. Unter anderem gibt es jetzt acht Saunen (dienstags bis 23 Uhr), einen 20 m langen Innenpool sowie einen 15 m langen Außenpool auf dem Dach und zwei Badeteiche in einem schönen Garten. Sehr gute Massagen – auch als Partner-Treatment. Täglich Aktivprogramm, auch Yoga (zweimal pro Woche), Meditation, Bike-Touren und Waldbaden sowie geführte Wanderungen (im Winter mit Schneeschuhen).

Restaurantterrasse, reichhaltiges Frühstücksbuffet mit Eiern aus biologischer Freilandhaltung, sehr gute Küche bei netter Tischkultur, Light Lunch und süße Nachmittagsjause sind inkludiert. Atmosphärisch gestaltete Vinothek, interessante Weinkarte. Präsente Gastgeber, viele freundliche und hilfsbereite Mitarbeiter, lockere, familiäre Stimmung. Das Spa kann an An- und Abreisetag ohne Aufpreis ganztägig genutzt werden. E-Bikes und Schneeschuhe gibt's zur Gratisleihe. Gratisgarage für alle. 74 Liegen, 130 Betten.

Naturbadeteich, Freibecken, Hallenbad, Außensauna, Sauna, Dampfbad, Massagen, Kosmetik, Ayurveda, Fitnessgeräte. 18-Loch-Parcours in 1,5 km, 20 % Greenfee-Rabatt.

6213 Pertisau, Seebergstraße 10, +43 5243 5490
HP-plus ab € 182,-

WELLNESS

18 PUNKTE – 3 LILIEN

Rieser Achensee Resort ****S

Grünruhelage in Pertisau – Achensee

Familienfreundlich. So, wie es sein soll: Viel Wellness, köstliches Essen und ein harmonisches Miteinander gehören zur DNA dieses familiengeführtes Hauses. Es liegt auf 952 m Seehöhe, nur wenige Gehminuten vom Ufer des Achensees entfernt, unweit vom Golfplatz, im Winter ist man hier ganz nah an einer der zahlreichen Loipen.

Das Ambiente verströmt sozusagen gestalterische Rechtschaffenheit – nichts optisch Aufdringliches, alles fühlt sich stimmig und sehr behaglich an. Die Zimmer (15 Kategorien, DZ von 28 bis 93 m^2) sind recht unterschiedlich gestaltet, alle haben Balkon, Terrasse oder Loggia. Logismäßiger Höhepunkt ist übrigens das 190 m^2 große Sky Loft: mit so einigem an Besonderheiten, unter anderem Sauna, riesiger Terrasse mit Infinitypool und traumhaftem Ausblick.

Das Spa steht auch externen Gästen offen, unter anderem fanden wir 10 Saunen, eine ganz feine Adults-only-Zone mit Badeteich und 18 m langem Außenpool (um nur das Wichtigste anzuführen) sowie einen Familienbereich. Ebendort gibt es einen weiteren Außenpool und einen zusätzlichen großen, schönen Badeteich mit Liegewiese. Die Massagen sind sehr gut, das Fitnessstudio sehr großzügig und hochwertig ausgestattet. Täglich Aktivprogramm, auch Yoga (dreimal pro Woche), Meditation und geführte Wanderungen (auch mit Schneeschuhen).

Restaurantterrasse mit Morgen- und Abendsonne, reichhaltiges Frühstücksbuffet (auch: Eier aus biologischer Freilandhaltung), sehr gute Küche, Light Lunch und süße Nachmittagsjause sind inkludiert, Softdrinks und Heißgetränke aus dem Automaten von 6 bis 18 Uhr ebenso. Viele freundliche und aufmerksame Mitarbeiter, präsente Gastgeber. Breites Service für Biker (Garage, Trockenraum, Tourenkarten etc.), Tennisplätze zur kostenfreien Nutzung, Fahrräder gibt's zur Gratisleihe. Viel für Kids: Spielraum, Fußballplatz, Spielplatz und Teeniezone, in den Sommerferien zudem betreutes Kinder- und Jugendprogramm. Gratisgarage für alle. Hunde erlaubt. 139 Liegen, 240 Betten.

Naturbadeteich, Freibecken, Hallenbad, Kinderhallenbad, Außensauna, Sauna, Dampfbad, Massagen, Kosmetik, Ayurveda, Fitnessstudio, Personal Trainer.
18-Loch-Parcours in 1 km, 20 % Greenfee-Rabatt, Tennishalle, Tennisplätze.

6213 Pertisau, Karwendelstraße 40, +43 5243 5251
HP-plus ab € 226,-

WELLNESS
14 PUNKTE – 1 LILIE

Wagnerhof ****

Grünruhelage am Ortsrand in Pertisau – Achensee

Familienfreundlich. Ein sympathischer Mutter-mit-zwei-Töchtern-Betrieb (Vater und Sohn kümmern sich um die Landwirtschaft) in angenehm überschaubarer Größe, er liegt ruhig ein paar gute Schritte von Ufer des Achensees entfernt auf der grünen Wiese. Draußen wie drinnen zeigt sich alles zeitgemäß gestaltet, die Lobby ist weitläufig und schön.

Zimmer kann man aus nicht weniger als 20 Kategorien (DZ von 20 bis 75 m^2) wählen, fast alle haben Balkon, die neuen auch bodentiefe Fensterfronten, nicht alle sind ganz auf der Höhe der Zeit, einige bieten auch freistehende Badewanne und Nespresso-Maschine, der Bademantel ist aus reiner Baumwolle.

Das schöne Spa steht auch externen Gästen offen und ist auf drei Bereiche verteilt. Unter anderem fanden wir fünf Saunen, eine 20 m lange Außen-innen-Poolkombi, eine (zeitlich nur eingeschränkt zugängliche) Zone für Adults only mit Relax-Pool im Obergeschoß sowie feine Ruhebereiche innen und außen, die Massagen sind ausgezeichnet. Ganz kleines Aktivprogramm mit geführten Wanderungen.

Fabelhafte Restaurantterrasse mit Abendsonne, gutes Frühstücksbuffet bis 10 Uhr (die werblich angepriesenen „frischen Eier von Omas Hühnerstall" gab es bei unserem Besuch allerdings nicht), sehr gute Küche mit Zutaten vom eigenen Bauernhof, nette Tischkultur. Präsente und authentisch herzliche Gastgeberinnen, motivierte und freundliche Mitarbeiter, familiäres Umfeld. Ringsum Wander- und Radwege ohne Zahl. Der Wellnessbereich kann an Anreise- und Abreisetag kostenfrei genutzt werden. Gratisgarage für alle. Hunde erlaubt. 56 Liegen, 110 Betten.

Freibecken, Hallenbad, Außensauna, Sauna, Dampfbad, Massagen, Kosmetik, Fitnessgeräte.
18-Loch-Parcours in 0,5 km, 20 % Greenfee-Rabatt.

6213 Pertisau, Wagnergasse 2, +43 5243 5277
HP ab € 180,-

WELLNESS
18 PUNKTE – 3 LILIEN

Posthotel Achenkirch *****

Grünruhelage in Achenkirch – Achensee

Hundefreundlich, Adults only (ab 18). Wellness-Urgestein: Das älteste Spa-Hotel Tirols war über lange Jahre schlechthin das Eichmaß der Branche, zudem Ideen- und Blaupausenlieferant vor allem für Tiroler Hoteliers. Auch heute noch zählt die Anlage zu den aller-

Posthotel Achenkirch

besten Adressen des Landes – die Fülle des Gebotenen ist schlechthin großartig. Und das ganze Haus verströmt Behaglichkeit und die Aura des Besonderen, alles ist – soweit es die Grundrisse zuließen – mit redlichem Sinn und gutem Herzen geplant, Altes und Neues respektvoll verbunden.

Die Zimmer (16 Kategorien, DZ von 30 bis 102 m^2) präsentieren sich in niveauvoller, dezenter Modernität, Naturmaterialien und Vollholz regieren, alle haben Eichenböden, viele Balkon, eine auch Sauna und Dampfbad auf der Dachterrasse. Die Bettwäsche schmeichelt der Haut, der Polyesteranteil des Bademantels ist stattlich.

Das Spa ist exklusiv für Hotelgäst und äußerst großzügig, kürzlich erweitert bietet es unter anderem acht Saunen, sechs Pools, zwei Whirlpools, Liegewiesen und ein eigenes Ladys-Spa. Besonders hervorzuheben sind die bestens ausgestatteten Fitnesszonen sowie das Zentrum für Traditionelle Chinesische Medizin (TCM), das nicht nur Behandlungen, sondern auch fundierte Beratung bietet. Ganz neu sind sogenannte Head-Spa-Treatments nach japanischem Vorbild – zum Stressabbau (70 Min., 130 Euro). Neuerdings reduziertes Aktivprogramm, auch Tai Chi und geführte Wanderungen.

Wundervolles Frühstücksbuffet (unsere Eier stammten aus biologischer Freilandhaltung), sehr gute bis ausgezeichnete Küche, Light Lunch und feine Nachmittagsjause sind inkludiert. In einem eigenen TCM-Restaurant lassen sich alle drei Mahlzeiten nach der Fünf-Elemente-Lehre einnehmen, gesund und fein, und ohne Aufpreis. Die Weinkarte ist exzellent, die Tischkultur fein, die Service-Roboter sind fürchterlich. Präsente Gastgeber, viele engagierte und herzliche Mitarbeiter, einige sind noch unterwegs in Richtung Fünfstern-gipfel. Lipizzanergestüt mit Reitschule, hoteleigener Golfclub und ein Shop für alles, was das Hundeherz begehrt. Fahrräder gibt's zur Gratisleihe, E-Bikes gegen eine kleine Gebühr. Umfassendes Service für Biker. Gratisgarage mit Autowaschanlage für alle. 142 Liegen, 290 Betten.

Freibecken, Hallenbad, Außensauna, Sauna, Dampfbad, Massagen, Kosmetik, Fitnessstudio, Personal Trainer.
9-Loch-Parcours in 0,7 km, bis zu 25 % Greenfee-Rabatt, Tennisplätze, Reitstall, Lipizzanergestüt.

6215 Achenkirch, Obere Dorfstraße 382, +43 5246 6522
HP-plus ab € 231,–

Reiterhof Natur- & Aktiv-Resort

WELLNESS

16 PUNKTE – 2 LILIEN

Reiterhof Natur- & Aktiv-Resort ****S

Grünruhelage am Ortsrand in Achenkirch – Achensee

Adults preferred (ab 12). Ein gepflegter Familienbetrieb, er liegt auf einer kleinen Anhöhe (950 m Seehöhe) ruhig am Waldrand – zum Achensee sind es keine fünf Autominuten. Hinter einer ansprechenden Tiroler Fassade herrscht stimmungsvoll arrangierte Gemütlichkeit: bodenständig und heimelig.

Die Zimmer (10 Kategorien, DZ von 28 bis 160 m^2) sind mehrheitlich großzügig geschnitten, aber unterschiedlich arrangiert, alle haben Balkon, einige auch Sauna. Ein prächtiger Ausblick auf das Karwendelgebirge ist immer dabei.

Das Spa steht neuerdings auch externen Gästen offen, es ist inwendig aber kein Riese. Unter anderem fanden wir fünf Saunen (ab 16 Jahren), darunter eine mit Bierbrunnen – man gönnt sich ja sonst nichts –, einen 25 m langen, auch im Winter nutzbaren Außenpool sowie einen kleinen Schwimmteich und feine Ruhezonen. Der Therapiebereich und das neue Fitnessstudio (330 m^2) sind sehr groß, die Massagen sehr gut. Täglich Aktivprogramm, auch Yoga, Qi Gong und geführte Wanderungen.

Fabelhafte Restaurantterrasse, reichhaltiges Frühstücksbuffet, zumeist sehr gute Küche bei netter Tischkultur, Light Lunch und süße Nachmittagsjause sind inkludiert, Softdrinks und Heißgetränke ebenso. Freundliche Mitarbeiter, viele langjährige Stammgäste, die meisten kommen aus Deutschland. Ringsum Wanderwege und Laufstrecken ohne Zahl, im Winter kostenloser Shuttle ins Skigebiet Achenkirch. Fahrräder gegen Gebühr. Hunde erlaubt. 85 Liegen, 170 Betten.

Naturbadeteich, Freibecken, Hallenbad, Außensauna, Sauna, Dampfbad, Massagen, Kosmetik, Ayurveda, Fitnessgeräte, Personal Trainer.
18-Loch-Parcours in 2 km, 20 % Greenfee-Rabatt.

6215 Achenkirch, Nr. 380, +43 5246 6600
VP ab € 240,–

WELLNESS

14 PUNKTE – 1 LILIE

Alpbacherhof Mountain & Spa ****S

Grünruhelage in Alpbach – Alpbachtal

Mit belebendem Ausblick: Ein familiengeführtes

Der Böglerhof

Haus mit blumengeschmückten Alpenlandfassaden, es liegt auf 976 m Seehöhe am talseitigen Ortsrand. Im Inneren paaren sich neoalpine Modernität und gemütliche Gediegenheit. Und jedes Jahr freuen wir uns aufs Neue, wenn wir sehen, dass die schönen Holzvertäfelungen und Kassettendecken allen bisherigen Modernisierungsstufen trotzen konnten.

Zimmer gibt es in 15 unterschiedlichen Kategorien (DZ von 23 bis 72 m²), alle haben Balkon, einige auch Sauna, wir empfehlen unbedingt eines in Richtung Pool, das steht für Ausblick, Nachmittagssonne und Schutz vor Straßenlärm.

Das Spa ist auch Tagesgästen zugänglich, indoor aber nicht allzu groß, es bietet unter anderem neun Saunen (Adults only ab 18 Jahren), jeweils einen 9 m langen Pool innen und außen sowie einen Whirlpool im Freien. Sehr gute Massagen, täglich Aktivprogramm, auch Yoga (dreimal wöchentlich), E-Bike-Touren und geführte Wanderungen (im Winter mit Fackel und Schneeschuhen), für Waldbaden ist ein kleiner Aufpreis zu entrichten.

Fabelhafte Restaurantterrasse, reichhaltiges Frühstücksbuffet, gute Küche mit regionaler Ausrichtung. Light Lunch und Nachmittagsjause sind inkludiert, alkoholfreie Getränke ebenfalls. Sauberes Preis-Leistungs-Verhältnis. Präsente Gastgeber, viele freundliche Mitarbeiter, die meisten kommen aus der Region. Wanderausrüstung gibt's zur Gratisleihe, E-Bikes gegen Gebühr. Eher ungeeignet für Kinder, Hunde erlaubt. 53 Liegen, 150 Betten.

Freibecken, Hallenbad, Außensauna, Sauna, Dampfbad, Massagen, Kosmetik, Fitnessgeräte.

6236 Alpbach, Nr. 564, +43 5336 5237
HP-plus ab € 180,–

WELLNESS
17 PUNKTE – 3 LILIEN

Der Böglerhof *****

Zentrumslage in Alpbach – Alpbachtal

Hunde- und familienfreundlich. Niveauvoll in allen Bereichen: Ein ausgesprochen herzlich-bodenständiger Familienbetrieb, der nach langen Jahren im Vorjahr wieder in die Liga der Lilien-Hotels aufgestiegen ist, Modernisierungen und Erweiterungen waren dafür maßgeblich. Das Haus besteht aus vier geschickt in den Hang gebauten Gebäuden, die unterirdisch miteinander verbunden sind. Herzerfrischende Wärme, stilvolle Behaglichkeit und gutes Essen zählen zu den Vorzügen, liebevolle Details ebenso: Die großzügige Hausbibliothek mit Kaminfeuer mögen wohl nicht nur wir ganz besonders, und die vielen frischen Blumen erfreuen wohl jedes Herz.

Zimmer gibt es in 12 Kategorien (DZ von 30 bis 75 m²), viele haben Holzböden, Balkon oder Loggia, die Bettwäsche schmeichelt der Haut, ein Thermophor liegt bereit. Den wohl schönsten Ausblick genießt man übrigens von den neuen Suiten am Naturbadeteich, und wunderschön sind sie obendrein. Der Bademantel ist aus reiner Baumwolle, die Schnur bereits eingefädelt.

Das Spa ist exklusiv für Hausgäste, es gibt eine kleinere Familienzone und einen großen, feinen Adults-only-Bereich – alles schlicht und angenehm fürs Auge. Unter anderem fanden wir acht Saunen (vier davon textil), im Freien zwei Pools (9 und 11 m lang), einen knapp 20 m langen Naturbadeteich, Liegewiese und FKK-Zone mit Feuerstelle. Ausgezeichnete Massagen, täglich Aktivprogramm, auch Yoga (mehrmals pro Woche), Meditation, Waldbaden, geführte Wanderungen und E-Bike-Touren.

Reichhaltiges Frühstücksbuffet, gute bis sehr gute Küche (wie immer bewerten wir auch hier die Halbpension und nicht das mehrfach ausgezeichnete À-la-carte-Restaurant). Nette Tischkultur, großartige Weinkarte (rare gereifte Gewächse, May Wines, rare Winzerchampagner, tolle Underdog-Weine etc. etc.), Light Lunch und Nachmittagsjause sind inkludiert. Ausgesprochen freundliche, zuvorkommende Mitarbeiter, fast alle kommen aus der Region, präsente Gastgeber. Kinderbetreuung während der Sommerferien. Das Spa kann am Abreisetag ohne Aufpreis ganztägig genutzt werden. Gratisgarage für alle. 70 Liegen, 180 Betten.

Naturbadeteich, Freibecken, Hallenbad, Außensauna, Sauna, Dampfbad, Massagen, Kosmetik, Fitnessgeräte, Personal Trainer.
Tennisplatz.

6236 Alpbach, Alpbach 166, +43 5336 5227 0
HP-plus ab € 237,–.

WELLNESS
14 PUNKTE – 1 LILIE

Elisabeth Fügen ****

Grünlage in Fügen – Zillertal

Klein und gemütlich: Ein freundlicher Familienbetrieb von angenehmer Größe, er liegt auf 620 m Seehöhe, zwar an der Hauptstraße, ist aber rückseitig von Wiesen begrenzt, der Ausblick in die Zillertaler Bergwelt ist sehr schön. Im Winter sind es nur ein paar gute Schritte zur Talstation der Spieljochbahn, dem Anschluss an die Skigebiete Hochfügen-Hochzillertal mit insgesamt knapp 500 km Pisten.

Hinter blumengeschmückten Alpenfassaden empfängt ein zeitgemäßes und gepflegtes Ambiente, Zimmer gibt es in fünf Kategorien (DZ von 18 bis 45 m²), sie sind mitunter recht klein geschnitten, alle haben helle Vollholzinterieurs, die meisten Teppichböden, Balkon oder Terrasse.

Das schöne, indoor kleine Spa steht auch Tagesgästen offen, unter anderem bietet es vier Saunen, einen kleinen Innenpool, einen 18 m langen, auch im Winter nutzbaren Außenpool mit Liegewiese sowie ausgezeichnete Massagen.

Fabelhafte Restaurantterrasse, nettes Frühstücksbuffet ab 7.30 Uhr, gute Küche, Rind- und Kalbfleisch kommen aus der eigenen Landwirtschaft, eine kleine Nachmittagsjause ist inkludiert. Präsente Gastgeber, viele freundliche Mitarbeiter, viele Stammgäste. Kleiner Kinderskihang in unmittelbarer Nähe. Hunde erlaubt. 24 Liegen, 75 Betten.

Freibecken, Hallenbad, Sauna, Dampfbad, Massagen, Fitnessgeräte.
18-Loch-Parcours in 4 km.

6263 Fügen, Hochfügener Straße 67, +43 5288 62972
HP ab € 145,–

WELLNESS
14 PUNKTE – 1 LILIE

Haidachhof Boutique-Hotel ****S

Ortslage in Fügen – Zillertal

Liebenswertes Kleinhotel: ein Familienbetrieb auf 624 m Seehöhe, nur ein paar Schritte entfernt von der Talstation der Spieljochbahn, dem Anschluss an das Skigebiet Hochfügen-Hochzillertal mit insgesamt 500 Pistenkilometern. Es handelt sich um ein „lässiges, dekoverliebtes Wohnzimmer für Weinliebhaber, Genussfreunde und Individualisten" – so lautet die werbliche Selbstdarstellung, die wir gerne so stehen lassen.

Zimmer gibt es in 11 Kategorien (DZ von 20 bis 60 m²), alle sind neoalpin gestaltet und recht gemütlich, viele haben Balkon und feine Holzböden.

Das indoor eher überschaubare Spa steht exklusiv Hotelgästen offen, es bietet unter anderem vier Saunen, einen 15 m langen, auch im Winter nutzbaren Außenpool mit Sonnendeck und ein Gärtchen. Kleines Aktivprogramm, auch

Wöscherhof

Yoga (zweimal pro Woche) und geführte Wanderungen (im Winter auch mit Schneeschuhen).

Fabelhafte Restaurantterrasse, gutes Frühstücksbuffet (mit frisch gepressten Smoothies), Early Morning Breakfast ab 7 Uhr. Sehr gute Küche bei feiner Tischkultur, auch Unverträglichkeiten werden berücksichtigt. Eine Nachmittagsjause ist inkludiert, alkoholfreie Getränke ganztägig ebenso. Stimmungsvolle Bar, freundliche und langjährige Mitarbeiter, präsente und herzliche Gastgeber, viele Stammgäste. Das Spa kann an An- und Abreisetag ohne Aufpreis genutzt werden. Hunde erlaubt. 46 Liegen, 75 Betten.

Freibecken, Hallenbad, Sauna, Dampfbad, Massagen, Kosmetik, Ayurveda, Fitnessgeräte.
18-Loch-Parcours in 4 km.

6263 Fügen, Haidach 2, +43 5288 62380
HP-plus ab € 170,-

WELLNESS

16 PUNKTE – 2 LILIEN

Held ****S

Grünlage am Ortsrand in Fügen – Zillertal

Hunde- und familienfreundlich. Viel Neues: Ein Familienbetrieb mittlerer Größe, er liegt auf 570 m Seehöhe am Ortsrand im Grünen – allerdings führt auch die Bundesstraße nicht allzu weit daran vorbei. Zur Talstation der Spieljochbahn, dem Anschluss an das Skigebiet Hochfügen-Hochzillertal mit 500 km Pisten, sind es etwa drei Autominuten, ein Ski-Shuttle fährt mehrmals pro Tag.

Im Freien erfreut ein großzügiger Garten, drinnen zeigt sich ein Mix aus Tradition und moderner Alpenländlichkeit, bisweilen hat man das Gefühl, in zwei unterschiedlichen Hotels zu wohnen. Durchwegs gemütliche Zimmer sind aus 17 stark unterschiedlichen Varianten (DZ von 26 bis 92 m²) wählbar, viele haben feine Eichenböden, hochwertige Vollholzinterieurs aus Zirbe oder Altholz, Balkon oder Terrassen, einige auch freistehende Badewanne oder Sauna.

Das Spa steht auch externen Gästen offen, es wurde bis knapp vor Redaktionsschluss porentief modernisiert und gewaltig vergrößert. Der recht weitläufige Adults-only-Bereich (ab 15 Jahren) bietet nun unter anderem vier Saunen, schöne Ruhezonen drinnen und draußen (große FKK-Terrasse) und einen 25 m langen Außenpool, am Dach wartet ein FKK-Whirlpool. Im Familien-Spa fanden wir unter anderem zwei je

5 m lange Innenpools (einer für Kleinkinder, mit Rutsche) und einen ebenso langen Außenpool sowie vier Saunen (alle textil). Auch fein: der Naturbadeteich. Ganz neu ist eine Kältekammer mit minus 85 Grad. An alltagsüblichen Termindruck erinnert der Hausbrauch, Handtücher nur in zwei winzigen Zeitfenstern tauschen zu dürfen, dazu muss man sich am Sportpool einfinden. Aktivprogramm, auch Yoga (bis zu viermal pro Woche), Pilates und geführte Wanderungen. Regelmäßig werden auch Yoga-Retreats veranstaltet.

Fabelhafte Restaurantterrasse, schöne Restaurants, Frühstücksbuffet mit wenig Vielfalt (unsere Eier stammten aber immerhin aus Freilandhaltung), zumeist sehr gute Küche bei netter Tischkultur, Light Lunch und süße Nachmittagsjause sind inkludiert. Die Gastgeber halten sich dezent im Hintergrund. Viele freundliche Mitarbeiter, dem aufgemalten Credo „Zuhause ist, wo die Liebe wohnt und jederzeit ein Lächeln auf Dich wartet" wird man speziell an der Rezeption und im Restaurant noch nicht ganz gerecht. City- und Mountainbikes gibt's zur Gratisleihe, E-Bikes und Schneeschuhe gegen Gebühr. Auf Kinder wartet ein neuer Spielplatz, mit Turm, Wasserspielanlage und Trampolin, all das neben dem Außenpool – praktisch und sehr nett. Das Spa kann am Anreisetag schon vor dem Check-in aufpreisfrei genutzt werden. Gratisgarage für Direktbucher höherer Zimmerkategorien. 160 Liegen, 216 Betten.

Naturbadeteich, Freibecken, Hallenbad, Außensauna, Sauna, Dampfbad, Massagen, Kosmetik, Ayurveda, Fitnessgeräte, Personal Trainer.
18-Loch-Parcours in 3 km.

6263 Fügen, Kleinbodener Straße 6, +43 5288 62386
HP-plus ab € 184,–

WELLNESS
15 PUNKTE – 2 LILIEN

Wöscherhof ****S

Grünlage am Ortsrand in Uderns – Zillertal

Hunde- und familienfreundlich. „Dahuam": So lautet der Slogan dieses sympathischen Familienbetriebs. Er liegt auf 550 m Seehöhe unweit des Golfplatzes, im Winter hält der kostenlose Skibus beinahe vor der Hoteltür, zudem wird man auf Anruf vom hoteleigenen Shuttle abgeholt. Es gibt zwei Logiergebäude und sozusagen auch optisch zwei Welten, traditionelle Alpenländlichkeit trifft mitunter recht abrupt auf neoalpine Modernität.

Zimmer gibt es in 16 Kategorien (DZ von 17 bis 65 m²), alle haben Balkon, fast alle feine Holzböden, einige freistehende Badewanne, Infrarotkabine, Sauna sowie direkten Zugang zum Badeteich!

Das Spa steht auch Tagesgästen offen, es bietet zunächst die Trennung in einen Familienbereich und eine feine Adults-only-Zone (ab 18 Jahren), Letztere befindet sich auf dem Dach. Unter anderem fanden wir einen 10 m langen Sky-Infinitypool, acht Saunen und feine Ruheräume mit Bergpanorama. Weiters ein schönes Hallenbad und einen 12 m langen, im Winter nur eingeschränkt nutzbaren Außenpool. Aktivprogramm, auch Yoga und geführte Wanderungen. Regelmäßig werden auch Yoga-Retreats veranstaltet.

Restaurantterrasse, sehr gute Küche mit regionaler Ausrichtung – Eier, Milch, Fleisch und Speck kommen aus der eigenen Landwirtschaft –, eine Nachmittagsjause mit Softdrinks vom Getränkebrunnen ist im Preis enthalten. Präsente und aufmerksame Gastgeber, viele freundliche und hilfsbereite Mitarbeiter. Zweimal wöchentlich gibt's Musik- und Cocktailabende. Frühstück und Check-out bis 10.30 Uhr. Sauberes Preis-Leistungs-Verhältnis. 69 Liegen, 150 Betten.

Naturbadeteich, Freibecken, Hallenbad, Sauna, Dampfbad, Massagen, Kosmetik, Fitnessgeräte.
18-Loch-Parcours in 0,4 km, 20 % Greenfee-Rabatt.

6271 Uderns, Kirchweg 26
+43 5288 63054
HP-plus ab € 165,–

WELLNESS
17 PUNKTE – 3 LILIEN

Theresa Genießer-Hotel ****S

Grünruhelage in Zell am Ziller – Zillertal

Kinderfreundlich. Mit Charme und Stil: Ein liebevoll geführter Familienbetrieb, er besteht aus vier verbundenen Logiergebäuden und liegt direkt an der Station der Zillertalbahn, im Winter hält der kostenlose Skibus direkt vor dem Hotel, drei große Skigebiete gibt es in der Nähe. Die öffentlichen Räume verströmen ein gediegenes Wohlfühlambiente, das sich vom Zillertaler Mainstream wohltuend distanziert: gehoben-konservative Tradition, schwere Antiquitäten und edle Wandteppiche.

MalisGarten

Auch die Zimmer folgen diesem Konzept, es gibt sie in 21 Kategorien (DZ von 27 bis 115 m²), alle haben Balkon und Terrasse, manche auch feine Holzböden, Gaskamin, Sauna oder Infrarotkabine. Lärmempfindlichen empfehlen wir, kein straßenseitiges Zimmer zu buchen.

Wie das Restaurant steht auch das Spa externen Gästen offen. Es bietet unter anderem sieben Saunen, ein 25 m langes, auch im Winter nutzbares Außenbecken inmitten eines schönen Gartens, einen Innenpool mit Panoramaausblick und feine Ruhezonen. Gute Massagen, täglich Aktivprogramm, auch Yoga, Pilates und geführte Wanderungen.

Reichhaltiges Frühstücksbuffet, sehr gute bis ausgezeichnete Küche mit biologischer Ausrichtung, feine Tischkultur, tolle Weinkarte. Light Lunch (reichlich) und Nachmittagsjause mit Heißgetränken sind inkludiert. Viele sehr freundliche und bemühte Mitarbeiter, internationales Publikum, viele langjährige Stammgäste. Mountainbikes sowie eine Harley-Davidson gibt's zur Gratisleihe, E-Bikes gegen Gebühr. Ganztägige Kinderbetreuung an sechs Tagen der Woche. Gratisgarage für alle. Hunde erlaubt. 98 Liegen, 156 Betten.

Freibecken, Hallenbad, Außensauna, Sauna, Dampfbad, Massagen, Kosmetik, Ayurveda, Fitnessstudio, Personal Trainer.

6280 Zell am Ziller, Bahnhofstraße 15, +43 5282 2286 0
HP-plus ab € 200,–

WELLNESS
15 PUNKTE – 2 LILIEN

MalisGarten *****s

Ortslage in Zell am Ziller – Zillertal

Adults preferred (ab 14). Tolles Raumklima und hochfeine Küche: Ein Fünfsternhaus von sehr angenehmer Größe, es liegt auf 575 m Seehöhe mitten im Ort. Die Architektur ist großartig, nicht nur fürs Auge, sondern für alle Sinne. Innen regiert einnehmend unaufdringliche Eleganz, und das Raumklima fühlt sich einfach wunderbar an, denn das ganze Haus ist unter Verzicht auf chemische Baustoffe gebaut, gänzlich aus Holz, vom Südtiroler Architekturvirtuosen Matteo Thun obendrein. Die Lage neben dem Friedhof freilich ist speziell, hat aber auch Vorteile – Erklärung folgt sogleich.

Zimmer gibt es in sechs Kategorien (DZ von 26 bis 74 m²), alle haben wunderschöne Holzvertäfelungen, edle Parkettböden, Balkon –

Almhof Family Resort & Spa

und einen Dyson-Föhn. Die Betten sind handgefertigt und aus Zirbenholz, Kräuterkissen gibt es noch dazu. Manche Zimmer gewähren nächtens den Ausblick auf Grablichter, das wiederum könnte bei Frauen das Bedürfnis nach Kuscheln signifikant erhöhen.

Das schöne Spa steht auch externen Gästen offen, es ist indoor kein Riese und auf zwei Ebenen verteilt. Unter anderem bietet es vier Saunen, eine Kältekammer, eine 22 m lange Kombination aus Außen- und Innenpool sowie einen Freibereich mit Liegewiese im Garten. Kleines Aktivprogramm, auch Yoga (mehrmals wöchentlich), Pilates, Faszientraining und geführte Wanderungen. Regelmäßig werden auch Yoga-Retreats veranstaltet.

Wundervolles Frühstücksbuffet, sehr gute bis ausgezeichnete Küche. Viele freundliche Mitarbeiter, stimmungsvolle Bar. Ruhesuchende sollten vor der Buchung eventuell stattfindende Events abklären. Valet Parking, Gratisgarage für alle. Hunde erlaubt. 36 Liegen, 70 Betten.

Freibecken, Hallenbad, Sauna, Dampfbad, Massagen, Kosmetik, Fitnessgeräte, Personal Trainer. 18-Loch-Platz in 12 km.

6280 Zell am Ziller, Rohrerstraße 5, +43 5282 2236
HP ab € 234,–

WELLNESS

16 PUNKTE – 2 LILIEN

Almhof Family Resort & Spa ****S

Grünlage am Ortsrand in Gerlos – Zillertal

Kinder- und Babyhotel. Ganz viel für Kids: Ein moderner Familienbetrieb, er liegt auf 1.200 m Seehöhe an einem Südhang, im Winter ist man hier direkt an Kinderpiste und Schlepplift, zum Einstieg in die Zillertal-Arena (147 Pistenkilometer, 52 Lifte) sind's fünf Autominuten, ein Skibus hält im Viertelstundentakt vor dem Hotel. Essen und Trinken sind hier praktisch von früh bis spät inkludiert, die Kinderbuffets (Pasta, Pizza, Döner, Schnitzel, Donuts) wirken mitunter auch auf Eltern wie Magneten. Für Kids gibt es das Maskottchen Almi und große Neuigkeiten: Vor kurzem wurden eine Trampolinhalle mit Valo-Jump, eine als Almdorf gestaltete Spiel- und Phantasiewelt sowie ein Theater mit kreativen Spielkonzepten und liebevoll gestalteten Themenräumen geschaffen.

Die Zimmer (20 Kategorien, DZ von 26 bis 105 m^2) sind für sämtliche Kinder- und Baby-Eventualitäten ausgestattet und recht praktisch arrangiert, alle haben feine Holzböden, viele Balkon oder Terrasse. Und in jeder Etage gibt es

Gut Stiluppe

einen offenen Schrank mit Ersatzbettwäsche – gute Idee! Am besten gefallen uns übrigens die Zimmer mit Ausblick auf den Stausee.

Der Wellnessbereich ist exklusiv für Hotelgäste, im Familien-Spa fanden wir unter anderem zwei Außenpools, eine 110 m lange Wasserrutsche, einen 17 m langen Innenpool und ein Babybecken. Daneben das Ladys-Spa als Teil des Adults-only-Areals, das sich in einem gläsernen Turm fortsetzt. Dort finden sich feine Ruhezonen, ein FKK-Außenwhirlpool und eine Außensauna auf dem Dach – all das mit schönem Ausblick in die Natur –, und eine Kaffeemaschine gibt's hier auch! Insgesamt geboten werden 10 Saunen (drei davon textil), und mit der Wassertemperatur der Pools waren wir ebenso wie unsere Testerkinder sehr zufrieden. Gute und preiswerte Massagen, kleines Aktivprogramm, auch Yoga und Pilates.

Reichhaltiges Frühstücksbuffet mit einigen Überraschungen, Light Lunch, Nachmittagsjause (beides reichlich) sowie ganztägig Alkoholfreies und Heißgetränke sind inkludiert. Viele freundliche Mitarbeiter, manche sind zurzeit noch unterwegs auf den Servicegipfel. Zigarrenlounge, stimmungsvolle Bar, faire Getränkepreise. Täglich rund 12 Stunden Betreuung in vier Altersgruppen, auch für Babys und Teenies. Dank zahlreicher Inklusivleistungen ergibt sich ein gutes Preis-Leistungs-Verhältnis. Was uns gefehlt hat: Schwimmflügerl – im Hotelshop. Hunde erlaubt. 96 Liegen, 220 Betten.

Freibecken, Hallenbad, Babybecken, Außensauna, Sauna, Dampfbad, Massagen, Kosmetik, Fitnessstudio, Personal Trainer.
18-Loch-Parcours in 26 km, Tennishalle.

6281 Gerlos, Gmünd 45, +43 5284 5323
HP-plus (inkl. Softdrinks) ab € 184,-

WELLNESS

14 PUNKTE – 1 LILIE

Gut Stiluppe

Grünlage am Ortsrand in Mayrhofen – Zillertal

Hunde- und familienfreundlich. Gemischte Gefühle: Ein wunderschönes Haus in angenehmer Größe, es trägt den Namenszusatz „Good Life Hotel" und offeriert ein modernes und trotzdem heimeliges Ambiente. Alles zeigt sich wie aus einem Guss, und man fühlt sich sofort wohl. Es gibt mehrere Highlights, etwa das wunderschöne Spa und das köstliche Essen. Lowlights gibt es vor allem zwei, nämlich die Absenz eines Gastge-

Zillergrund Rock

bers und die Lage an der Bundesstraße.

Das Hotel besteht aus einem nahezu komplett renovierten Stammhaus und einem ganz neuen Zubau. Feine Zimmer kann man aus 10 Kategorien (DZ von 28 bis 68 m²) wählen, alle haben handgefertigte Betten, edle Holzböden und Balkon. Das W-Lan ist superschnell, der Bademantel aus reiner Baumwolle, die Schnur bereits eingefädelt. Als Liebhaber von schönem Ausblick gilt unsere Empfehlung besonders den Zimmern im obersten Stockwerk in Richtung Finkenberg, und wer bei offenem Fenster schlafen möchte, ist mit der straßenabgewandten Seite besser dran.

Der auch externen Gästen offenstehende Wellnessbereich ist schlechthin eine Augenweide, nur selten sehen wir so etwas Stimmiges und Schönes! Auf drei Ebenen fanden wir zunächst einmal die Trennung in Bereiche für Familien und Adults only (ab 15 Jahren) und dann, unter anderem, vier Saunen (eine davon textil) und fünf Pools, der längste misst 20 m und befindet sich im Freien, ein bisserl sehr frisch ist er auch, zudem im Winter nur eingeschränkt nutzbar. Der Kaltwasser-Außenpool bei der Sauna ist nicht textilfrei – echt schade, und umständlich ist's nach der Sauna auch! Wiederum fein: der liebliche Garten mit FKK-Sonnenwiese.

Wunderschönes Wintergartenrestaurant, fabelhafte Terrasse, Frühstück bis 11 Uhr, sehr gute bis ausgezeichnete Küche, sie legt „größten Wert auf Produkte aus biologischer Landwirtschaft" – unsere Frühstückseier stammten allerdings aus Bodenhaltung. Leihfahrräder gibt's gratis, E-Bikes gegen Gebühr. Auf Kids warten Spielplatz, Trampolin und anderes mehr. Im Winter hält ein kostenloser Skibus zur Penken- und Ahornbahn in etwa 300 m Entfernung.
46 Liegen, 113 Betten.

Freibecken, Hallenbad, Babybecken, Außensauna, Sauna, Dampfbad, Massagen, Kosmetik, Personal Trainer. 18-Loch-Parcours in 22 km, 20 % Greenfee-Rabatt.

6290 Mayrhofen, Stillupklamm 826, +43 5285 8124
HP ab € 228,-

WELLNESS

14 PUNKTE – 1 LILIE

Zillergrund Rock ****S

Grünruhelage bei Mayrhofen – Zillertal

Coole Pools: Ein Familienbetrieb mit jugendlichem Auftritt, er wird bereits in fünfter Generation geführt und wurde vor kurzem zu einem großen Teil modernisiert. Zur Talstation des größten Skigebiets der Region (147 Pistenkilometer, 52 Lifte) sind es 12 km, drei etwas kleinere Skigebiete liegen noch näher. Das aus drei hintereinander aufgereihten Gebäuden bestehende Anwesen liegt auf 793 m Seehöhe in einem von steilen Hängen umgrenzten Tal, in dem das Gebirgsbachgetöse der Ziller gut zu hören ist, während die Sonne naturgemäß etwas kürzer zu sehen ist. Das Ambiente gibt sich hip und stylisch – instagramtaugliche Hotspots inklusive.

Zimmer gibt es in 15 Kategorien (DZ von 30 bis 93 m²), auch sie folgen mehrheitlich diesem Konzept, viele haben feine Holzböden, einige auch Biosauna oder Infrarotkabine, Boxspringbetten und bodentiefe Panoramafenster.

Der Wellnessbereich steht auch externen Gästen offen, ein älterer Teil befindet sich im Erdgeschoß, ein sehr neuer mit dem „Best Skypool ever“ (werblicher O-Ton) auf dem Dach. Unter anderem fanden wir fünf Saunen, einen feinen FKK-Bereich im Freien und zwei 20 m lange, auch im Winter nutzbare Außenpools, sie verlaufen höhenversetzt parallel zueinander. Gute Massagen, kleines Aktivprogramm, auch Yoga (bis zu sechsmal pro Woche), Meditation, geführte Wanderungen und Bike-Touren.

Reichhaltiges Frühstücksbuffet bis 10.30 Uhr, die Küche versteht sich auf Veganes (gegen kleinen Aufpreis), die Tischkultur ist fairly casual, Light Lunch und Nachmittagsjause sind inkludiert, Alkoholfreies und Heißgetränke bis 17 Uhr ebenso. Stimmungsvolle Bar, gelegentlich gibt es hier DJ- oder Livemusik, und Oma Friedas Schnapsrunden sind legendär. Präsente Gastgeber, viele freundliche Mitarbeiter, im Service sind es sozusagen noch einige Höhenmeter bis zum Gipfel. Ungeeignet für Kinder, Hunde erlaubt. 66 Liegen, 180 Betten.

Freibecken, Hallenbad, Außensauna, Sauna, Dampfbad, Massagen, Fitnessgeräte.

6290 Mayrhofen, Zillergrund 903, +43 5285 62377
HP-plus (inkl. Softdrinks) ab € 206,–

WELLNESS

18 PUNKTE – 3 LILIEN

Stock Resort *****S

Grünlage mit Fernblick in Finkenberg – Zillertal

Kinderfreundlich. Ein „Big Name“: Familiengeführte Luxusherberge, sie liegt auf 875 m am Hang hoch über dem Tal. Zum Hintertuxer Gletscher sind es 15 km, zur Finkenberger Almbahn gerade 300 m. Die dicht verbaute Anlage ist inwendig geheimnisvoll verwinkelt. Extravagante, mitunter ziemlich urbane Modernität regiert das Ambiente.

Wunderschöne, sehr komfortable Zimmer sind aus nicht weniger als 31 Varianten (DZ von 25 bis 121 m²) wählbar, alle sind mit hochwertigen Materialien, heimischen Hölzern und einer Nespresso-Maschine ausgestattet, viele haben Balkon und Holzböden, auch solche mit Sauna (indoor oder auf dem Balkon) oder Infrarotkabine sind zu haben.

Das Spa steht auch Tagesgästen offen, es bietet eine Fülle an Einrichtungen, allen voran der superbe Bademantelwärmer beim Außenpool (eine Ausnahmeerscheinung, die auf unserem Instagram-Kanal zigtausend Mal bewundert wurde). Unter anderem fanden wir 10 Saunen (drei davon textil), einen 25 m langen Außenpool mit wundervollem Ausblick, ein Ladys-Spa, feine Ruheräume und einen Kinderbadebereich mit 70 m langer Reifenrutsche. Großartiges Fitnessstudio, Geräte gibt es auch im Freien. Sehr gute Massagen, täglich Aktivprogramm, auch Yoga, Qi Gong und geführte Wanderungen.

Fabelhafte Restaurantterrasse, wunderbares Frühstücksbuffet von 7.30 bis 11 Uhr, für Langschläfer gibt es eine Variante bis 12.30 Uhr in der Kaminhalle. Sehr gute Küche, sie bietet auch Veganes, Light Lunch (reichlich!) und Nachmittagsjause mit alkoholfreien Getränken sind inkludiert. Präsente Gastgeber, viele freundliche Mitarbeiter. Raucherlounge. Mountain- und E-Bikes gint es gegen Gebühr, das omnipräsente Alles-Stock-Branding hingegen ohne Aufpreis, es erweist sich als exzellentes Trainingsprogramm zur Resilienzsteigerung. Täglich mindestens 10,5 Stunden Betreuung für Kinder ab drei Jahren. Gratisgarage für alle. Hunde erlaubt. 102 Liegen, 300 Betten.

Freibecken, Hallenbad, Kinderbecken, Außensauna, Sauna, Massagen, Kosmetik, Ayurveda, Fitnessstudio, Personal Trainer.
18-Loch-Parcours in 24 km, Tennisplatz.

6292 Finkenberg, Dorf 142, +43 5285 6775
HP-plus ab € 320,–

WELLNESS

16 PUNKTE – 2 LILIEN

Bergfried Tux *****

Grünruhelage am Ortsrand in Lanersbach – Zillertal

Kinderfreundlich. Wunderschön auf 1.300 m

Tirolerhof Tux

Seehöhe: Ein sehr gemütlicher Familienbetrieb – gleich fünf Familienmitglieder packen hier tüchtig mit an –, er liegt ein paar gute Schritte abseits der Hauptstraße, die zur Gletscherbahn führt, und zur Eggalm-Gondelbahn, im Winter der Anschluss an 159 Pistenkilometer, sind es keine 400 m. Ein atmosphärisch gestaltetes Ambiente, mehrere Restaurants und köstliches Essen zählen zu den besonderen Kennzeichen dieses Hauses.

Zimmer kann man aus nicht weniger als 26 Kategorien (DZ von 24 bis 74 m^2) wählen, sie sind gepflegt, wohnlich und trendig, fast alle haben Balkon, viele Holzboden, jene mit eigener Dachterrasse sind natürlich besonders fein.

Das Spa ist exklusiv für Hotelgäste und auf fünf Ebenen aufgeteilt. Unter anderem fanden wir sechs Saunen (eine davon textil), edle Ruhezonen und ein 15 m langes, auch im Winter nutzbares Infinity-Außenbecken auf der Dachterrasse. Die Fitnesszone ist weitläufig, Pools und Liegewiese bieten einen schönen Ausblick. Gute Massagen, Aktivprogramm, auch Yoga (mehrmals pro Woche), Pilates sowie geführte Wanderungen und E-Bike-Touren. Eigene Pools für Kinder, zudem ein Wasserspielpark mit 47 m langer Wasserrutsche.

Wunderbares Frühstücksbuffet, sehr gute Küche, Light Lunch und Nachmittagsjause mit Heißgetränken sind inkludiert, alkoholfreie Getränke (13 bis 21 Uhr) ebenso. Zigarrenlounge. Präsente Gastgeber, viele freundliche und professionell agierende Mitarbeiter. Schneeschuhe und Rodeln gibt es zur Gratisleihe. Großer Indoor-Spielplatz, täglich (Mo bis Sa) acht Stunden Betreuung für Kinder ab zwei Jahren. Valet Parking, Gratisgarage für (fast) alle. Hunde erlaubt. 70 Liegen, 190 Betten.

Freibecken, Hallenbad, Kinderbecken, Babybecken, Sauna, Dampfbad, Massagen, Kosmetik, Fitnessstudio.
18-Loch-Parcours in 33 km.

6293 Tux, Lanersbach 483, +43 5287 87239
HP-plus (inkl. Softdrinks) ab € 231,–

WELLNESS

13 PUNKTE – 1 LILIE

Tirolerhof Tux ****S

Grünlage in Lanersbach – Zillertal

Kein Horror, aber laut werblicher Selbstdarstellung ein „schrecklich netter Familienbetrieb". Er liegt auf knapp 1.300 m Seehöhe direkt an der zur Gletscherbahn führenden

Hauptstraße, zur Eggalm-Gondelbahn mit Anschluss an 159 km Pisten sind es 750 m. Das Hotel besteht aus Stammhaus und einem modernen Zubau, das Ambiente ist ebenfalls zweigeteilt: Rustikale Klassik und neoalpine Modernität treffen mitunter sozusagen ungebremst aufeinander. Viel für Fitness, ein schönes Rooftop-Spa nur für Hausgäste und köstliches Essen zählen zu den Vorzügen des Hauses.

Die Zimmer (13 Kategorien, DZ von 35 bis 65 m^2) sind stark unterschiedlich gestaltet, fast alle haben Holzboden und Balkon, viele bieten einen schönen Ausblick. Auffallend ist, dass hier Suiten eigentlich keine Suiten sind (also keine getrennten Bereiche für Schlafen und Wohnen haben), aber das ist leider heute keine Seltenheit mehr. Das W-Lan kriecht mitunter schneckenartig, der Polyesteranteil des Bademantels ist stattlich.

Das Spa ist exklusiv für Hausgäste, es ist auf drei Geschoße verteilt, neben einer musealen Familienzone fanden wir einen 20 m langen Außenpool (allerdings von der Sonne nicht überreichlich bedacht) sowie das Adults-only-Spa auf dem Dach: mit zwei Saunen, Außenwhirlpool sowie feinen Ruhezonen innen und außen. Gute Massagen, großes Gym, Aktivprogramm, auch Yoga (sechsmal pro Woche), geführte Wanderungen und E-Bike-Touren.

Reichhaltiges Frühstücksbuffet von 7 bis 10 Uhr, bodenständige, sehr gute bis ausgezeichnete Küche, umfangreiche Weinkarte. Light Lunch und Nachmittagsjause (reichlich) sind inkludiert. Internationale Gästeschar, auch die Mitarbeiter kommen aus mehreren Teilen der Welt, mitunter wäre die Kenntnis deren Muttersprache hilfreich, mit Englisch kommt man aber auch durch. Gratisgarage für alle. 64 Liegen, 160 Betten.

Freibecken, Außensauna, Sauna, Dampfbad, Massagen, Kosmetik, Fitnessstudio, Personal Trainer.

6293 Tux, Lanersbach 335
+43 5287 87481
HP-plus ab € 175,–

WELLNESS

16 PUNKTE – 2 LILIEN

Tuxerhof Alpin Spa *****

Zentrale Ortslage in Vorderlanersbach – Zillertal

Kinderfreundlich. Herzliches Umfeld, köstliches Essen: Ein bereits in vierter Generation geführter Familienbetrieb, er liegt auf 1.257 m Seehöhe, fast direkt an der Durchzugsstraße zum Hintertuxer Gletscher, die Talstation der Rastkogelbahn (Anschluss an 159 km Pisten) befindet sich in Skischuh-Gehdistanz. Hinter einer modernen Alpenlandfassade empfängt atmosphärische Gemütlichkeit – ein Schuss stilistisches Crossover inklusive.

Schöne Zimmer gibt es in 23 stark unterschiedlichen Kategorien (DZ von 24 bis 80 m^2), viele haben Tiroler Flair, die meisten Balkon, manche Kachelofen, einige auch Infrarotkabine. In einer nahegelegenen Dependance gibt es zudem exklusive Ferienwohnungen für bis zu fünf Personen, die dortigen Gäste haben auch Zugang zu Spa und Restaurant.

Das Spa ist exklusiv für Hausgäste und auf drei Ebenen aufgeteilt. Unter anderem fanden wir einen kleinen Garten mit Whirlpool und Liegewiese, sieben Saunen (ab 15 Jahren) und einen 14 m langen Infinity-Außenpool auf dem Dach. Ebendort ist Adults-only-Zone, jedoch erst ab 13 Uhr. Gute Massagen, breites Aktivprogramm, auch Yoga (bis zu sechsmal pro Woche), Klangschalenmeditation sowie geführte Wanderungen und E-Bike-Touren.

Reichhaltiges Frühstücksbuffet bis 10.30 Uhr, sehr gute bis ausgezeichnete Küche mit biologischer Orientierung und vegetarischen Alternativen, feines Käsebuffet, stimmungsvolle Bar. Light Lunch und Nachmittagsjause mit Heißgetränken und Softdrinks zu allen Mahlzeiten sind inkludiert. Präsente Gastgeber, freundliche und aufmerksame Mitarbeiter, viele, viele Stammgäste. Breites Service für Biker (Garage, Radwaschplatz etc.), im Winter ist man hier gleich an der Loipe. Für Kinder gibt's Spielzonen und täglich bis zu neun Stunden Betreuung (mit saisonalen Schwankungen). Garage gegen Gebühr. Hunde erlaubt. 59 Liegen, 180 Betten.

Freibecken, Hallenbad, Außensauna, Sauna, Dampfbad, Massagen, Kosmetik, Fitnessgeräte, Personal Trainer.
18-Loch-Parcours in 30 km, 20 % Greenfee-Rabatt.

6293 Tux, Vorderlanersbach 80, +43 5287 8511
HP-plus (inkl. Softdrinks) ab € 205,–

WELLNESS

13 PUNKTE – 1 LILIE

Tuxertal ****

Ortslage in Lanersbach – Zillertal

Für Wanderer und Wintersportler: ein Hotel, bei dem gleich sechs Familienmitglieder tüchtig mitanpacken! Es liegt auf 1.300 m Seehöhe an der zur Gletscherbahn führenden Hauptstraße. Zur Talstation der Eggalm-Gondelbahn mit Anschluss an 159 Pistenkilometer sind es gerade einmal 650 m, im Winter gibt es ein Shuttle, auch zur Rastkogelbahn („Zillertal 3000") und zur Talstation der Gletscherbahn.

Ländlich arrangierte Behaglichkeit regiert das Ambiente, Zimmer gibt es in 21 Kategorien (DZ von 20 bis 70 m²), sie sind gemütlich und heimelig, fast alle haben Holzboden und Balkon, manche auch offenen Kamin oder Infrarotkabine.

Der vor kurzem komplett modernisierte Wellnessbereich ist exklusiv für Hotelgäste, er bietet unter anderem fünf Saunen (zwei davon textil) und einen 16 m langen Infinity-Außenpool, der zu einem guten Teil freischwebend aus der Fassade herausragt. Hier gibt es allerdings kein Plätzchen zum Verweilen, und auch im Rest des Außenbereichs fanden wir nur wenig Grün – die ehemals große Liegewiese wurde verbaut. Täglich Aktivprogramm, auch geführte Wanderungen (im Winter mit Schneeschuhen).

Reichhaltiges Frühstücksbuffet (sonntags mit Sekt), gute Küche, sie versteht sich auch auf Veganes und Vegetarisches, Nachmittagssnack und süße Jause sind inkludiert, Softdrinks und Heißgetränke ebenso. Präsente Gastgeber, viele freundliche Mitarbeiter. Wanderausrüstung gibt's zur Gratisleihe. Gratisgarage für alle. Hunde erlaubt. 27 Liegen, 100 Betten.

Freibecken, Hallenbad, Sauna, Dampfbad, Massagen.

6293 Tux, Lanersbach 338, +43 5287 8577
HP-plus ab € 182,-

WELLNESS

13 PUNKTE – 1 LILIE

Alpenhof Hintertux ****S

Grünlage am Ortsrand in Hintertux – Zillertal

Familienfreundlich. Ein sympathischer Familienbetrieb in angenehmer Größe, er wird bereits in vierter Generation geführt, liegt auf 1.490 m Seehöhe und direkt an der Durchzugsstraße zum Hintertuxer Gletscher. Zur Gletscherbahn mit Anschluss an 60 Pistenkilometer und 20 Lifte sind es 1,2 km. Blumengeschmückte Alpenlandfassaden vor beeindruckender Bergkulisse, ein wunderbar niveauvoll gestaltetes Ambiente und eine sehr gute Küche zählen zu den Vorzügen des Hauses.

Schöne Zimmer gibt es in acht Kategorien (DZ von 38 bis 77 m²), mehrheitlich wurden sie in den letzten Jahren renoviert, alle haben Vollholzinterieurs, Balkon oder Terrasse, viele Holzböden, manche Kachelofen sowie einen Ausblick auf den Gletscher.

Das Spa steht auch externen Gästen offen, unter anderem fanden wir sieben Saunen (zwei davon textil), einen 15 m langen Innenpool sowie einen kleinen Garten mit Liegewiese und großem Whirlpool. Täglich Aktivprogramm, auch Rückenfit, Aqua-Gymnastik und geführte Wanderungen.

Reichhaltiges Frühstücksbuffet, die Küche ist sehr gut, so manches kommt aus der eigenen Landwirtschaft, Light Lunch und Nachmittagsjause sind inkludiert. Präsente Gastgeber, viele zuvorkommende und ausgesprochen freundliche Mitarbeiter. Zahlreiche Indoor- und Outdoor-Spielareale für Kids. Gratisgarage für alle. Hunde erlaubt. 55 Liegen, 145 Betten.

Hallenbad, Kinderbecken, Sauna, Dampfbad, Massagen, Kosmetik, Fitnessgeräte.
18-Loch-Parcours in 38 km.

6294 Tux, Hintertux 750, +43 5287 8550
HP-plus ab € 175,-

WELLNESS

14 PUNKTE – 1 LILIE

Berghof Hintertux ****S

Ortslage in Hintertux – Zillertal

Familienfreundlich. Näher am Gletscher ist kein anderes Lilien-Hotel: Nur knapp einen Kilometer von der Gletscherbahn (25 Lifte, 63 km Pisten) entfernt gelegener Familienbetrieb auf 1.500 m Seehöhe, er besteht aus drei Trakten, die treppenartig in den Hang gebaut wurden. Neun Ebenen und labyrinthische Grundrisse kennzeichnen das Innenleben, alpenländliche Modernität kommt hinzu – schöne holzgetäfelte Stuben inklusive.

Zimmer gibt es in 16 Kategorien (DZ von 27 bis 107 m²), viele haben Balkon, die neueren auch Holzböden.

Das Spa ist exklusiv für Hotelgäste und auf drei Stockwerke verteilt. Im Familienbereich fanden wir unter anderem zwei Textilsaunen und einen 15 m langen Innenpool, der mit einem auch im Winter nutzbaren kleinen Außenbecken verbunden ist. Eine feine Adults-only-Zone auf dem Dach bietet sechs Saunen, Whirlpool, Terrasse, stylische Ruhezonen und

Panorama Royal

einen FKK-Bereich, allesamt mit herrlichem Ausblick auf den Gletscher. Kleines Aktivprogramm, auch geführte Wanderungen (bis zu fünfmal pro Woche im Sommer).

Reichhaltiges Frühstücksbuffet, zumeist gute Küche, eine Nachmittagsjause ist inkludiert. Viele freundliche Mitarbeiter, nicht alle sind der deutschen Sprache mächtig. Wanderausrüstungen gibt's zur Gratisleihe. Viel für Kids: Kinderkino, Spielraum, Jugendraum und Kinderbuffet. Für Ruhesuchende nur bedingt geeignet, vor allem zu Ferienzeiten. Gratisgarage für alle. Hunde erlaubt. 59 Liegen, 145 Betten.

Freibecken, Hallenbad, Außensauna, Sauna, Dampfbad, Massagen, Kosmetik, Fitnessgeräte.
18-Loch-Parcours in 38 km.

6294 Tux, Hintertux 754, +43 5287 8585
HP-plus ab € 153,–

WELLNESS

13 PUNKTE – 1 LILIE

Beim Hochfilzer Hotel & Chalets ****S

Grünruhelage mit Fernblick in Söll – Nähe Inntal

Familienfreundlich. Tolle Lage, gute Küche: ein Familienbetrieb in reizvoller Landschaft auf 703 m Seehöhe. Im Winter sind es sechs Autominuten zur Talstation des Skigebiets Wilder Kaiser (280 km Pisten).

Es gibt ein ganz kleines Hotel, daneben sieben Chalets für bis zu sechs Personen, alles zeigt sich ländlich, bodenständig und gemütlich. Zimmer kann man aus neun Kategorien (DZ von 26 bis 110 m²) wählen, alle haben Vollholzinterieurs und Holzboden, die Chalets Boxspringbetten, Küche, freistehende Badewanne und Sauna.

Das Spa ist mini und steht, wie das Restaurant, auch Tagesgästen offen. Unter anderem fanden wir drei Saunen (Zugang auch für Kinder) und einen ganzjährig nutzbaren Thermalaußenpool von 15 m Länge – mit Liegewiese und schönem Ausblick in die Bergwelt.

Fabelhafte Restaurantterrasse, reichhaltiges Frühstücksbuffet, die Küche ist sehr gut, der Gastgeber kocht selbst, er verwendet Zutaten aus der eigenen Landwirtschaft. Stimmungsvolle Bar. Chalet-Gäste können sich das Abendessen auch ins Zimmer bestellen. Ein Haflinger-Reitstall gehört ebenfalls zum Hotel, Ausritte sind möglich, im Sommer gibt's auf Anfrage auch ein Pflegepferd. Wanderausrüstung gibt's zur Gratisleihe, E-Bikes gegen Gebühr. Ringsum Wanderwege und Loipen ohne Zahl. Auch Hochzeiten und Events zählen zum Angebot des Hauses, Ruhesuchende sollten das vor der Buchung abklären. Hunde erlaubt. 6 Liegen, 75 Betten.

Freibecken, Sauna, Dampfbad.

6306 Söll, Reit 1, +43 5333 5491
HP ab € 155,-

GESUNDHEIT
13 PUNKTE – 1 LILIE

Das Sieben ****s

Grünruhelage am Ortsrand in Bad Häring – Inntal

Adults only (ab 16). Gesundheitshotel der Vivea-Kette: Es wurde vor 10 Jahren eröffnet und ist sozusagen die First Class im Vivea-Mikrokosmos, was sich auch in Look und Feel zeigt, denn alles fühlt sich ein klein wenig gehobener an – auch die Küche. Das Haus liegt auf 590 m Seehöhe ruhig und umgeben von Wiesen am Ortsrand, ganzheitliche Regeneration lautet der Schwerpunkt, ein breites Therapiespektrum wird geboten – Vitalfeldtherapie, Kneippgüsse, CO_2-Behandlungen und vieles mehr. Äußerlich erinnert das Haus ein bisschen an Frank Lloyd Wrights Architekur, inwendig herrscht funktionale und bisweilen auch recht bunte Zeitgeistigkeit.

Farbenfrohe Zimmer gibt es in fünf Kategorien (DZ von 25 bis 52 m^2), alle haben große Fensterflächen, Balkon sowie wahlweise Zirbenholzinterieurs mit Teppichböden oder Eichenholzmöbel mit Parkett.

Der Therapiebereich ist weitläufig, der eigentliche Wellnessbereich (er steht auch Tagesgästen offen) hingegen vergleichsweise klein. Es bietet unter anderem einen knapp 15 m langen Innenpool, einen 20 m langen, auch im Winter nutzbaren Außenpool – beide etwas frisch – sowie sieben Saunen und einen FKK-Ruhebereich. Sehr gute Massagen, täglich Aktivprogramm, auch Yoga, Tai Chi und Meditation.

Restaurantterrasse, reichhaltiges Frühstücksbuffet bereits ab 7 Uhr. Breites Service für Biker (Garage, Waschplatz, Reparaturpaket etc.) mit Fokus auf Rennräder. Ringsum Wanderwege, Radwege und Loipen ohne Zahl. Ruhesuchenden sei empfohlen, eventuell stattfindende Tagungen und Feiern vor der Buchung abzuklären. Gratisgarage für alle, Autowaschanlage ebenso. 60 Liegen, 200 Betten.

Freibecken, Hallenbad, Außensauna, Sauna, Dampfbad, Massagen, Kosmetik, Fitnessstudio, Personal Trainer.

6323 Bad Häring, Kurstraße 14
+43 5332 20800
HP ab € 153,-

WELLNESS
18 PUNKTE – 3 LILIEN

Panorama Royal ****s

Grünruhelage mit Fernblick in Bad Häring – Inntal

Nomen est omen – ein königlicher Ausblick: Ein familiengeführtes Haus, es liegt auf einem Sonnenplateau oberhalb des Inntals, man ist hier auf 670 m Seehöhe, das Bergpanorama könnte selbst gekrönte Häupter entzücken. Wundervoll gediegene Eleganz, köstliches Essen und ein umfangreiches Wellnessangebot zählen hier zu den Vorzügen.

Schöne Zimmer gibt es in 29 Kategorien (DZ von 28 bis 80 m^2), alle haben bodentiefe Fenster und Balkon, die meisten Holzböden, einige auch Sauna, Whirlpool oder Kamin mit Effektfeuer. Wer gerne bei offenem Fenster schläft, sollte sich für ein Zimmer auf der straßenabgewandten Seite entscheiden.

Das Spa steht ebenso wie das Restaurant auch für externe Gäste offen. Es wurde vor kurzem deutlich vergrößert und bietet nun unter anderem einen wunderschönen Saunabereich mit sieben Saunen (drei davon textil). Auch eine Eventsauna gibt es und jede Menge Handtücher zur freien Entnahme. Zudem einen knapp 25 m langen, auch im Winter nutzbaren Panoramaaußenpool, einen 11 m langen Innenpool sowie eine feine FKK-Zone im Freien – Whirlpool inklusive. Gute Massagen, zahlreiche ayurvedische finden sich darunter. Aktivprogramm, auch Yoga, Tai Chi, Qi Gong und Meditation.

Fabelhafte Terrasse, reichhaltiges Frühstücksbuffet bereits ab 7 Uhr, sehr gute bis ausgezeichnete Küche, die Tischkultur ist fairly casual, Light Lunch und Nachmittagsjause sind im Preis inkludiert. Präsenter Gastgeber, ausnahmslos freundliche, zuvorkommende – und mitunter auch sehr unterhaltsame – Mitarbeiter. E-Bikes und Garage gegen Gebühr (bei höheren Kategorien ist sie im Preis enthalten). Eher ungeeignet für Kinder. 165 Liegen, 210 Betten.

Juffing

Freibecken, Freibecken (Sommer), Hallenbad, Sauna, Dampfbad, Massagen, Kosmetik, Ayurveda, Fitnessgeräte.

6323 Bad Häring, Panoramastraße 2
+43 5332 77117
HP ab € 192,–

WELLNESS
18 PUNKTE – 3 LILIEN

Juffing ****S

Grünruhelage am Ortsrand bei Thiersee – Nähe Kufstein

Adults only (ab 18). Rückzug für die Seele: Ein außergewöhnlicher Familienbetrieb, er liegt auf 856 m Seehöhe in einem verschlafenen Dörfchen unweit von Kufstein. Im Winter hat man hier den direkten Anschluss an 100 km gespurte Langlaufloipen. Idyllische Lage, durchdachte Architektur, lichtdurchflutete Räume und ein Konzept der Balance von Körper, Geist und Seele sind besondere Kennzeichen. Ein Fokus auf Literatur kommt hinzu, immerhin gibt es drei bestens sortierte Bibliotheken, regelmäßig Autorenlesungen obendrein. „Eine Reise zu sich selbst“, schreibt uns eine begeisterte Beate aus Berlin, „beginnt im Juffing, und wie es danach weitergeht, hat jeder selbst in der Hand.“

Sehr helle und freundliche Zimmer gibt es in 17 recht unterschiedlichen Kategorien (DZ von 33 bis 95 m^2), alle haben Balkon, feine Eichenböden und hochwertige Betten, einige auch Kachelofen, viele sind nach Süden hin ausgerichtet.

Das Spa steht auch Tagesgästen offen, wir fanden unter anderem fünf Saunen – auch eine ganz feine Außensauna mit Tauchbecken –, schöne Rückzugsmöglichkeiten sowie einen 12 m langen, auch im Winter nutzbaren Außenpool mit Liegewiese und Daybeds. Neu sind Sky-Außenwhirlpool, Naturbadeteich und Liegedeck. Ausgezeichnete Massagen, täglich Aktivprogramm, auch Yoga (bis zu dreimal pro Tag), Qi Gong (auch im Freien), Meditation, Waldbaden und geführte Wanderungen.

Fabelhafte Restaurantterrasse mit Morgen- und Abendsonne, wunderbares Frühstücksbuffet, sehr gute bis ausgezeichnete Küche mit biologischer und regionaler Ausrichtung, auch Vegetarisches und Glutenfreies gibt's auf Wunsch. Exquisite Weinkarte, nette Tischkultur, ein Light Lunch mit großer Kuchen- und Strudelauswahl sowie Heißgetränken ist inkludiert. Präsente Gastgeber, motivierte und herzliche Mitarbeiter. Angenehmes Publikum, viele Stammgäste. Internationale Zeitungen, Wäscheservice für Sportler, Wanderausrüstung zur Gratisleihe, E-Bikes gegen Gebühr. Gratisgarage für alle. 86 Liegen, 105 Betten.

Naturbadeteich, Freibecken, Hallenbad, Sauna, Dampfbad, Massagen, Kosmetik, Fitnessgeräte.

6335 Thiersee, Hinterthiersee 79
+43 5376 5585 0

HP-plus ab € 193,–

GESUNDHEIT/WELLNESS
15 PUNKTE – 2 LILIEN

Sonnhof Ayurveda Resort ****

Grünlage bei Thiersee – Nähe Kufstein

Adults only (ab 16). Panchakarma und Yoga: Ein kleines, schmuckes Haus (680 m Seehöhe), nicht unbedingt ein Wellnesshotel, sondern ein Spezialist für Ayurvedakuren, und zwar nach dem Motto „Eine Reise zur Dir selbst“, die einem die anstrengende Reise nach Indien ersparen möchte. Dieses nette Angebot nennt sich hier „European Ayurveda“ und ist mit einer geschützten Handelsmarke verbunden.

Zimmer gibt es in 11 Kategorien (DZ von 25 bis 45 m²), alle haben Holzböden, viele Balkon (Rauchverbot), einige auch Sauna, wir empfehlen vor allem jene mit Ausblick in den Garten, hier können auch Ruhesuchende getrost bei offenem Fenster schlafen. Gereinigt wird übrigens ganz natürlich, nämlich ohne Chemie und ohne Mikroplastik zu verursachen.

Das Spa steht auch externen Gästen offen, es verströmt leicht fernöstlichen Touch und bietet unter anderem sechs Saunen sowie einen knapp 6 m langen Innenpool. Kleines Aktivprogramm, auch Yoga, Meditation und Achtsamkeitswanderungen. Entgiftende Panchakarma-Kuren (7- bis 21-tägig) sowie Yoga-Retreats stehen regelmäßig auf dem Programm.

Ayurveda-Frühstücksbuffet, sehr gute Ayurvedaküche, auch vegane Alternativen, viele biologische Zutaten stammen vom eigenen Bauernhof, Light Lunch und Nachmittagsjause sind im Preis inkludiert. Ausgesprochen freundliche, engagierte Mitarbeiter, präsente Gastgeber, angenehmes Umfeld. Gratisgarage für alle. Ungeeignet für Kinder. 21 Liegen, 63 Betten.

Hallenbad, Sauna, Dampfbad, Massagen, Kosmetik, Ayurveda, Fitnessgeräte.

6335 Thiersee, Hinterthiersee 16, +43 5376 5502
HP-plus ab € 215,–. Ayurveda-Kurpauschalen, etwa 14-tägige Panchakarmakur inkl. Diät-VP, Arzt und Therapien ab € 8.903,–

WELLNESS
14 PUNKTE – 1 LILIE

Peternhof ****S

Grünruhelage außerhalb von Kössen – Nähe Kufstein

Kinderfreundlich. Alpenbarock-Mittelklasse im XXL-Format: ein inhabergeführtes Großhotel in reizvoller Lage auf 800 m Seehöhe. Es bietet viel, und das für alle nur erdenklichen Zielgruppen, Ästheten jedoch ausgenommen. Die Zahl der Freizeitmöglichkeiten ist fast ebenso unübersichtlich wie die Anlage selbst. Diese besteht aus sechs Gebäuden, die mitunter durch recht lange Gänge miteinander verbunden sind. Innen trifft man auf ein Sammelsurium verschiedenster Farben und Formen, die Grundrisse sind geheimnisvoll verwinkelt.

Zimmer gibt es in nicht weniger als 26 Varianten (DZ von 30 bis 124 m²), sie sind stark unterschiedlich gestaltet, die meisten haben Holzböden, Balkon oder Terrasse.

Das Spa steht auch Tagesgästen offen, es ist indoor weitläufig, aber relativ zur Hotelgröße dann auch kein Riese. Unter anderem fanden wir 15 Saunen (drei davon textil), einen 20 m langen Innenpool, einen beinahe ebenso langen Infinity-Außenpool, zwei weitere Außenpools für die warme Jahreszeit, einen feinen Adults-only-Bereich (ab 16 Jahren) sowie ein Kinderbecken mit Rutsche. Gute Massagen, bestens ausgestattetes Fitnessstudio, breites Aktivprogramm, auch Yoga, Wassergymnastik sowie Nordic-Walking- und E-Bike-Touren.

Reichhaltiges Frühstücksbuffet, nette Tischkultur, bei Küche und Service ist der Gipfel aber noch nicht ganz erreicht. Abwechslungsreiche Musik- und Tanzabende, viele Stammgäste. Für Kids gibt es unter anderem Spielbauernhof, Kletterhalle sowie täglich Betreuung ab drei Jahren. Gratisgarage für alle. Hunde erlaubt. 155 Liegen, 420 Betten.

Freibecken, Freibecken (Sommer), Hallenbad, Kinderbecken, Außensauna, Sauna, Dampfbad, Massagen, Kosmetik, Ayurveda, Fitnessstudio, Personal Trainer.
18-Loch-Platz mit Driving Range, 40 % Greenfee-Rabatt.

6345 Kössen, Moserbergweg 60, +43 5375 6285
HP ab € 148,–

Kaiserhof Ellmau

WELLNESS
19 PUNKTE – 4 LILIEN

Kaiserhof Ellmau *****S

Grünruhelage mit Fernblick bei Ellmau – Nähe Kitzbühel

Familienfreundlich. Belebender Ausblick, beste Küche: Ein sympathischer Familienbetrieb von angenehmer Größe, er liegt ganz wunderbar, nämlich hoch über dem Ort und nahezu solitär auf 883 m Seehöhe, im Winter ist man hier direkt an der Skipiste, die geht runter zur Hartkaiserbahn-Talstation, dem Anschluss an 280 km Pisten. Vor knapp fünf Jahren wurde großzügig und porentief modernisiert, das Innenleben präsentiert sich seither einnehmend und macht auch Anspruchsvolle glücklich, die familiäre Atmosphäre kommt hinzu.

Zimmer gibt es in 23 recht unterschiedlichen Kategorien (DZ von 40 bis 75 m^2), sie sind ausnahmslos großzügig geschnitten, alle haben Böden aus Eichenholz oder Marmor, bodentiefe Fenster sowie Balkon mit schönem Ausblick.

Das Spa steht auch externen Gästen offen, es besteht aus einem etwas älteren Familienbereich mit Hallenbad und vier Saunen sowie einer sehr schönen Adults-only-Zone in einem „Spa-Turm". Ebendort fanden wir unter anderem fünf weitere Saunen, mehrere Sonnendecks, feine, aber doch etwas knapp bemessene Ruheräume – und dann die Krönung: einen 18 m langen, auch im Winter nutzbaren Sky-Pool in Infinity-Bauweise, das tolle Panorama ist ohne Aufpreis dabei. Ausgezeichnete Massagen, täglich kleines Aktivprogramm, auch Yoga, Aqua-Gym und geführte Wanderungen.

Fabelhafte Restaurantterrasse, reichhaltiges Frühstücksbuffet, für Early Birds gibt es ein erstes Frühstück schon im Spa. Sehr gute bis ausgezeichnete Küche, die Tischkultur ist rather casual, eine Nachmittagsjause (reichlich) inkludiert. Großartige Weinkarte mit hochkompetenter Beratung, atmosphärische Sky-Bar. Präsente Gastgeber, freundliche und zuvorkommende Mitarbeiter, viele, viele Stammgäste. Gratisgarage für alle. Hunde erlaubt. 57 Liegen, 130 Betten.

Naturbadeteich, Hallenbad, Sauna, Dampfbad, Massagen, Kosmetik, Ayurveda, Fitnessgeräte, Personal Trainer. 27-Loch-Parcours in 3 km, 30 % Greenfee-Rabatt.

6352 Ellmau, Harmstätt 8, +43 5358 2022
HP-plus ab € 251,–

Im Kaiserhof Ellmau leben wir Gastfreundschaft jeden Tag aufs Neue. Mit ganz viel Herz, mit Hingabe und Begeisterung. Damit für unsere Gäste jeder Aufenthalt zu einem ganz besonderen Erlebnis wird.

Bianca Lampert
Gastgeberin Kaiserhof Ellmau

Der Bär

WELLNESS

17 PUNKTE – 3 LILIEN

Der Bär

Grünruhelage am Ortsrand in Ellmau – Nähe Kitzbühel

Familienfreundlich. Feines Ambiente und köstliches Essen: Ein niveauvoller Familienbetrieb, er liegt auf einer kleinen Anhöhe (850 m Seehöhe) über dem Ort. Im Winter ist man hier praktisch direkt an der Skipiste und ganz in der Nähe der Hartkaiserbahn-Talstation, mit direktem Anschluss an 280 km Pisten. Das Hotel besteht aus mehreren Gebäuden, die um einen lieblichen Garten angeordnet sind.

Gehobene Alpenländlichkeit und stilistische Erhabenheit regieren das Ambiente, alte Bauernmöbel, viel Licht, Blumen und ein schöner Ausblick aus zahlreichen Räumen gehören dazu. Blitzsaubere Zimmer gibt es in 16 Kategorien (DZ von 30 bis 90 m²), alle haben feine Eichenholzböden, viele Balkon oder Terrasse, auch Wohnträume mit Sauna gibt es.

Das ausschließlich Hausgästen offenstehende Spa erfreut mit vier Saunen, einer urigen Tiroler Schwitzstube im Freien sowie zwei großen Außenpools, der eine ist 30 m lang, der andere etwas kürzer, aber dafür ganzjährig nutzbar. Kleines Aktivprogramm, auch Yoga, geführte E-Bike-Touren und Wanderungen, im Winter auch mit Schneeschuhen.

Reichhaltiges Frühstücksbuffet bis 11 Uhr, sehr gute bis ausgezeichnete Küche bei feiner Tischkultur, Light Lunch und Nachmittagsjause sind inkludiert. Kompetente Weinberatung, gemütliche Bar. Sehr freundliche und zuvorkommende Mitarbeiter. Viel internationales Publikum, viele Stammgäste. Kinder bis sechs Jahre nächtigen kostenfrei. Täglich (außer Sa) ab 16 Uhr Betreuung für Kinder ab drei Jahren während der Ferienzeiten. Gratisgarage für (fast) alle. 40 Liegen, 160 Betten.

Freibecken, Freibecken (Sommer), Hallenbad, Außensauna, Sauna, Dampfbad, Massagen, Kosmetik, Fitnessgeräte. 27-Loch-Parcours in 0,6 km, 30 % Greenfee-Rabatt.

6352 Ellmau, Kirchbichl 9, +43 5358 2395
HP-plus ab € 192,–

WELLNESS

14 PUNKTE – 1 LILIE

Stanglwirt Bio-Hotel *****

Grünlage an der B178 in Going – Nähe Kitzbühel

Kinderfreundlich. „Biobauernhof und Luxus-

Schermer Landhotel

hotel in einem“ (werbliche Selbstdarstellung), jedenfalls ein Beherbergungsgigant mit großen Bereichen für Wellness, Events und Tagungen. Das Riesenhaus liegt auf 772 m Seehöhe direkt an der stark befahrenen Bundesstraße – und übrigens nicht, wie man so oft in der Klatschpresse liest, in Kitzbühel.

Inwendig zeigt es sich in betulich inszenierter Edelländlichkeit – Ausblick aus dem Restaurant auf die angeketteten Kühe im Stall inklusive. Zimmer gibt es in 13 Kategorien (DZ von 20 bis 128 m²), nicht alle sind ganz taufrisch, alle haben Vollholzinterieurs und Holzböden, einige auch Sauna.

Das Spa ist exklusiv Hotelgästen vorbehalten, es ist weitläufig und bietet viel. Im Adults-only-Bereich (ab 15 Jahren) fanden wir unter anderem drei Saunen, ein 25 m langes Sportbecken mit Zeitmessung und Österreichs größten Solepool mit mehr als 200 m². Das Familienareal bietet unter anderem fünf Saunen und eine „Wasserwelt“ für Kinder mit Schwimmkanal und 120 m langer Rutsche. Gute Massagen, umfangreiches Aktivprogramm, auch Yoga, Pilates, geführte Wanderungen und Bike-Touren.

Reichhaltiges Frühstücksbuffet von 7 bis 11 Uhr, bei Küche und Service ist der Gipfel noch nicht ganz erreicht, und etwas mehr Freundlichkeit hätten wir uns schon erwartet. Nervige Parkverhältnisse. Täglich 7,5 Stunden Betreuung für Kinder ab drei Jahren. Hunde erlaubt. 220 Liegen, 420 Betten.

Naturbadeteich, Solefreibecken, Freibecken, Solehallenbad, Hallenbad, Außensauna, Sauna, Dampfbad, Massagen, Kosmetik, Ayurveda, Fitnessstudio, Personal Trainer, Sauna. 27-Loch-Parcours in 4 km, 30 % Greenfee-Rabatt. Reithalle mit Schule, Tennisplätze, Tennishalle.

6353 Going, Kaiserweg 1, +43 5358 2000
NF ab € 265,–

WELLNESS

13 PUNKTE – 1 LILIE

Schermer Landhotel ****S

Grünruhelage am Ortsrand – Nähe Kitzbühel

Familienfreundlich. Solide und sehr nett: Ein gut geführter Familienbetrieb von angenehmer Größe, er liegt auf 780 m Seehöhe am Ortsrand. Zur Choralm-Gondelbahn, dem Einstieg in ein Skigebiet mit 280 Pistenkilometern, sind es 400 m, bei guter Schneelage geht die Abfahrt bis zum Haus. Inwendig regiert gutbürgerliche Gemütlichkeit auf modernem Niveau.

Blitzsaubere Zimmer gibt es in 10 Kategorien (DZ von 28 bis 50 m²), nicht alle eignen sich zum Schlafen bei offenem Fenster, alle haben Balkon, die schöneren sind die zumeist renovierten Suiten, sie haben alle Holzböden, manche warten auch mit bodentiefen Fenstern und Klimaanlage auf, jene im Dachgeschoß bieten den schöneren Ausblick.

Das Spa steht auch Tagesgästen offen, unter anderem fanden wir sieben Saunen (zwei davon textil), eine kleine Poolkombi aus Innen- und Außenbecken, weiters Liegewiese, Barfußweg sowie einen netten Zierteich im Garten. Kleines Aktivprogramm, auch Yoga, Wassergymnastik und geführte Wanderungen.

Reichhaltiges Frühstücksbuffet, bodenständige, gute Küche, so einiges stammt aus der eigenen Landwirtschaft, Light Lunch und Nachmittagsjause sind im Preis inbegriffen. Präsente Gastgeber, freundliche und zuvorkommende Mitarbeiter. Abends gelegentlich auch Musik und Tanz. Ringsum Wanderwege ohne Zahl, Wanderausrüstung und E-Bikes gegen Gebühr. Für Kids gibt's Spielplatz, Kinderspielraum und ganzjährig Betreuung auf Anfrage. Gratisgarage für alle, E-Tankstelle gratis. Hunde erlaubt. 43 Liegen, 166 Betten.

Freibecken, Hallenbad, Außensauna, Sauna, Dampfbad, Massagen, Kosmetik, Fitnessgeräte.
18-Loch-Parcours in 1,5 km, 40 % Greenfee-Rabatt.

6363 Westendorf, Dorfstraße 106, +43 5334 6268
HP-plus ab € 162,-

WELLNESS

15 PUNKTE – 2 LILIEN

Der Lärchenhof Erpfendorf *****

Grünruhelage am Ortsrand – Nähe Kitzbühel

Familienfreundlich. Fünfsternhaus mit großem Freizeitangebot: Ein schmuckes Hoteldörfchen auf 650 m Seehöhe, es liegt am Waldrand auf einer Anhöhe und besteht aus mehreren, unterirdisch miteinander verbundenen Gebäuden, was zu geheimnisvollen Grundrissen und längeren Wegen führt. Kristallluster, Seidentapeten, Tischlerbarock und mitunter reizvoll verspielte Edelländlichkeit charakterisieren viele Bereiche.

Zimmer gibt es in nicht weniger als 27 Kategorien (DZ von 24 bis 125 m²), auch sie verströmen gehobene Gemütlichkeit. Alle haben Balkon oder Terrasse, viele Klimaanlage, einige auch feine Holzböden. Zudem gibt es auch noch zwei ganz nahe gelegene Chalets und die Almhüttensuite am 1,5 km entfernten Hundsbichl, wo man inmitten von Alpakas und Ziegen einen komfortablen Almurlaub machen kann.

Das Spa ist exklusiv den Gästen des Hauses vorbehalten, es verfügt unter anderem über sieben Saunen, zwei größere Innenpools, einen kleinen Solepool sowie einen 20 m langen Außenpool, der allerdings nur in der warmen Jahreszeit nutzbar ist. Über eine Rolltreppe ist zudem ein wunderschöner Panorama-Saunagarten mit Außensauna, Liegewiese und Außenwhirlpool zu erreichen. Sehr gute Massagen, breites Aktivprogramm, auch Yoga, Pilates, Faszientraining und geführte Wanderungen.

Reichhaltiges Frühstücksbuffet, sehr gute Küche, eine inkludierte Nachmittagsjause mit traditioneller Musik gibt es nur dienstags, beim Abendessen ist „angemessene Kleidung“ erwünscht. Sehr freundliche und hilfsbereite Mitarbeiter. Umfangreiche Sportmöglichkeiten im Haus – Tennis, Beachvolleyball, Minigolf und Golf (drei hauseigene Golfparcours!). Ringsum Wanderwege ohne Zahl, im Winter beginnen Loipen vor der Haustüre. Auf Kinder warten Kletterwand, Reitstall, Streichelzoo, Rodelbahn und Skilift sowie täglich Betreuung (mindestens acht Stunden, ab drei Jahren). Garage gegen Gebühr. Hunde erlaubt. 110 Liegen, 320 Betten.

Freibecken (Sommer), Hallenbad, Solehallenbad, Außensauna, Sauna, Dampfbad, Massagen, Kosmetik, Ayurveda, Fitnessstudio, Personal Trainer.
9-Loch-Parcours in 1 km (30 % Greenfee-Rabatt), 18-Loch-Parcours in 17 km, Tennishalle, Tennisplätze.

6383 Erpfendorf, Lärchenweg 11, +43 5352 8138 0
HP ab € 196,-

WELLNESS

13 PUNKTE – 1 LILIE

Kitzspitz Naturhotel ****

Grünruhelage im Pillerseetal – 25 km von Kitzbühel

Familienfreundlich. Einfach, nett: Ein familiengeführtes Landhotel, es liegt auf 855 m Seehöhe, im Winter ist man hier direkt an der Skipiste, ganz nahe an der Talstation der Vierersesselbahn Buchensteinwand (20 km Pisten). Das Haus besteht aus einem Stammgebäude und einem kleineren modernen Zubau, das Ambiente gibt sich bodenständig und unprätentiös.

Blitzsaubere Zimmer kann man aus 12 Kategorien (DZ von 17 bis 96 m²) wählen, alle haben Balkon oder Terrasse, viele Holzböden, manche auch eine Küchenzeile.

Das Spa ist kein Riese, steht aber exklusiv Hausgästen zur Verfügung. Fein ist die Aufteilung in Familienbereich und Adults-only-Zone. Unter anderem fanden wir sechs Saunen, atmosphärisch gestaltete Ruheräume mit herrlichem Ausblick auf die Kitzbüheler Alpen, einen kleinen Innenpool von 6 m Länge, einen 15 m langen, auch im Winter (eingeschränkt) nutzbaren Außenpool und einen erfrischenden Badeteich samt Wasserfall und Liegewiese. Kleines Aktivprogramm, auch Nordic Walking, Kräuterwanderungen und Waldbaden.

Reichhaltiges Frühstücksbuffet (auch: Eier aus biologischer Feilandhaltung), im Winter gibt es einen Light Lunch, ganzjährig ist eine Nachmittagsjause mit Heißgetränken inkludiert, Säfte und Quellwasser vom Automaten bis 21 Uhr ebenso. Zu bestimmten Terminen werden Basenfasten-Wochen und Detoxkuren angeboten. Präsente Gastgeber, viele freundliche Mitarbeiter. Für kleine und große Kinder gibt's Spielplatz, Trampolin, Hasenhäuschen sowie einen Jugendraum mit Tischtennis, Tischfußball und Air Hockey. Tennisplätze gratis, Fahrräder und E-Bikes gegen Gebühr. Im Winter stehen Rodeln zur Gratisleihe bereit, Loipen beginnen vor der Haustüre. Gratisgarage für Suitengäste. 52 Liegen, 160 Betten.

Naturbadeteich, Freibecken, Hallenbad, Kinderbecken, Babybecken, Außensauna, Sauna, Dampfbad, Massagen, Kosmetik, Fitnessgeräte.
Tennisplatz.

6392 St. Jakob in Haus, Reith 18, +43 5354 88165
HP-plus ab € 133,-

WELLNESS

15 PUNKTE – 2 LILIEN

Interalpen-Hotel Tyrol *****S

Absolute Grünruhelage mit Fernblick bei Seefeld

Kinderfreundlich. Gigant mit grandiosem Alpenpanorama: Er wurde 1985 eröffnet, besitzt starke Event- und Tagungskapazitäten und liegt auf 1.300 m Seehöhe. Atemberaubend schön, weil mitten in einem Naturschutzgebiet. Verliebt sind wir hier in die Dimensionen: riesige Lobby, hollywoodreifer Treppenaufgang, elefantenherdenbreite Gänge – eine mondäne Weitläufigkeit, völlig aus der Zeit gefallen.

Auch die Zimmer folgen dem XXL-Konzept, man kann sie aus 13 Kategorien (DZ von 45 bis 200 m²) wählen, sie zeigen sich entweder in konservativer oder kontemporärer Ländlichkeit arrangiert, jedoch nicht unbedingt ganz taufrisch. Alle haben Balkon oder Terrasse, viele Holzböden, die Panorama-Suite auch eine Sauna. Der grandiose Ausblick nach Süden ist so etwas wie Teil des Hotelerlebnisses und den Aufpreis jedenfalls wert!

Das Spa steht neuerdings auch externen Gästen offen, wirkt stilistisch uneinheitlich, hat aber einiges zu bieten. Unter anderem fanden wir ein Ladys-Spa, einen Innenpool mit olympischen Maßen und insgesamt 12 Saunen (drei davon textil), einige davon sind als Tiroler Dorf romantisierend stilisiert (ab 15 Jahren), der Außenpool ist gut 18 m lang. Ausgezeichnete Massagen, kleines Aktivprogramm, auch Yoga und geführte Wanderungen (im Winter mit Schneeschuhen).

Reichhaltiges Frühstücksbuffet, zumeist gute Küche. Das Publikum ist international, große Reisegruppen sind keine Seltenheit. Viele freundliche Mitarbeiter, in puncto Service und Professionalität ist man allerdings noch unterwegs zum Gipfel. Für Kinder gibt's Abenteuerspielplatz, Teens-Club sowie täglich 10 Stunden Betreuung (ab drei Jahren). Check-out bis 12 Uhr. Gratisgarage für alle – und was für eine! Hunde erlaubt. 169 Liegen, 600 Betten.

Freibecken, Hallenbad, Kinderbecken, Sauna, Dampfbad, Massagen, Kosmetik, Fitnessstudio, Personal Trainer.
18-Loch-Parcours in 10 km, 15 % Greenfee-Rabatt, Tennishalle, Tennisplätze.

6410 Telfs-Buchen, Dr.-Hans-Liebherr-Alpenstraße 1
+43 50809 30
HP ab € 369,-

WELLNESS

18 PUNKTE – 3 LILIEN

Schwarz Alpenresort *****

Grünruhelage am Ortsrand in Mieming – Nähe Imst

Kinderfreundlich. (Fast) alles ist möglich: Ein überaus freundlicher Familienbetrieb, er ist ein echter Allrounder (Sporthotel, Golfhotel, Wanderhotel, Kinderhotel, Babyhotel und sogar Privatklinik für ästhetische Chirurgie) in schöner Panoramalage, nämlich auf einem Plateau in 890 m Seehöhe inmitten eines bezaubernden Gärtleins, gleichzeitig direkt neben dem hoteleigenen 27-Loch-Golfplatz. Die öffentlichen Räume zeigen sich gemütlich, aber doch recht uneinheitlich gestaltet, von schlicht bis hin zu einer Art Lottomillionärs-Note ist so einiges zu bewundern.

Mehrheitlich schöne, aber recht unterschiedliche Zimmer kann man aus 22 Kategorien (DZ von 35 bis 220 m²) wählen, die Stile reichen von rustikal bis neoalpin, alle haben Klimaanlage, Balkon oder Terrasse, einige auch Sauna oder gar Außenwhirlpool auf der Terrasse. Der Polyesteranteil im Bademantel ist stattlich, die Hausinfos fanden wir nur auf einer App – mit digitalem Detox war's also wieder einmal nichts.

Das auch externen Gästen offenstehende Spa ist auf vier Ebenen aufgeteilt, unter anderem fanden wir 13 Saunen (zwei davon textil), einen 25 m langen, ganzjährig nutzbaren Außenpool und eine separate Kinderzone mit Pool und Wasserrutsche. Sehr gute Massagen, unendlich viele Treatments, täglich umfangreiches Aktivprogramm (nur über die App zu buchen), auch Yoga (bis zu neunmal pro Woche), Meditation und geführte Wanderungen (im Winter auch mit Schneeschuhen). Regelmäßig werden auch Yoga-Retreats veranstaltet.

Wunderbares Frühstücksbuffet (unsere Eier stammten aus biologischer Freilandhaltung), sehr gute Küche, sie bietet auch Veganes, nette Tischkultur, große Weinkarte, stilles und prickelndes Wasser sind stets inkludiert, eine süße Nachmittagsjause mit Säften und Heißgetränken ebenso. Zwei zusätzliche À-la-carte-Restaurants, man kann auch in der hauseigenen Almhütte essen. Präsente Gastgeber, freundliche, aufmerksame und kompetente Mitarbeiter. Viele Gäste aus der Schweiz, zahlreiche Kinder. Raucherlounge, gut besuchte Bar, abends gibt's Tanz, Casino und Modeschauen. Gratisgarage für alle. Täglich neun Stunden Betreuung für Kinder ab drei Jahren, Babybetreuung Mo bis Fr für jeweils drei Stunden. Hunde erlaubt. 153 Liegen, 390 Betten.

Naturbadeteich, Freibecken, Hallenbad, Kinderhallenbad, Babybecken, Außensauna, Sauna, Dampfbad, Massagen, Kosmetik, Fitnessstudio, Personal Trainer.
27-Loch-Parcours, 20 % Greenfee-Rabatt, Tennisplätze.

6414 Mieming, Obermieming 141, +43 5264 5212 0
HP ab € 330,-

WELLNESS

16 PUNKTE – 2 LILIEN

Holzleiten Bio-Hotel ****

Grünlage an der B189 bei Mieming – Nähe Imst

Alles bio: Ein moderner Familienbetrieb mit guten Vibes, er liegt auf 997 m Seehöhe, am Rande des Mieminger Plateaus und direkt an der Bundesstraße – und dennoch ist's auf der Gartenseite überraschend ruhig. Die öffentlichen Räume wurden mit viel Lärchenholz, Glas und Stein naturverbunden gestaltet, in der hellen Lobby findet man gemütliche Sitzgelegenheiten, ein Kamin-Duo, ein Klavier und eine ansprechende Auswahl an Literatur – alles, was man für ein paar Tage ohne Bildschirm braucht.

Zimmer gibt es in neun Kategorien (DZ von 22 bis 80 m²), sie zeigen behagliches Ambiente mit viel Zirbenholz, alle haben Holzböden und Balkon, wenige auch freistehende Badewanne und Panoramasauna. Besonders gelungen: die neuesten Zimmervarianten mit bodentiefen Fenstern. Wer gerne bei offenem Fenster schläft, muss ein straßenabgewandtes Zimmer buchen.

Das Spa steht auch Tagesgästen offen, es ist großzügig und stilvoll gestaltet. Unter anderem fanden wir sechs Saunen, einen 15 m langen Außenpool und einen Badeteich. Sehr gute Massagen, kleines Aktivprogramm, auch Yoga und geführte Wanderungen, im Winter mit Schneeschuhen.

Reichhaltiges Frühstücksbuffet (unsere Eier stammten aus biologischer Freilandhaltung), auch Vegetarisches und Veganes ist dabei. Die Küche ist gut, Light Lunch und Nachmittagsjause sind inkludiert. Freundliche, meist junge Mitarbeiter, nicht durchgehend hochprofessionell, aber herzlich. Schneeschuhe und Rodeln gibt's zur Gratisleihe, E-Bikes gegen Gebühr. Ungeeignet für Kinder, Hunde erlaubt. 85 Liegen, 100 Betten.

Naturbadeteich, Freibecken, Sauna, Dampfbad, Massagen, Kosmetik, Fitnessgeräte.
27-Loch-Platz in 8 km, 20 % Greenfee-Rabatt, Tennisplatz.

6416 Obsteig, Holzleiten 84, +43 5264 8244
HP-plus (inkl. Softdrinks) ab € 197,-

KUR/GESUNDHEIT

14 PUNKTE – 1 LILIE

Vivea Umhausen ****

Grünruhelage am Ortsrand in Umhausen – Ötztal

Kurhotel mit schönem Ausblick: Es liegt auf 1.087 m Seehöhe auf einer nach Süden ausgerichteten Anhöhe über dem Ort und gleichzeitig am Waldrand. Die leuchtend orange Fassade ist weithin sichtbar, und auch drinnen regiert farbenfrohe Funktionalität. Das Haus ist auf Kuren gegen Erkrankungen des Stütz- und Bewegungsapparates sowie der Atemwege spezialisiert und bietet ein breites Spektrum an medizinischen Behandlungen, darunter solche mit dem örtlich vorkommenden Radonheilwasser.

Zimmer kann man aus fünf Kategorien (DZ mit 26 oder 43 m²) wählen, alle haben Balkon, helle Vollholzinterieurs, die meisten rote Teppichböden, in den höheren Kategorien gibt es Extras wie Obstkorb, Tageszeitung und Kühlschrank mit Mineralwasser.

Das Spa steht auch externen Gästen offen und bietet unter anderem einen 20 m langen, auch im Winter nutzbaren Außenpool und vier Saunen. Neben Kuren für Sozialversicherungsgäste gibt es auch „Gesundheitswochen", Fastenkuren sowie Packages ohne medizinische Leistungen. Gute Massagen, Aktivprogramm gegen Aufpreis, auch Yoga, Unterwassergymnastik und geführte Wanderungen.

Die Küche bietet auch vegetarische, vegane und basische Gerichte. Präsenter Gastgeber, freundliche Mitarbeiter. Abends Vorträge, Ausstellungen und Cocktails, freitags auch Live-Musik. Check-out bereits um 10 Uhr. Sauberes Preis-Leistungs-Verhältnis. Gratisgarage für alle. Ungeeignet für Kinder, Hunde erlaubt.
62 Liegen, 200 Betten.

Freibecken, Hallenbad, Sauna, Dampfbad, Massagen, Fitnessgeräte.

6441 Umhausen, Lehgasse 50, +43 5255 50160
HP ab € 150,-

WELLNESS
16 PUNKTE – 2 LILIEN

Waldklause Naturhotel *****

Grünruhelage am Ortsrand in Längenfeld – Ötztal

Von Tannen umgeben: ein Fünfsternhaus, das sich selbst „Naturhotel" nennt und diesem Namen tatsächlich alle Ehre macht. Der familiengeführte Betrieb liegt auf 1.180 m Seehöhe, 15 km von den Talstationen des Skigebiets Sölden entfernt. Das Haus wurde nahezu vollständig aus Holz errichtet, drinnen regieren Tageslicht und eine wohlige und beruhigende Atmosphäre.

Schöne Zimmer kann man aus 19 Varianten (DZ von 32 bis 160 m²) wählen, sie sind mit hochwertigen Naturmaterialien wohnlich gestaltet, alle haben Vollholzinterieurs, Balkon, Loggia oder Terrasse, einige auch Quellwasserbrunnen, Sauna oder Whirlpool. Für Internetverbindungen sorgt ein Lan-Kabel im Zimmer, W-Lan gibt's nur in Lobby und Bar, Turn-down-Service nur auf Wunsch.

Das kleine Spa ist exklusiv für Hausgäste, unter anderem bietet es sechs Saunen (zwei davon textil), einen 12 m langen, ganzjährig beheizten Außenpool sowie herrliche Ruhezonen – mehr Liegen wären allerdings fein. Gute Massagen, täglich Aktivprogramm, auch Meditation, Pilates, Yoga, Qi Gong und Waldbaden.

Reichhaltiges Frühstücksbuffet bis 11 Uhr, vieles ist bio, auch unsere Eier stammen aus biologischer Freilandhaltung. Gute Küche, sie versteht sich auch auf Vegetarisches und Veganes, auf eine sehr schöne Präsentation der Speisen obendrein. Eine Nachmittagsjause ist im Preis inkludiert. Stimmungsvolle Bar. Präsente Gastgeber, freundliche Mitarbeiter, fast alle kommen aus der Region. Mountainbikes und E-Bikes gibt's zur Gratisleihe, Gratisgarage für alle. Ungeeignet für Kinder, Hunde erlaubt.
40 Liegen, 135 Betten.

Freibecken, Sauna, Dampfbad, Massagen, Kosmetik, Fitnessgeräte.
Tennisplatz.

6444 Längenfeld, Unterlängenfeld 190, +43 5253 5455
HP-plus ab € 230,-

WELLNESS
15 PUNKTE – 2 LILIEN

Enzian Sölden ****S

Grünruhelage mit Fernblick in Hochsölden – Ötztal

Familienfreundlich. Tolles Bergpanorama: Ein schmuckes Wintersporthotel, es liegt auf einem Hochplateau auf 2.090 m Seehöhe mit direktem Pistenzugang („ski in, ski out") zu 140 Pistenkilometern. Als Schwesterhotel des nahegelegenen Adults-only-Hauses „Schöne Aussicht" richtet sich dieses Haus ganz bewusst an Familien. Es besteht aus einem Stammhaus und einer etwa 100 m entfernten Dependance, deren Gäste ebenfalls Zugang zu Spa und Restaurant haben. Außen wie innen zeigt sich ein einladendes, modern-alpines Flair, begleitet von großen Fensterflächen, die einen grandiosen Ausblick auf Pisten und Berge bieten.

Zimmer gibt es in 12 Kategorien (DZ von 25 bis 85 m²), sie zeigen sich in stilvoller Schlichtheit, die meisten haben Balkon, Soundsysteme von Bose und sehr gute Betten, der Polyesteranteil des Bademantels ist stattlich.

Der Wellnessbereich überrascht mit seiner Gliederung: zwei nahezu identische Saunabereiche, die nur durch eine Lounge getrennt sind – einer für Familien, einer für Adults only (ab 16 Jahren). Unter anderem fanden wir sieben Saunen (drei davon textil), einen 11 m langen

Jerzner Hof

Innenpool sowie einen ebenso langen Infinity-Außenpool, der ab 16 Uhr zum FKK-Bereich wird.

Schöne Stuben, Frühstück bis 10.30 Uhr, zumeist gute Küche bei netter Tischkultur, eine Nachmittagsjause ist inkludiert. Fabelhafte Sonnenterrasse, stimmungsvolle Bar mit gemütlichen Loungemöbeln. Viele ausgesprochen freundliche Mitarbeiter, internationales Publikum. Kinderbetreuung (Mo bis Fr) ab drei Jahren. Valet Parking, Garage gegen 15 Euro pro Tag. Hunde erlaubt. 41 Liegen, 200 Betten.

Freibecken, Hallenbad, Sauna, Dampfbad, Massagen, Kosmetik, Fitnessgeräte.

6450 Sölden, Hochsöldenstraße 7, +43 5254 2252
HP-plus ab € 173,-

WELLNESS

14 PUNKTE – 1 LILIE

Schöne Aussicht Sölden ****S

Grünruhelage mit Fernblick in Hochsölden – Ötztal

Adults only (ab 16). Herrlicher Ausblick: Ein kleines, wunderschönes Haus auf 2.060 m Seehöhe mitten im Skigebiet (144 Pistenkilometer, 31 Lifte), es ist das Schwesterhotel des nahegelegenen Familienhotels Enzian. Vor kurzem wurde porentief modernisiert, seitdem hat man auch im Sommer geöffnet. Das Ambiente ist einnehmend, der Ausblick aus vielen Räumen schlechthin spektakulär. Schöne Zimmer gibt es in 12 Kategorien (DZ von 28 bis 55 m²), alle haben Massivholzböden, Boxspringbetten, Balkon und Bluetooth-Lautsprecher, der Polyesteranteil des Bademantels ist stattlich.

Das kleine Spa ist exklusiv für Hausgäste, unter anderem fanden wir fünf Saunen (eine davon textil) und einen 10 m langen Infinity-Außenpool mit Terrasse. Die Massagen sind ausgezeichnet.

Frühstücksbuffet von 7 bis 10.30 Uhr (unsere Eier stammten aus biologischer Freilandhaltung), zumeist sehr gute Küche bei feiner Tischkultur, eine Nachmittagsjause ist (von November bis Mai) inkludiert. Zigarrenlounge, Sky Bar sowie stimmungsvolle Kaminbar. Viele freundliche Mitarbeiter, internationales Publikum. Check-out bis 10 Uhr. Valet Parking und Kofferservice. Garage gegen 19 Euro pro Tag. Hunde erlaubt. 38 Liegen, 110 Betten.

Freibecken, Sauna, Dampfbad, Massagen, Fitnessgeräte.

6450 Sölden, Hochsöldenstraße 3, +43 5254 2221
HP-plus ab € 154,-

WELLNESS

16 PUNKTE – 2 LILIEN

Jerzner Hof ****S

Grünlage mit Fernblick in Jerzens – Pitztal

Familienfreundlich. Solide und herzlich: Ein schmuckes Haus, es liegt auf 1.150 m Seehöhe an einem Sonnenhang hoch über dem Pitztal, weshalb man aus vielen Räumen ein wunderschönes Panorama genießen kann, das auch durch die unter dem Hotel vorbeigehende Straße zur Hochzeiger-Gondelbahn nicht wirklich beeinträchtigt wird. Die Talstation dieser Bergbahn erreicht man übrigens in knapp fünf Autominuten, im Winter bietet sie den Anschluss an sieben weitere Lifte und insgesamt 54 km Pistenkilometer, der Skibus ist gratis. Hinter traditionellen, blumengeschmückten Alpenlandfassaden zeigen sich blitzsaubere Gemütlichkeit, viel Holz und warme Farben, alles fühlt sich sehr behaglich an.

Zimmer kann man aus 12 Varianten (DZ von 24 bis 50 m²) wählen, sie sind hell und freundlich, haben Vollholzinterieurs und zumeist Balkon oder Terrasse, einige auch Holzböden und Kachelöfen.

Das Spa steht neuerdings auch externen Gästen offen, es bietet unter anderem sechs Saunen (ab 15 Jahren), einen 18 m langen Innenpool und feine Ruhezonen. Im Freien fanden wir einen Panorama-Whirlpool, eine Paarsauna mit TV-Gerät und DVD-Player sowie – über der Straße – eine große Liegewiese mit Schwimmteich. Zahlreiche Fitnessgeräte, sehr gute Massagen.

Reichhaltiges Frühstücksbuffet ab 8 Uhr, sehr gute Küche, die sich auch auf Vegetarisches versteht, feine Tischkultur. Light Lunch und süße Nachmittagsjause sind im Preis inbegriffen. Freundliches, gut eingespieltes Team, präsente Gastgeber, stimmungsvolle Bar, sauberes Preis-Leistungs-Verhältnis. Breites Service für Biker (Garage, E-Ladestation und kostenloses Wäscheservice) – geführte Touren inklusive, Rodeln gegen Gebühr. Das Spa kann am Abreisetag ohne Aufpreis noch bis 17 Uhr genutzt werden (inklusive Light Lunch und Nachmittagsjause). Spielzimmer für Kids mit Billard, Tischfußball und Playstation. Garagenplatz gegen 8 Euro pro Tag. Hunde (eingeschränkt) erlaubt. 52 Liegen, 90 Betten.

Naturbadeteich, Hallenbad, Sauna, Dampfbad, Massagen, Kosmetik, Fitnessstudio, Personal Trainer.

6474 Jerzens, Oberfeld 170, +43 5414 8510
HP-plus ab € 192,–

WELLNESS

15 PUNKTE – 2 LILIEN

Schlosshotel Fiss *****

Grünruhelage oberhalb von Fiss – Nähe Serfaus

Kinderfreundlich. Einst Jagdschloss, nun Großhotel: Ein familiengeführtes Fünfsternhaus, es liegt auf 1.436 m Seehöhe ruhig am Ortsrand, zudem direkt an der Piste nahe der Talstation Möseralmbahn. Die öffentlichen Räume zeigen sich in gehobener ländlicher Klassik, viele Holzvertäfelungen schaffen ein ebenso stimmungsvolles wie elegantes Umfeld.

Hübsche Zimmer stehen in 29 Varianten (DZ von 28 bis 105 m²) zur Auswahl. Sie sind durchwegs großzügig geschnitten und verströmen feine Ländlichkeit.

Das Spa steht auch externen Gästen offen, es ist geschmackvoll gestaltet und in Bereiche für Adults only und Familien unterteilt. Unter anderem fanden wir sieben Saunen (drei davon textil), eine 37 m lange Kombi aus Innen- und Außenpool, einen FKK-Whirlpool, ein Babybecken sowie einen Wasserspielpark mit 48 m langer Rutsche. Sehr gute Massagen, täglich Aktivprogramm, auch Yoga und geführte Wanderungen.

Reichhaltiges Frühstücksbuffet, zumeist gute Küche mit feiner Tischkultur, umfangreiche Weinkarte, Light Lunch und Nachmittagsjause sind inkludiert. Viele freundliche Mitarbeiter, beim Service ist der Gipfel noch nicht ganz erreicht. Täglich bis zu 10 Stunden Kinderbetreuung (ab zwei Jahren). Check-in ab 16 Uhr. Valet Parking, Gratisgarage für alle. Hunde erlaubt. 121 Liegen, 425 Betten.

Freibecken, Hallenbad, Kinderbecken, Sauna, Dampfbad, Massagen, Kosmetik, Fitnessstudio, Personal Trainer.

6533 Fiss, Laurschweg 28
+43 5476 6397

HP-plus ab € 262,–

WELLNESS

14 PUNKTE – 1 LILIE

Cervosa Gourmet & Spa *****

Grünruhelage mit Fernblick am Ortsrand in Serfaus

Familienfreundlich. Charmant mit Aussicht: Ein sehr persönlich geführtes Traditionshaus, es liegt ruhig auf 1.440 m Seehöhe am sonnigen Ortsrand. 500 m sind es zur U-Bahn, die zu den Talstationen dreier Gondelbahnen (insgesamt

Schalber Wellness-Residenz

200 Pistenkilometer) führt. Das Ambiente changiert zwischen edelländlicher Klassik und neoalpinem Lifestyle-Flair, was dem Haus eine durchaus eigenständige Note verleiht.

Zimmer gibt es in nicht weniger als 29 Varianten (DZ von 25 bis 80 m²), die meisten haben Teppichböden, einige auch einen Kamin mit Effektfeuer, fast alle Balkon oder Loggia – einen prachtvollen Ausblick gibt es obendrein.

Das auch externen Gästen offenstehende Spa ist auf drei Zonen aufgeteilt und bietet unter anderem 13 Saunen (ab 16 Jahren), zwei teilweise auch im Winter nutzbare Außenpools von 9 und 10 Metern Länge, drei Whirlpools und einen kleinen Garten mit Ruheliegen. Gute Massagen, kleines Aktivprogramm, auch Pilates, geführte Wanderungen und E-Bike-Touren.

Fabelhafte Sonnenterrasse, schöne Stuben, zumeist gute Küche bei feiner Tischkultur, eine süße Nachmittagsjause ist im Preis enthalten. Stimmungsvolle Bar, gute Weinkarte. Stets präsente Gastgeber, viele freundliche und bemühte Mitarbeiter. Wanderausrüstung zur Gratisleihe, Mountainbikes gegen Gebühr. Valet Parking, Garage gegen 10 Euro pro Tag. Hunde erlaubt. 76 Liegen, 180 Betten.

Freibecken, Hallenbad, Sauna, Dampfbad, Massagen, Kosmetik, Fitnessgeräte, Personal Trainer.

6534 Serfaus, Herrenanger 11, +43 5476 6211
HP-plus ab € 211,–

WELLNESS

18 PUNKTE – 3 LILIEN

Schalber Wellness-Residenz *****S

Grünruhelage mit Fernblick am Ortsrand in Serfaus

Kinderfreundlich. Panorama, Spitzenservice, wunderbare Atmosphäre: Ein familiengeführtes Luxushaus mit Charakter und Beständigkeit, es liegt auf 1.430 m Seehöhe an einem Sonnenhang am talseitigen Ortsrand. Nur ein paar gute Schritte sind es zur U-Bahn, die zu den Talstationen dreier Gondelbahnen (insgesamt 200 km Pisten) führt, als Hotelgast erhält man dort ein Depot für seine Skiausrüstung. Im Inneren zeigt sich das Haus in erfrischend zeitloser und stilvoll arrangierter Edelländlichkeit: alles sehr charmant und heimelig.

Zimmer gibt es in 31 Kategorien (DZ von 35 bis 120 m²), sie zeigen sich großzügig und gediegen, haben zumeist Teppichböden, viele auch Holzvertäfelungen, alle Balkon oder

Mein Almhof

Terrasse. Aus vielen – ebenso wie aus dem Spa – erfreut ein wundervoller Panoramablick auf die umliegende Bergwelt.

Das Spa ist exklusiv für Hausgäste (das wird auch in Österreich immer seltener und ist daher umso einnehmender), es ist auf sechs Ebenen verteilt, recht kleinteilig, aber sehr abwechslungsreich. Wir fanden unter anderem neun Saunen (eine davon textil) und einen großzügigen Adults-only-Bereich (ab 16 Jahren) mit Ruhezonen, einem FKK-Bereich und drei Panoramapools – einer davon in Infinity-Bauweise, 20 m lang und mit freiem Blick in die Berggipfel. Zudem gibt es einen Familienbereich mit zwei Innenpools inklusive Wasserrutsche und ein Ladys-Spa. Im Garten findet sich ein schöner Naturbadeteich. Ausgezeichnete Massagen, täglich Aktivprogramm, auch Yoga, Tai Chi, Meditation und geführte Wanderungen.

Wunderschöne Stuben, fabelhafte Restaurantterrasse, reichhaltiges Frühstücksbuffet von 7.30 bis 11 Uhr, ausgezeichnete Küche bei hochfeiner Tischkultur, Light Lunch (nur im Sommer) und Nachmittagsjause mit Softdrinks und Heißgetränken sind inkludiert. Exquisite Weinkarte, stimmungsvolle Bar, Raucherlounge, nette Unterhaltungsabende mit Livemusik, Casino und Co. Präsente Gastgeber, bemerkenswert eingespieltes, überwiegend junges Team, tolles Service. Für Kinder gibt's ein Indoor-Fun-Areal und täglich 12 Stunden liebevolle Betreuung ab drei Jahren. Valet Parking, Garage gegen Gebühr. 110 Liegen, 270 Betten.

Naturbadeteich, Freibecken, Solefreibecken, Freibecken (Sommer), Kinderfreibecken, Hallenbad, Kinderhallenbad, Sauna, Dampfbad, Massagen, Kosmetik, Ayurveda, Fitnessstudio, Personal Trainer.
Tennishalle.

6534 Serfaus, Dorfbahnstraße 15, +43 5476 6770
HP-plus ab € 267,–

WELLNESS
14 PUNKTE – 1 LILIE

Mein Almhof ****s

Grünlage am Ortsrand in Nauders – Oberinntal

Familienfreundlich. Wieder im Aufwind: Vor drei Jahren wurde dieses Hotel an Investoren verkauft, das hat ihm gar nicht gut getan! Seit wenigen Monaten ist es nun wieder zurück im Familienbesitz, auch die alte Crew ist zum großen Teil wieder da, und selbst der jahrzehntelang tätige Direktor – ein lupenreiner Publikumsliebling – hilft sozusagen beim „Wiederaufbau" des vormals so sympathischen Hotels – was für eine Story! Das Hotel liegt auf 1.394 m nahe dem Reschenpass und besteht aus drei miteinander verbundenen Gebäuden.

Die Zimmer (23 Kategorien, DZ von 20 bis 120 m²) zeigen sich stark unterschiedlich gestaltet, sie bedienen ein Spektrum von preisgünstig-schlicht bis gehoben-modern, auch solche mit Perserteppichen, lehmverputzten Wänden oder feinen Holzböden gibt es.

Das Spa steht auch Tagesgästen offen und ist in Familienbereich und zwei Adults-only-Zonen gegliedert. Geboten werden unter anderem neun Saunen (vier davon textil), ein nüchtern gestaltetes Hallenbad sowie schöne Ruheräume mit Aussicht auf die Burg Naudersberg. Highlight ist der 15 m lange Infinity-Außenpool am Dach, ganzjährig nutzbar – allerdings überraschend frisch, also nichts für Warmduscher.

Restaurantterrasse, reichhaltiges Frühstücksbuffet mit Fokus auf Regionales (auch: Eier aus biologischer Freilandhaltung), zumeist sehr gute Küche. Präsenter Gastgeber, sehr freundliche und zuvorkommende Mitarbeiter. Geführte Wanderungen, ringsum Wanderwege ohne Zahl, im Winter finden sich die Loipen direkt vor der Haustüre. Gratisgarage für alle. Hunde erlaubt. 50 Liegen, 250 Betten.

Freibecken, Hallenbad, Außensauna, Sauna, Dampfbad, Massagen, Kosmetik, Fitnessgeräte.

6543 Nauders, Dr.-Tschiggfrey-Straße 314, +43 5473 87313
HP ab € 159,–

WELLNESS

13 PUNKTE – 1 LILIE

Trofana Royal *****S

Zentrale Ortslage in Ischgl – Paznauntal

Familienfreundlich. Eine weit über die Landesgrenzen hinaus bekannte Renommieradresse, sie zieht vor allem betuchte Wintersport- und Party-Klientel aus Deutschland und Osteuropa an. Das Fünfeinhalbsternhaus liegt auf 1.360 m Seehöhe mitten in Ischgl, zur Talstation der Silvretta-Seilbahn, dem Anschluss an 44 weitere Lifte und 239 km Pisten, sind es nur ein paar Schritte.

Hinter einer stilisierten Alpenlandfassade regiert üppig aufgetragene Rustikaleleganz. Die Zimmer (15 Kategorien, DZ von 28 bis 130 m²) sind mehrheitlich großzügig geschnitten und entweder traditionell-ländlich oder modern interpretiert, fast alle haben Teppichböden, die meisten Balkon oder Terrasse.

Das edel gestaltete, aber nicht allzu große Spa ist exklusiv Hausgästen vorbehalten, lässt aber so einiges vermissen, das anderswo längst zum Standard gehört – und wenn's nur ein toller Ruheraum wäre. Unter anderem fanden wir acht (kleinteilige) Saunen (drei davon textil), einen Soleaußenwhirlpool sowie ein 16 m langes Freibecken (im Winter nur stark eingeschränkt nutzbar), dieses liegt allerdings nachmittags im Schatten und ist von fünfgeschoßigen Bettentrakten recht eng umbaut.

Wunderbares Frühstücksbuffet bis 10.30 Uhr, zumeist sehr gute Küche bei feiner Tischkultur – wie immer bezieht sich unsere Bewertung auf die Halbpension, nicht auf das À-la-carte-Restaurant „Paznaunerstube". Exzellente Weinkarte, hauseigene Après-Ski-Bar. Viele freundliche Mitarbeiter, recht warm werden wir mit dem Haus aber nicht. Check-in ab 16 Uhr. Valet Parking, Gratisgarage für alle. 58 Liegen, 250 Betten.

Freibecken, Hallenbad, Sauna, Dampfbad, Massagen, Kosmetik, Fitnessstudio, Personal Trainer.

6561 Ischgl, Dorfstraße 95, +43 5444 600
HP-plus ab € 260,–

WELLNESS

15 PUNKTE – 2 LILIEN

Gridlon ****

Grünruhelage am Ortsrand in Pettneu am Arlberg

Köstliches Essen: ein sympathischer Familienbetrieb von ebensolcher Größe. Er ist übrigens auch eine gute Alternative, wenn man den Trubel in St. Anton nicht mitmachen möchte – nach St. Anton sind's knapp 10 Autominuten, ein Ski-Shuttle fährt im Viertelstundentakt. Das Haus liegt auf 1.222 m Seehöhe am Rande eines Wohngebiets.

Hinter einer höchst unscheinbaren Fassade zeigt es sich fein und stilvoll, hochwertige Materialien und Tiroler Charme regieren. Letzterer prägt auch die stark unterschiedlichen Zimmer (acht Varianten, DZ von 25 bis 65 m²), einige haben Dampfbad und offenen Kamin, ganz wenige verströmen den Reiz der 1990er Jahre.

Das Spa ist exklusiv für Hausgäste, es präsentiert sich in gefälliger Geradlinigkeit und bietet unter anderem einen 12 m langen Innenpool in

Kombination mit einem ebenso langen, auch im Winter nutzbaren Außenpool, weiters vier kleine Saunen (mit eingeschränkten Öffnungszeiten), die Massagen sind sehr gut. Kleines Aktivprogramm, auch Yoga und geführte Wanderungen.

Schöne Terrasse, wunderbares Frühstücksbuffet, ausgezeichnete Küche, der Hausherr kocht selbst und versteht sein Handwerk virtuos, er setzt zudem auf regionale Produkte und hochwertige Zutaten. Im Winter ist eine Nachmittagsjause im Preis inkludiert, im Sommer ein Light Lunch. Stimmungsvolle Stuben, wunderbares Käsebuffet, große Auswahl an guten Weinen. Präsente und hilfsbereite Gastgeber, freundliche und zuvorkommende Mitarbeiter, angenehme Gäste. Im Winter wird nahe der Talstation der Galzigbahn in St. Anton ein kostenfreies Ski- und Schuhdepot geboten, im Sommer kann der hoteleigene Tennisplatz ohne Aufpreis genutzt werden. Sauberes Preis-Leistungs-Verhältnis. Für Kinder eher ungeeignet, Hunde erlaubt. 34 Liegen, 100 Betten.

Freibecken, Hallenbad, Sauna, Dampfbad, Massagen, Kosmetik, Fitnessgeräte.
18-Loch-Parcours in 39 km, Tennisplatz.

6574 Pettneu, Garnen 36, +43 5448 8208
HP-plus ab € 154,-

WELLNESS

15 PUNKTE – 2 LILIEN

Singer ****S

Grünlage an der Dorfstraße in Berwang – Nähe Reutte

Familienfreundlich. Ein charaktervolles, in dritter Generation geführtes Traditionshaus, das der renommierten Marketingvereinigung Relais & Châteaux angehört. Es liegt auf 1.340 m Seehöhe nur ein paar Schritte von der Sonnalmbergbahn (Anschluss an 36 km Pisten) entfernt. Hinter blumengeschmückten Fassaden zeigt sich das Haus in nostalgischem Charme der feinsten Art, allein die Lobby würde jedem dieser romantischen 1950er-Heimatfilme zur Ehre gereichen.

Die Zimmer (14 Kategorien, DZ von 22 bis 75 m²) haben zumeist Teppichböden, fast alle gediegene Interieurs aus heimischem Vollholz, besonders behaglich sind die neueren Juniorsuiten mit Zirbenholz mit dem nach Süden ausgerichteten Balkon.

Das Spa steht auch externen Gästen offen, über einen unter der Dorfstraße geführten Verbindungsgang gelangt man dorthin. Unter anderem fanden wir drei Saunen (ab 16 Jahren), schöne Ruhezonen mit offenem Kamin sowie einen knapp 12 m langen, ganzjährig nutzbaren Außenpool in einem schönen Garten. Sehr gute Massagen, täglich Aktivprogramm, auch Yoga und Pilates.

Fabelhafte Frühstücksterrasse mit Morgensonne, sehr gute bis ausgezeichnete Küche bei feiner Tischkultur, ebensolche Weinkarte. Gemütliche Bar. Präsente Gastgeber, freundliche Mitarbeiter, viele Stammgäste, zahlreich kommen sie aus Frankreich. Garage gegen 14 Euro im Sommer und 16 Euro im Winter. 50 Liegen, 160 Betten.

Freibecken, Hallenbad, Sauna, Dampfbad, Massagen, Kosmetik, Fitnessgeräte, Personal Trainer.
9-Loch-Parcours in 15 km, 20 % Greenfee-Rabatt.

6622 Berwang, Nr. 52, +43 5674 8181
HP ab € 190,-

WELLNESS

15 PUNKTE – 2 LILIEN

Mohr Life Resort ****S

Grünlage mit Fernblick am Ortsrand – Nähe Ehrwald

Lifestyle-Phantasie: Ein schönes Haus in bester Panoramalage, mit freiem Ausblick auf die Zugspitze nämlich, es liegt auf 1.004 m Seehöhe, im Winter sind es nur 250 m zur Talstation Hochmoosexpress, dem Anschluss an sieben weitere Lifte und 27 Pistenkilometer. Das Hotel besteht aus vier Logiergebäuden, dem Stammhaus („Heart") mit Zubau („Lifestyle"), den Gartensuiten („Evolution") und der fünf Autominuten vom Hotel entfernten Dependance („Backstage"). Das Ambiente zeigt sich als Melange aus Traditionellem, Coolness und einem Hauch von Exotik.

Zimmer lassen sich aus 18 stark unterschiedlichen Kategorien (DZ von 30 bis 124 m²) wählen, sie zeigen sich urig-rustikal oder neoalpin, haben Vollholzmöbel, Holz- oder Teppichböden sowie stets Balkon – manche bieten einen feinen Panoramablick. Einige sind außerordentlich extravagant gestaltet, andere haben auch Whirlpool oder Sauna auf der Terrasse.

Das Spa ist phantasievoll und streckenweise höchst atmosphärisch gestaltet, es bietet unter anderem sieben Saunen, einen 20 m langen, auch im Winter nutzbaren Außenpool, einen 16 m langen Innenpool, wunderschöne Ruhezonen, ein bestens ausgestattetes Gym und einen schönen Garten mit Liegewiese – toller Ausblick inklusive.

Post Lermoos

Fabelhafte Terrasse mit Morgensonne, reichhaltiges Frühstücksbuffet, Light Lunch und Nachmittagsjause sind im Preis enthalten. Präsente Gastgeber, viele freundliche Mitarbeiter, in puncto Service ist man noch unterwegs zum Gipfel. Wanderwege ohne Zahl, breites Service für Biker (Bike-Garage, Bike-Waschplatz, Tourenkarten etc.). Gratisgarage für (fast) alle, im Sommer gegen 10 Euro pro Tag. Ungeeignet für Kinder, Hunde erlaubt. 133 Liegen, 195 Betten.

Freibecken, Solefreibecken, Hallenbad, Kinderhallenbad, Außensauna, Sauna, Dampfbad, Massagen, Kosmetik, Ayurveda, Fitnessgeräte, Personal Trainer.
9-Loch-Parcours in 3 km.

6631 Lermoos, Innsbrucker Straße 40, +43 5673 2362
HP-plus ab € 194,-

WELLNESS
17 PUNKTE – 3 LILIEN

Post Lermoos ****S

Grünlage mit Fernblick in Lermoos – Nähe Ehrwald

Logenplatz mit Tradition: Ein schmucker Familienbetrieb mit Charme und Tradition, er liegt auf 1.009 m Seehöhe neben dem Kirchlein des Dorfes, im Winter sind es nur 300 m zur Talstation Hochmoosexpress, dem Anschluss an sieben weitere Lifte und 27 Pistenkilometer, ins Loipennetz steigt man gleich beim Hotel ein. Das Hotel besteht aus dem Stammhaus mit 60 Suiten und zwei Dependancen („Postschlössel", „Gartenhaus"), die einige Schritte entfernt liegen. Alles fühlt sich sauber und gemütlich an, das Ambiente zelebriert genüsslich heimelige Edelländlichkeit tirolerischer Prägung – jenseits aller modischen Verrenkungen, das erfreut Auge und Gemüt.

Zimmer gibt es in 10 Kategorien (DZ von 42 bis 127 m²), sie sind blitzsauber, äußerst behaglich und allesamt großzügig geschnitten, haben Vollholzinterieurs, gute Betten, Teppichböden, Kachelofen und Balkon. Jene, die nicht an der Straßenseite liegen (das sind die meisten), offerieren den für das Haus so typischen Ausblick – herrlich! Wer im gut 100 m entfernten „Postschlössel" logiert, muss zwar aufs Panorama verzichten, wohnt aber dafür in einem Gebäude, in dem schon Andreas Hofer, der Anführer des Tiroler Volksaufstandes von 1809, abgestiegen ist.

Das Spa ist indoor kein Riese und steht auch externen Gästen offen, es verfügt über einen zusätzlichen Adults-only-Bereich. Unter

Haldensee

anderem fanden wir neun Saunen (zwei davon textil), offene Kamine in Hallenbad und Ruheraum, zwei auch im Winter nutzbare, 9 und 10 m lange Außenpools und sehr gute Massagen. Unser Favorit ist die feine, in Altholz gehaltene Außensauna. Täglich kleines Aktivprogramm, auch Meditation, Yoga und Pilates.

Fabelhafte Restaurantterrasse, wunderbares Frühstücksbuffet (auch: Eier aus biologischer Freilandhaltung), sehr gute Küche bei feiner Tischkultur. Eier und Milch kommen aus der eigenen Landwirtschaft, Light Lunch und süße Nachmittagsjause sind inkludiert. Stimmungsvolle Bar, großartiger Weinkeller und umfassende Weinkarte mit kompetenter Beratung. Ausgesprochen freundliche Mitarbeiter, präsente Gastgeber. Auch Angebote für Jäger – großes hoteleigenes Revier. Rodeln und E-Bikes gibt's zur Gratisleihe. Eher ungeeignet für Kinder, Hunde erlaubt. 84 Liegen, 226 Betten.

Freibecken, Solefreibecken, Hallenbad, Außensauna, Sauna, Dampfbad, Massagen, Kosmetik, Ayurveda, Fitnessgeräte, Personal Trainer.
9-Loch-Parcours in 2 km, 30 % Greenfee-Rabatt.

6631 Lermoos, Kirchplatz 6, +43 5673 2281 0
HP-plus ab € 256,–

WELLNESS
15 PUNKTE – 2 LILIEN

Haldensee ****

Grünlage am Haldensee – Tannheimer Tal

Adults only (ab 16). Die Ausblicksidylle am See: Ein familiengeführtes Viersternhotel am Ufer des Haldensees, es liegt auf 1.125 m Seehöhe, wurde vor sechs Jahren eröffnet und befindet sich ein paar Schritte von der Bundesstraße entfernt, der Ausblick auf den See und die südseitig weithin unverbaute Natur zählt hier zu den Besonderheiten.

Alle Zimmer sind seeseitig ausgerichtet, Restaurant und Wellnessbereich ebenso, und bodentiefe Fenster sind überall zu finden, sie scheinen gleichsam die Landschaft hereinzubringen. Die Zimmer (acht Kategorien, DZ von 34 bis 49 m^2) sind neoalpin gestaltet und haben Holzböden, Loggia oder Terrasse, superschnelles W-Lan, der Polyesterfaseranteil im Bademantel ist stattlich.

Das Spa ist wie das Restaurant exklusiv für Hausgäste (und da ist man erfreulich strikt dahinter), es verfügt unter anderem über drei Saunen und eine 22 m lange Kombination aus Außen- und Innenpool, die bis 19 Uhr genutzt

Bergblick Grän

werden kann (dienstags und freitags bis 22 Uhr). Der Außenbereich bietet einen wohlig warmen Whirlpool mit herrlichem Panorama und eine Liegewiese mit direktem Zugang zum – eiskalten – See (Neoprenanzug und SUP-Boards gibt's zur Gratisleihe). Ausgezeichnete Massagen, täglich Aktivprogramm, auch Yoga, Wassergymnastik, geführte Wanderungen und Schneeschuhtouren.

Fabelhafte Restaurantterrasse mit Morgen- und Abendsonne, reichhaltiges Frühstücksbuffet bis 10.30 Uhr, schöne Weinkarte mit fairen Preisen, Light Lunch und Nachmittagsjause (reichlich) sind inkludiert. Präsente Gastgeberin, viele freundliche Mitarbeiter, beim Service ist man zurzeit noch unterwegs zum Gipfel. Check-in ab 14.30 Uhr, Check-out bis 10.30 Uhr. Laufstrecken und Wanderwege ohne Zahl, im Winter beginnen Loipen vor der Haustüre. Leihfahrräder gibt es zur Gratisleihe. Gratisgarage für alle. Hunde erlaubt. 81 Liegen, 120 Betten.

Freibecken, Hallenbad, Sauna, Dampfbad, Massagen, Kosmetik, Fitnessgeräte.

6672 Nesselwängle, Haller 27
+43 5675 20727
HP-plus ab € 195,–

WELLNESS

13 PUNKTE – 1 LILIE

Spielmann Romantik-Hotel ****

Grünruhelage am Ortsrand in Ehrwald

Ein schmucker Traditionsbetrieb von angenehm überschaubarer Größe, er wird bereits in vierter Generation geführt und liegt auf 1.005 m Seehöhe ruhig am Ortsrand, im Winter ist man hier ganz nahe beim Sonnenhang-Sessellift, dem Einstieg in 23 km Pisten. Efeuumrankte Fassaden begrüßen bei der Anreise, im Inneren erfreut Tiroler Stil in rundum gemütlicher Gestaltung.

Die Zimmer (11 Kategorien, DZ von 20 bis 65 m^2) zeigen sich in uriger oder neorustikaler Ländlichkeit, sie haben Vollholzmöbel, Holz- oder Teppichböden sowie stets Balkon – manche bieten Ausblick auf das Wettersteingebirge und den Gipfel der Zugspitze.

Das Spa steht auch externen Gästen offen, es bietet unter anderem vier Saunen (eine davon textil), einen knapp 12 m langen, auch im Winter nutzbaren Außenpool, feine, atmosphärisch gestaltete Ruhezonen und einen schönen Garten mit Liegewiese.

Fabelhafte Terrasse mit Abendsonne, reichhaltiges Frühstücksbuffet, gute Küche. Gemütliche Stuben, stimmungsvolle Bar. Präsente Gastgeber, freundliche und zuvorkommende Mitarbeiter. Wanderwege ohne Zahl, breites Service für Biker (Bike-Garage, Bike-Waschplatz, Tourenkarten etc.). Garage gegen 15 Euro pro Tag (im Sommer 10 Euro). Ungeeignet für Kinder, Hunde erlaubt. 56 Liegen, 100 Betten.

Freibecken, Hallenbad, Sauna, Dampfbad, Massagen, Kosmetik, Fitnessgeräte.
9-Loch-Parcours in 3 km, 20 % Greenfee-Rabatt.

6632 Ehrwald, Wettersteinstraße 24, +43 5673 2225
HP ab € 179,-

WELLNESS
15 PUNKTE – 2 LILIEN

Bergblick Grän *****

Grünruhelage am Ortsrand in Grän – Tannheimer Tal

Ein ebenso schöner wie angenehm überschaubarer Familienbetrieb, er liegt auf 1.100 m Seehöhe etwas erhöht am Ortsrand, der Ausblick ins Tannheimer Tal ist herrlich. Im Winter sind es kaum drei Autominuten zur Talstation der Sonnenbergbahnen auf das Füssener Jöchle mit insgesamt rund 10 Pistenkilometern, ein kostenloser Skibus hält vor dem Haus.

Zu den räumlichen bzw. ambientemäßigen Besonderheiten zählen unter anderem der Salon mit Brettspielen und Billardtisch sowie die unglaubliche Sammlung historischer Uhren, die einer Leidenschaft des Gastgebers geschuldet ist. Die Zimmer (10 Kategorien, DZ von 38 bis 90 m²) sind zeitgemäß gestaltet, fast alle haben Balkon, die meisten Holzboden, eine Suite mit freistehender Badewanne und Kachelofen steht ebenso zur Wahl.

Das schöne Spa ist exklusiv für Hausgäste, unter anderem fanden wir eine Kombination aus 15 m langem Innenpool und 17 m langem Außenpool, ein Tauchbecken und fünf kleinteilige Saunen (ab 14 Jahren), geführte Aufgüsse haben wir aber keine erlebt. Gute Massagen, dienstags und donnerstags jeweils morgens Yoga.

Fabelhafte Terrasse mit Abendsonne, reichhaltiges Frühstücksbuffet, sehr gute Küche bei netter Tischkultur, eine Nachmittagsjause (reichlich) ist inkludiert. Freundliche Mitarbeiter, stimmungsvolle Bar. Ringsum Wanderwege ohne Zahl, im Winter beginnen Loipen vor der Haustüre. Garage gegen 10 Euro pro Tag. Hunde erlaubt. 44 Liegen, 105 Betten.

Freibecken, Hallenbad, Sauna, Dampfbad, Massagen, Kosmetik, Ayurveda, Fitnessgeräte.

6673 Grän, Am Lumberg 20
+43 5675 6396
HP-plus ab € 210,-

WELLNESS
17 PUNKTE – 3 LILIEN

Jungbrunn – Der Gutzeitort

Grünruhelage am Ortsrand – Tannheimer Tal

Reizvoll gelegen: Ein schmucker Familienbetrieb, er wird bereits in dritter Generation geführt und ist in der Vergangenheit stetig gewachsen, was zu geheimnisvollen Grundrissen geführt hat. Das Haus liegt ruhig und etwas erhöht über dem Ort, im Winter ist man hier nahe der Talstation der Neunerköpfle-Gondelbahn mit Anschluss an neun weitere Lifte und knapp 20 Pistenkilometer. Die schöne Lage, ein innen wie außen facettenreiches Spa, zuvorkommende Mitarbeiter und ein atmosphärisch gestaltetes Ambiente zählen zu den Vorzügen des Hauses, Rustikales, Exotisches, Modernes und Elegantes zeigen sich hier harmonisch verwoben.

Zimmer sind aus 13 stark unterschiedlichen Varianten (DZ von 18 bis 97 m²) wählbar, viele sehr schöne finden sich darunter, auch solche mit freistehender Glasbadewanne, offenem Kamin und Terrasse mit Heizstrahler und fabelhaftem Ausblick. Auch eine „Herzblut-Suite" gibt es: Satinbettwäsche, über dem Bett ein chromglänzendes Herz mit rot flackernder Beleuchtung. Bei geöffnetem Fenster hört man um 6 Uhr morgens die Kirchenglocken, der Polyesteranteil des Bademantels ist stattlich.

Das Spa steht auch externen Gästen offen, es ist zerklüftet und verschlungen angelegt – Stufen und Treppen inklusive –, bietet aber viel Abwechslung und einiges an Neuem. Unter anderem fanden wir neun Saunen (ab 16 Jahren), zwei kleine Innenpools, einen 20 m langen, ganzjährig nutzbaren Außenpool und einen netten Garten mit feiner Außensauna und Badeteich. Gute Massagen, täglich umfangreiches Aktivprogramm, auch Aqua-Gym und Faszientraining.

Fabelhafte Restaurantterrasse, gemütliche Stuben, wunderbares Frühstücksbuffet, gute Küche bei netter Tischkultur, Light Lunch und Nachmittagsjause (reichlich) sind im Preis inkludiert. Ganz neu: die stimmungsvolle

Der Engel

Kaminbar, abends gibt es hier Livemusik, und bis frühmorgens darf gelumpt werden. Das Spa kann nach dem Check-out ohne Aufpreis genutzt werden. Garage gegen 10 Euro pro Tag. Ungeeignet für Kinder, Hunde erlaubt. 130 Liegen, 230 Betten.

Naturbadeteich, Freibecken, Solefreibecken, Hallenbad, Außensauna, Dampfbad, Massagen, Kosmetik, Ayurveda, Fitnessstudio, Personal Trainer.
Tennishalle, Tennisplatz.

6675 Tannheim, Oberhöfen 25, +43 5675 6248
HP-plus ab € 252,–

WELLNESS
17 PUNKTE – 3 LILIEN

Der Engel ****s

Ruhige Ortslage in Grän – Tannheimer Tal

Familienfreundlich. Ein wunderschöner Familienbetrieb auf 1.100 m Seehöhe, er wird bereits in siebter Generation geführt und besteht aus einem über die Jahre stetig gewachsenen Haupthaus und zwei ein paar gute Schritte entfernten Dependancen. Im Vorjahr wurde modernisiert und erweitert, unter anderem gibt es zusätzlich acht große Apartments und viele neu gestaltete Zimmer. Eine vor aufgeregtem Lifestyle-Wording triefende Hotelwebseite, die nur wenig substanzielle Informationen über das Haus preisgibt, viele Tagesgäste im Spa und das gefühlt tausendfach wiederholte Marketingwort „orgänic" gehören zum Charakter des Hotels.

Durchwegs schöne Zimmer gibt es in nicht weniger als 40 Varianten (DZ von 33 bis 95 m^2), sie fühlen sich allesamt sehr behaglich an, haben teilweise Lehmdecken, Holzböden und mitunter bodentiefe Fenster.

Das auch externen Gästen offenstehende „Orgänic"-Spa ist streckenweise ein echter Hingucker und zudem weitläufig, seine mit 8.150 m^2 beworbene Fläche wird indoor allerdings nicht einmal im Ansatz erreicht. Unter anderem fanden wir eine hochfeine Adults-only-Zone, 10 Saunen (zwei davon textil), einen knapp 18 m langen Außenpool und einen kleinen Garten mit Badeteich, last but not least auch ein Eventdampfbad und eine Eventsauna für 30 Personen, all das mit großzügigen Öffnungszeiten. Sehr gute Massagen, täglich Aktivprogramm, etwa auch Yoga (bis zu achtmal pro Woche), Meditation, Pilates und geführte Wanderungen.

Fabelhafte Restaurantterrasse, reichhaltiges Frühstücksbuffet bis 10.30 Uhr, zumeist gute Küche, Light Lunch (reichlich) und Nachmittagsjause (mit Softdrinks und Heißgetränken) sind inkludiert. Präsente Gastgeber, viele freundliche und bemühte Mitarbeiter. Nahezu ausschließlich Gäste aus Deutschland, außergewöhnlich viel Stammpublikum. Das Spa steht am Abreisetag noch bis 17 Uhr zur Verfügung. Valet Parking, Gratisgarage für Suitengäste. Kinderbetreuung zu Ferienzeiten. Für Ruhesuchende eher ungeeignet. Hunde erlaubt. 182 Liegen, 246 Betten.

Naturbadeteich, Freibecken, Hallenbad, Sauna, Dampfbad, Massagen, Kosmetik, Ayurveda, Fitnessstudio, Personal Trainer.

6673 Grän, Dorfstraße 35
+43 5675 6423
HP-plus ab € 281,-

WELLNESS

14 PUNKTE – 1 LILIE

Rehbach Ruhe- & Naturresort

Naturlage mit Fernblick bei Grän – Tannheimer Tal

Adults preferred (ab 14). Ruhevoll: Ein familiengeführter Rückzugsort für Erwachsene, abgeschieden am Rande des Tannheimer Tales liegt er inmitten schöner Natur, der Ausblick ist herrlich, und im Winter steigt man hier direkt in das weitverzweigte Loipennetz der Region ein.

Durchwegs schöne Zimmer (DZ von 29 bis 58 m²) kann man aus 11 Kategorien wählen, fast alle haben Holzböden, Vollholzmöbel, offene Bäder und bodentiefe Fenster, alle Balkon mit Rauchverbot, Badeslipper muss man selbst mitbringen.

Das gefällig gestaltete Spa ist exklusiv für Hotelgäste, es ist indoor recht klein. Unter anderem fanden wir vier Saunen, ein schmales, recht frisches Außenbecken von knapp 17 m Länge sowie eine Liegewiese und einen eiskalten, aber gut schwimmbaren Schwimmteich.

Fabelhafte Restaurantterrasse, reichhaltiges Frühstücksbuffet, zumeist gute Küche mit regionaler Ausrichtung, Rindfleisch kommt aus der eigenen Landwirtschaft, eine Nachmittagsjause ist inkludiert. Viele freundliche Mitarbeiter. Frühstück und Check-out bis 10.30 Uhr. Ringsum herrliche Wanderwege ohne Zahl, E-Bikes gibt's gegen eine kleine Gebühr. 20 Liegen, 90 Betten.

Naturbadeteich, Freibecken, Sauna, Dampfbad, Massagen, Fitnessgeräte.

6677 Schattwald, Rehbach 1, +43 5675 6694
HP-plus ab € 189,-

WELLNESS

14 PUNKTE – 1 LILIE

Grandhotel Lienz *****

Zentrumsnahe Ruhelage in Lienz – Osttirol

Hundefreundlich. Schmuckstück: Ein eigentümergeführtes Haus mit stilsicher arrangiertem Neo-Grandhotelflair, es liegt ruhig unweit des Bahnhofs der Stadt, direkt am Ufer der Drau. Inwendig zeigt es sich erfrischend old school, nämlich mit weitläufiger Lobby, englischen Ohrensesseln, Goldrahmen, breiten Gängen und mondäner Bar mit ebensolcher Terrasse.

Stilecht und klassisch-konservativ muten auch die Zimmer (sieben Varianten, DZ von 38 bis 78 m²) an, sie sind durchwegs großzügig geschnitten, haben Teppichböden in kräftigen Farben, Kaffeemaschine und zumeist große Bäder sowie Balkon.

Für das Spa haben wir uns ein bisschen fremdgeschämt, schmückt sich das Haus doch seit langen Jahren mit der Auszeichnung „Europas bestes Wellnesshotel". Das macht offen gestanden keinen schlanken Fuß – wem fällt so etwas ein? Denn es ist sehr klein und steht zudem auch Tagesgästen offen. Unter anderem fanden wir vier Saunen sowie Innen- und Außenpool, beide mit knapp 12 m Länge. Also von der Nummer eins in Europa ist all das ziemlich genau noch so einige Lichtjahre entfernt.

Feine Tischkultur, gute Küche, ebensolche Weinkarte mit kompetenter Beratung. Edle Bar mit großer, dreistufiger Terrasse am Fluss mit Ausblick auf die Lienzer Dolomiten. Präsenter und zuvorkommender Gastgeber, viele freundliche Mitarbeiter, in puncto Service ist man zurzeit aber noch unterwegs auf den Gipfel. Halbpension (wahlweise vier Gänge für 45 Euro oder fünf Gänge für 49 Euro pro Tag) ist zubuchbar. Garage gegen 15 Euro pro Tag. Ungeeignet für Kinder. 46 Liegen, 160 Betten.

Freibecken, Hallenbad, Sauna, Dampfbad, Massagen, Kosmetik, Fitnessgeräte, Personal Trainer.
36-Loch-Parcours in 6 km, 30 % Greenfee-Rabatt.

9900 Lienz, Fanny-Wibmer-Pedit-Straße 2, +43 4852 64070
NF ab € 120,-

WELLNESS

13 PUNKTE – 1 LILIE

Parkhotel Tristachersee ****S

Grünruhelage am See bei Lienz – Osttirol

Einfach, idyllisch: Fünf Kilometer südlich von Lienz, abgeschieden und am Ufer eines glasklaren Alpensees liegt dieses Haus, das abseits des Wellness-Mainstreams verharrt. Es nennt sich „Das kleine Paradies", und das wollen wir gerne so stehenlassen. Denn ruhevolle Naturlage, Einfachheit und herzliche Gastfreundschaft zählen zu seinen Vorzügen, eine gute Küche obendrein.

Das Innere zeigt sich unprätentiös und bodenständig, aber liebevoll arrangiert. Zimmer gibt es in acht Kategorien (DZ von 25 bis 48 m²), allesamt südseitig und so schlicht wie gemütlich, viele mit Balkon (mit Rauchverbot), Holzböden und schönem Ausblick.

Das ganz kleine Spa ist exklusiv für Hausgäste. Unter anderem fanden wir drei Saunen, einen 11 m langen Innenpool, der, wie das gesamte Hotel, von der hauseigenen Quelle gespeist wird, und einen schönen Garten mit Bächlein. Die Massagen sind sehr gut.

Fabelhafte Seeterrasse, sehr gute Küche (mit erstklassigem Fisch aus eigenem Wasser), eine Nachmittagsjause im Wellnessbereich mit Kuchen, Tee und Kaffee ist inkludiert. Präsente und hilfsbereite Gastgeber, zuvorkommende Mitarbeiter. Wanderwege ohne Zahl, schöne Laufstrecke um den See, Ruderboote, Schlittschuhe, Rodeln und Schneeschuhe gibt's zur Gratisleihe. Kinder bis fünf Jahre nächtigen kostenfrei, dennoch für Kids eher ungeeignet. Hunde erlaubt. 25 Liegen, 110 Betten.

Seebadestrand, Hallenbad, Sauna, Dampfbad, Massagen, Kosmetik, Ayurveda.
36-Loch-Parcours in 7 km, 30 % Greenfee-Rabatt.

9908 Amlach bei Lienz, Tristachersee 1, +43 4852 67666
HP ab € 130,-

WELLNESS

14 PUNKTE – 1 LILIE

Gradonna Mountain Resort ****S

Grünruhelage in Kals am Großglockner – Osttirol

Kinderfreundlich. Traumhafte Naturlage: Ein Beherbergungsgigant mit blitzschwarzem Wohnturm, er wurde vor 14 Jahren eröffnet und liegt auf 1.350 m Seehöhe am Rand eines beschaulichen Tausend-Seelen-Dörfleins, im Winter ist man hier direkt an der Skipiste (knapp 110 km Abfahrten). Das Resort besteht aus einem großen Hotel und 41 Chalets. Die öffentlichen Räume verströmen kontemporär interpretierten Alpenstil in etwas steriler Ausprägung – Glas, Stahl und Sichtbeton regieren.

Die Zimmer (drei Kategorien, DZ von 30 bis 55 m²) haben feine Holzböden, Zirbenholz, Loden und Filz machen sie recht wohnlich, zumindest ein kleines Makeover könnte aber nicht schaden. Die Chalets bieten bis zu acht Personen Platz (von 80 bis 250 m²), sie haben offenen Kamin und teilweise auch Sauna. Nur die Gäste der Chalet-Kategorie Deluxe und des Haupthauses haben freien Zugang zum Hotelspa, bei den preisgünstigeren Chalets kann man das Spa zubuchen.

Der Wellnessbereich steht auch externen Gästen offen, er ist gut überschaubar. Unter anderem fanden wir sieben Saunen, zwei Innenpools und einen 10 m langen, auch im Winter nutzbaren Außenpool. Die Pools sind nicht selten fest in Kinderhand, und das ist mit einem gewissen Geräuschpegel verbunden. Aktivprogramm, auch Yoga und Barfußwanderungen.

Fabelhafte Restaurantterrasse, die Tischkultur ist fairly casual, eine kleine Nachmittagsjause inkludiert. Viele durchwegs freundliche Mitarbeiter. Wanderwege ohne Zahl beginnen hinter dem Haus, breites Service für Biker im Sommer, für Langläufer im Winter. Täglich (außer Sa) 12 Stunden Betreuung für Kinder ab drei Jahren. Kostenfreies Shuttleservice zum Bahnhof Lienz. Gratisgarage für alle. Hunde erlaubt. 122 Liegen, 471 Betten.

Naturbadeteich, Freibecken, Hallenbad, Kinderhallenbad, Sauna, Dampfbad, Massagen, Kosmetik, Fitnessgeräte, Personal Trainer.

9981 Kals am Großglockner, Gradonna 1, +43 4876 82000
HP-plus ab € 162,-

WELLNESS

13 PUNKTE – 1 LILIE

Taurerwirt Wanderhotel ****

Naturlage in Kals am Großglockner – Osttirol

Familienfreundlich. Ein herzliches Umfeld bietet dieser kleine Familienbetrieb, er liegt wunderschön auf 1.500 m Seehöhe im Talschluss, und schon seit Jahrzehnten steht der Wanderurlaub, das Bergwandern in den Hohen Tauern hier im Fokus.

Sehr saubere Zimmer (DZ von 22 bis 61 m²) kann man aus 12 Kategorien wählen, viele haben Teppichböden, alle Balkon.

Das exklusiv den Hausgästen vorbehaltene Spa ist indoor klein, aber recht schön gestaltet. Unter anderem fanden wir fünf Saunen, einen 7 m langen Innenpool, Liegewiese und sehr gute Massagen. Aktivprogramm, vornehmlich geführte Wanderungen (im Winter auch mit Schneeschuhen).

Fabelhafte Restaurantterrasse (auch für Tagesgäste), herzhaftes Frühstücksbuffet, gute bis sehr gute Küche, Light Lunch (nur im Winter) und eine süße Nachmittagsjause mit frisch gebackenen Kuchen und gesunden Tees sind inkludiert. Bar mit beachtlicher Gin-Auswahl. Authentische und präsente Gastgeberfamilie, freundliche und zuvorkommende Mitarbeiter, ungekünsteltes und entspanntes Umfeld, angenehme Gäste. Wanderwege ohne Zahl, gute Jogging-Strecken und im Winter Loipen ab der Hoteltüre. Sehr sauberes Preis-Leistungs-Verhältnis. Hunde (sehr eingeschränkt) erlaubt. 36 Liegen, 80 Betten.

Hallenbad, Außensauna, Sauna, Dampfbad, Massagen, Kosmetik, Fitnessgeräte.
Tennisplatz, 27-Loch-Parcours in 39 km.

9981 Kals am Großglockner, Burg 12
+43 4876 8226
HP ab € 107,-

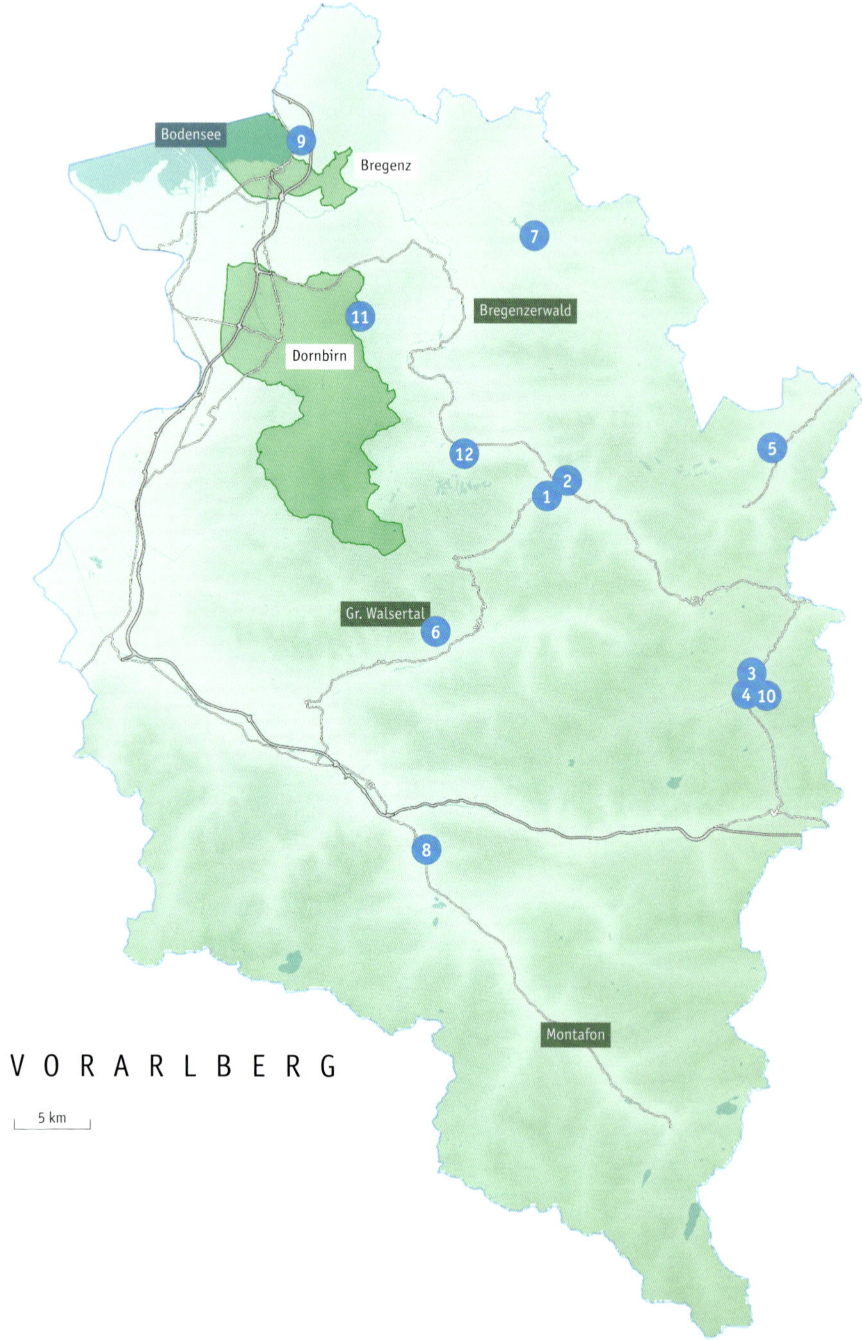
Bodensee
9
Bregenz
7
11
Bregenzerwald
Dornbirn
5
12
2
1
Gr. Walsertal
6
3
4
10
8
Montafon
VORARLBERG
5 km

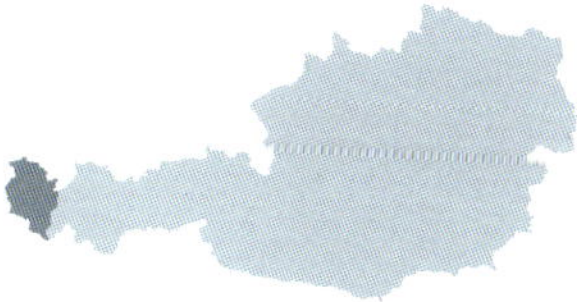

ALLE LILIEN-HOTELS IN **VORARLBERG**

WELLNESS

14 PUNKTE – 1 LILIE

Das Schäfer ****S

Grünruhelage in Fontanella – Großes Walsertal

Adults only (ab 16). Ruhevoll: Ein kleiner Familienbetrieb, er liegt auf 1.150 m Seehöhe inmitten eines reizvollen Dörfchens und besteht aus mehreren mit Holzschindeln verkleideten Gebäuden, die unterirdisch miteinander verbunden sind. Das Ambiente zelebriert ausgeprägte Schlichtheit, alles ist hell und freundlich, Schafwolle, Eichenholz und Weißtanne herrschen vor.

Die Zimmer (fünf Kategorien, DZ von 30 bis 120 m²) haben helle Vollholzinterieurs, feine Holzböden und Balkon (mit striktem Rauchverbot). Ein schöner Ausblick ist nicht überall gegeben, den Weckdienst übernehmen die Kirchenglocken – pünktlich um 7 Uhr.

Das Spa steht auch externen Gästen offen, es erstreckt sich über zwei Ebenen, unter anderem fanden wir drei Saunen, einen 9 m langen Innenpool und einen kleinen Außenpool.

Zumeist sehr gute Küche mit vorwiegend regionaler und saisonaler Ausrichtung, stets mit vegetarischen Alternativen, aber nichts für Veganer, was jedoch schon vorab kommuniziert wird, eine Nachmittagsjause ist inkludiert. Viele freundliche Mitarbeiter, präsente Gastgeber. Gratisgarage für alle. Hunde (sehr eingeschränkt) erlaubt. 51 Liegen, 102 Betten.

Freibecken, Hallenbad, Sauna, Dampfbad, Massagen, Kosmetik, Fitnessgeräte.

6733 Fontanella, Kirchberg 77, +43 5554 5228
HP-plus ab € 190,-

WELLNESS

14 PUNKTE – 1 LILIE

Aurelio Hotel & Chalet *****S

Grünruhelage mit Fernblick in Lech – Arlberg

Superluxus: ein Kleinhotel mit nur 10 Zimmern und einem Chalet für 20 Personen, es war bei seiner Eröffnung vor 17 Jahren Österreichs erstes Hotel mit fünfeinhalb Sternen. Das feine Haus liegt auf 1.500 m Seehöhe erhaben über dem Ort, und zwar direkt am unteren Ende der Schlegelkopfabfahrt. Die großzügig geschnittenen Zimmer (55 oder 110 m²) sind wunderschön.

Das Spa präsentiert sich in ebenso puristisch-gefälliger Machart und verfügt neben mehreren Saunen über einen 23 m langen Innenpool in sehenswerter Architektur – allerdings ohne einen Außenbereich und mit Zutritt auch für externe Tagesgäste, was der hochpreisigen Exklusivität ein wenig an Glanz nimmt. Yoga und Meditation gegen Gebühr.

Fabelhafte Restaurantterrasse, ausgezeichnete Küche, stimmungsvolle Bar. Weinkarte mit unfasslichen Preziosen, eine süße Nachmittagsjause ist inkludiert. Außerordentlich freundliche und zuvorkommende Mitarbeiter. Bentley-Shuttle, Valet Parking, Gratisgarage für alle. Internationale Gästeschar, kaum deutschsprachiges Publikum. Check-out um 12 Uhr. 13 Liegen, 44 Betten.

Hallenbad, Sauna, Dampfbad, Massagen, Kosmetik, Fitnessgeräte, Personal Trainer.

6764 Lech, Tannberg 130, +43 5583 2214
HP-plus ab € 535,-

WELLNESS

13 PUNKTE – 1 LILIE

Burg Vital Resort *****S

Grünruhelage mit Fernblick in Oberlech – Arlberg

Kinderfreundlich. Ein sehr feines Luxusresort auf einem Sonnenhang in 1.700 m Seehöhe, hoch über Lech – und im Winter praktisch direkt an der Skipiste. Das Resort besteht aus mehreren kleineren Häusern, drinnen regiert höchst niveauvolle Alpenländlichkeit.

Wunderschöne Zimmer sind aus 20 Kategorien (DZ von 38 bis 280 m²) wählbar, alle haben feine Holzböden, viele überlange Betten, einige auch Sauna und Weinkühlschrank.

Das Spa ist exklusiv für Hausgäste und einnehmend gestaltet, aber indoor recht überschaubar. Unter anderem fanden wir vier Saunen (ab 12 Jahren) und einen kleinen Innenpool. Auch der nur im Sommer nutzbare Außenpool ist von bescheidener Größe, wunderbar hingegen sind die Liegemöglichkeiten im Freien. Sehr gute Massagen, kleines Aktivprogramm.

Fabelhafte Sonnenterrasse, sehr gute Küche, feine Tischkultur. Freundliche und zuvorkommende Mitarbeiter, präsente Gastgeberin. Stimmungsvolle Bar und Zigarrenlounge. Täglich (außer Sa) 5,5 Stunden Betreuung für Kinder ab drei Jahren (mit saisonalen Einschränkungen). Check-in ab 16 Uhr. Hunde erlaubt. 33 Liegen, 140 Betten.

Freibecken (Sommer), Hallenbad, Sauna, Dampfbad, Massagen, Kosmetik, Ayurveda, Fitnessstudio, Personal Trainer.

6764 Lech, Oberlech 568, +43 5583 3140
HP ab € 305,50

Post Lech

WELLNESS

17 PUNKTE – 3 LILIEN

Post Lech *****

Zentrale Ortslage an der B198 in Lech – Arlberg

Hunde- und familienfreundlich. Nicht nur für Royals: Das älteste Fünfsternhotel in Lech ist ein niveauvolles, familiengeführtes Luxushaus von sehr angenehmer Größe, es liegt nur ein paar gute Schritte entfernt von den Talstationen der Liftanlagen, die in ein herrliches Skigebiet führen. Hinter schmucken Traditionsfassaden zeigt sich ein geradezu unvergleichliches Ambiente: edle historische Substanz verwoben mit hochwertiger alpiner Modernität. Gleichzeitig so mondän und elitär wie erfrischend bodenständig.

Zimmer gibt es in neun blitzsauberen Kategorien (DZ von 26 bis 114 m^2), sie zeigen sich in charaktervoller, teils nobler Ländlichkeit, einige der Betten sind aus altem Vollholz mit Ornamenten, andere aufwendig bemalt. Der Bademantel ist aus reiner Baumwolle, die Bademantelschnur bereits eingefädelt.

Das Spa steht auch externen Gästen offen, es befindet sich in einem eigenen Gebäude inmitten eines bezaubernden Gartens mit Liegewiese und Teehaus. Es ist atmosphärisch gestaltet, unter anderem fanden wir ein 15 m langes, auch im Winter nutzbares Freibecken, einen Kinderpool mit Wasserrutsche sowie kompetent durchgeführte Massagen. Zwei Saunen gibt es, und beide sind, so wie es sich für unsere Kultur gehört, Nacktbereich (und nicht Textilzone!), das ist für ein Haus mit durchwegs internationaler Gästeschar alles andere als selbstverständlich und daher umso einnehmender.

Fabelhafte Restaurantterrasse mit Nachmittagssonne, hier speisen auch viele Tagesgäste – leider –, heimelige Stuben, einnehmend schönes Restaurant mit Ausblick auf die Schlegelkopfpiste, zumeist sehr gute bis ausgezeichnete Küche, großartige Weinkarte. Feiner Afternoon Tea, sehr angenehmes Publikum, stimmungsvolle Bar. Valet Parking. 32 Liegen, 100 Betten.

Freibecken, Kinderhallenbad mit Rutsche, Babybecken, Sauna, Dampfbad, Massagen, Kosmetik, Fitnessgeräte, Personal Trainer.
18-Loch-Parcours in 35 km, 25 % Greenfee-Rabatt.

6764 Lech, Dorf 11
+43 5583 2206 0

HP ab € 280,-

WELLNESS

17 PUNKTE – 3 LILIEN

Fernblick Montafon ****

Grünruhelage mit Fernblick bei Schruns – Montafon

Wandern, biken, entspannen: Ein solider Familienbetrieb in berauschend schöner Lage über dem Tal, er wird bereits in der dritten Generation geführt. In den vergangenen Jahren wurde sukzessive modernisiert und erweitert, zuletzt im Vorjahr, allerdings erst nach unserem Redaktionsschluss.

Zimmer gibt es in 13 Kategorien (DZ von 24 bis 59 m²), sie sind wunderschön, alle haben Balkon, viele Holzböden, auch solche mit Sauna sind zu haben.

Das Spa ist exklusiv für Hausgäste, es erstreckt sich über vier Ebenen. Unter anderem fanden wir einen ganz wunderbaren Adults-only-Bereich mit sechs Saunen und FKK-Zone sowie einen herrlichen, 20 m langen Infinitypool, der gefühlt fast in der Luft schwebt. Eine weitere Besonderheit ist der 40 m lange, angenehm warme Infinity-Relaxpool, in dem man ab 16 Uhr textilfrei wunderbar entspannen kann. Täglich Aktivprogramm, auch Wirbelsäulengymnastik, geführte Wanderungen und Schneeschuhtouren.

Fabelhafte Terrasse, reichhaltiges Frühstücksbuffet, zumeist recht gute Küche, Light Lunch und Nachmittagsjause mit Softdrinks und Heißgetränken sind inkludiert. Präsente und hilfsbereite Gastgeber, sehr freundliche Mitarbeiter. Ungeeignet für Kinder. 145 Liegen, 170 Betten.

Freibecken, Hallenbad, Außensauna, Sauna, Dampfbad, Massagen, Kosmetik, Fitnessgeräte.

6781 Schruns-Bartholomäberg, Panoramastraße 32
+43 5556 73115 0
HP-plus ab € 263,–

GESUNDHEIT

16 PUNKTE – 2 LILIEN

Rickatschwende F. X. Mayr Health Retreat

Grünlage mit Fernblick oberhalb von Dornbirn

Adults only (ab 18). Gesundheitshotel mit jahrzehntelanger Reputation, es fokussiert auf Fastenkuren nach F. X. Mayr, diese Art der ganzheitlichen Regeneration wird heute auch gerne mit den trendigen Labels „Longevity“ oder „Better Aging“ versehen und hier jedenfalls in mehreren Varianten ab sechs Tagen bis hin zu dreiwöchigen Aufenthalten angeboten. Das Hotel liegt direkt an einer Landstraße auf 850 m Seehöhe, rund vier Kilometer oberhalb von Dornbirn, was ein herrliches Rheintalpanorama aus vielen Räumen garantiert – wunderschöne Sonnenuntergänge inklusive.

Das Ambiente ist uneinheitlich, zeigt sich aber niveauvoll gestaltet, designmäßig Effekthaschendes wird man nicht finden. Zimmer gibt es in fünf Kategorien, sie präsentieren sich mit modernen, angenehm schlichten Interieurs, alle haben Balkon und gute Betten, viele Holzböden.

Das Spa ist exklusiv für Hausgäste, es bietet unter anderem drei Saunen, einen feinen Panoramaruheraum und hervorragende Treatments. Umfangreiches Aktivprogramm, auch Yoga, Qi Gong und Pilates sowie geführte Wanderungen. Ausgezeichnete medizinische Betreuung, das zeigt sich unter anderem auch an der Anzahl der inkludierten essenziellen Therapien (manuelle Bauchbehandlungen). Sie liegt in diesem Haus deutlich über jener der Konkurrenten, sogar wenn diese deutlich hochpreisiger sind. Außerdem gibt es medizinische Check-ups, Burnout-Prävention sowie zahlreiche alternativmedizinische Heilverfahren wie etwa Aderlass, Akupunktur, Homöopathie, Osteopathie und Neuraltherapie.

Frühstück ab 7 Uhr, die Küche ist naturnah und gut, für Tee-Enthusiasten gibt es eine ansprechende „Teelobby“ mit knapp 100 Sorten. Viele Stammgäste, zahlreich kommen sie aus der Schweiz. Check-out um 12 Uhr. Gratisgarage für alle. Ungeeignet für Kinder. 21 Liegen, 98 Betten.

Hallenbad, Sauna, Dampfbad, Massagen, Kosmetik, Fitnessstudio, Personal Trainer.
18-Loch-Parcours in 30 km.

6850 Dornbirn, Rickatschwende 1, +43 5572 25350
Pauschalen, etwa „14 Tage Mayrkur Success“ inkl. Diät-VP, Arzt und Therapien ab € 4.637,–

WELLNESS

14 PUNKTE – 1 LILIE

Sonne Mellau ****S

Zentrale Ortslage an der B200 in Mellau – Bregenzerwald

Adults only (ab 18). Ein Hotel von charmanter Größe, es liegt auf 710 m Seehöhe. Im Vorjahr wurde (nach unserem Redaktionsschluss) porentief modernisiert, seither nennt man sich „Feel good Hotel“ im Untertitel, und das passt ganz gut. Ebenso zum Angebot, das auch auf Alleinreisende und Yoga-Retreats fokussiert.

Am Holand

Alles ist so modern wie stilvoll arrangiert, und durch die deutliche Reduzierung der Bettenanzahl gibt es nun spürbar mehr Platz als vorher. Die Zimmer (sechs Kategorien, DZ von 35 bis 80 m²) zeigen sich in einnehmender Schlichtheit, alle haben feine Holzböden und Balkon.

Das Spa steht auch externen Gästen offen, unter anderem fanden wir sechs Saunen (eine davon textil) und einen 8 m langen Außenpool.

Reichhaltiges Frühstücksbuffet, die Küche ist sehr gut, ein Light Lunch mit Heißgetränken inkludiert. Präsente, rührige Gastgeberin, freundliche Mitarbeiter. 42 Liegen, 74 Betten.

Freibecken, Hallenbad, Außensauna, Sauna, Dampfbad, Massagen, Kosmetik, Fitnessgeräte.

6881 Mellau, Übermellen 65, +43 5518 20100
HP-plus ab € 268,-

WELLNESS

17 PUNKTE – 3 LILIEN

Am Holand ***

Grünruhelage mit Fernblick – Bregenzerwald

Adults only (ab 16). So etwas Nettes: ein ganz kleines Dreisternhaus, eigentlich mehr Seelenöffner als normales Wellnesshotel. Eine Oase des Echten und Einfachen, ganz nebenbei auch noch ein brillantes Lehrstück, dass wirkliche Nachhaltigkeit nur von innen kommt. Jedenfalls ist man hier Lichtjahre entfernt von aufgeregtem Lifestyle-Getue.

Ruhevoll auf einem Südhang hoch über dem Ort, ringsum weiden Ziegen und Kühe. Drinnen duftet es nach Zirbe und frisch gebackenen Mehlspeisen, alles glänzt vor Sauberkeit. Es gibt nur 14 Zimmer (DZ von 22 bis 40 m²), sie sind wunderschön, viele haben bodentiefe Fenster mit traumhaftem Ausblick auf die Zweitausender der Umgebung.

Das Spa ist wie das Restaurant exklusiv für Hausgäste, es bietet zwei Saunen und eine Infrarotkabine, einen schönen Ruheraum und außerordentlich gute Massagen, herrlich ist der 12 m lange, auch im Winter nutzbare Infinity-Außenpool.

Fabelhafte Restaurantterrasse mit Morgen- und Abendsonne, relativ kleines, aber qualitativ großartiges Frühstück mit regionalen Spezialitäten. Ausgezeichnete Küche mit regionaler und saisonaler Orientierung. Der Gastgeber kocht selbst, er versteht sich auch bestens auf Vegetarisches. Herzliches, erfrischendes Umfeld, wunderbar zum energetischen Auftanken und

Das Schiff Romantik-Hotel

Lebensfreude-Wiederfinden, jedoch absolut ungeeignet für Gefühlslegasthenikerinnen und Schnösel. Ringsum herrliche Rad- und Wanderwege ohne Zahl. Vielstimmiger Vogelgesang, bester Schlaf. 18 Liegen, 27 Betten.

Freibecken, Sauna, Massagen.

6883 Au, Holand 24, +43 5515 2932
HP ab € 189,–

WELLNESS

13 PUNKTE – 1 LILIE

Adler Au ****

Grünlage an der B193 in Au – Bregenzerwald

Familienfreundlich. Ein schmuckes Haus mit jahrhundertelanger Tradition, es liegt in einer Straßenkehre der Bundesstraße, umso mehr strengt man sich an, das mit einem stilvoll-heimeligen Ambiente und einem überaus freundlichen Umfeld vergessen zu lassen.

Die Zimmer (sieben Varianten, DZ von 25 bis 43 m^2) sind stark unterschiedlich gestaltet, viele haben Holzböden und bodentiefe Fenster.

Das kleine Spa steht auch externen Gästen offen, unter anderem fanden wir vier Saunen und einen 18 m langen, ganzjährig (im Winter zeitlich eingeschränkt) nutzbaren Außenpool, der nachmittags fest in Kinderhand ist.

Reichhaltiges Frühstücksbuffet, zumeist sehr gute regionale Küche, eine süße Nachmittagsjause ist inkludiert. Hunde erlaubt. 48 Liegen, 80 Betten.

Freibecken, Babybecken, Sauna, Dampfbad, Massagen, Kosmetik.

6883 Au, Lisse 90, +43 5515 2264
HP ab € 178,–

WELLNESS/GESUNDHEIT

13 PUNKTE – 1 LILIE

Fritsch am Berg Mental-Spa Resort ****

Grünruhelage mit Fernblick – Nähe Bregenz

Adults only (ab 16). Wellness plus mentale Gesundheit: Ein schöner Familienbetrieb in angenehmer Größe, er liegt ruhevoll auf 750 m Seehöhe am Waldrand, der Ausblick über den Bodensee und die Bergwelt dahinter ist herrlich. Neben Urlaub fokussiert man hier auch auf Longevity. Psychisches Wohlbefinden, Burnout-Prävention, guter Schlaf und vieles andere sind Bereiche der angebotenen Coachings.

Das Hotel besteht aus Haupthaus und einem neuen Logiergebäude direkt gegenüber auf der anderen Straßenseite. Die öffentlichen Räume zeigen sich hell und zeitgeistig schlicht, dank bodentiefer Glasfronten kann man auch im Restaurant den Ausblick auf den See und die Bergwelt dahinter genießen. Zimmer gibt es in sieben Kategorien (DZ von 24 bis 40 m²), sie haben feine Holzböden, offene Bäder sowie Nespresso-Maschine und eine inkludierte Minibar mit alkoholfreien Getränken und Süßigkeiten, allein die Toiletten sind eine Fehlplanung. Im Neubau befinden sich acht Suiten mit bodentiefen Fenstern und Klimaanlage, ein Tiefgaragenplatz ist hier inkludiert.

Das Spa steht auch externen Gästen offen, es ist von überschaubarer Größe und sehr schlicht gestaltet. Unter anderem fanden wir fünf Saunen sowie einen knapp 13 m langen Innenpool mit Granderwasser. Gute Massagen, auch Biofeedback, Yoga, Achtsamkeits- und Atem- sowie Augentraining gehören zum Angebot.

Fabelhafte Terrasse, Restaurant mit tollem Ausblick, Frühstücksbuffet ab 7.30 Uhr, sehr, sehr gute Küche (auch vegan), Juniorchef Franz kocht selbst, Light Lunch und Nachmittagsjause sind inkludiert. Bar mit toller Karte für Liebhaber von Rum, Gin und Single Malts. Präsente und zuvorkommende Gastgeber, freundliche Mitarbeiter. 22 Liegen, 80 Betten.

Hallenbad, Sauna, Dampfbad, Massagen, Kosmetik, Fitnessgeräte, Personal Trainer.

6911 Lochau, Buchenberg 10, +43 5574 43029
HP-plus ab € 324,-

WELLNESS

15 PUNKTE – 2 LILIEN

Das Schiff Romantik-Hotel ****

Grünlage am Ortsrand in Hittisau – Bregenzerwald

So richtig zum Wohlfühlen: zwar weitgehend aus Holz gebaut, aber kein Seefahrzeug, sondern ein familiengeführtes Kleinhotel, allerdings mit einem verantwortungsvollen „Kapitän" und einer tollen Mannschaft an Bord. Es besteht aus einem alten, holzschindelgedeckten Stammhaus mit neuen Zubauten. Inwendig bezaubern gute Gerüche, feine Materialien und viel fürs Auge Schönes. Eine Besonderheit ist der Käsekeller mit regionalen Spitzenkäsen in unterschiedlichen Reifegraden.

Zimmer kann man aus acht Kategorien (DZ von 26 bis 55 m²) wählen, sie zeigen sich modern und gemütlich, alle sind südseitig zum ruhigen Garten hin ausgerichtet, nicht wenige haben bodentiefe Fenster und freistehende Badewanne.

Das Spa ist exklusiv für Hotelgäste, es bietet sowohl einen Bereich für Erwachsene („Natur Spa") als auch einen für Familien. Unter anderem fanden wir sechs Saunen (vier davon textil), einen knapp 9 m langen, auch im Winter nutzbaren Außenpool, feine Ruhezonen, eine große Liegewiese und ausgezeichnete Massagen.

Wunderbares Frühstücksbuffet bis 11 Uhr, es wird in einem atmosphärisch gestalteten Feinkostladen gereicht, ringsum stehen Köstlichkeiten aus der Region – das macht Appetit. Ausgezeichnete Küche bei feiner Tischkultur, eine Nachmittagsjause („Teestunde") in feiner Qualität ist inkludiert. Herzliche, präsente Gastgeber, freundliches und harmonisch interagierendes Team mit zahlreichen langjährigen Mitarbeitern. Viele Stammgäste. Ringsum herrliche Wanderwege ohne Zahl, im Winter beginnen die Loipen vor der Haustüre. Ungeeignet für Kinder, Hunde erlaubt. 27 Liegen, 60 Betten.

Freibecken, Sauna, Dampfbad, Massagen, Kosmetik, Fitnessgeräte.
18-Loch-Parcours in 10 km, 30 % Greenfee-Rabatt.

6952 Hittisau, Heideggen 311, +43 5513 6220 0
HP ab € 175,-

WELLNESS

15 PUNKTE – 2 LILIEN

Chesa Valisa Naturhotel ****S

Grünruhelage am Ortsrand in Hirschegg – Kleinwalsertal

Familienfreundlich. Ein charaktervolles Haus mit großem Öko-Engagement. Es liegt ruhig auf einer Anhöhe über dem Ortszentrum, im Winter ist man zudem fast direkt an der Skipiste.

Die Zimmer (19 Kategorien, DZ von 12 bis 70 m²) haben Vollholzinterieurs, Lehmwände, metallfreie Betten und Wäsche aus Biobaumwolle.

Das Spa steht auch externen Gästen offen, unter anderem fanden wir vier Saunen und einen 12 m langen Außenpool. Sehr gute Massagen, Aktivprogramm, auch Yoga (zweimal täglich), Meditation und geführte Wanderungen.

Reichhaltiges Frühstücksbuffet ab 7 Uhr, sehr gute, biologisch und regional ausgerichtete Küche, ein Light Lunch ist inbegriffen. Freundliche und zuvorkommende Mitarbeiter, präsente Gastgeber. Hunde erlaubt. 42 Liegen, 125 Betten.

Freibecken, Sauna, Dampfbad, Massagen, Kosmetik, Ayurveda, Fitnessgeräte.

6992 Hirschegg, Gerbeweg 18, +43 5517 54140
HP-plus ab € 176,-

BURGEN-LAND

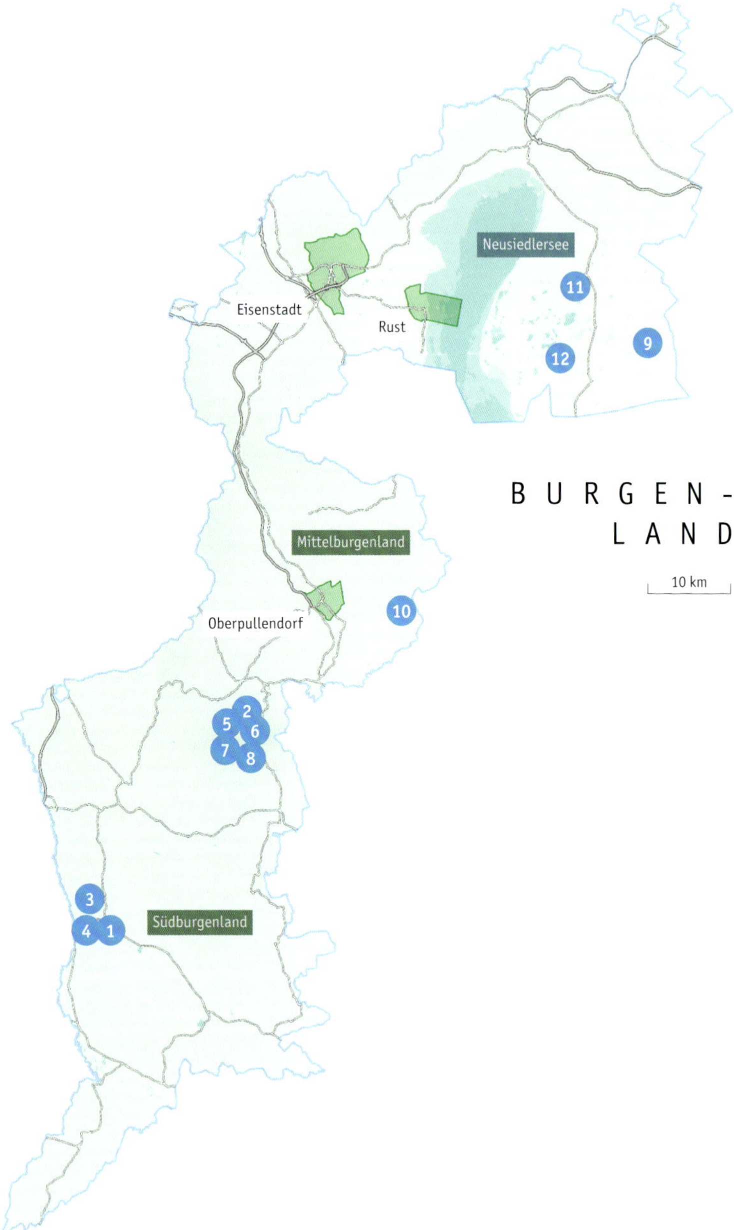
Neusiedlersee
Eisenstadt
Rust
Mittelburgenland
Oberpullendorf
Südburgenland
10 km
1
2
3
4
5
6
7
8
9
10
11
12

ALLE LILIEN-HOTELS IM **BURGENLAND**

Vila Vita Pannonia

WELLNESS

14 PUNKTE – 1 LILIE

St. Martins Therme & Lodge ****S

Grünruhelage im Seewinkel – 75 km von Wien

Kinderfreundlich. Ein weitläufiges, solitär am Rande des Nationalparks Neusiedlersee – Seewinkel gelegenes Thermenhotel der Vamed. Es ist von Wien aus in weniger als einer Autostunde zu erreichen und von einem acht Hektar großen künstlichen Badesee umgeben.

Die Zimmer (neun Kategorien, DZ von 24 bis 79 m^2) sind angenehm arrangiert, alle haben Holzboden und Balkon, unsere Matratzen waren aber extrem durchgelegen. An heißen Sommertagen gibt es auch Moskitonetze über den Betten – noch nützlicher wären sie freilich vor den Fenstern und Balkontüren. Auch luxuriöse Suiten mit eigenem Seezugang und großem Balkon sind zu haben.

Der öffentliche Thermenbereich ist groß und mitunter recht gut besucht. Ruhevoller und exklusiver ist's in den beiden Wellnessbereichen des Hotels. 10 Pools und sieben Saunen – darunter eine direkt am Badesteg – stehen insgesamt zur Verfügung, großzügige Öffnungszeiten ermöglichen auch nach dem Abendessen noch entspannende Saunagänge bis 22 Uhr.

Das Aktivprogramm reicht von Yoga und verschiedenen Trainingseinheiten bis zum Bogenschießen und der altindischen Kampfkunst Silambam. Empfehlenswert sind auch die verschiedenen Safaris und Birdwatching-Touren, die weite Ebene ist zudem gut für Wanderungen oder Ausflüge mit dem Fahrrad. Kinder können im Wasserspielpark der Therme (inklusive Riesenrutsche) ausgiebig plantschen oder auch in einer eigenen Forschungsstation zusammen mit Ökopädagogen so spielerisch wie wissenschaftlich die Natur entdecken. Für Hunde gibt es neuerdings eine Auslaufzone mit eigenem Zugang zum Badesee. Das Spa steht am Anreisetag kostenlos zur Verfügung, am Abreisetag sind nach dem Check-out 22 Euro dafür zu berappen, es sei denn, man bleibt mindestens drei Tage. Garage gegen sechs Euro pro Nacht. Zweimal täglich fährt ein Shuttledienst zwischen dem Hotel und dem Bahnhof Frauenkirchen. Hunde erlaubt. 240 Liegen, 470 Betten.

Naturbadeteich, Thermalfreibecken, Thermalhallenbad, Sauna, Dampfbad, Massagen, Kosmetik, Fitnessgeräte, Personal Trainer.

7132 Frauenkirchen, Im Seewinkel 1, +43 2172 20500
HP ab € 170,–

WELLNESS

15 PUNKTE – 2 LILIEN

Vila Vita Pannonia ****S

Grünruhelage im Seewinkel – 90 km von Wien

Hunde- und familienfreundlich. Eine gute Autostunde südöstlich von Wien entfernt, inmitten eines 200 Hektar großen Naturareals ganz nahe an der ungarischen Grenze liegt dieser sehr gut geführte Betrieb, der neben Wellness auch auf Hochzeiten, Events und Tagungen fokussiert.

Es handelt sich um ein gepflegtes Bungalowdorf mit knapp 130 Häuschen (34 bis 74 m²), einem Hotel im Hauptgebäude und 39 rings um einen Badesee angeordneten „Seeresidenzen" (112 und 116 m²), Letztere ganz fein mit Sauna und eigenem Badesteg. Die Bungalows sind in charmanter lokaler Bauweise gehalten, drinnen warten sie mit skandinavischer Schlichtheit auf.

Das Spa (ab 16 Jahren) ist indoor überschaubar und auch für Tagesgäste geöffnet. Es bietet unter anderem sechs Saunen, im Außenareal gibt es zudem einen Pool und einen kleinen FKK-Schwimmteich. Darüber hinaus lockt am Badesee ein Sandstrand. Das Sportangebot ist umfassend, neben Wassersport (Kajak, Stand-up-Paddling, Tretboote) stehen auch ein Reitstall, Gratis-Leihräder, ein Motorik-Kletterpark, Tischtennistische, Tennisplätze und ein Beachvolleyballplatz zur Verfügung.

Reichhaltiges Frühstücksbuffet, zumeist sehr gute Küche, auf der Seeterrasse des À-la-carte-Restaurants lässt es sich ganz vorzüglich speisen. Freundliche und aufmerksame Mitarbeiter. Auch das Aktivitätenprogramm für die Kleinen bietet viel Abwechslung, unter anderem gibt es Abenteuerspielplatz und Streichelzoo, zudem ganztägige Betreuung (April bis Oktober) ab vier Jahren sowie Yoga, Trommeln, Kickboxen, Tanz, Traktorfahrten und Kindersauna. 60 Liegen, 700 Betten.

Naturbadeteich, Freibecken, Hallenbad, Babybecken, Außensauna, Sauna, Dampfbad, Massagen, Kosmetik, Fitnessstudio. Tennishalle, Tennisplätze.

7152 Pamhagen, Storchengasse 1, +43 2175 2180 0
HP ab € 180,-

WELLNESS

13 PUNKTE – 1 LILIE

Scheiblhofer The Resort ****S

Grünruhelage im Seewinkel – 82 km von Wien

Familienfreundlich. Modernes „All-in-one"-Haus, nämlich für Tagungen, Familien und rauschende Events. Es ist freilich eine gewisse Kunst, unterschiedlichsten Zielgruppen in gleicher Weise gerecht zu werden. Das Anwesen ist ein grauer Hotelblock aus Glas, Stahl und Beton, umgeben von pannonischen Wiesen, Windrädern (leider beinahe schon burgenlandtypisch – mon dieu!) und einem kleinen Gewerbegebiet. Drinnen zeigt sich architektonische Großzügigkeit.

Die Zimmer (neun Kategorien, DZ von 27 bis 83 m²) sind modern und stylisch eingerichtet, gut schallisoliert und verfügen alle über viel Holz, bequeme Betten, Balkon oder Terrasse, der Polyesteranteil der Bademäntel ist stattlich.

Das Spa steht auch externen Gästen offen, ist aber indoor deutlich kleiner als beworben. Es gibt einen Familien- und einen eigenen Adults-only-Bereich, in Ersterem bilden Babypool, Kinderpool und Wasserrutsche eine Wasserspielwelt für die Kleinen. Eine Poolkombi von 16 m Länge führt von innen nach außen. Die Pools im wesentlich größeren Adults-only-Areal kombinieren Innen- und Außenbecken gleichermaßen. Whirlpools sowie Kaltbecken suchten wir allerdings vergeblich. Insgesamt fanden wir fünf Saunen (eine davon textil) mit großzügigen Öffnungszeiten sowie im Freien einen feinen FKK-Bereich mit Sauna und Nacktliegezone.

Fabelhafte Terrasse, reichhaltiges Frühstücksbuffet, bei Küche und Service hat man etwas an Terrain verloren. Valet Parking, Garage gratis. Hunde erlaubt. 141 Liegen, 270 Betten.

Freibecken, Hallenbad, Babybecken, Außensauna, Sauna, Dampfbad, Massagen, Kosmetik, Fitnessgeräte, Personal Trainer.

7163 Andau, Resortplatz 1, +43 2176 2610800
HP ab € 175,-

WELLNESS

14 PUNKTE – 1 LILIE

Sonnenpark Lutzmannsburg ****S

An der Therme Lutzmannsburg – 100 km von Wien

Kinder- und Babyhotel. Wer sich nach Ruhe und Abgeschiedenheit sehnt, ist falsch abgebogen – hier ist alles auf den Spaßfaktor für die Kleinen und Kleinsten ausgelegt. Bereits vor dem Hoteleingang herrscht emsiger Rikscha-Verkehr, dahinter geht es um Mainstream-Wellness für junge Familien.

In zweckmäßig eingerichteten Zimmern (sieben Kategorien, DZ von 33 bis 76 m²) findet man wirklich alles, was das behütende Eltern-

Reduce Hotel Vital

herz begehrt. Recht neu ist ein Minidörfchen mit 22 sogenannten „Chalets“, eine Art von Tiny Houses (34 m² plus 28 m² Terrasse für zwei bis fünf Personen) mit direktem Zugang zur Sonnentherme (Check-in ab 8.30 Uhr). Sie sind um einen Kinderspielplatz angeordnet, auch Grillplatz und Waschküche gibt es. Küchenzeilen stehen für Selbstversorger bereit.

Das Spa bietet allerlei Attraktionen für Jung und Jünger sowie Betreuung durch die beiden Maskottchen „Sunny Bunny“ und „Pinky Bunny“. Erwachsene kommen in den Genuss von sieben Saunen und mehreren Pools. In der über einen Bademantelgang angebundenen öffentlichen Therme wartet Action pur: superlange Wasserrutschen, Wildwasserkanal, Riesenwellenbecken etc. etc.

Essen gibt es von früh bis spät, alle Getränke (inklusive Wein und Co) sind bei den Mahlzeiten dabei. Insgesamt herrscht eine angenehme, sehr kinderfreundliche Atmosphäre, ein Lächeln mehr wäre mitunter aber wünschenswert, speziell an der Rezeption. Check-out bis 12 Uhr, die Therme kann an Anreise- und Abreisetag ganztägig genutzt werden. Für Babys (ab dem dritten Monat) gibt es täglich fünf Stunden Betreuung, für Kinder ab zwei Jahren 6,5 Stunden. 210 Liegen, 440 Betten.

Thermalfreibecken, Thermalhallenbad, Babybecken. In der öffentlichen Therme: Thermalfreibecken, Thermalhallenbad, Außensauna, Sauna, Dampfbad, Massagen, Kosmetik, Fitnessgeräte.

7361 Lutzmannsburg, Thermengelände 2
+43 2615 87171 1000

VP ab € 197,–

WELLNESS

13 PUNKTE – 1 LILIE

Avita Resort ****S

Grünruhelage in Bad Tatzmannsdorf – 120 km von Wien

Ein nicht mehr ganz taufrisches Thermen- und Tagungshotel, über einen kurzen Bademantelgang ist es mit der gleichnamigen öffentlichen Therme verbunden. Zimmer wählt man aus acht unterschiedlichen Varianten (DZ von 24 bis 67 m²), nicht alle begeistern.

Die öffentliche Therme kann am Anreisetag ganztägig ohne Aufpreis und am Abreisetag bis zum Check-out um 11 Uhr genutzt werden, sie bietet unter anderem sieben Pools, 20 Saunen, ein separates Ladys-Spa sowie die Erlaubnis zum Pudelnacktschwimmen unter freiem Himmel. Auch Eventsauna-„Happenings" gibt es, glitzernder Totenkopf sowie Licht- und Soundeffekte in Dorfdisco-Manier inklusive. Zum hoteleigenen Wellnessbereich „Avita exklusiv" (ab 13 Jahren) zählen ein 12 m langer Außenpool, ein kleines Innenbecken sowie zwei Ruheräume. Gute Massagen, großes Fitnessstudio, breites Aktivprogramm, auch Aquagymnastik, Faszientraining und Nordic Walking.

Schöne Restaurantterrasse, ein Light Lunch ist inkludiert, die „hervorragende pannonische Küche auf höchstem Niveau" (werblicher O-Ton) haben wir nicht gefunden. Die Umgebung eignet sich gut zum Wandern und Radfahren, Räder und E-Bikes gibt's zur Gratisleihe. Das Haus dient mit seiner UEFA-Zertifizierung übrigens auch als Trainingscamp für ganze Fußballmannschaften. Ungeeignet für Kinder, Hunde erlaubt. 104 Liegen, 236 Betten.

Thermalfreibecken, Thermalhallenbad, Sauna, Dampfbad. In der öffentlichen Therme: Naturbadeteich, Thermalfreibecken, Thermalhallenbad, Außensauna, Sauna, Dampfbad, Massagen, Kosmetik, Fitnessstudio, Personal Trainer.

7431 Bad Tatzmannsdorf, Thermenplatz 1, +43 3353 8990
HP-plus ab € 169,–

KUR/WELLNESS
14 PUNKTE – 1 LILIE

Reduce Hotel Thermal ****s

Grünruhelage am Ortsrand – 120 km südlich von Wien

Adults only (ab 16). Alter Kur-Goldstandard: Ein Klassiker zum Abschalten, Herunterkommen und Entspannen – dafür dürfte auch das etwas missverständliche „Reduce" stehen. Das zum Gesundheitsresort Bad Tatzmannsdorf gehörige Haus ist auf private Kuren gegen Gefäßleiden und Erkrankungen des Stütz- und Bewegungsapparates spezialisiert. Zum Einsatz kommen hier die drei natürlichen Heilvorkommen Kohlensäuremineralwasser, Heilmoor und Thermalwasser.

Inwendig wird man an eine Luxusversion der 1990er Jahre erinnert, wunderbar (ja fast unglaublich) der gute Erhaltungszustand und die räumliche Großzügigkeit. Die Zimmer (fünf Kategorien, DZ von 26 bis 75 m²) haben hochwertige Massivholzinterieurs, gutes Leselicht und vergleichsweise riesige Schränke sowie Ablageflächen – heute ist das bereits eine Rarität! –, mit Ausnahme einer Klimaanlage wurde damals an alles gedacht.

Die Nutzung des Thermal-Spas mit vier Saunen, einem 16 m langen Innenpool und einem 18 m langen Außenpool ist exklusiv den Gästen des Hotels vorbehalten, zudem steht diesen auch der Wellnessbereich des Nachbarhotels offen. Was wir besonders mögen: die Kältekammer (minus 110 Grad), die großzügigen Saunaöffnungszeiten, die herrlichen Kohlensäurebäder und die ausgezeichneten Massagen, die auch bei kurzfristiger Buchung fast immer verfügbar sind. Am Aktivprogramm (unter anderem Rückenfit, Wassergymnastik) kann man gegen einen kleinen Aufpreis teilnehmen.

Reichhaltiges Frühstücksbuffet, Light Lunch und ein nachmittägliches Kuchenbuffet sind im Preis inkludiert, auch Vegetarisches und Veganes stehen täglich auf der Speisekarte. Nette Tischkultur, für Leitungswasser zahlen aber auch wir nicht so gerne. Viele freundliche Mitarbeiter, die spürbar ihr Bestes geben, mitunter auch sprachlich. Lauf- und Walking-Strecken in der Umgebung, auch Golf kann vor Ort ausprobiert werden. Gratisgarage für alle. Hunde erlaubt. 98 Liegen, 124 Betten.

Thermalfreibecken, Thermalhallenbad, Sauna, Dampfbad, Massagen, Kosmetik, Personal Trainer.
27-Loch-Parcours in 3 km, 20 % Greenfee-Rabatt.

7431 Bad Tatzmannsdorf, Elisabeth-Allee 1, +43 3353 8200 50
HP-plus ab € 150,–

WELLNESS/KUR
14 PUNKTE – 1 LILIE

Reduce Hotel Vital ****s

Grünruhelage am Ortsrand – 120 km südlich von Wien

2003 als „Thermen & Vitalhotel" eröffnet, nun schon seit geraumer Zeit mit diesem neuen Namen, den man kaum versteht. Es handelt sich um ein Haus von angenehm überschaubarer Größe und solider Kurhausausstrahlung, es liegt neben dem Reduce Thermal, dessen Spa auch mitgenutzt werden darf.

Die Zimmer (fünf Kategorien, DZ von 30 bis 58 m²) sind großzügig geschnitten, hell und angenehm arrangiert. Alle haben Balkon, Holzböden sowie Klimaanlage.

Der nur Hotelgästen offenstehende Wellnessbereich ist recht funktionell gestaltet, er bietet Thermalwasser und auch ein sogenanntes Sensorium (zur Anregung aller Sinne). Unter anderem fanden wir einen 25 m langen Innenpool, einen 22 m langen, auch im Winter nutzbaren Außenpool sowie einen FKK-Außenbereich mit Biotop, Sauna, Tauchbecken und Liegewiese. Etwas mehr Platz hätten wir uns hingegen bei den

Reiters Finest Family

Rückzugs- und Ruheräumen gewünscht – die meisten Liegen stehen nämlich im Hallenbad. Insgesamt gibt es sechs Saunen, zudem kann man sich einen Frischekick in der Kryokammer holen – bei minus 110 Grad. Wunderbar, aber erst danach! Spezialität des Hauses sind Anwendungen mit den natürlichen Heilvorkommen Kohlensäuremineralwasser, Heilmoor und Thermalwasser. Als wohltuend erlebten wir die Massagen, als superfein belebend die Kohlensäurebäder. Aktivprogramm gegen einen kleinen Aufpreis, unter anderem Koordinationsgymnastik, Pilates und Yoga.

Reichhaltiges Frühstücksbuffet, die Küche bietet auch vegane Varianten, Light Lunch und süße Jause sind inkludiert. Viele freundliche Mitarbeiter, mitunter gibt es sprachliche Barrieren. Gratisgarage für alle. Eher älteres Publikum, aber auch Jüngere, denen Ruhe vor Lifestyle geht, sind hier gut aufgehoben. Ungeeignet für Kinder, Hunde erlaubt. 120 Liegen, 105 Betten.

Thermalfreibecken, Thermalhallenbad, Außensauna, Sauna, Dampfbad, Massagen, Kosmetik, Fitnessstudio, Personal Trainer.
27-Loch-Parcours in 3 km.

7431 Bad Tatzmannsdorf, Elisabeth-Allee 2, +43 3353 8200 60
HP-plus ab € 164,–

WELLNESS

18 PUNKTE – 3 LILIEN

Reiters Finest Family ****s

Grünruhelage bei Bad Tatzmannsdorf – 120 km von Wien

Kinder- und Babyhotel. All inclusive: Laut werblicher Selbstdarstellung ist das Reiters Reserve „Kinderspielplatz, Wellnessoase, Schlaraffenland, Naturidyll, Adventure-Camp, Tierpark, Showbühne, Golf-Paradies und Rückzugsort in einem", und das können wir getrost so stehen lassen. Es handelt sich um ein außergewöhnliches Thermenhotel inmitten eines 125 Hektar großen Naturareals. Neben einem 27-Loch-Platz mit Golfschule sind vor allem die vielen Tiere (über 400!) eine Besonderheit.

Die öffentlichen Räume sind lichtdurchflutet und angenehm offen gestaltet. Sehr schöne Zimmer (DZ von 25 bis 110 m^2) sind aus 13 Varianten wählbar, alle haben Holzböden, Klimaanlage, gute Betten und schnelles W-Lan, fast alle verfügen über einen Balkon oder eine Terrasse, und eine Gästewaschküche kann man kostenfrei nutzen.

Wellnessmäßig gibt es vieles, unter anderem ein großes Familien-Spa und einen sorgsam abgetrennten und ebenfalls großen Adults-

Reiters Supreme

only-Bereich samt FKK-Garten und FKK-Pools. Unter anderem fanden wir fünf Süßwasser- und Thermalpools und sieben Saunen, die Massagen sind sehr gut. Noch vielfältiger sind die Attraktionen für Kinder: Neben Wasserrutschen, Babybecken und Wasserpark gibt es riesige Spielareale sowohl indoor als auch outdoor. Die Betreuung der Kleinen (täglich 12 Stunden) ist ab dem sechsten Monat inkludiert und in vier altersgerechten Gruppen mit maximal 10 Kindern organisiert. Für Teens gibt es auch so einiges, etwa Wasserfun, eine Valo-Arena, sportliche Abenteuer, Reiten und Kreativ-Workshops.

Fabelhafte Restaurantterrasse mit Abendsonne, außerordentlich große Auswahl beim Frühstücksbuffet, gute Küche. Essen kann man praktisch den ganzen Tag, auch Mittagstisch und Nachmittagsjause sind inkludiert, viele – auch alkoholische – Getränke ebenso, ab 16 Uhr sogar Cocktails, Schnäpse und Co. Großes Augenmerk wird auf die Küchenzutaten gelegt, manches ist selbstgemacht oder stammt von den eigenen Bauernhöfen. Viele freundliche Mitarbeiter, keine externen Gäste in Spa und Restaurant, Gratisgarage für (fast) alle. Check-out ist bis 12 Uhr möglich, bis 15 Uhr können die Hotelleistungen noch weiter genutzt werden. Durch die Fülle an Inklusivleistungen ergibt sich ein ausgezeichnetes Preis-Leistungs-Verhältnis. Hunde erlaubt. 176 Liegen, 360 Betten.

Thermalfreibecken, Freibecken, Babyfreibecken, Thermalhallenbad, Hallenbad, Babybecken, Außensauna, Dampfbad, Kosmetik, Massagen, Ayurveda, Fitnessstudio, Personal Trainer. 27-Loch-Parcours, Tennishalle, Tennisplätze. An der Lauf- und Walking-Arena.

7431 Bad Tatzmannsdorf, Am Golfplatz 4, +43 3353 8841
All-inclusive-VP ab € 209,–

WELLNESS
19 PUNKTE – 4 LILIEN

Reiters Supreme *****

Grünruhelage bei Bad Tatzmannsdorf – 120 km von Wien

Adults only (ab 16). Schon seit 2004 ein großer Name und stets Symbol für die „Extrameile“ in Sachen Großzügigkeit, Naturliebe und Wertschätzung für den Gast – zumindest bis vor kurzem. Das renommierte Fünfsternhotel liegt ruhevoll und wie das benachbarte Finest Family in einem 125 Hektar großen Naturareal, zu dem ein hoteleigener 27-Loch-Golfplatz, ein Lipizzaner-Reitstall und zahlreiche andere Einrichtungen zählen. Schmetterlingswiesen, ein herrlicher Park mit Springbrunnen und ganz viele Tiere, all das versprüht Frohsinn, der ansteckt, so man es zulässt.

Zimmer kann man aus 13 Varianten (DZ von 31 bis 93 m²) wählen, alle haben Holzböden, hochwertige Betten, herrliche Bettwäsche sowie Balkon oder Terrasse. Unsere Lieblinge sind übrigens jene ganz oben, mit Daybed und Sauna auf der Terrasse und herrlichem Ausblick dazu.

Das Spa ist außerordentlich weitläufig, es bietet unter anderem sechs Saunen, neun unterschiedlich temperierte Pools (Sole, Süßwasser, mineralisiertes Thermalwasser), ein Ladys-Spa und feine Rückzugsoasen sowohl innen als auch im Freien. Seit dem Vorjahr gibt es eine wunderschöne Außensauna sowie zwei Onsen – das sind heiße Pools nach japanischem Vorbild –, all das ist FKK-Zone neben einem neuen Naturbadeteich. Sehr gute Massagen, neuerdings fokussiert man dabei auch auf Ayurveda. Täglich Aktivprogramm, auch achtsames Yoga und Workouts.

Fabelhafte Restaurantterrassen, wundervolles Frühstücksbuffet, sehr gute Küche, die sich auch auf Veganes versteht. Man kann zwischen vier Restaurants mit unterschiedlichem Ambiente und Tischkulturen wählen. Die Küche verwendet Zutaten vom eigenen Bauernhof sowie von regionalen Kleinbetrieben, speziell in Sachen Fleischqualität gibt's wohl nichts Besseres. Klassische Halbpension, gegen Aufzahlung erhält man (auch tageweise) Mittagsgerichte und Nachmittagssnacks dazu. Viele freundliche Mitarbeiter, vor allem in puncto Professionalität hat man aber wiederum etwas an Terrain verloren. Fazit: Ein feines Haus mit großen Vorzügen und kleinen Fehlern. Check-out bis 12 Uhr. Hunde erlaubt. 225 Liegen, 325 Betten.

Naturbadeteich, Thermalfreibecken, Solefreibecken, Thermalhallenbad, Außensauna, Sauna, Dampfbad, Massagen, Kosmetik, Ayurveda, Fitnessstudio, Personal Trainer. 27-Loch-Parcours, bis zu 65 % Greenfee-Rabatt, Tennishalle, Tennisplätze. An der Lauf- und Walking-Arena.

7431 Bad Tatzmannsdorf, Am Golfplatz 1, +43 3353 8841
HP ab € 228,–

WELLNESS

15 PUNKTE – 2 LILIEN

Allegria Resort ****

Grünruhelage am Golfplatz von Stegersbach

Familienfreundlich. Badespaß für die ganze Familie und gutes Preis-Leistungs-Verhältnis: Es handelt sich um eine große Anlage, die einmal zu den Reiters-Hotels zählte und vor zwei Jahren den Besitzer gewechselt hat. Baulich ist sie mit der öffentlichen Therme verbunden, verfügt aber auch über ein hoteleigenes Spa.

Zimmer gibt es in 14 stark unterschiedlichen Kategorien (DZ von 25 bis 130 m²), fast alle haben Balkon oder Terrasse, manche auch noch Teppichboden. Das W-Lan ist schnell, die Bademäntel sind aus reiner Baumwolle. Von den drei miteinander verbundenen Logiergebäuden gefällt uns das „Family" am besten, denn die Zimmer sind die schönsten, und sie liegen auch am nächsten zur Therme.

Der Eintritt in die etwas angejahrte Therme ist inkludiert, und es gibt zwei genussvolle Stunden Thermenzeit extra, denn als Hotelgast kann man schon ab 7 Uhr hinein – im Gegensatz zu den Tagesgästen. Hier gibt es viel, unter anderem 14 Pools, 1.500 m² Wasserfläche und acht Saunen sowie drinnen und draußen zahlreiche Attraktionen für Kids. So etwa eine 100 m lange Wasserrutsche sowie die Bespaßung durch das Thermenmaskottchen Badolin. In den zwei hoteleigenen Wellnessbereichen, die erst ab 15 Jahren betreten werden dürfen, geht es deutlich ruhiger zu. Dort zu finden sind Pools, schöne Ruheräume und eine feine FKK- und Saunazone.

Man kann NF oder VP buchen, alle Mahlzeiten werden in Buffetform gereicht, mittags und abends stehen zwei Restaurants zur Auswahl, jenes im Hotel hat eine nette Terrasse – und die deutlich bessere Küche! Viele freundliche Mitarbeiter, gegen einen kleinen Aufpreis ist die größte Golfanlage Österreichs bespielbar. Zahlreiche beschilderte Wanderwege und Laufstrecken. Die Therme kann an An- und Abreisetag kostenfrei genutzt werden, auch das Mittagessen ist an diesen beiden Tagen inkludiert. Gratisgarage für alle. Hunde erlaubt. 180 Liegen (im Hotel-Spa), 800 Liegen (in der Therme), 520 Betten.

Thermalfreibecken, Thermalhallenbad, Außensauna, Sauna, Dampfbad, Massagen, Kosmetik, Fitnessgeräte. In der Therme: Thermalfreibecken, Thermalhallenbad, Sauna, Dampfbad. 45-Loch-Parcours in 0,1 km, bis zu 50 % Greenfee-Rabatt.

7551 Stegersbach, Golfstraße 1, +43 3326 500 0
HP ab € 153,50

WELLNESS

14 PUNKTE – 1 LILIE

Falkensteiner Balance Resort *****

Grünruhelage am Golfplatz von Stegersbach

Hundefreundlich, Adults preferred (ab 14).

Wellness- und Tagungshotel unter Kettenflagge, es wurde vor mehr als 20 Jahren eröffnet und zeigt sich nicht mehr überall ganz taufrisch. Aber architektonisch ist es auch weiterhin ein Prachtstück, bei dem Sonnenstand, Lichteinfall, Ausblick und Raumwirkung schon bei der Planung berücksichtigt wurden, nach vedischen Prinzipien übrigens. Und das fühlt man. Das Haus liegt schön auf einer Anhöhe, und zwar ganz nah am 45-Loch-Golfplatz.

Großzügig geschnittene Zimmer gibt es in sieben Kategorien (DZ von 36 bis 68 m^2), alle haben Holzböden, A/C und Balkon, auf jenen an der Poolseite kann man die Nachmittagssonne genießen. Im Portefeuille finden sich auch Zimmer mit Sauna, Whirlpool und großer Terrasse. In puncto Sauberkeit und Instandhaltung gibt es noch etwas Luft nach oben.

Das Spa steht neuerdings auch Tagesgästen offen, es ist aber nicht besonders weitläufig. Unter anderem geboten werden zwei Außenpools (13 und 8 m Länge), ein 14 m langer Innenpool und vier Saunen (zwei bis vier geführte Aufgüsse pro Tag), die mittlerweile immerhin bis 20 Uhr geöffnet sind. Täglich Aktivprogramm, auch Faszien- und Rückentraining. Über einen Bademantelgang – und gegen einen satten Aufpreis – gelangt man in die öffentliche Familientherme, wo es vor allem für Kinder an Attraktionen nicht mangelt.

Fabelhafte Restaurantterrasse, reichhaltiges Frühstücksbuffet bis 11.30 Uhr, ein Light Lunch ist inkludiert. Viele freundliche Mitarbeiter, zahlreich kommen sie aus Ungarn. Fazit: Für uns kein Fünfstern-Erlebnis. 204 Liegen, 282 Betten.

Freibecken, Hallenbad, Außensauna, Sauna, Dampfbad, Massagen, Kosmetik, Fitnessgeräte, Personal Trainer.
45-Loch-Parcours in 0,3 km, Leihfahrräder gratis.

7551 Stegersbach, Panoramaweg 1, +43 3326 55155
HP-plus ab € 205,–

WELLNESS/KUR

16 PUNKTE – 2 LILIEN

Larimar ****S

Grünruhelage am Golfplatz von Stegersbach

Hundefreundlich. Und wie – sogar mit eigenem „Wellnessbereich" für Vierbeiner! Ein inhabergeführtes Thermenhotel, es wurde vor 18 Jahren eröffnet und bedient heute die unterschiedlichsten Zielgruppen. Neben Wellness und Kuren für chronisch Kranke fokussiert das Haus etwa auch auf Golfer, Tänzer und Familien und bietet zudem Urlaub für Verliebte. Weiters etwa Mayrkuren, ayurvedische Panchakarmakuren, Heilfasten, Detox, medizinische Check-ups, Coaching bei Trauer, Burnout-Check, Schlaf-Check, Immunaufbau, ästhetisch-medizinische Behandlungen und Sauerstoffkuren – die Liste ließe sich beliebig fortführen.

Das Gebäude weist einen ovalen Grundriss und ansprechend gestaltete öffentliche Räume auf, Ziegelbauweise, gute Schalldämmung und viel unbehandeltes Lärchenholz sorgen für ein Gefühl von Geborgenheit. Auch der namensgebende türkis-blaue Edelstein Larimar trägt dazu bei, gilt er doch als Unterstützer bei Heilprozessen. Zimmer stehen in 14 optisch recht unterschiedlichen Kategorien (DZ von 32 bis 87 m^2) zur Auswahl, sie haben geölte Eichenböden sowie Balkone oder Terrassen, einen tollen Ausblick in die Natur gibt es aber eher nur in den oberen Zimmern. Auch barrierefreie gibt es und solche mit Gartenauslauf für Hunde (Letztere erfreuen sich außerdem an einem eigenen Badeteich).

Der Wellnessbereich gehört allein den Hotelgästen, er bietet unter anderem sieben Saunen und acht Pools (der größte Außenpool ist 20 m lang, drei Becken sind mit Thermalwasser befüllt), weiters großzügige Ruhezonen und einen wohlig warmen FKK-Pool (10 m) sowie seit kurzem auch ein Ladys-Spa mit Außenbereich auf dem Dach. Der Garten ist nicht allzu groß, beherbergt aber dennoch zahlreiche Liegen, einen Zierteich und ein Becken zum Wassertreten. Wirklich gute Massagen, Aktivprogramm mit Yoga (gegen Aufpreis), Entspannungskursen und Nordic Walking.

Reichhaltiges Frühstücksbuffet neuerdings nur mehr bis 10.30 Uhr, Light Lunch und süße Jause sind inkludiert. Eine „erstklassige Gourmetküche" (Werbung) haben wir übrigens nicht gefunden. Abends wird in der Lobby gern getanzt, dreimal pro Woche auch bei Live-Musik. Diese Schlager muss man mögen. Die Mitarbeiter zeigen sich freundlich und bemüht. Der Wellnessbereich ist am Abreisetag ganztägig ohne Aufpreis nutzbar. Garage ab 6 Euro pro Tag. 230 Liegen, 220 Betten.

Thermalfreibecken, Freibecken, Solefreibecken, Thermalhallenbad, Sauna, Dampfbad, Massagen, Kosmetik, Ayurveda, Fitnessgeräte, Personal Trainer.
45-Loch-Parcours in 0,3 km.

7551 Stegersbach, Panoramaweg 2
+43 3326 55100
HP-plus ab € 206,–

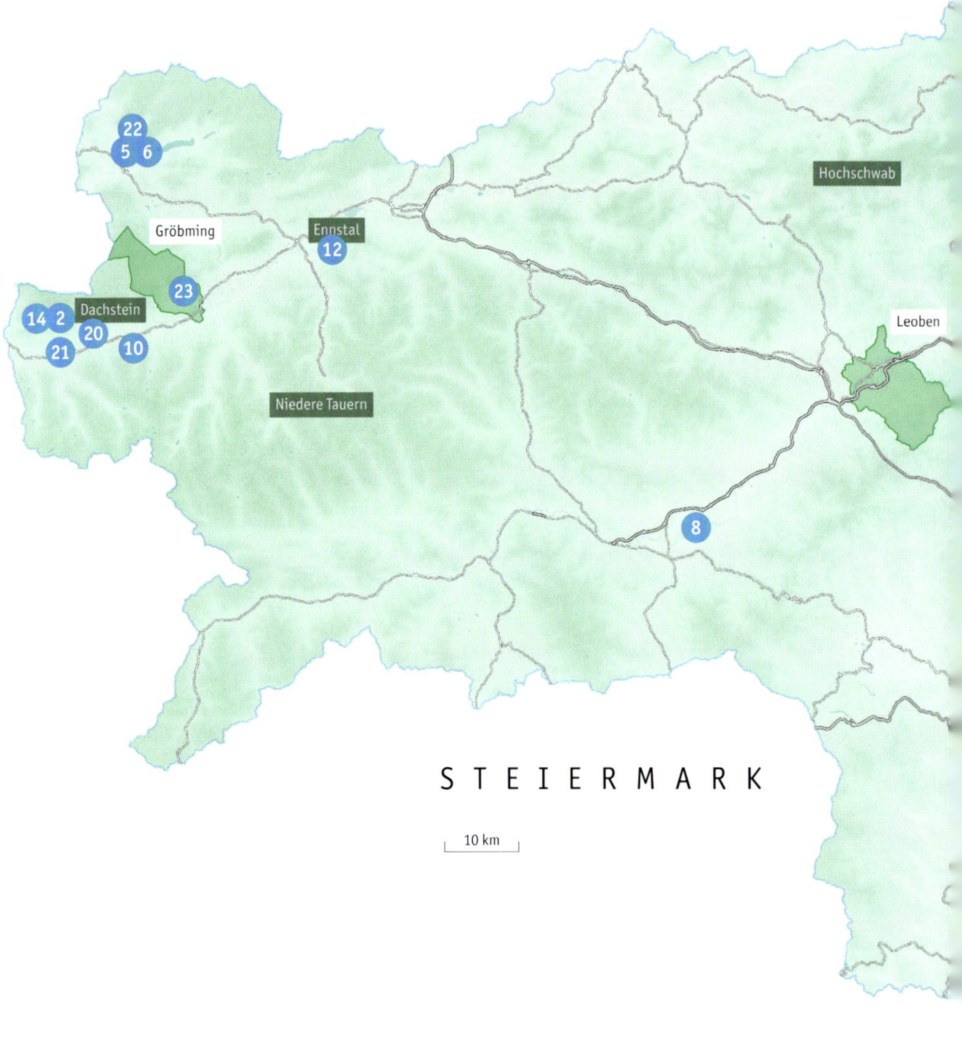
22
5
6
Gröbming
Ennstal
12
Hochschwab
23
Dachstein
14
2
20
21
10
Leoben
Niedere Tauern
8
STEIERMARK
10 km

ALLE LILIEN-HOTELS IN DER **STEIERMARK**

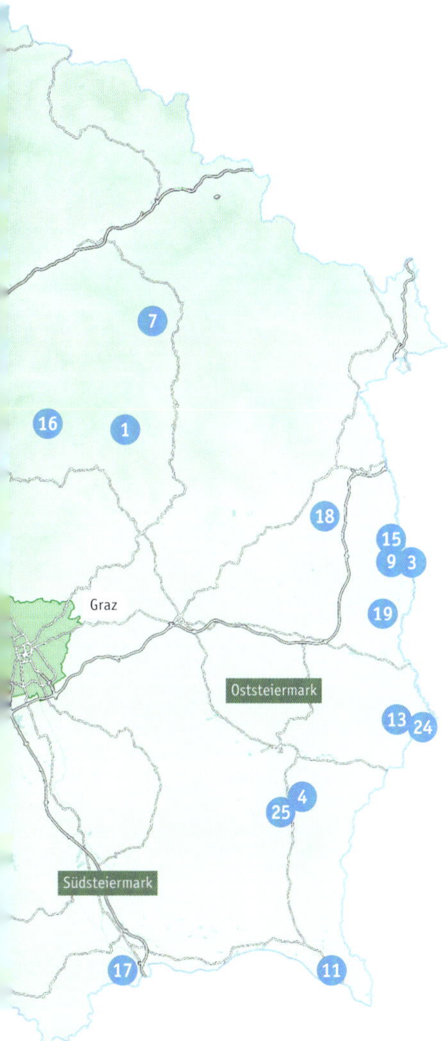

Der Steirerhof

WELLNESS
20 PUNKTE – 4 LILIEN

Der Steirerhof *****

Grünruhelage am Ortsrand in Bad Waltersdorf

Adults preferred (ab 12). Verlässliche Schönheit: ein Haus für jene, die Ruhe und Qualität suchen, ein Ort, an dem das Unaufdringliche Prinzip ist. Das familiengeführte Thermenhotel thront auf einer sanften Anhöhe über dem Ort, inmitten von Obsthainen und einem gepflegten Gartenidyll, mit herrlichem Ausblick über das oststeirische Hügelland. Hier wird nicht mit Design geklotzt, sondern mit Stil Atmosphäre geschaffen: Möbelklassiker von Thonet und Wittmann, Naturstein, Messing, Kirschholz, dazu brennende Kerzen und frische Blumen, wohin das Auge auch schaut. Und nichts, aber gar nichts sieht so aus, als wäre es dem Zufall überlassen worden.

Zimmer gibt es in neun Kategorien (DZ von 27 bis 126 m²), alle präsentieren sich dezent gestaltet und hochwertig anmutend. Alles ist frei von überkandidelter Trendigkeit, dafür mit feinem Fingerspitzengefühl kuratiert – statt Plastikkarte ein echter Schlüssel, dazu Duftlampe, reichlich Hosenbügel (anderswo schon häufig rar) und ein Haartrockner von Dyson. Alle Zimmer haben Balkon oder Terrasse und hervorragende Betten, auf Wunsch auch mit Topper, die Bademantelschnur ist schon eingefädelt.

Das Spa ist exklusiv für Hausgäste, es bietet unter anderem 11 Saunen (eine davon textil) und sieben Pools – Thermalwasser, Salzwasser und seidenweiches, pH-neutrales Perlwasser inklusive. Die Temperaturen reichen von 20 bis 38 Grad, das längste Becken misst 25 m, ein großzügiger FKK-Außenbereich mit Naturpool sowie ein diskret abgeschirmtes Ladys-Spa gibt's obendrein. Ausgezeichnete Massagen, zudem medizinische Betreuung mit Schwerpunkt auf Herz, Bewegungsapparat, Sport und TCM. Täglich umfangreiches Aktivprogramm, auch Yoga (fünfmal pro Woche), Pilates und Qi Gong.

Fabelhafte Restaurantterrasse mit Abendsonne, großartiges Frühstücksbuffet bis 12 Uhr, sehr, sehr gute Küche, die sich auch bestens auf Veganes und Vegetarisches versteht, Light Lunch und süße Nachmittagsjause sind inkludiert. Feine Tischkultur, kompetente Weinberatung, faire Getränkepreise, ausschließlich Hausgäste im Restaurant. Überaus freundliche und zuvorkommende Mitarbeiter, fast alle heimisch, und auch langjährige finden sich darunter – nicht wenige Stammgäste sind es ebenso. Das Spa kann nach dem Check-out bis zum frühen Abend ohne Aufpreis genutzt werden. Fahrräder und E-Bikes gibt's zur Gratisleihe. Hunde erlaubt. 280 Liegen, 270 Betten.

Naturbadeteich, Thermalfreibecken, Solefreibecken, Freibecken, Thermalhallenbad, Sauna, Außensauna, Dampfbad, Massagen, Kosmetik, Fitnessstudio, Personal Trainer.
18-Loch-Parcours in 2 km, vier weitere im Umkreis von 30 Autominuten, bis zu 25 % Greenfee-Rabatt, Tennisplatz.

8271 Bad Waltersdorf, Wagerberg 125
+43 3333 3211 0, 08000 311412
HP-plus ab € 267,50

Man liebt
das, wofür
man sich müht,
und man
müht sich
für das,
was man liebt.

Karl Reitbauer
seit 30 Jahren Empfangschef
im Steirerhof Bad Waltersdorf

Pierer Almwellness

WELLNESS

17 PUNKTE – 3 LILIEN

Pierer Almwellness ****s

Grünruhelage auf der Teichalm – 50 km nördlich von Graz

Refugium mit Weitblick: Ein wohltuend ruhig gelegener Familienbetrieb auf 1.240 m Seehöhe, er bietet vieles, darunter die einmalige Ruhelage, einen großzügigen Wellnessbereich mit überdurchschnittlich vielen Ruhezonen, weiters überaus freundliche und zuvorkommende Mitarbeiter sowie ein stimmiges Ambiente, das sich trotz unzähliger Ausbaustufen nahezu wie aus einem Guss präsentiert: natürliche Materialien wie Naturstein, Lärchenholz und brennende Kerzen, alles einfach zum Wohlfühlen! Und der Ausblick geht auf saftig grüne Almhügel – bis an den Horizont!

Zimmer gibt es in sieben Kategorien (DZ von 30 bis 130 m²), sie zeigen sich einheitlich modern und schön gestaltet, viele haben Holzböden und Balkon, einige auch Sauna und Whirlpool, das Toilettenpapier ist offenbar von der Marke „Reibeisen". Zimmern in den oberen Stockwerken mit Blick auf den Teichalmsee sollte man den Vorzug geben, den Aufpreis ist es wert.

Der schöne Wellnessbereich steht auch Tagesgästen (mitunter recht zahlreich) offen und wurde in den vergangenen Jahren stetig erweitert, zuletzt um das „Alm-Spa", das auch mit einem Zen-Garten aufwartet. Unter anderem fanden wir sieben Saunen (eine davon textil), einen kleinen Innenpool, einen von April bis Oktober beheizten Schwimmteich (im Winter herrlich zum Eisbaden) sowie einen großen Infinity-Außenpool. Handtücher zur freien Entnahme gibt's im Überfluss, Außenwhirlpool und Tauchbecken sind FKK-nutzbar. Täglich umfangreiches Aktivprogramm, auch Yoga (bis zu 14-mal pro Woche), Meditation und geführte Wanderungen.

Restaurantterrasse, reichhaltiges Frühstücksbuffet mit regionalen Produkten und allem, was das Herz (auch von Veganern) begehrt, Light Lunch (reichlich) und süße Jause sind inkludiert. Spektakulärer „Weintresor" auf drei Ebenen, stimmungsvolle Bar, verführerische selbstgemachte Schnäpse, Murauer Bier vom Fass – und die Getränkepreise sind fair. Präsente Gastgeber, die mitunter auch selbst mitanpacken, freundliche Mitarbeiter, die meisten gut gelaunt und gut geschult – Gepäckhilfe wie hier ist anderswo nicht selbstverständlich. Ringsum Wandermöglichkeiten ohne Zahl. Das Spa kann am Anreisetag bereits ab 13 Uhr und nach dem

Bauernhofer Naturhotel

Check-out bis 15 Uhr kostenlos genutzt werden. Garage gegen 12 Euro (im Winter 15 Euro) pro Tag. Eher ungeeignet für Kinder, Hunde erlaubt. 200 Liegen, 260 Betten.

Naturbadeteich, Freibecken, Hallenbad, Außensauna, Sauna, Dampfbad, Massagen, Kosmetik, Fitnessstudio. 18-Loch-Parcours in 6 km, 20 % Greenfee-Rabatt.

8163 Fladnitz, Teichalm 77, +43 3179 7172
VP ab € 231,–

WELLNESS

13 PUNKTE – 1 LILIE

Bauernhofer Naturhotel ****

Grünruhelage am Ortsrand – 50 km nordöstlich von Graz

Familienfreundlich. Im Naturpark Almenland: Ein bereits in fünfter Generation geführtes Viersternhaus, es liegt auf 1.132 m Seehöhe direkt an einer schmalen Landstraße, die nächtens kaum befahren ist.

Das Hotel besteht aus zwei atmosphärisch sehr unterschiedlichen Bereichen: einem Altbau mit Gasthauscharme sowie einem Neubau, der mit ruhiger Schlichtheit und feinem Holz erfreut. Die Zimmer (DZ von 26 bis 55 m²) zeigen sich heimelig gestaltet und sauber gepflegt, viele haben Balkon mit feinen Doppelliegen, und selbst die einfachste Kategorie gefällt uns, da nett arrangiert und nett im Preis!

Das Spa steht auch Tagesgästen offen, es umfasst unter anderem vier Saunen, einen 18 m langen Außenpool (ganzjährig beheizt) und einen 9 m langen Innenpool, der nicht selten von Kindern bevölkert ist.

Restaurantterrasse für alle Mahlzeiten, Frühstück bis 10 Uhr mit zahlreichen Bauernprodukten und sehr gutem Kaffee, Milchrahm- und Grießstrudel – einfach köstlich! Die Küche ist zumeist gut, sie legt Wert auf Regionalität. Moderate Getränkepreise, große Auswahl an (auch regionalen) Bieren, die Tischkultur ist fairly casual, ein Light Lunch inkludiert. Familien und Paare speisen in getrennten Bereichen, das ist angenehm für alle. Freundliche Mitarbeiter, zurückhaltende Gastgeber. Einen Wanderrucksack gibt es zur Gratisleihe, und diesen kann man sich am Buffet mit einer Jause befüllen. Spielplatz mit Streichelhasen. Hunde erlaubt. 90 Liegen, 120 Betten.

Freibecken, Hallenbad, Sauna, Dampfbad, Massagen, Kosmetik, Fitnessgeräte.

8172 Heilbrunn, Brandlucken 78, +43 3179 8202
HP-plus ab € 146,–

Retter Bio-Natur-Resort

WELLNESS

14 PUNKTE – 1 LILIE

Retter Bio-Natur-Resort ****s

Grünruhelage Nähe Hartberg – 145 km südlich von Wien

Seminarhotel mit Spa-Schönheit: Das familiengeführte, renommierte Biohotel mit Fokus auf Nachhaltigkeit – Photovoltaik, Zero Waste und Regenwasseranlage inklusive – liegt sehr schön im Naturschutzgebiet Pöllautal. Es besteht aus vier Logiergebäuden, die durch einen Bademantelgang miteinander verbunden sind. Gefühlstechnisch stößt man hier auf zwei Welten: Das eher nüchtern gestaltete und größenmäßig überlegene Seminarhotel trifft ungebremst auf einen luxuriösen Wellnessbereich.

Zimmer gibt es in acht Kategorien (DZ von 29 bis 60 m²), alle mit Klimaanlage, überlangen Betten, Balkon oder Terrasse, manche auch mit Dampfbad oder Infrarotkabine. Besonders gut gefallen haben uns die sogenannten Weitblickzimmer im siebten Stock des Neubaus.

Das Spa steht auch externen Gästen offen, es wurde vor kurzem um einen wunderschönen Adults-only-Bereich erweitert. Unter anderem fanden wir elf Saunen (alle textilfrei, wie es sich in unserer Kultur auch gehört) sowie einen schönen Außenbereich. Weiters zwei ganzjährig nutzbare Außenpools (15 und 25 m), einen Naturbadeteich und eine feine FKK-Zone. Aktivprogramm, etwa auch Yoga, Pilates und geführte Wanderungen.

Reichhaltiges Frühstücksbuffet mit regionalen Produkten (unsere Eier stammten aus biologischer Freilandhaltung). Stark unterschiedlich gestaltete Restaurantbereiche, solide, gute Küche bei netter Tischkultur, ein Light Lunch (reichlich) ist inkludiert. Nett: der Bioladen mit vielen Produkten aus der Steiermark. Präsente Gastgeber, Check-out bis 10 Uhr, das Spa ist danach bis 17 Uhr ohne Aufpreis nutzbar. Für Kinder eher ungeeignet. Hunde erlaubt, aber nur bis 15 kg Körpergewicht – Gassigehen vor dem Check-in könnte also mitunter Einlass gewähren. 174 Liegen, 250 Betten.

Naturbadeteich, Freibecken, Außensauna, Sauna, Dampfbad, Massagen, Kosmetik, Fitnessgeräte.

8225 Pöllauberg, Nr. 88
+43 3335 2690

HP-plus ab € 203,–

Heilthermen Resort Bad Waltersdorf

WELLNESS

15 PUNKTE – 2 LILIEN

Heilthermen Resort Bad Waltersdorf ****

Grünlage an der Heiltherme in Bad Waltersdorf

Adults preferred (ab 14). Vieles neu, sogar der Name: Das ehemalige Quellenhotel liegt auch weiterhin direkt an der öffentlichen Heiltherme, es ist auf eher reiferes Publikum ausgerichtet und gilt seit Jahren als verlässliche Adresse für einen entspannten Thermenurlaub. Dazu muss man aber nicht in die öffentliche Therme, denn das Hotel verfügt auch über einen eigenen Wellnessbereich, einen sehr netten sogar.

Vieles wurde vor kurzem porentief modernisiert, auch Zimmer gehörten dazu. Diese kann man nun aus sieben Varianten (DZ von 25 bis 50 m²) wählen, sie präsentieren sich freundlich und schlicht. Alle haben Klimaanlage, die meisten Balkon oder Terrasse.

Neben der öffentlichen Therme mit sieben Pools und neun Saunen – Hotelgäste dürfen sie bereits ab 7.30 Uhr nutzen – gibt es auch das nun komplett modernisierte hoteleigene Spa, das auch externen Gästen offensteht. Hier fanden wir unter anderem fünf Saunen (eine für Damen), ein 16 m langes Thermalfreibecken, einen FKK-Garten, Liegedecks und einen großzügigen Naturbadeteich mit integriertem Whirlpool. Sehr gute Massagen, täglich Aktivprogramm, auch Pilates, Wirbelsäulengymnastik und Aqua-Jogging.

Reichhaltiges Frühstücksbuffet, zudem eine kleine Frühaufsteher-Variante ab 7 Uhr im Spa-Bistro. Gute Küche, freundliche Mitarbeiter, gelegentlich beim Service mit ein bisschen Luft nach oben. Jeden Mittwoch Livemusik in der Bar, viele Alleinreisende, zahlreiche Stammgäste. Die öffentliche Therme kann an An- und Abreisetag ganztägig genutzt werden. Rollstuhlgerechtes Umfeld. Garage oder überdachte Stellplätze gegen Gebühr. Ungeeignet für Kinder. 220 Liegen, 350 Betten.

Naturbadeteich, Thermalfreibecken, Außensauna, Sauna, Fitnessgeräte. In der Therme: Thermalfreibecken, Thermalhallenbad, Sauna, Dampfbad, Massagen, Kosmetik, Fitnessgeräte. 18-Loch-Parcours in 2 km, 25 % Greenfee-Rabatt, 45-Loch-Parcours in 15 km.

8271 Bad Waltersdorf, Thermenstraße 111
+43 3333 500 0
HP ab € 194,–

GESUNDHEIT/WELLNESS

15 PUNKTE – 2 LILIEN

Mandira Ayurveda Resort ****S

Grünlage am Ortsrand in Bad Waltersdorf

Ein schönes Thermenhotel, drinnen mit ein bisschen Indien und farbenfrohen Dekorationen. Das Werbeversprechen, man werde in der Lobby mit „charmantem Grandhotel-Flair“ empfangen, irritiert: kein Grandhotel, nirgendwo.

Zimmer gibt es in neun Kategorien (DZ von 25 bis 45 m), alle mit Holzböden, Klimaanlage, Balkon oder Terrasse.

Das Spa ist auch Tagesgästen zugänglich, unter anderem fanden wir fünf Saunen, einen 10 m langen, ganzjährig nutzbaren Außenpool und eine kleine FKK-Zone im Garten. Mehrere Ayurvedakuren stehen im Angebot.

Schöne Restaurantterrasse, reichhaltiges Frühstücksbuffet, sehr gute bis ausgezeichnete Küche, herrliche Desserts, Light Lunch und süße Nachmittagsjause (reichlich) sind inkludiert. Präsente Gastgeberin, sehr freundliche, zum Teil langjährige Mitarbeiter. Ungeeignet für Kinder, Hunde erlaubt. 67 Liegen, 132 Betten.

Freibecken, Thermalhallenbad, Außensauna, Sauna, Dampfbad, Massagen, Kosmetik, Ayurveda, Fitnessgeräte.

8271 Bad Waltersdorf, Wagerberg 120, +43 3333 2801

HP-plus ab € 205,–. Ayurveda-Kurpauschalen, etwa 14-tägige Panchakarmakur inkl. Diät-VP, Arzt und Therapien ab € 5.952,–

WELLNESS

13 PUNKTE – 1 LILIE

Kowald ****

An der Therme Loipersdorf – 165 km südlich von Wien

Modernes Haus mit direktem Zugang zur öffentlichen Therme, der Thermeneintritt ist übrigens ganztägig inkludiert.

Zimmer gibt es in sechs Kategorien (DZ von 26 bis 70 m^2), sie haben Holzböden, A/C und Balkon, einige auch Sauna und Infrarotkabine.

Im Hotel gibt es nur Kosmetik und Massagen, beides ist übrigens sehr gut, alles andere spielt sich in der öffentlichen Therme ab: zahlreiche Saunen, Pools, Rutschen für Kinder sowie das Schaffelbad (ab 16) für Ruhesuchende. Dort gibt's auch eine Ruhezone exklusiv für Hotelgäste.

Restaurantterrasse, reichhaltiges Frühstücksbuffet, die Küche versteht sich auch bestens auf Vegetarisches und Veganes. Gute Weinkarte mit kompetenter Beratung, faire Getränkepreise. Wer's leger mag, kann das Abendessen auch im Bademantel-Bistro einnehmen. Viele freundliche Mitarbeiter, viele Stammgäste. Für Kinder eher ungeeignet. 55 Liegen (im „Hotelbereich“ der öffentlichen Therme), 108 Betten.

Massagen, Kosmetik, Ayurveda. In der öffentlichen Therme: Thermalwasserfreibecken, Thermalwasserhallenbad, Außensauna, Sauna, Dampfbad, Massagen, Kosmetik, Fitnessstudio.

8282 Loipersdorf Therme, An der Therme 215, +43 3382 8282
HP-plus ab € 250,–

WELLNESS

14 PUNKTE – 1 LILIE

Stoiser Thermenhotel ****

Grünlage an der Therme Loipersdorf – 165 km von Wien

Ein familiengeführtes Haus, es zählt zu den größten im Ort und fokussiert auch auf Businessgäste. Fast alles wurde hier in den letzten Jahren modernisiert, und im Unterschied zu den anderen Loipersdorfer Hotels gibt es hier ein eigenes Hotel-Spa, ein recht großzügig angelegtes sogar. Alternativ gelangt man über einen Bademantelgang in die öffentliche Therme, der Zugang ist jedoch nur zwischen 7 und 9 Uhr morgens gratis und danach eher entbehrlich (weil: Massenveranstaltung).

Die Zimmer (10 Kategorien, DZ von 23 bis 70 m^2) zeigen sich funktional und sauber, alle verfügen über Balkon und Klimaanlage, einige haben Teppichböden.

Das Spa ist ansprechend gestaltet, unter anderem fanden wir sechs Saunen, einen Thermalwhirlpool und einen 12 m langen Außenpool (nur in der warmen Jahreszeit geöffnet). Aktivprogramm, auch Yoga, Konditions- und Koordinationsübungen, Wassergymnastik sowie geführte Wanderungen.

Reichhaltiges Frühstücksbuffet, zumeist gute Küche mit regionalem Einschlag. Ein Light Lunch ist inkludiert, die Getränkepreise sind fair. Viele freundliche Mitarbeiter, präsente Gastgeber, das Service zeigt sich bemüht, in Stoßzeiten allerdings mit Luft nach oben.
Das Hotel-Spa kann an An- und Abreisetag kostenfrei genutzt werden. Gratisgarage für alle. Eher ungeeignet für Kinder, Hunde erlaubt. 193 Liegen, 250 Betten.

Freibecken (Sommer), Hallenbad, Außensauna, Sauna, Dampfbad, Massagen, Kosmetik, Personal Trainer.

8282 Loipersdorf Therme, An der Therme 153, +43 3382 8212
HP-plus ab € 180,–

Die Klause Gesundheitsgut

WELLNESS

13 PUNKTE – 1 LILIE

Rogner Bad Blumau ****

Grünruhelage am Ortsrand – 135 km südlich von Wien

Hundefreundlich. Viel Schräges und Gekrümmtes: Eine kunstvoll gestaltete Thermenanlage, wir kennen sie seit der Eröffnung vor 27 Jahren. Gestaltet wurde die ganze Pracht von Friedensreich Hundertwasser, dem gerade Linien ein Graus waren.

Es gibt sechs miteinander verbundene Logiergebäude, die Zimmer (11 Kategorien, DZ von 27 bis 90 m²) sind stark unterschiedlich gestaltet, zum Teil recht wohnlich, zum Teil nicht mehr ganz auf der Höhe der Zeit und mitunter etwas hellhörig.

Die Thermenlandschaft ist weitläufig: 14 Pools mit unterschiedlichen Temperaturen, darunter ein Sportbecken mit fast olympischen Ausmaßen und der einzigartige Vulkania-Heilsee mit mineralhaltigem Thermalwasser – besonders nachts ein geradezu magisches Erlebnis. Auch das Saunadorf mit 10 Saunen (alle ab 16 Jahren) beeindruckt. Weniger erfreulich: die schiere Masse an Tagesgästen. Wer eine Liege ergattern möchte, braucht entweder Glück, Geduld oder eine Kreditkarte – reservierte Plätze gibt es ab 16 Euro. Die sogenannten „exklusiven Logen" kosten hingegen 101 Euro, das ist supergünstig – im Vergleich mit dem Caesars Palace (in Las Vegas), dort zahlt man 800 Dollar für Ähnliches. Sehr gute Massagen, Aktivprogramm, auch Yoga, Zirkeltraining und Smovey, vieles aber gegen Gebühr.

Reichhaltiges Frühstücksbuffet. Die Nutzung der Therme ist am Anreisetag ab 9 Uhr kostenfrei möglich, nach dem Check-out hingegen nicht mehr. Gratisgarage für alle. 586 Liegen, 670 Betten.

Thermalfreibecken, Freibecken, Thermalhallenbad, Außensauna, Sauna, Dampfbad, Massagen, Kosmetik, Ayurveda, Fitnessgeräte, Personal Trainer.

8283 Bad Blumau, Nr. 100, +43 3383 5100 0
HP ab € 181,–

GESUNDHEIT

18 PUNKTE – 3 LILIEN

Die Klause Gesundheitsgut

Absolute Grünruhelage – Südoststeiermark

Kraftplatz für Stresspatienten: Es nennt sich „ökomedizinisches Gesundheitsgut", ist aber zunächst einmal ein beherbergungsmäßiges Unikat, ein schmucker Biobauernhof in Verbindung mit einem medizinischen Zentrum und viel Natur nämlich. Man fokussiert auf Menschen, die mit chronischem Stress oder seelischer Erschöpfung ringen. Zu den Indikationen zählen unter anderem Depressionen, Burnout, Bluthochdruck, Angststörungen, posttraumatische Belastungsstörungen und körperliche Beschwerden bei unauffälligen Organbefunden.

Der liebevoll restaurierte Gutshof aus dem frühen 18. Jahrhundert liegt in völliger Abgeschiedenheit auf 410 m Seehöhe, ringsum Garten, Wiesen, Wald. Zudem viele Tiere, auch Ponys, Esel, Rotwild und Hochlandrinder – also alles, was einem sanften Neustart dienlich ist.

Es gibt nur 11 Zimmer, sie sind nach den Heilpflanzen, die im Garten wachsen, benannt und größtenteils hochwertig ausgestattet. Lehmverputzte Wände schaffen ein gutes Raumklima, TV-Geräte gibt es nicht, aber eine unfasslich umfangreiche Bibliothek. W-Lan und Lan-Anschlüsse sind vorhanden.

Einen klassischen Wellnessbereich wird man nicht finden, allerdings eine urige holzbeheizte Außensauna, einen Naturbadeteich, ein rund um die Uhr geöffnetes, bestens ausgestattetes Fitnessstudio und eine blumenübersäte Liegewiese mit gefühlt unendlichem Erholungsradius pro Person. Auf jeden Gast kommen locker 400 m^2 Liegewiese – was für ein unvergleichlicher Luxus! Und die Massagen sind ausgezeichnet.

Frühstücksterrasse mit Morgensonne, Abendterrasse mit Sonnenuntergang, sehr gute bis ausgezeichnete Küche, sie ist vollbiologisch, Demeter-zertifiziert und auch gesund für die Seele – das gehört zum Therapiekonzept. Gekocht wird vorzugsweise auf einem Holzofen mit vielen frischen Zutaten vom eigenen Hof. Unter den drei Köchen ist übrigens auch der virtuose Norbert Kabelka aus Graz. Feine Tischkultur, exzellenter Bioweinkeller, absolut faire Getränkepreise. Herzensgute, zuvorkommende Mitarbeiter. Seit Corona viele erstaunlich junge Gäste, Frauen in der Überzahl. Herrliche Kräutertees, man erhält sie auch zum Mitnehmen, genauso wie den allerfeinsten Honig von den hauseigenen Bienen.

Fazit: Ein authentisches, ebenso seriöses wie warmherziges Umfeld, in dem es Menschen in Krisen bald wieder sehr viel besser gehen kann, mit höchst sauberem Preis-Leistungs-Verhältnis obendrein. Vielstimmiger Vogelgesang – bester Schlaf. Hunde erlaubt. 18 Betten.

Naturbadeteich, Außensauna, Massagen, Fitnessstudio, Personal Trainer.

8344 Bad Gleichenberg, Taxbergstraße 15-19, +43 3159 44915
VP ab € 160,-

WELLNESS

14 PUNKTE – 1 LILIE

Villa Gleichenberg

Grünruhelage in Bad Gleichenberg – Südoststeiermark

So etwas Nettes! Ein familiengeführtes Haus mit nur 15 Zimmern, es eignet sich wunderbar als Rückzugsort für Ruhesuchende, liegt fast direkt am Kurpark und besteht aus einem kleinen Stammhaus sowie einer wunderschönen Jugendstilvilla, in die man über eine überdachte Brücke gelangt. Zu den Besonderheiten zählen ein schöner Garten mit alten Bäumen, feine Bioqualität beim Frühstück und die fürsorgliche Herzlichkeit der Gastgeber Gerti und Reinhard.

Zimmer gibt es in vier Varianten (DZ von 22 bis 53 m^2), sie sind schlicht, aber mit Sinn fürs Wesentliche gestaltet, haben Naturkork- oder Eichendielenböden und zumeist Loggia oder Terrasse mit schönem Ausblick ins Grüne. Statt einer Minibar findet sich ein „Genussladen" zum Selbernehmen – praktisch, wenn man spätabends noch Lust auf ein Gläschen verspürt.

Das Spa ist klein, aber erstaunlich großzügig für ein Haus dieser Größe – und ausschließlich Hotelgästen vorbehalten. Es bietet unter anderem einen 10 m langen, ganzjährig beheizten Infinity-Außenpool, drei Saunen und ausgezeichnete Massagen.

Das Frühstück kann man bei geeigneter Witterung auf der Terrasse einnehmen, abends wird nicht mehr gekocht. Jeden zweiten Nachmittag gibt's selbstgemachte Mehlspeisen – flaumig und sündhaft gut. Gasthäuser und Restaurants gibt es in Gehweite, und auch Buschenschanken finden sich in der Umgebung. Viele Gäste, die seit Jahren immer wieder kommen – man kennt sich, man schätzt sich. Am Abreisetag kann das Spa bis 16 Uhr genutzt werden. Ringsum Wanderwege ohne Zahl. Ungeeignet für Kinder. 23 Liegen, 32 Betten.

Freibecken, Sauna, Dampfbad, Massagen.
9-Loch-Parcours in 4 km, 18-Loch-Parcours in 22 km.

8344 Bad Gleichenberg, Bergstraße 2-4
+43 3159 2424
NF ab € 114,-

Fasching Dorfhotel

WELLNESS

19 PUNKTE – 4 LILIEN

Fasching Dorfhotel ****s

Grünruhelage Nähe Mürzzuschlag – Joglland

Familienfreundlich. Wer in den Fischbacher Alpen nach einem liebevoll geführten Familienbetrieb sucht, wird hier, auf 1.050 m Seehöhe in Roseggers Waldheimat, fündig. Ein Haus ohne Lifestyle-Getue, ohne Schnickschnack, einfach nur mit Seele und Herz. Acht Familienmitglieder packen hier tüchtig mit an, guter Wille, Freude und Dankbarkeit gehören zu ihrer gastgeberischen DNA. Sie sind, wie es Leser Martin aus Mittelfranken formulierte, „freundlich, herzlich, hilfsbereit und jederzeit vollendete Gastgeber". Beim Ambiente zeigt sich alles großzügig, modern und gemütlich, und das Preis-Leistungs-Verhältnis macht Freude.

Zimmer gibt es in 13 Kategorien (DZ von 26 bis 135 m²), sie sind mehrheitlich äußerst großzügig geschnitten, haben zumeist Balkon und Loggia sowie auch einen schönen Ausblick. Besonders beliebt: die Suiten mit südseitiger Terrasse.

Der Wellnessbereich ist exklusiv für Hausgäste und erstaunlich weitläufig, wir fanden unter anderem sieben Saunen, einen 18 m langen Innenpool sowie zwei ganzjährig nutzbare Außenpools, einer davon ebenfalls 18 m lang. Sehr gute Massagen, kleines Aktivprogramm, auch Pilates und Meditation.

Großartiges Frühstücksbuffet, sehr gute Küche, sie ist regional orientiert und wunderbar bodenständig, Vegetarisches sowie Gluten- und Laktosefreies gibt es auf Wunsch. Ein Light Lunch (reichlich) auch mit hausgemachten Mehlspeisen ist inkludiert. Sehr nette Tischkultur, gemütliche Bar. Präsente Gastgeber, Herzlichkeit und Bodenständigkeit prägen das Service, alle Mitarbeiter stammen aus der Region, viele sind schon seit Jahren Teil des Teams. Viele Stammgäste. Wermutstropfen: fast immer ausgebucht. Wanderwege ohne Zahl, ein Leihrucksack wartet im Zimmer, auch Schneeschuhe gibt's zur Gratisleihe. Gratisgarage für alle. Hunde erlaubt. 108 Liegen, 120 Betten.

Freibecken, Hallenbad, Außensauna, Sauna, Dampfbad, Kosmetik, Massagen, Fitnessgeräte, Personal Trainer.

8654 Fischbach, Badgasse 5
+43 3170 262
HP-plus ab € 170,–

Kaiserhof
superior

4 LILIEN

Genießen Sie alpines Wellnessflair in unserem familiengeführten Luxushotel in privilegierter Lage auf einem Sonnenplateau hoch über Ellmau mit atemberaubendem Blick auf den Wilden Kaiser.

www.kaiserhof-ellmau.at
6352 Ellmau
Tirol, Österreich
T. +43 5358 2022

KAISERHOF ELLMAU *****S

WELLNESS

14 PUNKTE – 1 LILIE

Ratscher Landhaus

Grünruhelage südlich von Gamlitz – Südweststeiermark

Familienfreundlich, Adults only (November bis Ende März). Idylle: Ein sympathisches Landhotel, es liegt lieblich inmitten von Weinhügeln. Es ist ein Ort für Genießer, Familien und alle, die Wellness, Wein und Wandern lieben. Eine große Weinkarte mit handverlesener Auswahl zählt zur DNA des Hauses, Weinverkostungen und Seminare ebenso, und auch ein Gastgeber, der sein Wissen über die Region, deren Winzer und ihr Schaffen gerne weitergibt.

Das Haus besteht aus dem Stammhaus und einem Neubau. Schöne Zimmer kann man aus 12 Kategorien (DZ von 20 bis 45 m²) wählen, die meisten haben Klimaanlage, bodentiefe Fenster und Balkon oder Terrasse. Ganz fein ist auch die Panoramasuite: mit freistehender Badewanne und weiter Aussicht in die Weinrebenlandschaft, die man am besten aus der Hängeschaukel am Balkon auf sich wirken lässt.

Der Wellnessbereich steht, wie die Restaurants, auch externen Gästen offen, er ist indoor aber nicht riesig. Unter anderem fanden wir zwei Saunen, einen ganzjährig nutzbaren, 14 m langen Infinity-Außenpool sowie einen Naturbadeteich mit Ruhedecks und Liegewiese.

Fabelhafte Terrassen, reichhaltiges Frühstücksbuffet (sogar ein Schnapserl ist hier inkludiert, unsere Eier stammten allerdings aus Bodenhaltung) bis 10 Uhr. Sehr gute Küche mit einem kräftigen Bekenntnis zur steirischen Tradition. Kaffee und Kuchen gibt's im hauseigenen Café. Ausgesprochen freundliches Umfeld. Ringsum Wanderwege, Buschenschanken und vinophile Versuchungen ohne Zahl. Innen und außen Spielzonen für Kids, das Spa kann am Abreisetag bis 15 Uhr ohne Aufpreis genutzt werden. Hunde erlaubt. 46 Liegen, 90 Betten.

Naturbadeteich, Freibecken, Sauna, Massagen, Kosmetik, Fitnessgeräte.

8461 Ratsch an der Weinstraße, Ottenberg 35, +43 3453 23130
HP ab € 187,–

WELLNESS/KUR

13 PUNKTE – 1 LILIE

Hotel im Park ****S

Grünruhelage in Thermennähe – Bad Radkersburg

Mit etwas Patina: Ein Thermenklassiker, wohl das traditionsreichste Haus der Region, es wurde einst als Kurhotel eröffnet und bietet auch heute noch Privatkuren (7, 14 oder 21 Tage) an, wenn auch offenbar als Auslaufmodell. Das Haus befindet sich schon seit geraumer Zeit im Besitz einer deutschen Hotelgruppe, innen zeigt sich so einiges in nostalgischer Anmutung – Schmiedeeisengeländer, Terrazzotreppe und kleine Bäder inklusive.

Die Zimmer (13 Varianten, DZ von 24 bis 55 m²) sind in die Jahre gekommen, aber bestens gepflegt, zumeist haben sie Teppichboden und Balkon, zum Teil auch Klimaanlage. Der Bademantel ist aus reiner Baumwolle, Badeslipper muss man selbst mitbringen.

Das Spa steht neuerdings auch Tagesgästen offen. Unter anderem fanden wir einen 14 m langen, angenehm warmen Außenpool, fünf Saunen mit großzügigen Öffnungszeiten, einen leicht unterkühlten Ruheraum sowie einen Garten mit Bächlein und Poolbar. Sehr gute Massagen, als eines von nur drei Hotels in Österreich bietet man auch Holistic Pulsing an, dieses hat seinen Ursprung bei den australischen Aborigines und eignet sich wunderbar zum Abbau von Stress. Kleines Aktivprogramm, auch Wirbelsäulengymnastik, Klangschalenmeditation und Wassergymnastik.

Reichhaltiges Frühstücksbuffet bis 11 Uhr, nette Tischkultur, ein Light Lunch ist inkludiert. Viele freundliche Mitarbeiter, nicht alle in Bestform, aber stets bemüht. Zahlreiche Stammgäste, viele mit Fixplatz im Speisesaal. Ringsum Wanderwege, Winzer und Buschenschanken ohne Zahl. Check-out um 11 Uhr, bis 14 Uhr kann das Spa am Abreisetag noch kostenfrei genutzt werden. Ungeeignet für Kinder, Hunde erlaubt. 100 Liegen, 150 Betten.

Thermalfreibecken, Thermalhallenbad, Außensauna, Sauna, Dampfbad, Massagen, Kosmetik, Fitnessgeräte, Personal Trainer.
18-Loch-Parcours in 10 und 22 km.

8490 Bad Radkersburg, Kurhausstraße 5
+43 3476 2571 0
HP-plus ab € 124,–

WELLNESS

15 PUNKTE – 2 LILIEN

G'Schlössl Murtal

Grünruhelage am Ortsrand Nähe Knittelfeld – Murtal

Hundefreundlich. Kleinhotel mit Hideaway-Charakter: ein charmantes Refugium, stilvoll arrangiert und ruhig in einem weitläufigen Park gelegen. Es handelt sich um ein ehemaliges Herrenhaus aus dem späten 19. Jahrhundert, der mittlerweile verstorbene Multiunternehmer Dietrich Mateschitz hat's gefunden, liebevoll restauriert und seinem Spielberg-Reich (Red Bull Ring) eingegliedert. Als G'schlössl, was auf weniger steirisch „kleines Schloss" bedeutet. Und in diesem darf sich auch der Vierbeiner wie ein König fühlen.

Zimmer (DZ von 24 bis 70 m²) sind aus sieben Kategorien wählbar, sie bieten stilvoll reduziertes Landhausflair, Eichenböden, teilweise Balkon und stets Ausblick ins Grüne. Besonders komfortabel: die Villa Hanstein in fußläufiger Entfernung – 300 m² groß, mit Kachelofen, Sauna und Platz für bis zu fünf Personen.

Das Spa ist klein, fein und angenehm ruhig – zumindest wochentags, wo man mit etwas Glück alles für sich allein genießen kann. Wir fanden unter anderem vier Saunen (ab 12 Jahren), einen schmalen, 12 m langen Innenpool und im Park einen idyllischen Naturbadeteich mit Seerosen, hier lässt es sich auch gut meditieren. Die Massagen sind ausgezeichnet, Yoga-Retreats werden regelmäßig veranstaltet.

Nette Restaurantterrasse, Frühstücksbuffet von 7 bis 10.30 Uhr, abends isst man à la carte, bodenständig und sehr gut. Präsenter und zuvorkommender Gastgeber, das Team agiert freundlich und authentisch. Fahrräder zur Gratisleihe, E-Bikes gegen Gebühr. Wer absolute Ruhe sucht, sollte sich vorab nach geplanten Events oder Tagungen erkundigen. Eher ungeeignet für Kinder. 21 Liegen, 51 Betten.

Naturbadeteich, Hallenbad, Außensauna, Sauna, Dampfbad, Massagen, Kosmetik, Fitnessgeräte.
18-Loch-Parcours in 6 km, Tennisplatz.

8734 Großlobming, Murhof 1, +43 3512 46904
HP ab € 137,-

WELLNESS

13 PUNKTE – 1 LILIE

Imlauer Hotel Schloss Pichlarn *****

Grünruhelage bei Irdning – Ennstal

Hundefreundlich. Hochzeitskulisse und mehr: Ein Schlosshotel am Golfplatz vor dem malerischen Grimming-Massiv, es vereint historische Mauern mit einem modernen Tagungszentrum und versteht sich zudem auf rauschende Events und Trauungen – eigenes Standesamt inklusive. Besondere Kennzeichen sind der herrliche Ausblick, die prächtige, jahrhundertealte Linde vor dem Hauseingang sowie geheimnisvoll verwinkelte Grundrisse, eine gute Küche und nicht zuletzt eine engagierte Gastgeberin.

Schöne Zimmer kann man aus 11 Kategorien (DZ von 27 bis 149 m²) wählen, alle haben Holzböden, Kaffeemaschine und Teebar, die Spa Suite auch Sauna und Infrarotkabine. Die nordseitigen Zimmer bieten zudem den morgendlichen Weckruf durch den Zulieferverkehr.

Das Spa mit seinen großzügigen Öffnungszeiten steht auch externen Gästen offen, es zeigt sich schlicht gestaltet und bietet unter anderem fünf Saunen, einen 17 m langen Außenpool, ein kleineres Innenbecken sowie zwei Whirlpools. Kleines Aktivprogramm, auch Yoga (mehrmals pro Woche), wenn das Wetter mitspielt, unter freiem Himmel.

Reichhaltiges Frühstücksbuffet mit Produkten vom hauseigenen Landgut – Bioeier, Obst, Gemüse, Kräuter und Honig inklusive. Die Küche ist zumeist gut, die Tischkultur fairly casual. Beachvolleyballplatz, Loipen starten direkt vor der Haustüre, endlose Laufstrecken ebenso. Ungeeignet für Kinder. 61 Liegen, 200 Betten.

Freibecken, Hallenbad, Sauna, Dampfbad, Massagen, Kosmetik, Fitnessstudio, Personal Trainer.
18-Loch-Parcours, 30 % Greenfee-Rabatt, Tennisplatz.

8943 Aigen, Zur Linde 1, +43 3682 24440
HP ab € 180,-

GESUNDHEIT

13 PUNKTE – 1 LILIE

Spanberger Gesundheitshotel ****

Zentrale Ortslage in Gröbming – Ennstal

Hundefreundlich. F. X. Mayers Geburtshaus: Ein kleines, auf Darmsanierung, Entgiftung und Entschlackung spezialisiertes Boutique-Hotel, der Begründer der Kur, Franz Xaver Mayr, wurde hier vor mehr als 150 Jahren geboren. Man setzt auf Authentizität und echte Zuwendung, die Diätküche zählt zu den besten der Detox-Branche.

Die Nähe zur Bergwelt des Ennstales mit ihren ruhigen Wäldern, blumenübersäten Almen und schönen Wanderwegen tut das Ihrige zum Kurerfolg. Und dass vor dem schmucken Bürgerhaus neuerdings eine Fußgängerzone entstan-

Höflehner Naturhotel

den ist, gerät nur zum Vorteil. Hatten wir in den Anfangsjahren des RELAX Guide noch Ausblick auf die saftigen Schinkenbeine in den Auslagen von zwei Metzgern, so ist's heute nur mehr einer, und da hängt auch nichts mehr, was einem den Mund wässrig machen könnte!

Es gibt nur 23 Zimmer (acht Kategorien, DZ von 18 bis 48 m²), kaum eines gleicht dem anderen, von Zirbenländlichkeit bis zum Pariser Chic steht so einiges zur Auswahl.

Der Wellnessbereich ist exklusiv für Hotelgäste, allerdings nahezu mikroskopisch klein, es besteht lediglich aus einer Biosauna und einer Infrarotkabine. Groß hingegen ist die therapeutische Kompetenz. Anders als bei so manchem – auch hochpreisigem – Konkurrenten ist die Anzahl der in den Mayrkur-Packages enthaltenen ärztlichen Bauchbehandlungen so, wie es der virtuose Franz Xaver Mayr festgelegt hatte. Darüber hinaus werden Burnout-Präventionsprogramme und Ayurveda sowie Schröpfen, Faszienbehandlungen und „Höhenlufttherapie für mehr Energie" angeboten. Kleines Aktivprogramm, auch Yoga, Qi Gong und geführte Wanderungen.

Die Küche ist biologisch und regional ausgerichtet und sehr gut. Herzliche Mitarbeiter, viele langjährige finden sich darunter. Schuhputz- und Kleinwäscheservice sind inkludiert. Ungeeignet für Kinder. 6 Liegen, 30 Betten.

Sauna, Massagen, Kosmetik, Ayurveda.
18-Loch-Parcours in 10 km, 20 % Greenfee-Rabatt.

8962 Gröbming, Stoderplatzl 65, +43 3685 22106 0
Pauschalen, etwa 14 Tage „F. X. Mayr" inkl. Diät-VP, Arzt und Therapien ab € 3.107,–

WELLNESS

16 PUNKTE – 2 LILIEN

Höflehner Naturhotel ****S

Grünruhelage mit Fernblick bei Haus – Ennstal

Hunde- und kinderfreundlich. Wandern, Wellness und Natur: Ein Familienbetrieb auf 1.117 m Seehöhe, abgeschieden am Berghang gelegen mit direktem Einstieg ins Schladminger Skigebiet (120 Pistenkilometer), der Ausblick geht auf den Dachstein. Das Hotel ist nach und nach gewachsen, heute umfasst es drei Logiergebäude, in den öffentlichen Räumen verströmen Zirben- und Fichtenholz behagliche Alpenländlichkeit.

Auch die Zimmer folgen diesem Konzept, es gibt sie in 13 Kategorien (DZ von 25 bis 55 m²), sie haben Vollholzmöbel, Balkon oder Terrasse, der Polyesteranteil des Bademantels ist statt lich. Die sogenannten „Sky Chalets“ werden als Suiten angeboten, sie sind aber weder Chalets noch Suiten, dafür sind sie zur Gänze aus Zirbe und Altholz gebaut und richtig gemütlich, sie haben zudem Balkone nach Norden und nach Süden!

Das Spa steht auch Tagesgästen offen, es ist in mehrere Zonen unterteilt und großteils nur über Außenwege erreichbar. Es bietet unter anderem 11 Saunen (zwei davon textil), einen 25 m langen Außenpool, ein wunderbares Yogahaus, feine Ruheräume und einen Naturbadeteich, zudem zwei Außenwhirlpools mit Bergblick. Sehr gute Massagen – auf Wunsch und bei passendem Wetter auch im Freien. Täglich breites Aktivprogramm, auch Yoga (bis zu dreimal pro Tag), Meditation und Faszientraining. Regelmäßig werden auch Yoga-Retreats veranstaltet.

Reichhaltiges Frühstücksbuffet (unsere Eier stammten aus biologischer Freilandhaltung), sehr gute bis ausgezeichnete Küche mit Zutaten aus eigenem Anbau oder von Bauern aus der Region, auf Unverträglichkeiten wird bei Voranmeldung Rücksicht genommen. Legere Tischkultur, feine Käseauswahl, sie wird bis Mitternacht an der Bar gereicht. Light Lunch (reichlich) und Kuchenbuffet sind im Preis inkludiert. Gemütliche Stuben, stimmungsvolle Bar, an Wochenenden abends Livemusik. Service für Biker (u. a. Waschplatz und Werkzeug), E-Bikes gegen Gebühr. Für Kinder gibt es Spiel- und Sportzonen, ein Kunstrasenfeld für Fußball und Basketball, Alpakas für Wanderungen sowie täglich acht Stunden Betreuung (ab drei Jahren). 195 Liegen, 340 Betten.

Naturbadeteich, Freibecken, Hallenbad, Außensauna, Sauna, Dampfbad, Massagen, Kosmetik, Fitnessgeräte, Personal Trainer.

8967 Haus, Gumpenberg 2, +43 3686 2548
HP-plus ab € 182,–

WELLNESS
15 PUNKTE – 2 LILIEN

Schütterhof ****

Grünruhelage mit Fernblick bei Schladming – Ennstal

Familienfreundlich. Ski in, ski out mit grandiosem Panorama: Ein hochsympathischer Familienbetrieb, auf 920 m Seehöhe bietet er den idealen Ausgangspunkt für sportliche Aktivitäten im Sommer, im Winter ist man hier direkt an der Skipiste der Planai-West-Talstation mit Anschluss an 44 weitere Lifte und 123 Pistenkilometer. Das Herz der Gastgeber ist spürbar am rechten Fleck, das Ambiente verströmt Leichtigkeit, Naturmaterialien und viel Holz regieren, das herrliche Bergpanorama kann man durch die bodentiefen Fenster genießen.

Die Zimmer (sieben Kategorien, DZ von 20 bis 65 m²) zeigen sich modern und schnörkellos, sie haben Holzböden, Balkon und Panoramafenster. Besonders gut hat uns die Suite mit freistehender Badewanne, Infrarotkabine und Balkon mit traumhafter Bergkulisse gefallen.

Das Spa ist exklusiv für Hotelgäste und zweigeteilt: eine kleinere Zone für Familien sowie ein großzügiger Adults-only-Bereich mit einem 25 m langen Infinity-Außenpool, in dem man förmlich in das Dachsteinmassiv hinausschwimmt. Unter anderem fanden wir 10 Saunen (eine davon textil, drei nur für Erwachsene) und reichlich Handtücher zur freien Entnahme. Gute Massagen, kleines Aktivprogramm, auch geführte Wanderungen (im Winter mit Schneeschuhen).

Reichhaltiges Frühstücksbuffet bis 10.30 Uhr, gute Küche bei netter Tischkultur, Light Lunch und Nachmittagsjause mit Softdrinks und Heißgetränken sind – auch am Abreisetag – inkludiert. Freundliche Mitarbeiter, präsente Gastgeber, stimmungsvolle Bar. E-Bikes, Nordic-Walking- und Wanderstöcke sowie Wanderrucksäcke gegen Gebühr. Im Mai, Oktober und November erhält man eine Trinkflasche und eine Jausenbox zum Selberbefüllen für unterwegs. Sauberes Preis-Leistungs-Verhältnis. Check-out bis 10.30 Uhr, das Spa kann am Abreisetag ohne Aufpreis bis 17 Uhr genutzt werden. 132 Liegen, 190 Betten.

Freibecken, Hallenbad, Sauna, Dampfbad, Massagen, Kosmetik, Fitnessgeräte.
18-Loch-Parcours in 7 km, 20 % Greenfee-Rabatt.

8971 Schladming-Rohrmoos, Wiesenweg 140, +43 3687 61205
HP-plus ab € 163,–

WELLNESS
16 PUNKTE – 2 LILIEN

Schwaigerhof ****S

Grünruhelage mit Fernblick bei Schladming – Ennstal

Familienfreundlich. Panoramaidylle: Ein sympathischer Familienbetrieb auf 1.050 m

Berghof Ramsau

Seehöhe, die Lage steht nicht nur für einen fabelhaften Ausblick auf das Dachsteinmassiv, sondern im Winter auch für den direkten Zugang zur Rohrmoos-II-Sesselbahn mit Anschluss an 123 Kilometer Pisten.

Die Interieurs spielen mit zeitgemäßer Ländlichkeit, alles fühlt sich recht stimmig und behaglich an. Zimmer gibt es in 16 Varianten (DZ von 21 bis 67 m²), sie sind neoalpin gestaltet, haben Balkon, Holzböden und zum Teil auch duftende Zirbenholzvertäfelungen.

Das im Vorjahr modernisierte Spa steht auch externen Gästen offen. Es bietet unter anderem einen ganzjährig nutzbaren, 25 m langen Außenpool, einen Indoorpool, acht Saunen (zwei davon textil), einen Naturbadeteich mit schönen Liegezonen sowie feine Behandlungs- und Ruheräume. Täglich Aktivprogramm, auch Yoga, Pilates, Waldbaden und geführte Wanderungen sowie E-Bike-Touren.

Reichhaltiges Frühstücksbuffet, gute Küche, Light Lunch (im Winter) und Nachmittagsjause sind inkludiert. Gastgeber und Team schaffen ein herzliches, authentisches Umfeld. Service für Biker (Garage mit Reparaturecke, Waschplatz), Tennisplätze gratis. Für Kinder gibt es Sporthalle, Boulderwand, Gokarts, Spielplatz – und die Hasen Bounty und Blacky zum Streicheln. Gratisgarage für alle. Hunde erlaubt (nur im Sommer). 104 Liegen, 170 Betten.

Naturbadeteich, Freibecken, Hallenbad, Außensauna, Sauna, Dampfbad, Massagen, Kosmetik, Fitnessgeräte. 18-Loch-Parcours in 7 km, 20 % Greenfee-Rabatt, Tennisplatz.

8971 Schladming-Rohrmoos, Schwaigerweg 19
+43 3687 61422

HP-plus ab € 177,–

WELLNESS

13 PUNKTE – 1 LILIE

Berghof Ramsau ****

Grünlage am Ortsrand bei Schladming – Ennstal

Hundefreundlich. Legeres Umfeld: Ein uriges Kleinhotel auf 1.100 m Seehöhe, es liegt an der Hauptstraße, die in das Dörfchen führt. Das liebevoll gepflegte Haus befindet sich direkt an einer der Loipen, im Sommer beginnen herrliche Wanderwege praktisch vor der Haustür. Hinter blumengeschmückten Fassaden warten ländliche Gemütlichkeit und präsente Gastgeber mit Hands-on-Mentalität. Die Atmosphäre ist herzlich und leger, man ist gleich per Du – ohne dass man dafür eine Schnapstaufe über sich ergehen lassen müsste. Obwohl: Die Schnäpse wären es wert, nicht nur die vom alten Edelbrandvirtuosen Karl Pilz aus Ramsau.

Zimmer kann man aus fünf Kategorien (DZ von 20 bis 50 m²) wählen, sie sind zweckmäßig arrangiert, alle haben helle Vollholzinterieurs, Teppichböden und Balkon, einige auch Badewanne, viele prächtigen Bergblick.

Das Spa ist klein, aber exklusiv für Hausgäste. Es bietet unter anderem vier Saunen, einen 10 m langen Indoorpool sowie einen naturbelassenen Schwimmteich mit Außensauna.

Schöne Restaurantterrasse, reichhaltiges Frühstücksbuffet (auch mit Weißwurst und Brezen), abends bodenständige, gute Küche, ein Light Lunch ist inkludiert, die Weinkarte sehr okay. Service für Biker (Garage, Reparaturecke, Waschplatz), Duschen, Wiesen und eigener Badeteich für Vierbeiner. Viele langjährige Stammgäste, kostenfreier Bahnhofstransfer, gutes Preis-Leistungs-Verhältnis. Eher ungeeignet für Kinder. 30 Liegen, 66 Betten.

Naturbadeteich, Hallenbad, Außensauna, Sauna, Dampfbad, Massagen, Fitnessgeräte.
18-Loch-Parcours in 7 km.

8972 Ramsau, Nr. 192
+43 3687 818480
HP ab € 157,-

WELLNESS

14 PUNKTE – 1 LILIE

Lindenhof Ramsau ****S

Grünruhelage am Ortsrand bei Schladming – Ennstal

Familienfreundlich. Umgeben von Wiesen und Wäldern: Ein netter Familienbetrieb mit blumengeschmückter Fassade, er liegt ruhevoll auf 1.200 m Seehöhe an einem Südhang oberhalb des Ortes – der Ausblick in die Bergwelt ist prächtig. Das Hotel besteht aus Stammhaus und einer Dependance, drinnen regiert behagliche Ländlichkeit.

Zimmer stehen in neun Varianten zur Auswahl (DZ von 19 bis 49 m²), sie sind zeitgemäß gestaltet, haben Eichenböden und fast immer Balkon oder Terrasse, manche auch eine Infrarotkabine.

Das kleine Spa ist exklusiv für Hausgäste, es bietet unter anderem vier Saunen, einen knapp 10 m langen, ganzjährig nutzbaren Außenpool (im Winter jedoch nur eingeschränkt) sowie eine Liegewiese am Naturbadeteich.

Schöne Restaurantterrasse, reichhaltiges Frühstücksbuffet, bodenständige und gute Küche – vieles stammt direkt aus der hauseigenen Biolandwirtschaft, Light Lunch und Nachmittagsjause (reichlich) sind inkludiert. Herzliche und engagierte Mitarbeiter, präsente Gastgeber. Ringsum Wanderwege und Loipen ohne Zahl, zudem Klettersteige aller Schwierigkeitsgrade in unmittelbarer Nähe – der Gastgeber ist übrigens staatlich geprüfter Bergführer und hat stets gute Tipps parat. Schlitten und Schneeschuhe gibt's zur Gratisleihe, unseren Testerkindern haben Trampolin und Streichelzoo am besten gefallen. Sauberes Preis-Leistungs-Verhältnis. Hunde erlaubt. 18 Liegen, 80 Betten.

Naturbadeteich, Freibecken, Sauna, Dampfbad, Massagen, Fitnessgeräte.

8972 Ramsau, Dorf 301, +43 3687 81555
HP-plus ab € 170,-

WELLNESS

18 PUNKTE – 3 LILIEN

Die Wasnerin G'sund & Natur ****S

Grünruhelage am Ortsrand in Bad Aussee

Hundefreundlich, Adults preferred (ab 12). Ein Rückzugsort für Literaturverliebte, Yogafreunde und alle, die auf der Suche nach Entschleunigung sind: Inmitten des prachtvollen Ausseerlandes gelegenes und bestens geführtes Hotel, es besteht aus einem denkmalgeschützten Stammhaus und einem großen modernen Zubau. Die eigene Mitte zu finden steht hier im Fokus, das wird „Auszeitln" genannt, dazu passend gibt's W-Lan- und handyfreie Zonen, eine gute Bibliothek sowie eine kleine Buchhandlung – sozusagen als Horizonterweiterung jenseits des digitalen Overloads.

Zimmer kann man aus 17 Kategorien (DZ von 22 bis 64 m²) wählen, alle sind hochwertig ausgestattet, haben Holzböden, Balkon oder Terrasse, viele sind wohltuend großzügig arrangiert und haben bodentiefe Glasfronten. Auch Träumen unterm Sternenhimmel ist möglich, denn einige haben sogar „Wohnzimmer" und Betten am Balkon.

Erzherzog Johann

Der Wellnessbereich ist wohldimensioniert und zudem exklusiv Hotelgästen vorbehalten. Unter anderem fanden wir fünf Saunen, einen 17 m langen, auch im Winter beheizten Außenpool, einen Schneeraum zum Abkühlen nach der Sauna sowie eine Zirbensauna auf der Dachterrasse. Die Massagen sind sehr gut, bei schönem Wetter kann man sie sogar im Freien genießen. Täglich Aktivprogramm, auch Yoga (bis zu dreimal pro Tag, bei geeignetem Wetter auch im Freien) und geführte Wanderungen.

Fabelhafte Restaurantterrasse, reichhaltiges Frühstücksbuffet bis 12 Uhr, sehr gute Küche samt feiner veganer Varianten, Light Lunch und Nachmittagsjause sind inkludiert. Gäste mit Vierbeinern speisen in einem eigenen Bereich. Überaus freundliche Mitarbeiter, herzliche und zuvorkommende Gastgeber, stimmiges Preis-Leistungs-Verhältnis. Wanderrucksäcke, Schneeschuhe und Fahrräder gibt's zur Gratisleihe, E-Bikes gegen Gebühr. Für Raucher ungeeignet. Check-out bis 12 Uhr, das Spa darf am Abreisetag ohne Aufpreis genutzt werden. Gratisgarage für (fast) alle. 150 Liegen, 180 Betten.

Freibecken, Kinderfreibecken (Sommer), Hallenbad, Außensauna, Dampfbad, Massagen, Kosmetik, Fitnessgeräte, Personal Trainer.
9-Loch-Parcours, 20 % Greenfee-Rabatt.

8990 Bad Aussee, Sommersbergseestraße 19, +43 3622 52108
HP ab € 187,–

WELLNESS

14 PUNKTE – 1 LILIE

Erzherzog Johann ****

Ruhige Ortslage in Bad Aussee

Familienfreundlich. Traditionshaus mit großem Namen: Ein echter Ausseerlandklassiker, er liegt auf 659 m Seehöhe direkt im Zentrum des charmanten Orts. Der Fokus liegt auf Wellness und Tagungen, das 600 Jahre alte Stammhaus ist mit einem wesentlich größeren Neubau verbunden – hier wie da zeigt sich alles so gediegen wie gemütlich.

Zimmer gibt es in drei Kategorien (DZ von 24 bis 29 m²), sie sind mehrheitlich nicht allzu groß geschnitten und mitunter etwas hellhörig, fast alle haben Holzböden und Balkon, alle Nespresso-Maschine, wir lieben die (kleinen) Zirbenzimmer vom dritten Stock aufwärts – des schönen Ausblicks wegen.

Das nett gestaltete Spa ist überschaubar und steht auch externen Gästen offen. Es ist in einen Familien- und einen Adults-only-Bereich (ab 16 Jahren) unterteilt und bietet unter anderem fünf Saunen (bis 21 Uhr geöffnet), einen gemütlichen Ruheraum mit offenem Kamin, einen 10 m langen Innenpool sowie einen großen Außenwhirlpool. Täglich Aktivprogramm, auch Pilates und Muskelentspannung nach Jacobson.

Nette Café- und Barterrasse, Frühstück ab 7 Uhr, gute Küche mit vielen regionalen und saisonalen Zutaten (Rind- und Lammfleisch stammen von Ausseer Bauern), eine kleine Nachmittagsjause ist im Preis inkludiert. Viele freundliche und zuvorkommende Mitarbeiter, präsenter Gastgeber. Ruhesuchenden sei angeraten, sich vor der Buchung über etwaige Tagungen oder Festivitäten zu informieren. Das Spa kann an An- und Abreisetag ganztägig genutzt werden. Gratisgarage für fast alle – mit akademischen Einparkkünsten ist man aber definitiv im Vorteil. Ungeeignet für Kinder, Hunde erlaubt. 54 Liegen. 126 Betten.

Hallenbad, Außensauna, Sauna, Dampfbad, Massagen, Kosmetik, Fitnessgeräte, Personal Trainer.
9-Loch-Parcours in 2 km, 20 % Greenfee-Rabatt.

8990 Bad Aussee, Kurhausplatz 62, +43 3622 525070
NF ab € 142,–

WELLNESS

14 PUNKTE – 1 LILIE

Seevilla Altaussee ****S

Grünruhelage am Altausseer See – Nähe Bad Aussee

Traditionshaus am Wasser: Ein familiengeführtes Hotel mit unverwechselbarem Ausseer Charme, es liegt auf 712 m Seehöhe direkt am Ufer des smaragdgrünen Sees, man ist hier übrigens geografisch genau in der Mitte von Österreich, in einer Landschaft, die nicht nur Poeten, Schauspieler und Komponisten seit jeher begeistert. Klassische Zeitlosigkeit mit hohem Gemütlichkeitsfaktor gehört zur DNA des Hotels. Was wir hier besonders mögen: die fabelhafte Seeterrasse mit ihrem Ausblick wie im Bilderbuch, die Ruhe und die klare Luft. Und auch die herrlichen Wanderwege ringsum – direkt am Hotel startet ein acht Kilometer langer um den See.

Die Zimmer (sieben Kategorien, DZ von 25 bis 85 m^2) zeigen sich heimelig gestaltet, alle haben Holzböden und Balkon, wir bevorzugen solche mit Seeblick, es zahlt sich aus!

Das kleine Spa ist exklusiv für Hausgäste, es bietet vier Saunen, einen 20 m langen Innenpool und eine herrliche Liegewiese mit direktem Seezugang. Man kann also aus der Sauna gleich in den See springen, im Adamskostüm ginge es leider nur bei Dunkelheit, das ist ein bisschen schade.

Reichhaltiges Frühstücksbuffet, gute Küche mit Fokus auf regionale Zutaten, eine Nachmittagsjause (reichlich) samt Heißgetränken ist inkludiert. Gegen Aufpreis kann man das Frühstück auch auf einer Plätte (einem traditionellen Holzboot) einnehmen. Das ist nicht nur ein Erlebnis, sondern mitunter auch therapeutisch wertvoll, da es selbst chronisch Morgenverstimmten zu einem Lächeln verhilft. Zweimal pro Woche gibt es abends Klaviermusik, mittwochs Ausseer Volksmusik. Ruhesuchenden empfehlen wir, vor der Buchung mögliche Hochzeiten oder Tagungen zu erfragen. Präsente Gastgeber, viele freundliche Mitarbeiter, beim Service ist man zurzeit noch unterwegs, den Gipfel zu erklimmen. Viele langjährige Stammgäste. Ungeeignet für Kinder, Hunde erlaubt. 44 Liegen, 140 Betten.

Hallenbad, Sauna, Dampfbad, Massagen, Kosmetik, Fitnessgeräte.
9-Loch-Parcours in 6 km, 20 % Greenfee-Rabatt.

8992 Altaussee, Fischerndorf 60, +43 3622 71302
HP ab € 158,–

Gurktaler Alpen
13
21
16
23
1
5
8
28
Millstättersee
3
9
Spittal an der Drau
7
10
27
6
Weißensee
Villach
Ossiachersee
18
12
29
31
14
15
KÄRNTEN
10 km

ALLE LILIEN-HOTELS IN **KÄRNTEN**

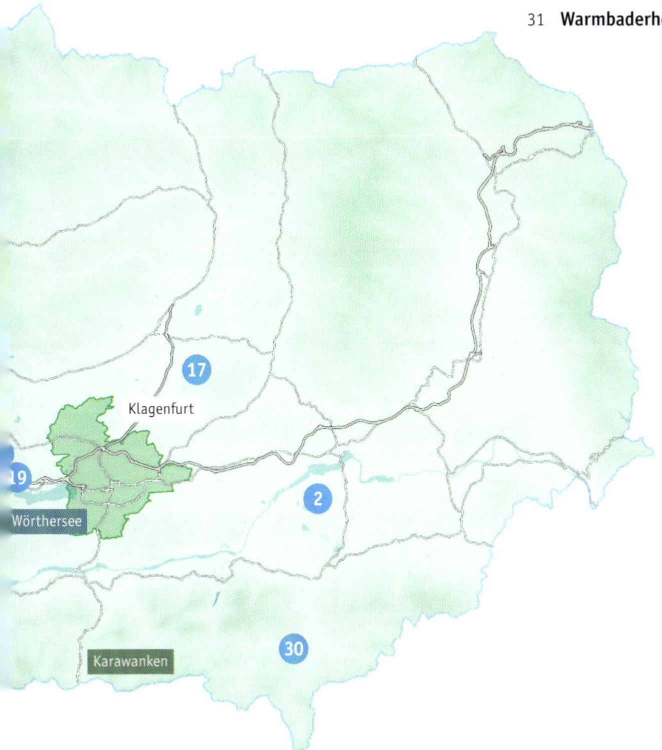

Feuerberg Mountain Resort

WELLNESS
20 PUNKTE – 4 LILIEN

Feuerberg Mountain Resort ****S

Absolute Naturlage mit Fernblick – Nähe Villach

Hunde- und kinderfreundlich. Ein familiengeführtes Resort in genialer Lage, hoch oben auf der Gerlitzen. Der Ausblick ist schlechthin konkurrenzlos! Im Winter ist man hier direkt an der Piste eines Familienskigebiets (50 km präparierte Abfahrten, 15 Lifte). Das Feuerberg – schon der Name macht neugierig – besteht aus einem schönen, modernen Hotel und zahlreichen Apartments in stilisierten Almhütten (einige davon sind Hundebesitzern vorbehalten), die unterhalb des Haupthauses liegen, jedoch über einen Bademantelgang an dieses angebunden sind.

Zimmer gibt es in nicht weniger als 39 Kategorien (DZ von 28 bis 100 m²), alle sind am Puls der Zeit, optische Altlasten gibt es nach einer vor wenigen Monaten abgeschlossenen Modernisierung keine mehr. Ganz neu sind 18 edle Suiten, einige sogar mit Sauna und Onsen auf der Terrasse.

Der Wellnessbereich ist riesig und sehr abwechslungsreich; er wurde über viele Jahre hinweg kontinuierlich erweitert und verbessert, mittlerweile ist er so groß, dass man sich hier schon mehrmals hintereinander verlaufen kann. Neben einem solarbeheizten Naturbadesee und insgesamt 11 Saunen innen und außen fanden wir 12 weitere Pools mit unterschiedlichen Temperaturen, darunter ein 25 m langes Infinity-Freibecken, in dem man fast das Gefühl hat, ins Firmament zu schwimmen. Geradezu himmlisch auch die vielen atmosphärisch gestalteten Ruhezonen. Die ganze Fülle ist in zwei Bereiche unterteilt, nämlich einen für Ruhesuchende und einen für Familien – Kinderbadewelt mit 40 m langer Wasserrutsche inklusive. Gute Massagen, täglich Aktivprogramm, auch Yoga, Meditation und Waldbaden, im Winter auch Schneeschuhwandern.

Fabelhafte Terrasse, wunderbares Frühstücksbuffet, Langschläfer können es an der Bar bis 12 Uhr genießen. Sehr gute Küche bei netter Tischkultur, sie versteht sich auch auf Veganes und bevorzugt Zutaten aus der Region. Ein Light Lunch ist gegen einen geringen Aufpreis erhältlich, eine Nachmittagsjause inkludiert. Ausgesprochen freundliche und zuvorkommende Mitarbeiter. Viele Aktivitäten für Kids, täglich acht Stunden Betreuung für Kinder ab

*Vom Himmel berührt …
die Weite, das herrliche Panorama, der Spirit und die Menschen,
die hier wirken.*

Emanuel Berger
Gastgeber Feuerberg Mountain Resort

drei Jahren (in den Ferien 10 Stunden und bis 22 Uhr), spannendes Jugendprogramm in den Sommerferien, Sport und Kletterhalle. Check-out bis 10.30 Uhr. Gratisgarage für alle. 278 Liegen, 410 Betten, davon 170 in Chalet-Apartments.

Naturbadeteich, Freibecken, Hallenbad, Kinderhallenbad mit Wasserrutsche, Außensauna, Sauna, Dampfbad, Massagen, Kosmetik, Fitnessgeräte.

9551 Bodensdorf, Bergeralm 1, +43 4248 2880
HP ab € 254,–

WELLNESS
13 PUNKTE – 1 LILIE

Magdalensberg Gipfelhaus ****

Absolute Naturlage mit Fernblick – Nähe Klagenfurt

Familienfreundlich. „Spitzen-Location": Das ehemalige Gasthaus für Wanderer thront am

Gipfel des 1.059 m hohen Magdalensbergs. Das Handysignal hier oben ist schwach, das Panorama wunderbar zum Abschalten. Neben dem Stammhaus und einem modernen Zubau gibt es auch ein nur wenige Schritte abseits liegendes uriges Holzhäuschen.

Zimmer kann man in allen drei Gebäuden buchen, insgesamt stehen 10 Kategorien (DZ von 35 bis 100 m²) zur Auswahl, stilistisch bewegt man sich dabei von der Bauernstube bis zur skandinavischen Moderne – Hirschgeweih statt Kruzifix überm Bett inklusive. Auch Suiten mit Sauna, freistehender Badewanne und offenem Kamin sind zu haben, freudespendende Morgensonne gibt's obendrein.

Das Spa ist klein, an Wochenenden allerdings ausschließlich Hotelgästen vorbehalten – zumindest auf dem Papier. Jedenfalls finden wir die zwei getrennten Saunazonen (einmal textil, einmal nackt) plus Naturbadeteich und Außenwhirlpool (8 m lang) schon eine Reise wert, zumal der Ausblick unvergleichlich schön ist.

Fabelhafte Restaurantterrasse für alle Mahlzeiten, tagsüber ist sie freilich auch von Wanderern gut besucht. Reichhaltiges Frühstücksbuffet, Brot und Mehlspeisen sind selbstgebacken. Freundliche Mitarbeiter, das Preis-Leistungs-Verhältnis stimmt auch. Wermutstropfen: Nicht selten finden hier große Veranstaltungen statt, der Spagat zwischen Ausflugs-Event-Gasthof und gehobener Wellness ist eben schwer zu bewerkstelligen. Ruhesuchende sollten daher vor der Buchung abklären, ob ein Event geplant ist. Kinder erfreuen sich an Spielplätzen drinnen wie draußen – ebenso am Rodeln im Winter (sofern Schnee vorhanden), einer Gokart-Bahn und einem Ringelspiel, außerdem gibt's Tiere zum Streicheln und Füttern. Hunde erlaubt. 20 Liegen, 80 Betten.

Naturbadeteich, Sauna, Dampfbad, Massagen.

9064 Magdalensberg, Magdalensberg 16, +43 4224 2249
HP ab € 140,–

GESUNDHEIT

17 PUNKTE – 3 LILIEN

Original Mayr Medical Resort ****

Grünruhelage an der Süduferstraße – Wörthersee

Mayrkurhaus in Traumlage am See: Im restaurierten Holzriegelbau, anno dazumal Urlaubsdomizil der britischen Königsfamilie, geht es vor allem um Entgiftung und Darmsanierung zur Stärkung des Immunsystems, aber auch um „Longevity", was so viel bedeutet, wie ganz gesund und faltenlos recht alt zu werden. Das Anwesen liegt sehr hübsch auf einer Anhöhe oberhalb der Uferstraße des Wörthersees, was einen schönen Ausblick gewährt. Das Ambiente zeigt sich von sensibler Hand gestaltet und sehr behaglich, aber einen Aufzug zu den drei Etagen gibt es nicht. Zielgruppe sind hier jedenfalls betuchte Gäste aus aller Welt, wobei Briten in der Überzahl sind.

Zimmer gibt es in neun Kategorien (DZ von 27 bis 80 m²), eines ist schöner als das andere, auf eine mit Seeblick sollte man nicht verzichten! Alle Zimmer haben Klimaanlage, fast alle Holzböden, die auch schon einmal charmant knarren.

Das Spa gehört nur den Hausgästen und beinhaltet nebst fünf Saunen einen kleinen Innenpool. Vom Hotel aus gelangt man über eine Brücke zum exklusiven Strandhaus mit Saunen und wunderbarem Ruhebereich. Danach empfiehlt sich ein beherzter Sprung ins türkisblaue Wasser des Sees. Sehr gute Massagen, breites Aktivprogramm, auch Yoga, Pilates, Meditation und geführte Wanderungen.

Morgens ab 7 Uhr kann gefrühstückt werden, die Diätküche ist sehr gut. Und natürlich darf vor allem auch für die britischen Gäste der Fünf-Uhr-Tee nicht fehlen. Beim Essen wird übrigens striktes Schweigen verordnet, da bewusstes Kauen zur Kur gehört. Hilfsbereite und freundliche Mitarbeiter. Mindestaufenthalt: eine Woche, drei Wochen wären optimal. Ungeeignet für Kinder. 22 Liegen, 80 Betten.

Seebadestrand, Hallenbad, Außensauna, Sauna, Dampfbad, Massagen, Kosmetik, Fitnessgeräte, Personal Trainer. 18-Loch-Platz nebenan, 25 % Greenfee-Rabatt, Tennisplätze.

9082 Maria Wörth-Dellach, Golfstraße 2
+43 4273 2511 0

Pauschalen, etwa 7 Tage „Mayr Detox" inkl. Diät-VP, Arzt und Therapien ab € 4.670,–

WELLNESS

13 PUNKTE – 1 LILIE

Amerika-Holzer ****S

Grünruhelage am Klopeiner See – Nähe Klagenfurt

Familienfreundlich. Am Nordufer des Klopeiner Sees: ein familiengeführtes Strandhotel mit fast hundertjähriger Tradition, das nur durch die Uferpromenade vom 150 m langen Seestrand getrennt ist. Dieser bietet mit zwei weit ins Wasser reichenden, geräumigen Badestegen und einem „Beachpool" tagsüber ausreichend Platz für ein sonniges Badeerlebnis.

Zimmer sind in sieben Gebäuden unterschiedlichen Alters verfügbar. Nicht weniger als 22 Kategorien gibt es (DZ von 26 bis 68 m²), alle haben Balkon oder Terrasse.

Das kleine Spa ist nur für Hotelgäste zugänglich und bietet unter anderem einen 12 m langen Außenpool sowie insgesamt drei Saunen – eine davon auf dem Badesteg. Fein sind übrigens auch die über dem Wasser schwebenden Hängematten. Sehr gute Massagen, auch ayurvedische gibt es.

Frühstück bis 11 Uhr, zumeist gute Küche. Freizeitmöglichkeiten wie Croquet, Tennis, Tischtennis, Minigolf und Ballspiele ohne Aufpreis. Tret- und Ruderboote sowie SUP-Boards gibt es zur Gratisleihe, für Kinder Ballspielplatz, Trampolin und Sandkiste. Abends Cocktails, Pianomusik und Tanz. Hunde erlaubt. 17 Liegen, 180 Betten.

Seebadestrand, Freibecken (Sommer), Hallenbad, Außensauna, Sauna, Dampfbad, Massagen, Kosmetik, Ayurveda, Fitnessgeräte, Personal Trainer.
18-Loch-Parcours in 4 km, bis zu 50 % Greenfee-Rabatt, Tennisplatz.

9122 St. Kanzian, Am See XI, +43 4239 2212
HP ab € 133,-

KUR/GESUNDHEIT
15 PUNKTE – 2 LILIEN

Vivea Bad Eisenkappel ****

Grünruhelage im Vellach-Hochtal – 35 km von Klagenfurt

Kurhotel am Fuße der Karawanken: vor mehr als zwei Jahrzehnten eröffnet, vor kurzem einer porentiefen Verjüngungskur unterzogen. Es liegt im „Tal der tausend Quellen", das seit Menschengedenken für seine natürlichen Heilkräfte bekannt ist. Auf 560 m Seehöhe, inmitten einer Parkanlage mit Teich, stehen hier Herz-, Kreislauf- und Gefäßerkrankungen sowie Beschwerden des Stütz- und Bewegungsapparates im Fokus. Das Therapieangebot reicht von Kohlensäuretrockengasbädern über Moorbehandlungen bis hin zur Ganzkörperkältetherapie bei minus 110 Grad.

Die Zimmer (sechs Kategorien, DZ von 20 bis 30 m²) sind zeitgemäß gestaltet, nur: Die als Suiten beworbenen sind gar keine Suiten!

Der auch für externe Gäste zugängliche Wellnessbereich bietet vier Saunen (Leserin Yvonne beklagt, dass sie neuerdings sonntags geschlossen sind) und einen ganzjährig nutzbaren Außenpool (15 m Länge), der mit dem Innenbecken verbunden ist, weiters Ruhezonen und Fitnessraum. Aktivprogramm, auch Yoga, Pilates und Qi Gong (manches gegen Aufpreis). Mehrheitlich Sozialversicherungsgäste, im Angebot stehen jedoch auch privat buchbare „Gesundheitswochen" (Light-Kuren) sowie Wellnesspackages (ohne Arzt- oder Therapieleistungen).

Gutes Frühstücksbuffet, zumeist recht gute Küche. Freundliche Mitarbeiter, gutes Preis-Leistungs-Verhältnis. Check-out um 10 Uhr. Kostenloser Shuttledienst zu mehreren Bahnhöfen. Gratisgarage für alle. Ungeeignet für Kinder. 65 Liegen, 216 Betten.

Freibecken, Hallenbad, Sauna, Dampfbad, Massagen, Fitnessgeräte.

9135 Bad Eisenkappel, Vellach 9, +43 4238 90500
HP ab € 150,-

WELLNESS
13 PUNKTE – 1 LILIE

Das Balance Pörtschach ****S

Grünlage am Ortsrand in Pörtschach – Wörthersee

Hoch über dem See: Ein familiengeführtes Hotel, es liegt auf einer Anhöhe in einem Wohngebiet, der Wörthersee ist in etwa 20 Minuten fußläufig erreichbar. Das Haus bedient alle möglichen Zielgruppen, darunter etwa Familien, Paare, Golfer und Seminarteilnehmer, zudem fokussiert es sich auch auf Wellnessurlaub, Detox und noch so einiges mehr. Das Ambiente ist speziell, die Acrylbilder der Gastgeberin sind omnipräsent. Wie schön, dass die Kunst frei ist, denn „Kochkunst & Farbkunst" (werbliche Selbstdarstellung) zählen zu ihren wahren Leidenschaften.

Die Zimmer (18 Kategorien, DZ von 37 bis 38 m²) variieren stark in ihrer Anmutung, sie sind laut Hotel nach der Vier-Elemente-Lehre gestaltet, was sich für uns jedoch nur als unterschiedliche Farbgebung erkennen ließ. Einige der acht Suiten verfügen über Infrarotliegen. Bei geöffnetem Fenster kann es sein, dass die nahegelegene Auto- oder Eisenbahn die süßen Träume stört.

Das Spa bietet unter anderem eine 22 m lange Poolkombi, eine Schneegrotte sowie hübsche Ruheräume. Weiters fünf Saunen, Liegewiese und einen FKK-Liegebereich.

Freundliche junge Mitarbeiter, Gastgeberin Andrea kocht selbst, die Küche ist gut. Auch vegetarische Alternativen kommen auf den Tisch, ein Light Lunch ist im Preis inkludiert. Gratis-

Shuttle zum öffentlichen Seebad. Leihfahrräder gratis. Eher ungeeignet für Kinder, Hunde erlaubt. 60 Liegen, 154 Betten.

Freibecken, Hallenbad, Außensauna, Sauna, Dampfbad, Massagen, Kosmetik, Fitnessgeräte.
27-Loch-Parcours in 5 und 12 km, 18-Loch-Parcours in 15 km, bis zu 30 % Greenfee-Rabatt.

9210 Pörtschach, Winklerner Straße 68, +43 4272 2479
HP-plus ab € 174,-

WELLNESS
13 PUNKTE – 1 LILIE

Parkhotel Pörtschach ****s

Grünruhelage am Seeufer in Pörtschach – Wörthersee

Familienfreundlich. Traumlage auf einer Halbinsel im Wörthersee: Im Stil der neuerdings wieder so beliebten 1960er Jahre verharrt das siebenstöckige Haus am Nordufer des Sees. Einst als Bausünde verunglimpft, heute zumindest ambientemäßig als Vintage gefeiert, befindet es sich inmitten eines 40.000 m² großen Hotelparks, buchstäblich ringsum umgeben von türkis-blauem Wasser. Das ist gleichermaßen fein für Erholungssuchende, Familien und Sportbegeisterte.

Zimmer gibt es in 11 Kategorien (DZ von 26 bis 84 m²), sie zeigen sich zumeist modern und hochwertig, fast alle haben Teppichböden. Große Panoramafenster gewähren einen traumhaften Seeblick. Die Klimaregulierung funktioniert dank Seewasserkühlung und ist in der Kärntner Seensommerhitze nahezu unverzichtbar.

Das kleine Spa, das nur Hotelgästen vorbehalten ist, bietet unter anderem einen 13 m langen Indoorpool, vier Saunen (ab 14 Jahren), Fitnessgeräte und sehr gute Massagen. Wunderbar: der hoteleigene Strandabschnitt mit Liegen und Sonnenschirmen.

Fabelhafte Restaurantterrasse mit Abendsonne, schöne Bar mit würdevoll viel Platz. Reichhaltiges Frühstücksbuffet, zumeist gute Küche mit vornehmlich regionaler Orientierung. Abends im Restaurant wird Wert auf Eleganz gelegt, das heißt, kurze Hosen und offene Schuhe sind für Männer tabu – dass da niemand „Diskriminierung!" schreit! Viele freundliche und hilfsbereite Mitarbeiter, viele Stammgäste. Tret- und Ruderboote, Kajaks und SUP-Boards gibt es zur Gratisleihe. Im Juli und August Betreuung für Kinder ab drei Jahren an sieben Tagen der Woche. Hunde erlaubt. 30 Liegen, 330 Betten.

Seebadestrand, Hallenbad, Sauna, Dampfbad, Massagen, Kosmetik, Fitnessgeräte.
27-Loch-Parcours in 9 und 13 km, 18-Loch-Parcours in 15 km, Tennisplätze.

9210 Pörtschach, Hans-Pruscha-Weg 5, +43 4272 26210
HP ab € 118,-

WELLNESS
17 PUNKTE – 3 LILIEN

Schloss Seefels *****s

Grünruhelage am Seeufer bei Pörtschach – Wörthersee

Charmantes Refugium am Wörthersee: Ein historisches Gebäude, es wurde einst als Villa eines Nationalökonomen erbaut und erst später zu einem Hotel umgewandelt. Der unverwechselbare Charme sowie der atemberaubende Ausblick auf den See blieben dabei erhalten, die wunderschöne Außenanlage ebenso.

Zimmer kann man aus 15 Kategorien (DZ von 15 bis 103 m²) wählen, sie wurden im Zuge der Renovierung vor drei Jahren neu gestaltet und verströmen nun eine anmutige Extravaganz, die Bettwäsche schmeichelt der Haut. In manchem Zimmer ist bei offenem Fenster die Eisenbahn gut hörbar.

Das Spa verfügt insgesamt über fünf Saunen, darunter eine schöne Panoramasauna. Ein weiteres Highlight sind die lichtdurchfluteten Behandlungsräume, hier entspannt man quasi schon vor der Massage. Der Innenbereich ist relativ klein, was uns aber während der Sommermonate kaum gestört hat. Im Freien erwarten die Gäste ein großzügiger Badesteg mit Liegen und Schirmen, ein beheizter, 12 m langer Pool im See, der im Winter beheizt wird, sowie ein Whirlpool und eine Liegewiese.

Fabelhafte Restaurantterrassen mit Seeblick, ausgezeichnete Küche bei feiner Tischkultur. Großartiges Frühstück bis 11 Uhr, viele freundliche und engagierte Mitarbeiter. Kinderbetreuung während der Sommerferien (von 9 bis 17 Uhr). Ruhesuchende sollten sich vor der Buchung erkundigen, ob nicht gerade eine Hochzeit oder eine andere Veranstaltung stattfindet. Eher ungeeignet für Kinder. 25 Liegen, 140 Betten.

Freibecken, Freibecken (Sommer), Kinderbecken, Außensauna, Sauna, Dampfbad, Massagen, Kosmetik, Fitnessgeräte, Personal Trainer.
27-Loch-Parcours in 9 und 13 km, 18-Loch-Parcours in 13 km, bis zu 30 % Greenfee-Rabatt, Tennisplätze.

9212 Pörtschach, Töschling 1, +43 4272 2377 607
NF ab € 176,-

WELLNESS

13 PUNKTE – 1 LILIE

Falkensteiner Schloss Velden *****

Grünlage an der Uferpromenade in Velden – Wörthersee

Hundefreundlich. Das durch Film und Fernsehen bekannte „Schloss am Wörthersee" ist heute ein Urlaubs-, Tagungs- und Eventhotel. Es besteht aus dem alten Schloss und einem wesentlich größeren modernen Zubau, der optisch überrascht. Seit 2011 zählt das Haus zur Falkensteiner-Kette.

Zimmer gibt es in 12 sehr unterschiedlichen Kategorien (DZ von 35 bis 300 m²), nicht alle haben ganz unseren Geschmack getroffen, und bei der vielen Elektronik können schon mal milde Formen der Verzweiflung aufkommen – oder zumindest der Wunsch nach einer sofortigen Entspannungsmassage.

Das hochwertig ausgestattete Spa ist auch externen Gästen zugänglich, indoor verfügt es unter anderem über einen 10 m langen Innenpool sowie drei Saunen, die bis 21 Uhr geöffnet sind. Draußen fanden wir einen 14 m langen, etwas zu kühlen Außenpool sowie schöne Liegewiesen und ein FKK-Areal. Über einen langen Korridor (oder über die Uferstraße) gelangt man zum Beach Club am See, ebendort gibt es einen weiteren Außenpool (18 m lang) und ein Liegendeck. Kein Aktivprogramm, ein Personal Trainer kann gegen Aufpreis gebucht werden.

Viele recht junge Mitarbeiter, mit Küche und Service waren wir nicht so recht glücklich, bei diesen Preisen schon gar nicht. Garage (alternativlos) gegen 24 Euro Aufpreis pro Tag, prestigeträchtiger funktioniert die Präsentation des eigenen „Schlittens" direkt neben dem Haupteingang, das kommt an, kostet jedoch 100 Euronen extra. Pro Tag. Ungeeignet für Kinder. 74 Liegen, 230 Betten.

Freibecken, Freibecken (Sommer), Hallenbad, Außensauna, Sauna, Dampfbad, Massagen, Kosmetik, Fitnessgeräte, Personal Trainer.
27-Loch-Parcours in 11 km, 18-Loch-Parcours in 7 und 10 km.

9220 Velden, Schlosspark 1, +43 4274 520000
NF ab € 180,-

WELLNESS

13 PUNKTE – 1 LILIE

Seehotel Europa ****S

Grünruhelage am Seeufer in Velden – Wörthersee

Hunde- und familienfreundlich. Ein Seehotel, eingebettet in einen kleinen Park mit altem Baumbestand direkt am Ufer, die Familie Wrann führt es bereits in neunter Generation.

Die Zimmer sind auf Hauptgebäude und drei dahinterliegende Häuser verteilt, es gibt sie in 22 stark unterschiedlichen Kategorien (DZ von 20 bis 100 m²), viele zeigen sich hell und freundlich, längst nicht alle bieten Ausblick auf den See. Alle haben Klimaanlage, mitunter sind sie jedoch etwas hellhörig.

Das kleine Spa, das auch externen Gästen zugänglich ist, bietet unter anderem fünf Saunen und ein Panoramahallenbad, ganz neu sind Fitnessgeräte. Von der Liegewiese ist es nicht weit zu Strand und Badestegen, dank Reservierungssystem stehen dann auch immer gleich die „eigenen" Liegen bereit, sehr fein. Zahlreiche Outdoor-Sportmöglichkeiten, Tret- oder Segelboote, SUPs oder Wasserski gibt es gegen Aufpreis.

Fabelhafte Restaurantterrasse mit Morgensonne, ausgezeichnetes Frühstücksbuffet, im Gegensatz zu allen anderen Mahlzeiten ist es inkludiert. Gut speisen kann man in der neuen Rooftop-Bar „See la Vie" mit tollem Ausblick, aber auch in der hoteleigenen Brasserie sowie im Seerestaurant „Portofino". Im Service gibt es allerdings noch ein wenig Luft nach oben. Auch Hochzeiten und Tagungen. Fahrräder zur Gratisleihe. Garage gegen 16 Euro pro Tag. 19 Liegen, 170 Betten.

Hallenbad, Außensauna, Sauna, Dampfbad, Massagen, Kosmetik, Fitnessgeräte.
27-Loch-Parcours in 11 km, 18-Loch-Parcours in 7 und 10 km, bis zu 30 % Greenfee-Rabatt, Tennisplatz.

9220 Velden, Wrannpark 1-3, +43 4274 2770
NF ab € 130,-

WELLNESS

14 PUNKTE – 1 LILIE

Streklhof ****

Grünruhelage mit Fernblick bei Velden – Wörthersee

Hundefreundlich. Wer Ruhe und Gemütlichkeit sucht, ist hier goldrichtig. Ein herzlicher Familienbetrieb mit bäuerlichen Wurzeln, er liegt idyllisch am Waldrand auf 500 m Seehöhe über Velden am Wörthersee. Zuvorkommende und sehr freundliche Mitarbeiter, eine Gastgeberin mit gewinnender Natürlichkeit und ein sauberes Preis-Leistungs-Verhältnis zählen zu seinen Vorzügen.

Zimmern gibt es in neun unterschiedlichen

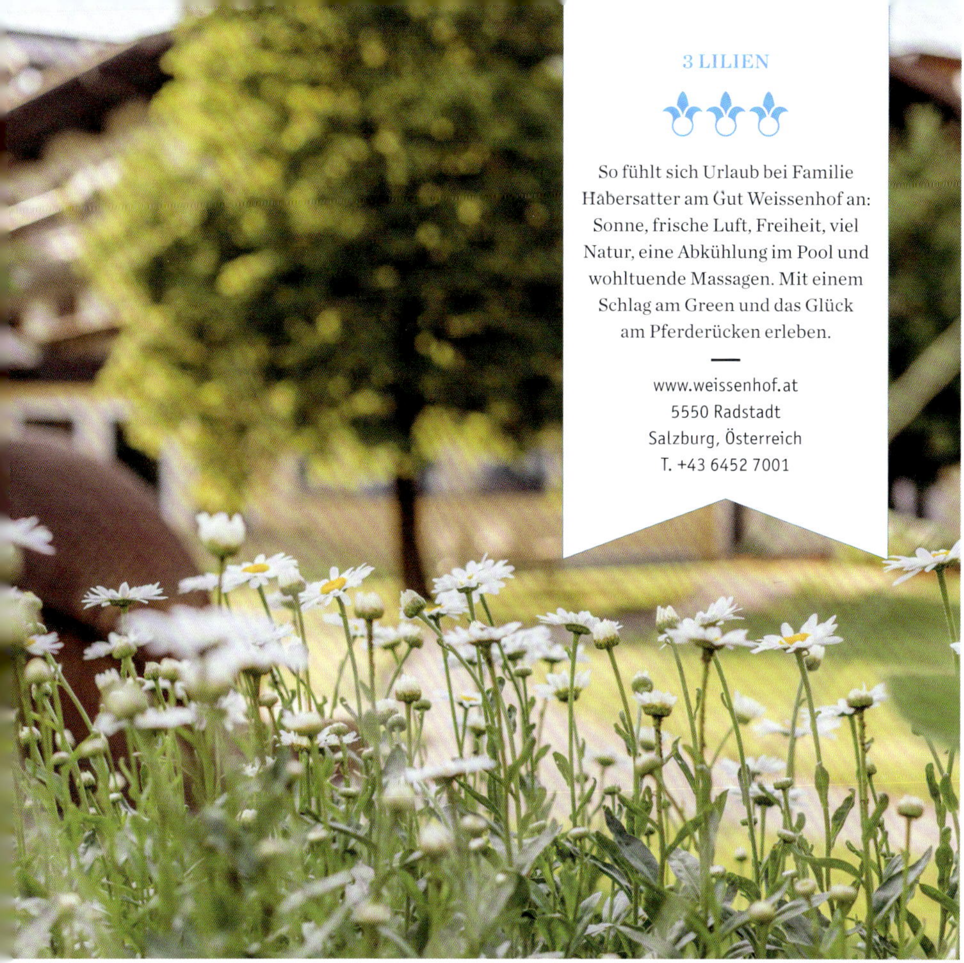

3 LILIEN

So fühlt sich Urlaub bei Familie Habersatter am Gut Weissenhof an: Sonne, frische Luft, Freiheit, viel Natur, eine Abkühlung im Pool und wohltuende Massagen. Mit einem Schlag am Green und das Glück am Pferderücken erleben.

www.weissenhof.at
5550 Radstadt
Salzburg, Österreich
T. +43 6452 7001

Kategorien (DZ von 16 bis 43 m²), die meisten haben Balkon mit schönem Ausblick, der Polyesteranteil des Bademantels ist stattlich.

Das kleine Spa im ehemaligen Heustadel ist wunderschön, es gibt drei Saunen und im Freien einen 18 m langen Außenpool, die ganze Pracht steht allerdings auch externen Gästen offen, die Saunen öffnen gegen Mittag, jedoch nur bei Schlechtwetter, ansonsten deutlich später. Die Massagen sind gut, dass man sie sofort bezahlen muss, ist zumindest für die dann Tiefenentspannten eine eher unerwünschte Beendigung ihres Nirwanazustands.

Fabelhafte Restaurantterrasse, reichhaltiges Frühstücksbuffet (bis 10.30 Uhr) mit vielen regionalen Produkten, zumeist sehr gute Küche, liebevolle Tischkultur. Viele Gäste aus Deutschland. Gratis-Tennisplatz, kleiner Spielplatz, E-Bikes gegen Gebühr. Hunden von Gästen steht die Liegewiese ebenso zur Verfügung wie ein eigener Hundebadeteich. Das Spa kann am Abreisetag noch gratis genutzt werden. 30 Liegen, 100 Betten.

Freibecken (Sommer), Hallenbad, Sauna, Dampfbad, Massagen. Tennisplatz.

9220 Velden, Streklhofweg 1, +43 4274 2501
HP ab € 120,-

WELLNESS

14 PUNKTE – 1 LILIE

Karawankenhof Thermenhotel ****

Grünruhelage am Ortsrand in Warmbad-Villach

Kinderfreundlich. Ein modernes Viersternhotel ohne Wellnessbereich, das aber bequem über einen Bademantelgang mit der Kärnten-Therme und dem Kurzentrum verbunden ist.

Innen wie außen herrscht geradlinige Nüchternheit, was auch für die Zimmer gilt. Diese gibt es in fünf verschiedenen Kategorien (DZ von 26 bis 63 m²), sie sind teilweise recht geräumig, haben Eichenholzböden, Klimaanlage und Balkone. Die Badezimmer haben Glaswände und eine Beleuchtung, die sich beim Betreten automatisch einschaltet – dies freilich auch nächtens.

Die Therme bietet ein tolles Erlebnis für alle Altersgruppen: Es gibt einen Bereich für kleine Kinder, ein 25 m langes Sportbecken sowie mehrere Wasserrutschen, die zusammen eine Länge von 160 m erreichen. Weiters acht Saunen, Damensauna, einen feinen FKK-Bereich, Kältekammer, zwei Thermalpools und ein Fitnessstudio (ab 16 Jahren). Eine exklusive Thermenstunde gibt es für Hotelgäste im Sportbecken ab 8 Uhr und im Urquellbecken ab 7 Uhr. Sehr gute Massagen, täglich Aktivprogramm, auch Spinning, Yoga und Pilates.

Restaurantterrasse, viele freundliche Mitarbeiter, nicht alle agieren professionell, mitunter gibt es auch sprachliche Barrieren. Die Nutzung der Therme ist im Zimmerpreis enthalten. Kinderbetreuung ab dem dritten Lebensjahr im hoteleigenen Croco-Club. Garage gegen Gebühr. Hunde erlaubt. 448 Liegen (in der öffentlichen Therme), 250 Betten.

In der öffentlichen Therme: Thermalfreibecken, Thermalhallenbad, Außensauna, Sauna, Dampfbad, Massagen, Kosmetik, Fitnessstudio.
18-Loch-Parcours in 4 km, bis zu 25 % Greenfee-Rabatt, Golfschule, Reitstall, Tennishalle, Tennisplätze.

9504 Warmbad-Villach, Kadischenallee 27
+43 4242 3001 2099
HP-plus ab € 166,-

WELLNESS/KUR

15 PUNKTE – 2 LILIEN

Warmbaderhof *****

Grünruhelage am Ortsrand in Warmbad-Villach

Warmbaden heißt nicht warm duschen: Schon seit der Römerzeit werden hier die heilsamen Kräfte der örtlichen Quellen genutzt, und heute ist man neben Wellness auch auf Reha nach Gelenksersatzoperationen sowie auf Kuren für den Bewegungsapparat spezialisiert, zudem werden Detox-Programme sowie solche für mentale Gesundheit angeboten.

Die Zimmer (12 Kategorien, DZ von 28 bis 70 m²) sind komfortabel und blitzsauber, sie zeigen zeitgemäße Interieurs in schlichter Eleganz.

Das hoteleigene Spa ist optisch nicht ganz auf der Höhe der Zeit, verfügt aber über fünf Saunen, einen 9 m langen Thermalinnenpool und einen 15 m langen Thermalaußenpool. Thermalwasser quillt übrigens auch in ein museal anmutendes Urquellbecken – direkt aus der Quelle, ohne Aufbereitung. Es ist dies ein unvergleichlicher Genuss für Haut und Sinne, zudem eine lupenreine Zeitreise in die 1960er Jahre! Der Eintritt in die supermoderne öffentliche Kärnten-Therme ist inkludiert, sie ist über einen längeren Bademantelgang zu erreichen. Sehr gute Massagen, auch psychoaktive und ganzheitliche Frauenheilmassagen gibt es. Aktivprogramm, auch Yoga, Pilates und Nordic Walking.

Frühstück bereits ab 7 Uhr, wir empfehlen, das Abendessen auf der Restaurantterrasse mit Blick ins Grüne einzunehmen. Viele freundliche Mitarbeiter, nicht alle befinden sich mit dem Niveau eines Fünfsternhotels ganz im Einklang. Das hoteleigene Spa kann am Abreisetag gratis genutzt werden, die Therme nur bis zum Check-out. Valet Parking. Gratisgarage für Suitengäste, ansonsten gegen 5 Euro pro Tag. Ungeeignet für Kinder, Hunde erlaubt. 49 Liegen, 174 Betten.

Thermalfreibecken, Thermalhallenbad, Sauna, Dampfbad, Massagen, Kosmetik, Fitnessgeräte, Personal Trainer. 18-Loch-Parcours in 4 km, bis zu 25 % Greenfee-Rabatt, Golfschule, Tennishalle, Tennisplätze.

9504 Warmbad-Villach, Kadischenallee 22-24, +43 4242 300110
HP ab € 184,-

WELLNESS
14 PUNKTE – 1 LILIE

Pacheiner Alpinhotel ****

Absolute Naturlage mit Fernblick – Nähe Villach

Über den Wolken: Auf 1.900 m Seehöhe, unterhalb des Gipfels der Gerlitzen, liegt dieses familiengeführte Alpinrefugium mit grandiosem Bergpanorama, im Winter ist man hier direkt an der Skipiste. Innen regiert eine ausgewogene Balance aus alpiner Gemütlichkeit und ansprechender Modernität.

Zimmer gibt es in 13 Kategorien (DZ von 24 bis 98 m^2), alle mit Balkon oder Terrasse, alle haben Zirben- oder Lärcheninterieurs und gute Betten, große Panoramafenster gewähren einen schönen Blick auf die umliegende Bergwelt.

Das kleine Spa ist ausschließlich Hotelgästen zugänglich, es bietet unter anderem zwei Saunen (ab 16 Jahren). Höhepunkt ist ein 17 m langer Infinitypool – hier hat man abends fast das Gefühl, in den Sonnenuntergang hinaus zu schwimmen, und auch der kleine Fitnessraum gewährt ein feines Panorama.

Die Frühstückszeit beginnt um 8 Uhr, im Restaurant werden Kärntner Spezialitäten mit Alpen-Adria-Twist offeriert. Herzliche Gastgeberfamilie, freundliche Mitarbeiter. Im Winter zahlreiche Tagesgäste von der Skipiste, ansonsten bisweilen auch Feste und Events. Rodeln erhält man zur Gratisleihe. Sternenbeobachtung in der hauseigenen Sternwarte sowie Yoga-Retreats sind weitere Angebote des Hauses. Hunde erlaubt. 12 Liegen, 72 Betten.

Freibecken, Sauna, Dampfbad, Massagen, Fitnessgeräte.

9521 Treffen, Pölling 20, +43 4248 2888
HP-plus ab € 141,-

KUR/GESUNDHEIT
15 PUNKTE – 2 LILIEN

Vivea Bad Bleiberg ****

Grünruhelage am Ortsrand in Bad Bleiberg – Nähe Villach

Ein Kurhotel der Tiroler Vivea-Kette, es liegt in einem nebelfreien Hochtal, wurde vor 22 Jahren eröffnet und vor kurzem renoviert. Der Fokus liegt auf Kuren gegen Erkrankungen der Haut, des Stütz- und Bewegungsapparates und der Atemwege, die meisten Gäste kommen über die Sozialversicherung.

Die Zimmer (sechs Kategorien, DZ von 26 bis 38 m^2) sind hell und mit warmen Farben gestaltet. Sie haben wahlweise Teppich- oder Parkettboden, alle Balkon und bieten zumeist einen feinen Ausblick. In der Premium-Variante gibt es auch stets eine aktuelle Tageszeitung, eine Kaffee-Tee-Ecke sowie einen mit Mineralwasser aufgefüllten Kühlschrank. Ebenso kann man zwischen Obstkorb, Käseteller und Prosecco wählen.

Das Spa, das auch externen Gästen offensteht, bietet sechs Saunen und einen knapp 20 m langen Thermalaußenpool mit großzügigen Öffnungszeiten. Eine Besonderheit ist der in den Berg gehauene Heilstollen, den man direkt über einen Verbindungsgang erreicht. Er entfaltet seine Heilwirkung vor allem bei Erkrankungen der Atemwege und ist auch für Allergiker eine Wohltat. Es gibt ein buntes Potpourri an verschiedenen Therapien, von Moorpackungen über Vitalfeldanalyse bis hin zur Kältekammer bei minus 110 Grad. Für Privatzahler werden „Gesundheitswochen" sowie Packages ohne medizinische Betreuung angeboten.

Gutes Frühstücksbuffet, zumeist ebensolche Küche. Viele sehr freundliche und engagierte Mitarbeiter. Abends Tanzveranstaltungen. Check-out ist um 10 Uhr. Kostenlose Bustransfers aus und zu vielen österreichischen Orten. Gratisgarage für alle. Ungeeignet für Kinder. 108 Liegen, 324 Betten.

Thermalfreibecken, Thermalhallenbad, Sauna, Dampfbad, Massagen, Fitnessgeräte. 18-Loch-Parcours in 21 km.

9530 Bad Bleiberg, Thermenweg 7, +43 4244 90500
HP ab € 150,-

Brennseehof Familien-Sport-Hotel

WELLNESS

14 PUNKTE – 1 LILIE

Brennseehof Familien-Sport-Hotel ****s

Grünruhelage am Ortsrand – Nähe Bad Kleinkirchheim

Kinderfreundlich. Ein hochsympathischer Familienbetrieb der besonderen Art, nämlich ein „Kinder-Sporthotel", zudem direkt am See. Es liegt ruhig und schön auf etwa 740 m und bietet Kindern wie auch Eltern gleichermaßen umfangreiche, ja eigentlich sogar ganz tolle Aktivmöglichkeiten – Spaß und Action inklusive. Der See ist sommers wie winters eine Attraktion: Von Schwimmen, Segeln, Kajakfahren und Stand-up-Paddeln bis hin zu Eisstockschießen, Hockey und Eislaufen ist praktisch alles möglich. Zudem gibt es Tennis-, Segel-, Surf- und Bikeschule – Kinder können hier insgesamt 10 unterschiedliche Sportarten erlernen.

Neben dem Stammhaus gibt es noch zwei preisgünstigere Dependancen, jeweils ein paar gute Schritte entfernt. Passable Zimmer kann man aus 19 Kategorien (DZ von 22 bis 65 m^2) wählen, einige haben Eichenböden, fast alle Balkon und Ausblick auf den See, der Polyesteranteil der Bademäntel ist stattlich.

Zum Spa: Neben der Familiensauna im Haupthaus gibt es – über einen Bademantelgang zu erreichen – einen weitaus größeren Bereich für Erwachsene am Wasser, wo sich auch das wunderschöne „Seekino" (ein Adults-only-Saunahaus) befindet. Unter anderem fanden wir 10 Saunen (vier davon textil), sieben Pools und eine große Wiese am Badestrand mit vielen Liegen und Schirmen. Die Massagen sind gut.

Hübsches Restaurant mit Wintergarten, reichhaltiges Frühstücksbuffet, gute Küche, man legt Wert auf regionale Produkte, Light Lunch und alkoholfreie Getränke sind im Preis inkludiert. Präsente Gastgeberfamilie, viele freundliche und sehr hilfsbereite Mitarbeiter. Feine Laufstrecken ab der Hoteltür, Fahrräder gibt's zur Gratisleihe. Großzügig angelegte Outdoor-Spielbereiche, unter anderem 12 Tennisplätze, Ballspielhalle und Beachvolleyballplatz. Umfangreiche Kinderbetreuung ab zwei Jahren, einmal in der Woche Zaubershow. Gästewaschküche mit Bügelecke. Sauberes Preis-Leistungs-Verhältnis. Hunde erlaubt (außer im Hochsommer). 76 Liegen, 190 Betten.

Freibecken, Freibecken (Sommer), Hallenbad, Kinderbecken, Außensauna, Sauna, Dampfbad, Massagen, Kosmetik, Ayurveda, Fitnessgeräte, Personal Trainer.
18-Loch-Parcours in 21 km, 20 % Greenfee-Rabatt, 13 Tennisplätze.

9544 Feld am See, Seestraße 19, +43 4246 2495
HP-plus ab € 127,–

WELLNESS
17 PUNKTE – 3 LILIEN

Das Ronacher Therme & Spa *****

Grünruhelage am Ortsrand in Bad Kleinkirchheim

Fünfsternhaus mit großem Namen: Der seit Generationen geführte Familienbetrieb liegt auf einer sonnigen Anhöhe in 1.040 m Seehöhe, direkt an einer Thermalquelle und am Fuße der Nockberge. Bereits vor mehr als 110 Jahren empfing man hier Kurgäste, die das heilsame Thermalwasser zu schätzen wussten – und das tut man auch heute noch. Denn es hilft wunderbar bei muskulären Verspannungen, bei Rheuma und Gelenksproblemen.

Das Haus präsentiert sich in einer gemütlichen Melange aus Stilen und Reifestadien, unter anderem wurden die Gänge vor kurzem renoviert, von den Zimmern jedoch nicht alle. Diese sind großzügig geschnitten (DZ von 38 bis 100 m²), haben Balkon oder Terrasse sowie teilweise Holzböden und hochwertige Betten, ein bisschen mehr Sauberkeit könnte ab und an nicht schaden.

Das Spa steht auch externen Gästen offen, es zeigt sich nicht mehr ganz taufrisch, aber doch sehr solide. Fünf Thermalpools (der längste misst 18 m) sowie zahlreiche Ruhezonen und großzügige FKK-Bereiche bieten genug Raum zum Entspannen – innen wie außen. Weiters gibt es sieben Saunen (davon zwei textil) und eine „Bildschirmberieselung" ... nun ja, es wäre wirklich wieder mal schön, ganz einfach nur analog zu entspannen. Täglich kleines Aktivprogramm, etwa auch Yoga, Wassergymnastik und geführte Wanderungen.

Reichhaltiges Frühstücksbuffet (sogar bis 12 Uhr, auch am Anreisetag!), Light Lunch und süße Nachmittagsjause sind inkludiert, die Tischkultur ist fairly casual. Die Mitarbeiter sind durchwegs freundlich, die Gastgeberin stets präsent. Viele alte Stammgäste, zahlreich kommen sie aus Italien. Ungeeignet für Kinder, Hunde erlaubt. 132 Liegen, 200 Betten.

Thermalfreibecken, Thermalsolefreibecken, Thermalhallenbad, Sauna, Dampfbad, Massagen, Kosmetik, Ayurveda, Fitnessstudio, Personal Trainer.
18-Loch-Parcours in 4 km, 17 % Greenfee-Rabatt.

9546 Bad Kleinkirchheim, Thermenstraße 3, +43 4240 282 0
HP-plus ab € 209,–

WELLNESS
15 PUNKTE – 2 LILIEN

Die Post ****

Grünruhelage in Bad Kleinkirchheim

Familienfreundlich. Das zweite Hotel der Familie Ronacher in Bad Kleinkirchheim ist auf Familien mit Kindern ausgerichtet und ein grundsolides Haus – es gibt nicht viele Konkurrenten, bei denen wir in den 27 Jahren unseres Bestehens eine derart konstante Urlaubsqualität beobachten konnten. Obwohl an der Durchgangsstraße des Orts gelegen, ist es ruhig, liegen doch Wellness-Außenareal und alle Zimmer an der straßenabgewandten Südseite. Im Winter ist man fußläufig in fünf Minuten am Skigebiet (23 Lifte) sowie am weitläufigen Loipennetz.

Zimmer gibt es in fünf Kategorien (DZ von 30 bis 80 m²), viele im Vollholz-Look, manche mit Teppichböden, fast alle mit Balkon.

Das erst vor kurzem modernisierte Spa heißt auch Tagesgäste willkommen, es steht ganz im Zeichen der magischen sieben: sieben Saunen (zwei davon textil), sieben Pools sowie sieben „Kuschel- und Relax-Zonen". Zudem gibt es ein kleines Ladys-Spa und eine feine FKK-Zone mit Solepool. Bei den Massagen hat man neuerdings etwas an Terrain verloren.

Reichhaltiges Frühstücksbuffet bis 12 Uhr (erfreulich für Langschläfer), gute Küche, Light Lunch und Nachmittagsjause sind im Zimmerpreis inkludiert. Viele freundliche Mitarbeiter, viele Stammgäste. In den Ferienzeiten ist viel los, Ruhesuchenden empfehlen wir eher die Nebensaison. Check-in erst ab 16 Uhr. Täglich 12 Stunden Betreuung für Kinder ab drei Jahren (in den Ferien, sonst nach Vereinbarung). Hunde erlaubt. 85 Liegen, 200 Betten.

Freibecken, Hallenbad, Solehallenbad, Babybecken, Außensauna, Sauna, Dampfbad, Massagen, Kosmetik, Ayurveda, Fitnessgeräte.
18-Loch-Parcours in 3 km, bis zu 30 % Greenfee-Rabatt, Tennisplätze gratis.

9546 Bad Kleinkirchheim, Dorfstraße 64, +43 4240 212
HP-plus ab € 131,–

WELLNESS/GESUNDHEIT
13 PUNKTE – 1 LILIE

Pulverer Thermenwelt *****

Grünlage in Bad Kleinkirchheim

Ein familiengeführtes Thermenhotel, das vor Jahrzehnten schlechthin der Leitbetrieb der ganzen Region war. Heute hat man ein wenig das Gefühl, in die Vergangenheit zu reisen, und auch über die fünf Sterne wunderten wir uns mitunter.

Das Ambiente geht am Stock, verharrt aber ungebeugt vor der Gegenwart. Zimmer gibt es in 11 Kategorien (DZ von 35 bis 150 m²), sie haben zumeist Teppichböden, Balkon sowie schöne Massivholzvertäfelungen, in puncto Sauberkeit und Instandhaltung hätten wir uns ein bisschen mehr erwartet.

Das Spa steht auch Tagesgästen offen, es bietet die Besonderheit von Thermalwasser aus der hauseigenen Quelle – zumindest in zwei Pools. Unter anderem fanden wir einen 16 m langen Innenpool und zwei Becken im Freien, das längste misst 25 m. Weiters Naturbadeteich, Whirlpools, acht Saunen sowie einen großen Garten mit schönem, altem Baumbestand – Außensauna und Liegewiese inklusive. Arztpraxis für Gesundheitsvorsorge (auch Burnout-Prävention) mit Fokus auf Bewegung und Ernährung. Die Massagen sind sehr gut, die Ruhezonen etwas spärlich bemessen. Aktivprogramm, auch Yoga und Meditation.

Kleine Restaurantterrasse, Frühstück bis 11 Uhr, die Küche verwendet auch Zutaten vom eigenen Bauernhof, ein Nachmittagsimbiss mit Suppe und selbstgemachten Kuchen ist inkludiert. Viele freundliche und hilfsbereite Mitarbeiter, bisweilen jedoch etwas überfordert. Das Spa kann vor dem Check-in kostenfrei genutzt werden. Ungeeignet für Kinder, Hunde erlaubt. 87 Liegen, 180 Betten.

Naturbadeteich, Thermalfreibecken, Freibecken, Thermalhallenbad, Außensauna, Sauna, Dampfbad, Massagen, Kosmetik, Ayurveda, Fitnessgeräte, Personal Trainer.
18-Loch-Parcours in 4 km, 20 % Greenfee-Rabatt.

9546 Bad Kleinkirchheim, Thermenstraße 4, +43 4240 744
HP-plus ab € 203,–

WELLNESS
17 PUNKTE – 3 LILIEN

Hochschober ****s

Grünruhelage am Turracher See – Turracher Höhe

Kinderfreundlich. Multikulti am Bergsee: Mitarbeiter aus nicht weniger als 20 Nationen arbeiten in diesem familiengeführten Hotel, das am Ufer des kleinen Turracher Sees auf 1.760 m liegt, im Winter hat man hier ein Skigebiet mit 43 km Pisten praktisch vor der Türe. Das Haus besteht aus mehreren ineinander verschachtelten Gebäuden und dem Wahrzeichen der Anlage, einem altchinesischen Holzturm mit Teehaus, der auch Platz für Yoga und Massagen bietet.

Lobby, Bar und einige Zimmer wurden vor kurzem einem gelungenen Makeover unter reichlicher Verwendung verschiedener Hölzer unterzogen. Zimmer gibt es nun in 16 Kategorien (DZ von 27 bis 80 m²), sie zeigen sich recht unterschiedlich, zumeist in neoalpiner Modernität, fast alle haben Balkone und Holzböden.

Das Spa erstreckt sich über zwei Ebenen, es verfügt über einen kleineren Innenpool und eine eher bescheidene Saunazone (fünf Saunen) sowie einen aufpreispflichtigen, aber wunderbar authentischen Hamam. Auch im Winter ist das Wasser des in den eiskalten Bergsee integrierten Außenpools übrigens wohlig warm. Sehr gute Treatments, täglich Aktivprogramm, auch Yoga (fast jeden Tag), Stretching sowie im Winter Schneeschuhwanderungen.

Wunderbares Frühstücksbuffet (auch Unverträglichkeiten werden hier berücksichtigt), zumeist gute Küche mit Auswahl an veganen und vegetarischen Speisen, ein Light Lunch ist im Zimmerpreis inkludiert. Bemühte und freundliche Mitarbeiter. Täglich 10 Stunden Kinderbetreuung. Das Spa ist auch an An- und Abreisetag ohne Aufpreis nutzbar. Ringsum schöne Wanderwege ohne Zahl. Garage gegen 15 Euro pro Tag. Hunde erlaubt. 92 Liegen, 250 Betten.

Freibecken, Hallenbad, Außensauna, Sauna, Dampfbad, Massagen, Kosmetik, Ayurveda, Fitnessstudio, Personal Trainer.
18-Loch-Parcours in 19 km.

9565 Turracher Höhe, Nr. 5, +43 4275 8213
HP-plus ab € 206,50

WELLNESS
15 PUNKTE – 2 LILIEN

Karnerhof ****s

Grünruhelage am Faaker See – Nähe Villach

Familienfreundlich. Viel Neues bei Familie Karner am Faaker See: Das bereits in dritter Generation geführte Ferien- und Tagungshotel wurde, wie schon vor zwei Jahren, vor wenigen Monaten neuerlich teilmodernisiert, vor allem mehrere öffentliche Räume zeigen sich nun in

Der Daberer – das Biohotel

gefälligerem Look und mit mehr Platz – Bar- und Restaurantterrasse inklusive.

Zimmer gibt es in neun Kategorien (DZ von 25 bis 67 m²), sie haben Böden aus Holz, Vinyl oder Teppich, fast alle bieten Seeblick und einen Balkon in Richtung Süden. Rauchen ist hier auch auf den Balkonen strikt verboten, Klimaanlage gibt es keine – nicht dass wir diese vermisst hätten.

Das Spa ist exklusiv für Hotelgäste, es profitierte am meisten von der Erweiterung: verschönertes Hallenbad (mit demselben Innenpool), Salzraum mit Infrarotliegen, zusätzliche Ruheräume mit Panoramaausblick, und alles ist großzügiger und heller geworden. Zum Bestand gehören unter anderem der ganzjährig beheizte, 20 m lange Infinity-Außenpool und eine Saunalandschaft mit sechs Saunen (zwei davon textil). Im Freien warten Liegewiesen, ein kleiner Kieselstrandabschnitt und eine FKK-Terrasse mit Außensauna, von der man direkt in den See springen kann. Gute Massagen, täglich Aktivprogramm, auch Yoga und Pilates und vieles mehr – im neuen Fitnessraum oder teilweise auch im Freien.

Fabelhafte Restaurantterrasse, reichhaltiges Frühstücksbuffet, zumeist sehr gute Küche bei feiner Tischkultur, eine Nachmittagsjause mit Heißgetränken ist inkludiert. Viele freundliche Mitarbeiter. Betreuung für Kinder ab drei Jahren an sechs Tagen die Woche (in den Sommerferien), Gästewaschmaschine. 112 Liegen, 250 Betten.

Seebadestrand, Freibecken, Hallenbad, Babybecken, Außensauna, Sauna, Dampfbad, Massagen, Kosmetik, Fitnessgeräte. 18-Loch-Parcours in 9 km, Tennisplätze.

9580 Egg am Faaker See, Karnerhofweg 10, +43 4254 2188
HP ab € 157,50

WELLNESS
18 PUNKTE – 3 LILIEN

Der Daberer – das Biohotel ****S

Grünruhelage am Ortsrand in Dellach – Gailtal

Einfach wunderbar: Ein mit Achtsamkeit „biophilosophisch“ geführter Familienbetrieb, er liegt idyllisch am Waldrand und bietet einen traumhaften Ausblick auf die Karnischen Alpen. Nachhaltigkeit wird hier generell großgeschrieben und beschränkt sich nicht nur auf die Bauweise des Hauses, sondern betrifft das ganze Konzept. Im Inneren sorgen Holz, Lehm und Leinen für heimelige Modernität.

Zimmer gibt es in 13 Kategorien (DZ von 24 bis 65 m²), sie sind zumeist südseitig ausgerichtet, haben feine Lärchen-Parkettböden und einen Lan-Kabelanschluss, denn W-Lan gibt es nur in der Lobby.

Das Spa empfanden wir als wahre Augenweide, es gibt zwei feine Außensaunen, drei Saunen indoor und, etwas abseits, einen verträumten Badeteich im Wald – mit Floß und Liegewiese sehr idyllisch! Ausgezeichnete Massagen, tägliches Aktivprogramm, auch Yoga (fast jeden Tag) und Faszientraining.

Fabelhafte Restaurantterrasse, hochqualitatives Frühstücksbuffet (mit selbstgebackenem Brot), ausgezeichnete Küche, die im Zeichen von Slow Food steht, großen Wert auf regionale und biologische Zutaten legt und sich auch auf Veganes versteht. Besonders angetan waren wir auch von der exzellenten Weinberatung – das ist heute schon sehr selten geworden. Ein Light Lunch mit Suppe und Salaten ist inkludiert. Präsente Gastgeber, wunderbar freundliche Mitarbeiter, fast alle kommen aus der Region, viele Stammgäste aus Deutschland. Geführte Wanderungen gibt es zu allen Jahreszeiten, im Winter auch mit Schneeschuhen. Ringsum gute Laufstrecken, Leihfahrräder gratis. Auch Packages für Detox-Basenfasten, Yoga- und Pilates-Retreats sowie Kochkurse. Ungeeignet für Raucher. Hunde (eingeschränkt) erlaubt. 82 Liegen, 84 Betten.

Naturbadeteich, Hallenbad, Außensauna, Sauna, Dampfbad, Massagen, Kosmetik, Fitnessgeräte, Personal Trainer. 18-Loch-Parcours in 12 km, 20 % Greenfee-Rabatt.

9635 Dellach im Gailtal, St. Daniel 32, +43 4718 590
HP-plus ab € 182,-

WELLNESS

15 PUNKTE – 2 LILIEN

Tuffbad Almwellness-Resort ****s

Absolute Grünruhelage – Lesachtal

Naturhotel auf der Alm: ein umweltbewusster Familienbetrieb in abgeschiedener Lage, umringt von Wiesen und Wäldern, auf 1.260 m Seehöhe mitten im schönen Lesachtal. Die sprudelnde Heilquelle sowie die Verbundenheit mit Mensch und Natur sind hier Teil der DNA. Gastfreundschaft und Gemütlichkeit stehen im Mittelpunkt, dass das W-Lan hier nicht wirklich funktioniert, stört niemanden. Zur Anlage gehören neben dem Stammhaus noch sechs Almchalets mit Feriensuiten, die etwas abseits stehen.

Die Zimmer (16 Kategorien, DZ von 27 bis 104 m²) sind mit Vollholzinterieur in unterschiedlichen Reifestadien ausgestattet. Die Chalet-Suiten warten mit offenem Kamin, Sauna und Dampfbad auf – der Polyesteranteil der Bademäntel ist stattlich.

Der Wellnessbereich wird mit Wasser aus der hauseigenen Quelle gespeist. Er verfügt über drei Pools und einen fast in der Luft schwebenden, 15 m langen Infinity-Außenpool mit Ausblick in die Berge. Insgesamt gibt es 11 (zumeist kleinteilige) Saunen, neun verschiedene Ruhebereiche, darunter auch einen Licht-Sole-Raum, sowie ein Liegedeck mit Panoramablick. FKK-Bereich mit Außenwhirlpool und Nacktsonnenliegen. Aktivprogramm, auch Yoga, Qi Gong und Meditation. Das Haus ist Ausgangspunkt für herrliche Bergwanderungen.

Fabelhafte Terrasse, reichhaltiges Frühstücksbuffet (mit vielen regionalen Bioprodukten und Selbstgemachtem), bereits ab 6 Uhr Früh ist es für wanderlustige „Early Birds“ eröffnet. Gegen Voranmeldung ist auch ein Langschläferfrühstück bis 14 Uhr möglich. Gute bis sehr gute Küche, Light Lunch und Nachmittagsjause sind inkludiert. Präsente Gastgeber, sehr freundliche und zuvorkommende Mitarbeiter. Im Winter gibt es eine hauseigene, beleuchtete Rodelbahn, Schlitten und Schneeschuhe gibt es zur Gratisleihe. Hunde erlaubt. 105 Liegen, 130 Betten.

Freibecken, Hallenbad, Außensauna, Sauna, Dampfbad, Massagen, Kosmetik, Fitnessgeräte, Personal Trainer.

9654 St. Lorenzen im Lesachtal, Tuffbad 3, +43 4716 622
HP-plus ab € 202,-

WELLNESS

14 PUNKTE – 1 LILIE

Die Forelle Genießerhotel ****s

Grünruhelage am Seeufer in Techendorf – Weißensee

Küchenjuwel am See: Ein ganz feiner Familienbetrieb mit Hideaway-Charakter, er liegt auf 930 m Seehöhe direkt am Weißensee, ein niveauvolles Ambiente und herzliche Gastgeber sind seine besonderen Kennzeichen, eine Küche zum Niederknien obendrein.

Zimmer gibt es in acht Kategorien (DZ von 26 bis 60 m²), sie sind mit hochwertigen Materialien ausgestattet, haben Holzböden sowie Balkon oder Terrasse – fast alle gewähren einen ungestörten Ausblick auf den See.

Das schöne Spa ist mini, es bietet vier Saunen und sehr gute Massagen, externe Gäste gibt

Enzian Seehotel

es keine, die Hotelgäste bleiben unter sich. Der hauseigene Seestrand ist nur ein paar Schritte entfernt, ein Bad im klaren Bergsee hat uns wunderbar erfrischt.

Fabelhafte Restaurantterrasse mit Abendsonne, schöne Weinkarte. Besondere Erwähnung verdient die Küche von Hannes Müller, für uns zählt sie zu den allerbesten Halbpensionsküchen des Landes. Ihr Fokus heißt Rückbesinnung auf Tradition und Handwerk, gekocht wird auf dem Holzofen, und alles kommt aus biologischer und regionaler Produktion, der Fisch als Wildfang aus dem Weißensee. Vegetarisches gibt es auf Wunsch, Veganes hingegen nicht, das wird aber im Vorfeld klar kommuniziert. Wunderbare Gastgeber, herzerfrischendes, familiäres Umfeld, viele Stammgäste. Auch Minikochkurse und Brotbacken mit Familie Müller. Wanderwege ohne Zahl, Wanderkarten, Nordic-Walking-Stöcke sowie Ruderboote, Kajaks, Rodeln und Eisstöcke gibt's zur Gratisleihe. 26 Liegen, 60 Betten.

Seebadestrand, Sauna, Dampfbad, Massagen, Fitnessgeräte. 18-Loch-Parcours in 12 km.

9762 Weißensee, Techendorf 80, +43 4713 2356
HP-plus ab € 175,–

WELLNESS

14 PUNKTE – 1 LILIE

Enzian Seehotel ****

Grünruhelage an der Uferstraße – Weißensee

Schön gelegenes Kleinod: Der Mutter-Tochter-Betrieb in vierter Generation liegt mitten in einem idyllischen Garten. Er besteht aus einem alten, wunderschönen Landhaus und zwei modernen Nebengebäuden mit feinen Suiten (bis zu 160 m²), sie liegen auf der anderen Straßenseite, fast direkt am See.

Zimmer gibt es in 12 Kategorien (DZ von 18 bis 160 m²), sie haben Holzböden und gute Betten, der Ausblick ist herrlich.

Das kleine Spa steht nur Hotelgästen offen, es ruht auf Pfählen im Wasser und bietet vornehmlich angenehme Ruhezonen sowie zwei Saunen, von denen aus man zur Abkühlung auch pudelnackt in den See springen kann.

Fabelhafte Restaurantterrasse mit Ausblick, abends wird in der gemütlichen alten Holzstube gegessen, die Küche favorisiert Frisches und Regionales, sie ist erfreulich bodenständig und gut. Präsente Gastgeberinnen – sie sind fast immer für ein nettes Plauscherl zu haben –, freundliche, kompetente und gut

Kollers

eingespielte Mitarbeiter. Ringsum wunderschöne Wanderwege ohne Zahl, Ruder-, Tretboote und SUP-Boards gibt's zur Gratisleihe, Eisstöcke und Rodeln im Winter ebenso. Gratis-Shuttle zum Bahnhof Greifenburg. Ungeeignet für Kinder, Hunde erlaubt. 13 Liegen, 50 Betten.

Seebadestrand, Außensauna, Dampfbad, Massagen. Tennisplatz.

9762 Weißensee, Neusach 32, +43 4713 2221
HP ab € 160,-

GESUNDHEIT/KUR
17 PUNKTE – 3 LILIEN

Die Schrothkur

Grünruhelage in Obervellach – 65 km von Villach

Medizinisches Zentrum für Entgiftung und Entschlackung: Zahlreiche Hotels im bayerischen Allgäu bieten die Schrothkur an, eine Sonderform des Heilfastens, die der Bauer Johann Schroth Mitte des 19. Jahrhunderts entwickelt hat. Es gibt sie auch in Kärnten. Allerdings mit dem Unterschied, dass sie hier von direkten Nachfahren des alten Schroth betrieben wird und zudem hochmoderne medizinische Ausstattung und Diagnostik umfasst.

Das Haus zeigt sich höchst sauber und bestens gepflegt, Zimmer stehen in zwei Kategorien (DZ mit 22 oder 25 m²) zur Auswahl, sie wurden vor kurzem allesamt renoviert.

Saunen und Pools findet man hier nicht, denn Saunieren und Baden wären kontraindiziert. Das diagnostische Spektrum ist außerordentlich groß, es reicht von medizinischen Check-ups über Darmflora-Analyse bis hin zu Langzeit-EKG und Spurenelementuntersuchung aus dem Vollblut. Die angebotenen Kuren eignen sich zur Therapie von fast allen chronischen Krankheiten sowie von Befindlichkeitsstörungen. Die optimale Dauer beträgt drei bis vier Wochen, es gibt aber auch Light-Varianten, sozusagen einfach zur Regeneration. Auch spezielle Packages zu den Themen Schönheit, Burnout und vegetarische Ernährung werden angeboten.

Die Küche bietet ausschließlich Vegetarisches und Veganes, und sie ist gut. Achtsames Umfeld mit ausgesprochen gutem Preis-Leistungs-Verhältnis. Ungeeignet für Kinder. 54 Betten.

Massagen, Kosmetik.

9821 Obervellach, Johann-Schroth-Weg 136
+43 4782 2043

Pauschalen, etwa „Gesundheitswoche" inkl. Diät-VP, Arzt und Therapien ab € 1.568,-

WELLNESS
17 PUNKTE – 3 LILIEN

Kollers ****S

Grünruhelage am Seeufer – Millstätter See

Nicht nur für Seefahrt-Enthusiasten: ein charmantes familiengeführtes Haus mit mediterranem Flair und angenehmer Größe. Außergewöhnlich sind hier unter anderem ein beheizter Pool im See sowie ein schwimmendes Inselchen zum Abendessen, aber auch mehrere Oldtimer-Boote.

Zimmer gibt es in 16 Kategorien (DZ von 18 bis 57 m²), die meisten zeigen sich sehr elegant, alle haben Balkon oder Terrasse – und diese herrlich feine Bettwäsche, die der Haut so schmeichelt. Ein Unikat ist die Bootshaus-Suite direkt am Ufer, sie überrascht mit maritimer Anmutung, Dampfdusche und herrlichem Balkon.

Der Wellnessbereich ist indoor keine Riese, aber exklusiv für Hausgäste, unter anderem fanden wir vier Saunen (eine direkt am Wasser!), einen 6 m langen Innenpool, zwei Außenpools (5 und 15 m lang) und sehr gute Massagen. Besonders angetan hat es uns aber das „Relax-Schiff". Einst Liniendampfer am Millstätter See, wartet es jetzt sozusagen als Spa-Erweiterung mit einem exklusiven Sonnendeck sowie mit einer gemütlichen Teebar auf. Kleines Aktivprogramm, auch Yoga, Qi Gong und Wirbelsäulengymnastik.

Fabelhafte Restaurantterrasse, reichhaltiges Frühstücksbuffet, ausgezeichnete Küche mit mediterraner und regionaler Ausrichtung. Auch die Nachmittagsjause mit hausgemachten Mehlspeisen ist ein Genuss, ebenso das Eis der hauseigenen Eisdiele – ganz ohne künstliche Aromen und Farbstoffe, einfach köstlich. Präsente Gastgeber, viele freundliche und zuvorkommende Mitarbeiter, ruhevolle Atmosphäre. Schöne Strandbar, viele langjährige Stammgäste. Ruder-, Tret- und E-Boote gibt's zur Gratisleihe. Eher ungeeignet für Kinder, Hunde erlaubt. 27 Liegen, 114 Betten.

Seebadestrand, Freibecken, Hallenbad, Außensauna, Sauna, Dampfbad, Massagen, Kosmetik, Fitnessgeräte. 18-Loch-Parcours in 5 und 30 km, 20 % Greenfee-Rabatt.

9871 Seeboden, Seepromenade 2-4
+43 4762 82000

HP ab € 172,-

WELLNESS
14 PUNKTE – 1 LILIE

Alpenrose Naturhotel ****

Grünruhelage mit Fernblick in Millstatt – Millstätter See

Herzlich und geerdet: Ein kleiner Familienbetrieb, er liegt auf knapp 940 m Seehöhe auf einem Sonnenplateau, das Panorama ist unbeschreiblich schön. Bis vor wenigen Monaten wurde hier porentief modernisiert, damit ist man stilistisch sozusagen in der Gegenwart angekommen.

Alles zeigt sich nun hell und zeitgemäßer, bodentiefe Glasfronten bringen die Natur herein. Geblieben ist freilich das, was wir hier so mögen: der Duft nach feinen Hölzern, frischen Kräutern und herrlichen Mehlspeisen und last but not least diese Terrasse – hier beginnen angenehme Tage. Die Zimmer (sieben Kategorien, DZ von 24 bis 70 m²) sind mit viel Holz ansprechend gestaltet, viele haben Balkon, einige auch Whirlpool; TV-Geräte und0 Zigarettenrauch sind hier strikt tabu, W-Lan gibt es nur in den öffentlichen Räumen. Eine private Sauna gibt es auch, nämlich in einem Häuschen für maximal acht Gäste.

Das recht kleine Spa steht auch externen Gäste offen, es ist durch den Umbau nicht gewachsen, aber schöner geworden. Unter anderem fanden wir drei Saunen und einen 11 m langen Außenpool. Erquickende Liegewiese, sehr gute Massagen. Mini-Aktivprogramm mit Wanderungen und Kräuterführungen.

Fabelhafte Terrasse mit Morgen- und Abendsonne, wunderbar herzhaftes Frühstücksbuffet mit selbstgebackenem Brot und gesunden Smoothies. Sehr gute Küche, die viele Biozutaten aus dem eigenen Kräuter- und Gemüsegarten verwendet. Selbst die Eisspezialitäten sind hausgemacht, ein Light Lunch ist inkludiert, die herrlichen Torten und Kuchen am Nachmittag nicht. Authentisches Umfeld mit sauberem Preis-Leistungs-Verhältnis und vielen Stammgästen. 27 Liegen, 88 Betten.

Villa Postillion am See

Freibecken, Sauna, Dampfbad, Massagen, Kosmetik.
18-Loch-Parcours in 5 km, 15 % Greenfee-Rabatt.

9872 Millstatt, Obermillstatt 84, +43 4766 2500
HP-plus ab € 158,–

WELLNESS
13 PUNKTE – 1 LILIE

Seeglück Forelle ****S

Grünruhelage am Seeufer in Millstatt – Millstätter See

Fahrkarte ins „Seeglück": ein in vierter Generation geführtes, traditionsreiches Strandhotel in bester Lage. Es besteht aus mehreren Gebäuden, die durch Gänge miteinander verbunden sind. Vieles hier wurde in den vergangenen Jahren schrittweise modernisiert, so auch bei den Zimmern.

Es gibt sie nun in acht Kategorien (DZ von 21 bis 53 m²), sie sind nach Fischen benannt und unterscheiden sich – so wie die Fische – stark im Aussehen. Neben neuen mit Holzböden gibt es auch noch einige in herkömmlicher Klassik – mit Teppichböden in kräftigen Farben. Großteils bieten sie Balkon und zumindest seitlichen Seeblick, die Suiten verfügen zudem über Klimaanlagen.

Das Spa ist exklusiv für Hotelgäste, aber nicht allzu üppig ausgestattet, unter anderem fanden wir vier kleine Saunen (ab 15 Jahren), einen 10 m langen Innenpool, einen FKK-Whirlpool und einen kleinen Nacktbereich im Freien sowie eine schöne Liegewiese mit alten Obstbäumen und herrlichem Ausblick – spätestens hier kann man dann spüren, was es mit dem „Seeglück" eigentlich auf sich hat.

Fabelhafte Restaurantterrasse, die Küche ist zumeist gut, sie legt Wert auf regionale Zutaten, auf die eine „R99-Garantie" gegeben wird, was bedeutet, dass sie aus maximal 99 km Entfernung kommen – der Fisch (u. a. Reinanke, Zander und Hecht) stammt sogar aus dem eigenen Fischwasser vor der Haustüre. Auch Vegetarier und Veganer kommen auf ihre Kosten. Gegen Gebühr lassen sich SUP-Boards und Elektroboote mieten, der Wellnessbereich kann an An- und Abreisetag ohne Aufpreis ganztägig genutzt werden. Ungeeignet für Kinder, Hunde erlaubt. 21 Liegen, 120 Betten.

Seebadestrand, Hallenbad, Sauna, Dampfbad, Massagen, Kosmetik, Fitnessgeräte.
18-Loch-Parcours in 4 km, 20 % Greenfee-Rabatt.

9872 Millstatt, Fischergasse 65, +43 4766 2050 0
HP ab € 156,–

WELLNESS

14 PUNKTE – 1 LILIE

Villa Postillion am See ****

Grünlage am Seeufer in Millstatt – Millstätter See

Familienfreundlich. Mit viel Sonne von früh bis spät: Beim Namen des Hotels dachten wir unweigerlich an einen fröhlichen Kutscher, der Post und Passagiere von einem Ort zum anderen bringt ... anno dazumal. Die Fröhlichkeit ist geblieben, heute finden wir hier ein modernes familiengeführtes Strandhotel mit weiterhin sehr guter Verkehrsanbindung, nämlich direkt an der B98. Von der hört man allerdings kaum etwas – fast alle Zimmer befinden sich auf der straßenabgewandten Seeseite, bei den wenigen anderen muss man nächtens aber die Fenster schließen.

Zimmer mit schönem Ausblick gibt es in elf Kategorien (DZ von 19 bis 50 m²), keines hat Klimaanlage, alle haben Balkon mit Glasbrüstung und Wärmelampe für kühle Abende, viele davon fallen sogar so groß aus, dass es keine Ausrede mehr gibt, das morgendliche Yoga nicht zu absolvieren – die Matte liegt schon bereit! Die künstliche Zimmerbeduftung hingegen finden wir absolut entbehrlich.

Im kleinen, feinen Wellnessbereich (ab 16 Jahren, Outdoor-Zone detto, aber nur von September bis Juni) fanden wir unter anderem vier Saunen und einen ganzjährig nutzbaren, 12 m langen Infinity-Außenpool – der für unseren Geschmack um ein Alzerl zu kühl war. Kleines Aktivprogramm (gemeinsam mit dem Schwesterhotel Post), auch Yoga, Pilates und Nordic Walking.

Fabelhafte Restaurantterrasse mit Abendsonne, gutes Frühstücksbuffet (unsere Eier stammten aus biologischer Freilandhaltung), gute Küche mit regionalen Zutaten, auch selbstgefangener Fisch kommt regelmäßig auf den Tisch. Auf Wunsch wird auch gluten- und laktosefrei sowie vegan gekocht. Im Sommer sind Light Lunch und Nachmittagsjause mit alkoholfreien Getränken, Kaffee und Tee unter dem Titel „Vollpension plus“ zubuchbar. Authentische Gastgeber, zahlreiche langjährige Mitarbeiter, mit anderen gibt es mitunter sprachliche Hindernisse. Ruderboote gibt's zur Gratisleihe, SUP-Boards gegen Gebühr. Das Spa kann an An- und Abreisetag ohne Aufpreis ganztägig genutzt werden. Hunde erlaubt (nur September bis Juni). 16 Liegen, 88 Betten.

Freibecken, Außensauna, Sauna, Dampfbad, Massagen, Kosmetik.
18-Loch-Parcours in 3 km, 20 % Greenfee-Rabatt.

9872 Millstatt, Kaiser-Franz-Josef-Straße 106, +43 4766 2552
HP ab € 107,–

WELLNESS

14 PUNKTE – 1 LILIE

Seefischer Romantik-Hotel ****S

Grünruhelage am Seeufer in Döbriach – Millstätter See

Seevilla-Idylle: Ein familiengeführtes Hotel mit Ausblick über den Millstätter See, hier kann man beim sanften Rauschen der Ache, die gleich neben dem Haus in den See mündet, einfach zur Ruhe kommen – und ganz nebenbei auch genussvoll beobachten, wie Segelboote in dem kleinen Yachthafen nebenan anlegen. Drei Gebäude gibt es, ein schöner Rosengarten umgibt sie.

Zimmer kann man aus neun recht unterschiedlichen Kategorien (DZ von 30 bis 70 m²) wählen, einige haben Holzboden. Am besten hat uns die Penthouse-Suite im Turm (jüngste Hotelerweiterung), der im Stil der Seevillen des 19. Jahrhunderts erbaut ist, gefallen. Sie ist sehr großzügig arrangiert und verfügt über eine freistehende Badewanne sowie eine Infrarotkabine auf dem Balkon, von der aus man einen vorzüglichen Seeblick genießt.

Das Spa steht neuerdings auch externen Gästen offen, ist aber indoor recht klein. Es umfasst unter anderem fünf Saunen und eine 16 m lange Poolkombi. Zudem gibt es eine sehr schöne Liegewiese, ein Sonnendeck am Spa-Dach und, auf einem Pfahlbau im See, eine „Fischersauna“ – Angelrute und größere Kescher sollte man aber dorthin nicht unbedingt mitzubringen versuchen.

Fabelhafte Restaurantterrasse mit Abendsonne, reichhaltiges Frühstücksbuffet auch mit Bioeiern und frisch gepresstem Orangensaft, sehr gute Küche, die Wert auf regionale Zutaten legt, feine Tischkultur. Viele freundliche und zuvorkommende Mitarbeiter, präsente Gastgeber. Ruderboote und SUP-Boards gibt es zur Gratisleihe. Ungeeignet für Kinder, Hunde erlaubt. 45 Liegen, 100 Betten.

Seebadestrand, Freibecken, Hallenbad, Außensauna, Dampfbad, Massagen, Kosmetik, Fitnessgeräte.
18-Loch-Parcours in 11 km, 15 % Greenfee-Rabatt.

9873 Döbriach, Fischerweg 1, +43 4246 77120
HP ab € 173,–

VIER LILIEN

Hotelname	Kategorie	Punkte	PLZ	Ort	Seite
Castel Dorf Tirol *****	Wellness	20	39019	Dorf Tirol (BZ)	251
Chalet Mirabell *****	Wellness	20	39010	Hafling (BZ)	239
Adler Lodge Ritten *****	Wellness	19	39054	Oberbozen (BZ)	296
Chalet Purmontes	Wellness	19	39030	St. Lorenzen (BZ)	269
Giardino Marling *****	Wellness	19	39020	Marling (BZ)	256

DREI LILIEN

Hotelname	Kategorie	Punkte	PLZ	Ort	Seite
Adler Lodge Alpe *****	Wellness	18	39040	Seiser Alm (BZ)	283
Aki Family Resort Plose *****	Wellness	18	39042	Brixen (BZ)	286
Alpen Tesitin Panorama Resort *****	Wellness	18	39035	Taisten (BZ)	274
Andreus Golf Lodge *****	Wellness	18	39015	St. Leonhard in Passeier (BZ)	247
Familiamus *****	Wellness	18	39037	Meransen (BZ)	275
Feldhof ****S	Wellness	18	39025	Naturns (BZ)	262
Forestis *****	Wellness	18	39042	Brixen (BZ)	287
Granvara Relais & Spa *****	Wellness	18	39048	Wolkenstein (BZ)	292
Manna Luxury Resort *****	Wellness	18	39040	Montan-Kalditsch (BZ)	280
Patrizia ****S	Wellness	18	39019	Dorf Tirol (BZ)	253
Alpiana Green Luxury ****S	Wellness	17	39011	Völlan (BZ)	242
Andreus Golf & Spa Resort *****	Wellness	17	39015	St. Leonhard in Passeier (BZ)	246
Castel Fragsburg *****	Wellness	17	39012	Meran (BZ)	244
Das Gerstl Alpine Retreat ****S	Wellness	17	39024	Mals (BZ)	260
Erika Spa & Relax Hotel *****	Wellness	17	39019	Dorf Tirol (BZ)	249
Hubertus Alpin Panorama	Wellness	17	39030	Geiselsberg-Olang (BZ)	266
Plunhof ****S	Wellness	17	39040	Ratschings-Ridnaun (BZ)	282
Preidlhof Luxury Resort *****	Wellness	17	39025	Naturns (BZ)	263
Quelle Nature Spa Resort *****	Wellness	17	39030	Gsies (BZ)	267
Sonnenberg Panorama Dolomites ****S	Wellness	17	39037	Meransen (BZ)	277
Weinegg Wellviva Resort *****	Wellness	17	39057	Eppan-Girlan (BZ)	299
Winkler Sport & Spa Resort *****	Wellness	17	39030	St. Lorenzen (BZ)	271

ZWEI LILIEN

Hotelname	Kategorie	Punkte	PLZ	Ort	Seite
Ansitz Plantiz *****	Wellness	16	39012	Meran (BZ)	243
Excelsior Dolomites Life Resort ****S	Wellness	16	39030	St. Vigil in Enneberg (BZ)	271

Garberhof ****s	Wellness	16	39024	Mals (BZ)	260
Lindenhof Pure Luxury Resort *****	Wellness	16	39025	Naturns (BZ)	264
Lüsnerhof Naturhotel ****s	Wellness	16	39040	Lüsen (BZ)	279
Moser Gartenhotel ****s	Wellness	16	39057	Eppan (BZ)	299
Muchele ****s	Wellness	16	39014	Burgstall (BZ)	245
My Arbor *****	Wellness	16	39042	Brixen-St. Andrä (BZ)	288
San Luis *****	Wellness	16	39010	Hafling (BZ)	240
Seehof Nature Retreat ****s	Wellness	16	39040	Natz-Schabs (BZ)	280
Silena Soulful Hotel ****s	Wellness	16	39037	Vals (BZ)	279
Sonnen Resort ****s	Wellness	16	39025	Naturns (BZ)	264
Weisses Kreuz ****s	Wellness	16	39024	Mals (BZ)	261
Adler Balance Spa Resort *****	Wellness	15	39046	St. Ulrich (BZ)	290
Bad Fallenbach ****s	Wellness	15	39015	St. Leonhard in Passeier (BZ)	247
Das Sonnenparadies ****s	Wellness	15	39017	Schenna (BZ)	249
Der Waldhof2 ****s	Wellness	15	39011	Völlan (BZ)	244
Engel Gourmet & Spa	Wellness	15	39056	Welschnofen (BZ)	298
Fayn Garden Retreat ****s	Wellness	15	39022	Algund (BZ)	259
Gitschberg Biohotel	Wellness	15	39037	Meransen (BZ)	276
Johannis Feel Good Resort ****s	Wellness	15	39019	Dorf Tirol (BZ)	252
La Maiena Meran Resort *****	Wellness	15	39020	Marling (BZ)	255
Masl ****s	Wellness	15	39037	Vals (BZ)	278
Mignon Park & Spa *****	Wellness	15	39012	Meran (BZ)	245
Mirabell Dolomites Olang *****	Wellness	15	39030	Olang (BZ)	267
Petrus ****s	Wellness	15	39031	Reischach (BZ)	273
Seeleiten *****	Wellness	15	39052	Kaltern (BZ)	294
Tann ****	Wellness	15	39054	Klobenstein-Ritten (BZ)	294
Tuberis Nature & Spa Resort ****s	Wellness	15	39020	Taufers im Münstertal (BZ)	257
Tyrol Design-Hotel ****	Wellness	15	39020	Partschins (BZ)	257
Viktoria Alpine Spa Resort ****s	Wellness	15	39010	Hafling (BZ)	240

EINE LILIE

Hotelname	Kategorie	Punkte	PLZ	Ort	Seite
Albion Spa Resort ****s	Wellness	14	39046	St. Ulrich (BZ)	291
Alpenpalace Luxury Hideaway *****	Wellness	14	39030	St. Johann im Ahrntal (BZ)	270
Bad Moos Dolomites Spa Resort ****s	Wellness/Kur	14	39030	Sexten-Moos (BZ)	268
Cavallino Bianco Family Grandhotel ****s	Wellness	14	39046	St. Ulrich (BZ)	291
Cyprianerhof *****	Wellness	14	39050	Tiers am Rosengarten (BZ)	292
Das Dorner ****s	Wellness	14	39022	Algund (BZ)	258
Das Gerstl Family Retreat *****	Wellness	14	39027	Graun (BZ)	265
Gartner Designhotel ****s	Wellness	14	39019	Dorf Tirol (BZ)	252
Glieshof Mein Almhotel	Wellness	14	39024	Mals (BZ)	261
Gnollhof ****	Wellness	14	39043	Klausen (BZ)	290

Goldknopf Alpine Lifestyle ****	Wellness	14	39040	Seiser Alm (BZ)	284
Holzner Parkhotel ****s	Wellness	14	39054	Oberbozen (BZ)	297
Lanerhof ****s	Wellness	14	39030	St. Lorenzen (BZ)	270
Parc Hotel am See ****s	Wellness	14	39052	Kaltern (BZ)	293
Piris Jagdhof ****s	Wellness	14	39021	Latsch (BZ)	258
Rosa Eco Alpine Spa ****s	Wellness	14	39040	Seiser Alm (BZ)	285
Santre Dolomythic Home *****	Wellness	14	39042	Brixen-St. Andrä (BZ)	289
Schwarzschmied ****s	Wellness	14	39011	Lana (BZ)	241
Sensoria Dolomites ****s	Wellness	14	39040	Seis (BZ)	282
Sonnbichl Dorf Tirol ****s	Wellness	14	39019	Dorf Tirol (BZ)	254
Stroblhof Active Family Spa Resort ****s	Wellness	14	39015	St. Leonhard in Passeier (BZ)	248
Tirler Dolomites Living ****s	Wellness	14	39040	Seiser Alm (BZ)	285
Viertler ****s	Wellness	14	39010	Hafling (BZ)	240
Vigilius Mountain Resort *****	Wellness	14	39011	Lana (BZ)	242
Weiher Green Lake ****s	Wellness	14	39030	Pfalzen (BZ)	268
Weihrerhof ****	Wellness	14	39054	Oberbozen (BZ)	297
Amaril Boutique Hotel ****s	Wellness	13	39020	Kastelbell-Tschars (BZ)	255
Ambet Alpine Lifestyle ****	Wellness	13	39037	Meransen (BZ)	275
Belvedere *****	Wellness	13	39050	Jenesien (BZ)	292
Como Alpina Dolomites	Wellness	13	39040	Seiser Alm (BZ)	283
Fischer ****	Wellness	13	39042	Brixen-St. Andrä (BZ)	288
Huberhof Panoramahotel ****s	Wellness	13	39037	Meransen (BZ)	276
La Vimea Vegan-Hotel ****	Wellness	13	39025	Naturns (BZ)	262
Milla Montis ****	Wellness	13	39037	Meransen (BZ)	278
Monte Sella ****	Wellness	13	39030	St. Vigil in Enneberg (BZ)	272
Plattenhof Tramin ****	Wellness	13	39040	Tramin (BZ)	285
Seehotel Ambach 1973	Wellness	13	39052	Kaltern (BZ)	293
Terentnerhof ****s	Wellness	13	39030	Terenten (BZ)	272
Thalhof am See ****	Wellness	13	39052	Kaltern (BZ)	294
Theiner's Garten Biorefugium ****s	Wellness	13	39010	Gargazon (BZ)	238
Villa Verde garni	Wellness	13	39022	Algund (BZ)	259
Villa Waldkönigin Boutiquehotel ****	Wellness	13	39027	St. Valentin auf der Haide (BZ)	266

TOP 15 AUFSTEIGER

Hotelname	Kategorie	PLZ	Ort	Seite
Aki Family Resort Plose *****	Wellness	39042	Brixen (BZ)	286
Amaril Boutique Hotel ****S	Wellness	39020	Kastelbell-Tschars (BZ)	255
Das Gerstl Alpine Retreat ****S	Wellness	39024	Mals (BZ)	260
Das Gerstl Family Retreat *****	Wellness	39027	Graun (BZ)	265
Forestis *****	Wellness	39042	Brixen (BZ)	287
Gitschberg Biohotel	Wellness	39037	Meransen (BZ)	276
Glieshof Mein Almhotel	Wellness	39024	Mals (BZ)	261
Granvara Relais & Spa *****	Wellness	39048	Wolkenstein (BZ)	292
Masl ****S	Wellness	39037	Vals (BZ)	278
Muchele ****S	Wellness	39014	Burgstall (BZ)	245
Santre Dolomythic Home *****	Wellness	39042	Brixen-St. Andrä (BZ)	289
Sonnenberg Panorama Dolomites ****S	Wellness	39037	Meransen (BZ)	277
Thalhof am See ****	Wellness	39052	Kaltern (BZ)	294
Viertler ****S	Wellness	39010	Hafling (BZ)	240
Weiher Green Lake ****S	Wellness	39030	Pfalzen (BZ)	268

Aki Family Resort Plose *****

Brixen (Südtirol), Seite 286

18 von 20 Punkten

Amaril Boutique Hotel ****S

Kastelbell-Tschars (Südtirol), Seite 255

13 von 20 Punkten

Granvara Relais & Spa *****

Wolkenstein (Südtirol), Seite 292

18 von 20 Punkten

Sonnenberg Panorama Dolomites ****s

Meransen (Südtirol), Seite 277

17 von 20 Punkten

Viertler ****s

Hafling (Südtirol), Seite 240

14 von 20 Punkten

ADULTS ONLY

Hotelname	Kategorie	PLZ	Ort	Seite
Adler Balance Spa Resort *****	Wellness	39046	St. Ulrich	290
Adler Lodge Alpe *****	Wellness	39040	Seiser Alm	283
Adler Lodge Ritten *****	Wellness	39054	Oberbozen	296
Das Gerstl Alpine Retreat ****S	Wellness	39024	Mals	260
Das Sonnenparadies ****S	Wellness	39017	Schenna	249
La Vimea Vegan-Hotel ****	Wellness	39025	Naturns	262
Lindenhof Pure Luxury Resort *****	Wellness	39025	Naturns	264
Manna Luxury Resort *****	Wellness	39040	Montan-Kalditsch	280
My Arbor *****	Wellness	39042	Brixen-St. Andrä	288
Preidlhof Luxury Resort *****	Wellness	39025	Naturns	263
Seehof Nature Retreat ****S	Wellness	39040	Natz-Schabs	280
Sensoria Dolomites ****S	Wellness	39040	Seis	282
Silena Soulful Hotel ****S	Wellness	39037	Vals	279
Weisses Kreuz ****S	Wellness	39024	Mals	261

Das Sonnenparadies ****S

Schenna (Südtirol), Seite 249

15 von 20 Punkten

Lindenhof Pure Luxury Resort *****

Naturns (Südtirol), Seite 264

16 von 20 Punkten

Preidlhof Luxury Resort *****

Naturns (Südtirol), Seite 263

17 von 20 Punkten

TOP 15 AUSBLICK

Hotelname	Kategorie	PLZ	Ort	Seite
Adler Lodge Alpe *****	Wellness	39040	Seiser Alm	283
Adler Lodge Ritten *****	Wellness	39054	Oberbozen	296
Alpen Tesitin Panorama Resort *****	Wellness	39035	Taisten	274
Castel Dorf Tirol *****	Wellness	39019	Dorf Tirol	251
Chalet Mirabell *****	Wellness	39010	Hafling	239
Das Gerstl Alpine Retreat ****S	Wellness	39024	Mals	260
Familiamus *****	Wellness	39037	Meransen	275
Forestis *****	Wellness	39042	Brixen	287
Giardino Marling *****	Wellness	39020	Marling	256
Goldknopf Alpine Lifestyle ****	Wellness	39040	Seiser Alm	284
Granvara Relais & Spa *****	Wellness	39048	Wolkenstein	292
Huberhof Panoramahotel ****S	Wellness	39037	Meransen	276
Hubertus Alpin Panorama	Wellness	39030	Geiselsberg-Olang	266
Patrizia ****S	Wellness	39019	Dorf Tirol	253
Tann ****	Wellness	39054	Klobenstein-Ritten	294

Alpen Tesitin Panorama Resort *****

Taisten (Südtirol), Seite 274

18 von 20 Punkten

Giardino Marling *****

Marling (Südtirol), Seite 256

19 von 20 Punkten

Patrizia ****S

Dorf Tirol (Südtirol), Seite 253

18 von 20 Punkten

TOP 15 COOLE POOLS

Hotelname	Kategorie	PLZ	Ort	Seite
Alpen Tesitin Panorama Resort *****	Wellness	39035	Taisten	274
Alpiana Green Luxury ****S	Wellness	39011	Völlan	242
Andreus Golf Lodge *****	Wellness	39015	St. Leonhard in Passeier	247
Castel Dorf Tirol *****	Wellness	39019	Dorf Tirol	251
Chalet Mirabell *****	Wellness	39010	Hafling	239
Das Gerstl Alpine Retreat ****S	Wellness	39024	Mals	260
Feldhof ****S	Wellness	39025	Naturns	262
Giardino Marling *****	Wellness	39020	Marling	256
Granvara Relais & Spa *****	Wellness	39048	Wolkenstein	292
Hubertus Alpin Panorama	Wellness	39030	Geiselsberg-Olang	266
La Maiena Meran Resort *****	Wellness	39020	Marling	255
Plunhof ****S	Wellness	39040	Ratschings-Ridnaun	282
Preidlhof Luxury Resort *****	Wellness	39025	Naturns	263
Quelle Nature Spa Resort *****	Wellness	39030	Gsies	267
Weinegg Wellviva Resort *****	Wellness	39057	Eppan-Girlan	299

Giardino Marling *****

Marling (Südtirol), Seite 256

19 von 20 Punkten

TOP 15 NATURBADETEICH

Hotelname	Kategorie	PLZ	Ort	Seite
Andreus Golf Lodge *****	Wellness	39015	St. Leonhard in Passeier	247
Chalet Mirabell *****	Wellness	39010	Hafling	239
Chalet Purmontes	Wellness	39030	St. Lorenzen	269
Garberhof ****S	Wellness	39024	Mals	260
Goldknopf Alpine Lifestyle ****	Wellness	39040	Seiser Alm	284
Granvara Relais & Spa *****	Wellness	39048	Wolkenstein	292
Lüsnerhof Naturhotel ****S	Wellness	39040	Lüsen	279
Manna Luxury Resort *****	Wellness	39040	Montan-Kalditsch	280
Moser Gartenhotel ****S	Wellness	39057	Eppan	299
Quelle Nature Spa Resort *****	Wellness	39030	Gsies	267
San Luis *****	Wellness	39010	Hafling	240
Santre Dolomythic Home *****	Wellness	39042	Brixen-St. Andrä	289
Seehof Nature Retreat ****S	Wellness	39040	Natz-Schabs	280
Sonnenberg Panorama Dolomites ****S	Wellness	39037	Meransen	277
Viktoria Alpine Spa Resort ****S	Wellness	39010	Hafling	240

Chalet Mirabell *****

Hafling (Südtirol), Seite 239

20 von 20 Punkten

Theiner's Garten Biorefugium

WELLNESS

13 PUNKTE – 1 LILIE

Theiner's Garten Biorefugium ****S

Grünlage am Ortsrand in Gargazon – Nähe Meran

Bio wird hier gelebt: Ein freundlicher Familienbetrieb, er liegt auf 270 m direkt an der alten Landstraße. Von dieser hört man aber kaum etwas, denn alle Räume sind von ihr abgewandt. Der Ausblick geht ins Etschtal, Sonne gibt es fast den ganzen Tag, und im Frühling findet man sich hier inmitten eines Apfelblütenmeeres. Hinter verwitterten Holzfassaden präsentiert sich das Haus in bodenständiger Gemütlichkeit, Holz ist das maßgebliche Gestaltungselement, so sind etwa fast alle Tischplatten aus feinem Apfelholz.

Auch die Zimmer (sechs Varianten, DZ von 25 bis 50 m²) gehorchen diesem Konzept, alle duften nach Zirbe, haben Balkon (mit Rauchverbot), helle Lehmwände, Naturmatratzen und Bettwäsche aus Biobaumwolle, der Polyesteranteil des Bademantels ist stattlich. Auf TV-Geräte, W-Lan, Minibar und eine herkömmliche Klimaanlage wird verzichtet, die Kühlung erfolgt mild mittels Wasserkreislauf.

Das Spa ist indoor nicht unbedingt weitläufig, was man aber bei den vielen Sonnentagen kaum bedauern muss. Unter anderem gibt es einen 11 m langen Innenpool, einen 15 m langen Außenpool und drei Saunen (mit eingeschränkten Öffnungszeiten). Im mediterranen Garten fanden wir Himmelbetten und lauschige Plätze unter Pergolen sowie eine FKK-Zone mit Wasserfall, Kneippbecken und Liegen an einem kleinen Biotop. Aktivprogramm, auch Yoga (bis zu zweimal täglich), Pilates und progressive Muskelentspannung sowie geführte Wanderungen, zu bestimmten Terminen werden auch Yoga-Retreats angeboten.

Fabelhafte Frühstücksterrasse, gute Küche, sie verwendet ausschließlich biologische Zutaten – zum Teil aus der eigenen Landwirtschaft (der Seniorchef ist auch begeisterter Biobauer) –, auf Wunsch gibt es auch Vegetarisches oder Veganes, Light Lunch und Nachmittagsjause sind inkludiert. Ausschließlich Weine aus biologischem oder biodynamischem Anbau. Familiäres Umfeld, viele freundliche Mitarbeiter. Garage für einige Zimmerkategorien gratis. Eher ungeeignet für Kinder. 46 Liegen, 160 Betten.

Freibecken, Hallenbad, Sauna, Dampfbad, Massagen, Kosmetik, Fitnessgeräte.
9-Loch-Parcours in 6 km, 18-Loch-Parcours in 29 km.

39010 Gargazon (BZ), Via Andreas Hofer, 1, +39 0473 490880
HP-plus ab € 164,–

Chalet Mirabell

WELLNESS

20 PUNKTE – 4 LILIEN

Chalet Mirabell *****

Grünruhelage mit Fernblick in Hafling bei Meran

Kinderfreundlich. Adlerhorst für Anspruchsvolle: Auf 1.420 m Seehöhe gelegener Familienbetrieb mit fünf Sternen, der Ausblick ist so, wie es der Name Mirabell verheißt, nämlich wunderschön. Ein stilvolles und dennoch hochgemütliches Ambiente, köstliches Essen und ein edles Spa mit einem feinen Außenbereich zählen zu den Vorzügen des Hauses.

Die Zimmer (32 Kategorien, DZ von 30 bis 303 m²) haben feine Holzböden und Balkon oder Terrasse, manche auch Whirlpool und Sauna, Hängeliegen und kleine Gärtchen. Zur Anlage gehören auch vier Chalets, die allen erdenklichen Luxus bieten, darunter etwa 9 m lange, ganzjährig beheizte Pools, Saunen und Outdoor-Grillstationen – und auch eine urige Almhütte auf 1.700 m Seehöhe ist verfügbar, sie hat eine private Sauna und einen Lärchentrog als Badewanne.

Das feine Spa steht auch Tagesgästen offen, unter anderem fanden wir sieben Saunen (zwei davon textil), eine Adults-only-Zone mit FKK-Whirlpool und FKK-Tauchbecken im Freien sowie einen 25 m langen Außen-Infinitypool. Weiters herrliche Ruhezonen innen und außen sowie ein Family-Spa mit einer 30 m langen Poolkombi und einer Kleinkinderzone mit Rutschen. Sehr gute Massagen, umfangreiches Aktivprogramm, auch Yoga (zweimal wöchentlich), Meditation und geführte Wanderungen (sogar auch mit Lamas).

Fabelhafte Restaurantterrasse, großartiges Frühstücksbuffet, ausgezeichnete Küche, die sich auch auf optisch ansprechende Präsentation versteht. Feine Tischkultur, vegane Menüvarianten stehen zur Auswahl, ein Light Lunch mit verbundener Nachmittagsjause ist inkludiert. Umfangreiche Weinkarte ohne „Angeberweine“, die Preise starten ab etwa 45 Euro, Raritäten gibt es auch glasweise. Stimmungsvolle Bar, viele kompetente und umsichtige Mitarbeiter, präsente und sympathische Gastgeber. Im Winter täglich kostenloses Shuttle ins Skigebiet Meran. Check-out um 10.30 Uhr. Valet Parking, Gratisgarage für alle. Täglich 10,5 Stunden Betreuung für Kinder ab drei Jahren. Hunde erlaubt (eigener Restaurantbereich für Gäste mit Hunden). 127 Liegen, 180 Betten.

Naturbadeteich, Freibecken, Hallenbad, Kinderbecken mit Rutsche, Babybecken, Massagen, Kosmetik, Ayurveda, Fitnessgeräte, Personal Trainer.
18-Loch-Parcours in 29 km, 20 % Greenfee-Rabatt.

39010 Hafling (BZ), Via Falzeben, 112, +39 0473 279300
HP-plus ab € 282,–

WELLNESS
16 PUNKTE – 2 LILIEN

San Luis *****

Naturlage mit Fernblick bei Hafling bei Meran

Adults preferred (ab 12). Ruhevoll: Ein familiengeführtes Hideaway auf 1.400 m Seehöhe, es liegt von der Außenwelt abgeschnitten solitär auf einer Waldlichtung inmitten herrlicher Natur. Einlass ist nur mit gültiger Buchung möglich, zwei gesicherte Tore machen das Anwesen zu einer kleinen Festung. Diese besteht aus 42 dicht aneinandergebauten Chalets und „Baumhäusern", die rund um einen kleinen See angelegt sind. In der Mitte befindet sich das große „Clubhouse" in feinster Holzarchitektur mit Rezeption, Lobby, Spa und Restaurant – fabelhafte Terrasse direkt am See mit Feuerkörben inklusive.

Die Zimmer (sieben Kategorien, DZ von 38 bis 150 m²) sind alle hochwertig eingerichtet, haben feinste Holzböden, Leinenvorhänge und wohnlich arrangierte Bäder, viele Chalets haben Sauna, Hotpot und Badesteg.

Das Spa ist nicht allzu weitläufig, es bietet einen 10 m langen Innenpool, einen Whirlpool mitten im Badesee sowie ein 21 m langes, ganzjährig nutzbares Freibecken. Weiters gibt es drei Saunen und einnehmend schöne Ruheräume.

Reichhaltiges Frühstück, es wird bis 11 Uhr ins Chalet geliefert, sehr gute Küche, Light Lunch und Nachmittagsjause. Präsente Gastgeber, viele freundliche und zuvorkommende Mitarbeiter. Check-in ab 16 Uhr. Gratisgarage für alle. Hunde erlaubt. 60 Liegen, 140 Betten.

Naturbadeteich, Freibecken, Hallenbad, Sauna, Dampfbad, Massagen, Kosmetik, Fitnessgeräte.

39010 Hafling (BZ), Via Verano, 5, +39 0473 279570
HP-plus ab € 489,–

WELLNESS
14 PUNKTE – 1 LILIE

Viertler ****S

Grünruhelage in Hafling bei Meran

Hundefreundlich. Newcomer! Ein sympathischer Familienbetrieb mit viel Substanz, umgeben von saftigen Wiesen liegt er ruhig auf 1.425 m Seehöhe und besteht aus dem Stammhaus samt modernem Zubau sowie drei Chalets mit je zwei Suiten.

Drinnen zeigt sich alpiner Wohlfühlcharme mit angenehm unprätentiöser Anmutung, alles wirkt organisch gewachsen, aber mit Stil! Das gilt auch für die Zimmer (17 Kategorien, DZ von 23 bis 80 m²). Sie zeigen sich entweder in gepflegtem Landhausstil oder modern (im Zubau), die Suiten in den Chalets bieten zudem Whirlpool und Sauna.

Das Spa steht auch externen Gästen offen und erstreckt sich über zwei Ebenen – separate Zone für Adults only inklusive. Unter anderem fanden wir vier Saunen, eine Außen-innen-Poolkombi von 20 m Länge, einen feinen Ruheraum sowie einen FKK-American-Whirlpool und eine große Liegewiese.

Reichhaltiges Frühstücksbuffet bis 10.30 Uhr (unsere Eier stammten aus Bodenhaltung), sehr gute bis ausgezeichnete Küche, eine Nachmittagsjause ist inkludiert. Stimmungsvolle Bar. Viele äußerst freundliche und zuvorkommende Mitarbeiter (vor allem an der Rezeption), präsente Gastgeber, der Seniorchef kümmert sich liebevoll um die vielen deutschen Stammgäste. Für Kinder gibt es zwar Spielplatz und Spielzimmer, dennoch sehen wir das Haus eher (noch) als Geheimtipp für Paare, die Ruhe und köstliches Essen suchen. Gratisgarage für alle. Hunde erlaubt (auch zum Essen in der Bar). 56 Liegen, 98 Betten.

Freibecken, Hallenbad, Außensauna, Sauna, Dampfbad, Massagen, Kosmetik, Fitnessgeräte.
18-Loch-Parcours in 29 km.

39010 Hafling (BZ), Via Falzeben, 126, +39 0473 279428
HP-plus ab € 170,–

WELLNESS
15 PUNKTE – 2 LILIEN

Viktoria Alpine Spa Resort ****S

Grünruhelage in Hafling bei Meran

Familienfreundlich. Mit höchst sauberem Preis-Leistungs-Verhältnis: Ein netter Familienbetrieb mit großem Außenpool, er liegt auf 1.300 m Seehöhe am Waldrand, alle Zimmer sind gartenseitig ausgerichtet, der Ausblick in die Ferne ist jedoch eher eingeschränkt und im Winter ist der Platz von der Sonne nicht so großzügig bedacht wie anderswo in Hafling.

Viktoria Alpine Spa Resort

Die öffentlichen Räume zeigen sich in einer Mischung aus bodenständig und extravagant sowie mitunter auch ein wenig verspielt, so müssen etwa die Bibliothekenregale in der Lobby mittels Leitern erklommen werden.

Heimelige und blitzsaubere Zimmer gibt es in 25 Kategorien (DZ von 20 bis 93 m^2), sie haben feine Holzböden und bodentiefe Fenster, einige auch Außensauna und Whirlpool auf der Terrasse, der Polyesteranteil des Bademantels ist stattlich.

Das Spa steht auch externen Gästen offen, es hat einiges zu bieten, unter anderem acht Saunen (drei davon sind textil und befinden sich, so wie der Innenpool, im Familienbereich) und einen Adults-only-Bereich auf drei Ebenen. Im Garten fanden wir einen 25 m langen, auch im Winter nutzbaren Pool (nicht selten fest in Kinderhand), weiters eine Finnsauna und einen frischen Naturbadeteich, all das umgeben von einer kleinen Liegewiese mit Himmelbetten und schattigen Ruheplätzen. Gute Massagen, Aktivprogramm an Wochentagen, auch Waldbaden (das nennt man hier sogar „Forest Therapy"), Yoga und Pilates, im Winter zudem geführte Schneeschuhwanderungen.

Restaurantterrasse, wunderbares Frühstücksbuffet, sehr gute Küche, die auch optisch ansprechend zu präsentieren weiß, eine Nachmittagsjause ist inkludiert. Präsente Gastgeber, viele freundliche Mitarbeiter. Ringsum herrliche Wanderwege ohne Zahl, im Winter gibt es ein kostenloses Shuttle zum Skigebiet Meran 2000. Mo bis Fr jeweils sieben Stunden Betreuung für Kinder ab drei Jahren zu Hauptferienzeiten, Ruhesuchenden empfehlen wir, eher außerhalb dieser Zeiten zu buchen. Hunde erlaubt. 86 Liegen, 180 Betten.

Naturbadeteich, Freibecken, Hallenbad, Außensauna, Sauna, Dampfbad, Massagen, Kosmetik, Fitnessgeräte.

39010 Hafling (BZ), Via Falzeben, 9, +39 0473 279422
HP-plus ab € 181,–

WELLNESS

14 PUNKTE – 1 LILIE

Schwarzschmied ****S

Ruhige Ortslage in Lana bei Meran

Ein kunstaffines Haus, es besteht aus drei Gebäuden und liegt umringt von Apfelhainen auf 310 m Seehöhe, die nahe Ortskirche hat man immer im Blick, morgens als Weckruf sogar auch im Ohr. Das Traditionshaus mit dem hohen Stammgästeanteil hat sich vor einigen Jahren neu positioniert. Entschleunigung, Yoga und Slowfood stehen hier nun im Fokus, mitunter geht es aber durch Influencer und Familien mit Kindern ein bisschen trubeliger zu, als man erwartet hätte. Innen zeigen sich gestalterische Reduktion und klare Linien – von den zahlreichen abstrakten Wandbildern einmal abgesehen.

Helle und freundliche Zimmer gibt es in 13 Varianten (DZ von 21 bis 75 m²), sie präsentieren sich mit schönen, reduzierten Interieurs, haben Klimaanlage, Teppiche aus Südtiroler Schafwolle und Holzböden, sind aber mitunter etwas hellhörig.

Das Spa ist recht klein, steht aber exklusiv den Gästen des Hauses zur Verfügung. Es bietet drei Saunen, angenehme Ruheräume und einen 20 m langen, mit Natursteinen ausgelegten Außenpool sowie hervorragende Massagen. Täglich Aktivprogramm, auch Yoga, Pilates und geführte Wanderungen, nur eine Einheit pro Tag ist inkludiert. Mehrmals pro Jahr werden auch Yoga-Retreats veranstaltet.

Nette Restaurantterrasse, hochwertiges Frühstücksbuffet bis 11 Uhr, sehr gute Küche, sie versteht sich auch auf Vegetarisches und Veganes. Junge, freundliche Crew, präsente Gastgeber. Fahrräder gibt's zur Gratisleihe, E-Bikes gegen Gebühr. Das Spa kann am Abreisetag ohne Aufpreis genutzt werden. Gratisgarage für alle. Eher ungeeignet für Kinder, Hunde erlaubt. 56 Liegen, 130 Betten.

Freibecken, Hallenbad, Außensauna, Sauna, Dampfbad, Massagen, Kosmetik, Fitnessgeräte, Personal Trainer. 9-Loch-Parcours in 3 km, 20 % Greenfee-Rabatt.

39011 Lana (BZ), Vicolo Fucine, 6, +39 0473 562800
HP ab € 167,-

WELLNESS

14 PUNKTE – 1 LILIE

Vigilius Mountain Resort *****

Naturlage mit Fernblick am Vigiljoch bei Meran

Nur mit der Seilbahn erreichbar: Auf knapp 1.500 m Seehöhe ruhevoll gelegen und ein ganz besonders gutes Stück Architektur, der Bozner Architekturvirtuose Matteo Thun hat's vor einem Vierteljahrhundert entworfen. Auch heute noch fasziniert das Ambiente, das mitunter fast ein wenig surreal erscheint und jeden Sci-Fi-Literaten inspirieren kann.

Die Zimmer (drei Varianten, DZ von 36 bis 72 m²) sind einnehmend schön gestaltet, sie dokumentieren ein tiefes Verständnis von Raum, und alles zeigt sich mit nahezu zenartiger Anmutung, mit Naturnähe obendrein: feine Materialien, Lehmwände, Ausblick. Das W-Lan wird von 23 Uhr abends bis 7 Uhr früh abgeschaltet, TV-Geräte gibt es keine, man ist hier nicht auf Empfang, sondern bei sich.

Das wunderschöne Spa steht auch Tagesgästen offen, ist allerdings sehr klein. Unter anderem fanden wir einen 13 m langen Innenpool, eine herrliche Liegeterrasse sowie einen größeren Whirlpool im Freien – Naturfeeling pur! Gute Massagen, täglich Aktivprogramm, auch Waldbaden, Tai Chi und Qi Gong.

Uriges Restaurant, Frühstück mit regionaler Ausrichtung, gute Küche, die Tischkultur ist fairly casual. Präsente und charmante Gastgeberinnen, freundliche und zuvorkommende Mitarbeiter. Gratisgarage für alle (an der Talstation). Ungeeignet für Kinder, Hunde (sehr eingeschränkt) erlaubt. 50 Liegen, 82 Betten.

Hallenbad, Sauna, Dampfbad, Massagen, Kosmetik, Personal Trainer.

39011 Lana (BZ), Via Pavicolo, 43, +39 0473 556600
HP ab € 265,-

WELLNESS

17 PUNKTE – 3 LILIEN

Alpiana Green Luxury ****S

Grünruhelage mit Fernblick in Völlan bei Meran

Wunderbar zum Runterkommen und Krafttanken: vor fünf Jahrzehnten als Völlanerhof eröffnet, heute ein modernes und sehr schönes Haus in angenehmer Größe. Besondere Kennzeichen sind die Lage auf einem Sonnenplateau, mehrere große Pools, ein freundliches Team sowie ein herrlicher mediterraner Garten mit zahlreichen lauschigen Ruheplätzen zwischen Palmen und Hortensien.

Drinnen zeigt sich gemütliche Modernität mit stilvollem italienischen Touch. Die Zimmer (12 Kategorien, DZ von 30 bis 100 m²) präsentieren sich in hellen, freundlichen Farben, alle haben Holzböden und Balkon oder Loggia, die meisten sind nach Süden ausgerichtet. Die Suiten sind wahre Wohnträume, sie bieten unter anderem große Panoramafenster, Sauna und ein zusätzliches Bett in einem offenen Pavillon mit Glasdach auf der Terrasse – herrlich!

Das Spa steht auch Tagesgästen offen, es ist

Ansitz Plantiz

auf vier Zonen verteilt, unter anderem fanden wir fünf Saunen (eine davon textil), sechs Pools und eine feine Adults-only-Saunazone (ab 16 Jahren) auf dem Dach. Diese wurde vor wenigen Monaten substanziell erweitert und bietet nun auch einen 9 m langen Skypool, wohlig warm, mit grandiosem Ausblick obendrein. Zudem: Yoga-Plattform, Sonnenterrasse sowie überdachte Liegekojen im Freien. Kleines Aktivprogramm (So bis Fr), auch Yoga und geführte Mountainbike-Touren.

Fabelhafte Restaurantterrasse mit feinem Ausblick in die Weingärten, reichhaltiges Frühstücksbuffet, sehr gute Küche, die Tischkultur ist rather casual, Light Lunch und Nachmittagsjause sind inkludiert. Stimmungsvolle Bar, präsente und hilfsbereite Gastgeber, viele freundliche und professionell agierende Mitarbeiter. Das Spa kann an Anreise- und Abreisetag ohne Aufpreis genutzt werden. Für Kinder gibt es zwar Indoor- und Outdoor-Spielareale sowie zu Hauptferienzeiten 4,5 Stunden Betreuung (täglich außer So), dennoch empfinden wir das Haus eher als Tipp für ruhesuchende Paare und demnach als eher ungeeignet für Kinder. Gratisgarage für (fast) alle. 59 Liegen, 140 Betten.

Freibecken, Solefreibecken, Freibecken (Sommer), Kinderfreibecken (Sommer), Hallenbad, Außensauna, Sauna, Dampfbad, Massagen, Kosmetik, Ayurveda, Fitnessgeräte.
9-Loch-Parcours in 9 km, 20 % Greenfee-Rabatt, Tennisplatz.

39011 Völlan (BZ), Via Prevosto Wieser, 30, +39 0473 568033
HP ab € 202,-

WELLNESS

16 PUNKTE – 2 LILIEN

Ansitz Plantiz *****

Grünruhelage am Ortsrand in Meran

Charaktervolle Gartenidylle: Ein herzlich geführter, niveauvoller Familienbetrieb – gleich vier Familienmitglieder packen hier tüchtig mit an –, er liegt auf etwa 370 m Seehöhe in einem Villenviertel mit Bauten aus dem Fin de Siècle und fokussiert auf Gourmetküche, Wein sowie die kleinen Dinge des Lebens – historische Autos (aus den 1970ern, auch zum Ausleihen) inklusive. Eine von Efeu umrankte hohe Mauer und ein riesiges Tor aus Messing schotten das Haus von der Straße ab, tritt man ein, ist man unweigerlich verzaubert: ein uralter Brunnen, Kopfsteinpflaster, eine liebevoll gepflegte Gartenpracht, Palmen, Zypressen, vielstimmiger Vogelgesang, den ganzen Tag Sonne gibt's obendrein.

Zimmer kann man aus 12 Kategorien (DZ von 30 bis 70 m²) wählen, besonders jene im neueren Gebäude zeigen sich in eleganter Modernität, manche haben sogar Sauna, Whirlpool und einen 7 m langen Infinitypool auf der Terrasse, die von zahlreichen Pflanzen umsäumt ist und einen feinen Ausblick auf die Berge bietet, zudem Daybed und Hängeschaukel. Kleiderbügel gibt es in jeweils drei hochwertigen Ausführungen, da könnte man sich im superteuren Forestis noch etwas abschauen! Der Polyesteranteil des Bademantels ist stattlich, auch Nähzeug gibt's am Zimmer und endlich mal wieder einen Kugelschreiber, der gut in der Hand liegt – heute bereits eine Rarität!

Das Spa ist exklusiv für Hausgäste, es bietet unter anderem vier Saunen (eine davon textil), einen knapp 15 m langen Innenpool mit Salzwasser, einen Außenwhirlpool auf der Dachterrasse sowie ein 15 m langes Freibecken. Kleines Aktivprogramm, auch Yoga und Meditation.

Fabelhafte Terrasse für alle Mahlzeiten, feines Frühstücksbuffet bis 11 Uhr (unsere Eier stammten allerdings aus Käfighaltung), Gäste der Penthouse-Suiten können ihr Frühstück auch im eigenen Pool genießen, das nennt sich Floating Breakfast. Sehr gute Küche bei wunderbar feiner Tischkultur, eine süße Nachmittagsjause ist inkludiert. Mit großer Expertise zusammengestellte, riesige Weinkarte mit zahlreichen Offenen (Flaschenpreise von 30 bis 3.200 Euro). Hochatmosphärisch gestaltete Zigarrenlounge (wohl die schönste in Mitteleuropa) mit schier unfasslichen Schätzen an Whiskys, Gins und Rums. Viele langjährige Stammgäste, freundliche und zuvorkommende Mitarbeiter. Präsente Gastgeber, herzliches Umfeld. Valet Parking, Gratisgarage für alle. Das Spa kann am Abreisetag noch ganztägig genutzt werden. Eher ungeeignet für Kinder, Hunde (ab zwei Jahren) erlaubt. 36 Liegen, 100 Betten.

Freibecken, Solehallenbad, Sauna, Dampfbad, Massagen, Kosmetik, Ayurveda, Fitnessgeräte, Personal Trainer.
9-Loch-Parcours in 10 km, bis zu 20 % Greenfee-Rabatt.

39012 Meran (BZ), Via Dante Alighieri, 56, +39 0473 230577
HP ab € 243,-

WELLNESS
15 PUNKTE – 2 LILIEN

Der Waldhof2 ****S

Grünruhelage am Ortsrand in Völlan bei Meran

Ein umweltbewusster Familienbetrieb in angenehmer Größe, er liegt am Waldrand auf rund 700 m Seehöhe und besteht aus dem traditionellen Stammhaus und einem nahezu gleich großen Neubau mit markanten Fassaden, all das inmitten eines knapp drei Hektar großen Parks.

Das Ambiente zeigt sich etwas uneinheitlich, Altes und Neues existieren nebeneinander, alles ist jedoch bestens gepflegt und sauber. Zimmer gibt es in acht Kategorien (DZ von 23 bis 70 m²), fast alle haben Holzböden und Balkon mit feinem Ausblick.

Das Spa steht auch Tagesgästen offen, unter anderem fanden wir fünf Saunen, einen 11 m langen Innenpool, einen 14 m langen Sommerpool und einen 22 m langen, auch im Winter (für Kinder nur eingeschränkt) nutzbaren Infinity-Pool, der beinahe in der Luft zu schweben scheint – der Ausblick geht dabei genau auf die nahe Mayenburg. Schöne Liegewiese, täglich umfangreiches Aktivprogramm, auch Yoga, Meditation sowie zwei geführte Wanderungen pro Woche.

Fabelhafte Restaurantterrasse für alle Mahlzeiten, reichhaltiges Frühstücksbuffet, zumeist sehr gute Küche bei feiner Tischkultur, Light Lunch und eine süße Nachmittagsjause sind inkludiert. Viele freundliche Mitarbeiter, präsente Gastgeber. Hunde erlaubt. 44 Liegen, 96 Betten.

Freibecken, Freibecken (Sommer), Babyfreibecken (Sommer), Hallenbad, Außensauna, Sauna, Dampfbad, Massagen, Kosmetik, Fitnessgeräte, Personal Trainer.
9-Loch-Parcours in 9 km, Tennisplatz.

39011 Völlan (BZ), Via Mayenburg, 32, +39 0473 568081
HP-plus ab € 175,-

WELLNESS
17 PUNKTE – 3 LILIEN

Castel Fragsburg *****

Naturlage mit Fernblick oberhalb von Meran

Hundefreundlich. Charaktervoll: Ein ganz kleines Fünfsternhotel, es liegt auf 725 m Seehöhe hoch über Meran auf einem Felsvorsprung und ist ein historisches Jagdschloss. Eine unvergleichlich romantische Atmosphäre, eine exquisite Küche und ein freundliches, zuvorkommendes Team zählen hier zu den Vorzügen.

Hinter efeubewachsenen Fassaden wartet ein heimeliges und stilvolles Ambiente. Die Zimmer (sechs Kategorien, DZ von 22 bis

85 m²) haben Marmorbäder, feine Eichenböden und Klimaanlage, einen herrlichen Ausblick gibt es obendrein.

Das Spa steht exklusiv den Gästen des Hauses zur Verfügung, es ist indoor klein und bietet vier Saunen, die zwischen 8 und 20 Uhr auf Wunsch angeheizt werden, im Freien weiters einen 13 m langen, beheizten Pool, Whirlpool und Liegewiese in einem fast märchenhaft schönen Garten. Die Massagen sind sehr gut, bei guter Witterung kann man sie auch im Freien genießen. Zu den Spezialitäten des Hauses zählen Pflege-Elixiere, die von einer Alchemistin und Naturheilkundlerin aus handverlesenen Blumen und Kräutern selbst zubereitet werden. Sie bietet auch allerlei magische Rituale, darunter Räucher- und Klangzeremonien, Yoga, Meditationen und spiritueller Tanz.

Fabelhafte Restaurantterrasse, hochfeine Tischkultur, kompetente Weinberatung. Frühstück bis 11 Uhr – feine warme Gerichte werden serviert, zusätzlich gibt es ein grandioses Buffet. Ausgezeichnete Küche, sie versteht sich auch bestens auf Veganes und Vegetarisches. Die Bewertung bezieht sich wie immer auf die Halbpension und nicht auf das mit einem Michelin-Stern ausgezeichnete À-la-carte-Restaurant Prezioso. Eher ungeeignet für Kinder. 8 Liegen, 40 Betten.

Freibecken, Sauna, Dampfbad, Massagen, Kosmetik, Fitnessgeräte.
18-Loch-Parcours in 23 km, 20 % Greenfee-Rabatt.

39012 Meran (BZ), Via Fragsburg, 3, +39 0473 244071
HP ab € 325,50

WELLNESS

15 PUNKTE – 2 LILIEN

Mignon Park & Spa *****

Ruhige Zentrumslage in Meran

Hundefreundlich. Elegant: Ein familiengeführtes Luxushotel, es liegt auf etwa 350 m Seehöhe in einem Viertel mit charmanten Villen aus der Gründerzeit und besteht aus dem Haupthaus und einem kleinen Nebengebäude mit Suiten. Lobby und Bar wurden vor kurzem neu gestaltet, sie verströmen wunderbar moderne Italianità. Eine ein Hektar große, mediterrane Gartenidylle, aufmerksame und freundliche Mitarbeiter sowie eine sehr gute Küche bei feiner Tischkultur zählen zu den Vorzügen des angenehm überschaubaren Hauses.

Die Zimmer (15 Varianten, DZ von 25 bis 74 m²) haben alle feine Holzböden, Klimaanlage sowie Balkon oder Terrasse, Turn-down-Service gibt es nur auf Wunsch, die Amenities sind von L'Occitane. Auch wahre Wohnträume kann man buchen: mit finnischer Sauna und mit Whirlpool auf der Dachterrasse.

Das Spa steht auch externen Gästen offen, es bietet unter anderem vier Saunen (eine davon textil), ein knapp 15 m langes Freibecken und einen größeren Außenwhirlpool. Ausgezeichnete Massagen, kleines Aktivprogramm (Mo bis Fr), auch Yoga, Wassergymnastik und Rückentraining.

Schöne Frühstücksterrasse, reichhaltiges Frühstücksbuffet, ein Langschläferfrühstück wird auch nach 11 Uhr noch zu jeder Tageszeit individuell zusammengestellt und serviert. Für Hochzeiten stehen eine Kapelle sowie umfangreiche Zusatzleistungen im Angebot. Ruhesuchenden empfehlen wir, eventuell stattfindende Tagungen und Feierlichkeiten vor der Buchung abzuklären. Fahrräder gibt's zur Gratisleihe, eine Extraportion Italianità – einen Fiat 500 – ebenso. Valet Parking, Gratisgarage für alle. Ungeeignet für Kinder. 31 Liegen, 100 Betten.

Freibecken, Hallenbad, Außensauna, Sauna, Dampfbad, Massagen, Kosmetik, Fitnessgeräte, Personal Trainer.
18-Loch-Parcours in 17 km, 25 % Greenfee-Rabatt.

39012 Meran (BZ), Via Karl von Grabmayr, 5, +39 0473 230353
HP ab € 237,–

WELLNESS

16 PUNKTE – 2 LILIEN

Muchele ****S

Zentrale Ortslage in Burgstall bei Meran

Newcomer, bezaubernd: ein familiengeführtes Refugium für Genießer und Feingeister. Es liegt auf 274 m Seehöhe im Ort und – etwas erhöht – direkt an der Weinstraße, die wir jedoch akustisch als nicht störend empfunden haben. Klare Linien mit warmen Farben kennzeichnen das Ambiente, Südtiroler Porphyr, Leder, Kastanienholz und extravagante Designerstücke regieren. Unser Lieblingsplatz ist die Bar mit den Möbel von Moroso aus Udine.

Zimmer gibt es in 15 Kategorien (DZ von 29 bis 72 m²), sie sind allesamt großzügig geschnitten und klimatisiert, Glas und Holz schaffen ein Flair von einnehmender stilistischer Rechtschaffenheit. Beherbergungsmäßige Besonderheiten sind die Suiten mit Sauna und Whirlpool auf der Terrasse, aber auch die Zimmer mit Gärtlein und reservierten Liegen direkt am Außenpool verströmen großen Charme.

Das stilvoll-dezent gestaltete, aber etwas unterdimensionierte Spa steht auch externen Gästen offen, es bietet unter anderem drei Saunen (zeitlich nur sehr eingeschränkt nutzbar, keine geführten Aufgüsse), eine 20 m lange Außen-innen-Poolkombi (mit stets geöffneter Schleuse!) sowie im Sommer einen 18 m langen Infinity-Solepool, und zwar inmitten eines großen mediterranen Gartens mit zahlreichen lauschigen Rückzugszonen zwischen Olivenbäumen, Oleander, Lavendelbüschen und Palmen. Auch fein: die „Fitness-Orangerie" mit lichtdurchfluteten Trainingsmöglichkeiten sowohl drinnen als auch im Freien. Weniger fein: unsere Abhyanga-Massage – das hat mit Ayurveda leider nichts gemein.

Restaurantterrasse für alle Mahlzeiten, reichhaltiges Frühstücksbuffet mit vielen regionalen Produkten (unsere Eier stammten aus biologischer Freilandhaltung), sehr gute bis ausgezeichnete Küche bei edler Tischkultur, umfangreiche Weinkarte, feine Patisserie, die selbst die Wiener Traditionscafés übertrifft, stimmungsvolle Bar. Äußerst sympathische, herzliche und kommunikative Gastgeberinnen, die Mitarbeiter agieren professionell und freundlich. Angenehme Gästeschar, kultivierte Paare, designaffine Genießer und Alleinreisende – wer den Quellenhof Passeier toll findet, ist hier wahrscheinlich falsch. Zum Abschied gibt es die Frage: „Und, was können wir das nächste Mal besser machen?" Überdachte Autostellplätze gratis, Garage gegen 12 Euro pro Tag. Für Kinder eher ungeeignet, Hunde erlaubt.
38 Liegen, 95 Betten.

Freibecken, Freibecken (Sommer), Hallenbad, Sauna, Dampfbad, Massagen, Kosmetik, Ayurveda, Fitnessgeräte.
9-Loch-Parcours in 5 km, 20 % Greenfee-Rabatt, Tennisplatz.

39014 Burgstall (BZ), Vicolo Maier, 1, +39 0473 291135
HP ab € 203,–

WELLNESS

17 PUNKTE – 3 LILIEN

Andreus Golf & Spa Resort *****

Grünruhelage am Golfplatz bei St. Martin – Passeiertal

Kinderfreundlich. Ein trubeliges Luxushaus mit außerordentlich breitem Wellness- und Freizeitangebot: Es liegt auf knapp 700 m Seehöhe direkt am Golfplatz und bedient praktisch jede nur erdenkliche Zielgruppe – darunter Familien, Golfer, Reiter, Sportler und Tennisspieler, die Zahl der gebotenen Einrichtungen ist jedenfalls beinahe so unüberschaubar wie die Anlage.

Hinter einer modernen Alpenfassade herrscht überladen dekorierte Traditionalität der gemütlichen Art. Feine Zimmer stehen in 18 Varianten (DZ von 38 bis 320 m²) zur Auswahl, außergewöhnlich luxuriöse mit Außensauna, Whirlpool und Infinitypool gibt es auch, Badeslipper muss man aber selbst mitbringen. Zwei Monate nach unserem Redaktionsschluss soll dem Vernehmen nach ein neuer Hotelteil oberhalb des Resorts eröffnet werden, unter anderem mit 190 m² großen Chalets (für bis zu sechs Personen), die über Sauna, Außenwhirlpool und sogar Infinitypool verfügen, sie sind durch unterirdische Gänge an das Haupthaus angebunden.

Das Wellnessbereich steht auch Tagesgästen offen, er ist weitläufig und erstreckt sich über drei Ebenen. Unter anderem fanden wir 10 Saunen (drei davon textil), fünf Außenpools – der längste misst 33 m – und die größte „Eventsauna" des Alpenraums. Sie bietet Platz für etwa 80 Personen, die Aufgüsse werden hier als Dorfdisco-ähnliches Entertainment zelebriert. Bestens ausgestattetes Fitnessstudio, Aktivprogramm, auch Yoga, Qi Gong, Pilates und geführte Wanderungen. Ausgezeichnete Massagen, das Angebot an Treatments ist riesengroß, auch eine Kältekammer zur Ganzkörperbehandlung bei minus 85 Grad ist zu genießen.

Schöne Restaurantterrasse für das Frühstück von 7 bis 11 Uhr, gute Küche, eine kleine Nachmittagsjause ist inkludiert, die Tischkultur fairly casual. Freundliche Mitarbeiter, viele kommen aus der Region. Viele langjährige Stammgäste, mitunter viele Ferrari-Fahrer. Für Kinder gibt es so einiges, darunter ein Indoor-Spielareal, Streichelzoo, Reitstall und täglich bis zu 12 Stunden Betreuung (mit saisonalen Einschränkungen). Valet Parking, Gratisgarage für alle. Hunde erlaubt. 130 Liegen, 320 Betten.

Naturbadeteich, Solefreibecken, Freibecken, Hallenbad, Kinderbecken, Außensauna, Sauna, Dampfbad, Massagen, Kosmetik, Ayurveda, Fitnessstudio, Personal Trainer.
18-Loch-Parcours, Tennisplätze.

39015 St. Leonhard in Passeier (BZ), Via Kellerlahne, 3a
+39 0473 491330
HP-plus ab € 246,–

WELLNESS
18 PUNKTE – 3 LILIEN

Andreus Golf Lodge *****

Grünlage am Golfplatz bei St. Martin – Passeiertal

Hundefreundlich, Adults preferred (ab 14). Luxuriöses Kleinhotel am Golfplatz: Ein familiengeführtes Haus mit Hideaway-Charakter, es liegt malerisch auf etwa 690 m Seehöhe, lediglich ein Starkstrommast neben dem Haus und die Nähe zur Passeiertalstraße trüben die Idylle. Drinnen wie draußen ist's wunderschön fürs Auge, wie geschaffen für die Zielgruppe – Golfer, Herrenfahrer und Jetsetter, die mitunter auch mit dem Hubschrauber anreisen.

Die Zimmer (sieben Kategorien, 20 bis 125 m²) sind einnehmend hochwertig arrangiert, sie haben bodentiefe Fenster und übergroße Betten, manche eine freistehende Badewanne. Das „Infinity-Chalet" ist kein Chalet, sondern eine Suite mit drei Schlafzimmern, ein 11 m langer Außenpool, Außensauna und ein eigener Fitnessbereich gehören hier dazu, Preise bis zu 2.500 Euro pro Nacht ebenso.

Der Wellnessbereich steht neuerdings auch externen Gästen offen, er ist in Relation zur Größe des Hauses großzügig dimensioniert und bietet unter anderem sechs Saunen, ein 30 m langes, ganzjährig nutzbares Freibecken und einen ebenso langen Naturbadeteich mit Liegeinseln direkt am Wasser. Durch Lobby, Stiegenhaus und einen langen Gang erreicht man das Dach mit Außensauna, Solewhirlpool und einem feinen Ruheraum. Sehr gute Massagen, kleines Aktivprogramm, auch Yoga, Pilates und Meditation.

Fabelhafte Restaurantterrasse mit Morgen- und Abendsonne, reichhaltiges Frühstücksbuffet bis 11 Uhr, die Küche ist gut, die Tischkultur rather casual, eine Nachmittagsjause ist inkludiert. Stimmungsvolle Bar, Raucherlounge. Viele freundliche Mitarbeiter, die meisten sind recht jung, beim Service ist man noch unterwegs zum Gipfel. Breites Service für Golfer (Golfcart, Golfschule, Indoor-Golfanlage). Gratisgarage für alle, für den Hubschrauberlandeplatz hatten wir keine Verwendung. 56 Liegen, 70 Betten.

Naturbadeteich, Freibecken, Solefreibecken, Außensauna, Sauna, Dampfbad, Massagen, Kosmetik, Ayurveda, Fitnessgeräte, Personal Trainer.
18-Loch-Parcours.

39015 St. Leonhard in Passeier (BZ), Prantago, 3
+39 0473 491330

HP-plus ab € 307,–

WELLNESS
15 PUNKTE – 2 LILIEN

Bad Fallenbach ****S

Grünlage am Ortsrand in St. Leonhard – Passeiertal

Mit feinem Wald-Spa: Ein von drei Schwestern geführtes Hotel, an einem steilen Hang liegt es auf 700 m Seehöhe unterhalb der Straße zum Jaufenpass, die man allerdings kaum hört. Die Anlage besteht aus einem neu errichteten Haupthaus und einem Altbau, der über Apartments für Selbstversorger (mit Küchenzeile) verfügt. Hinter dunklen Fassaden zeigt sich stilvolle Modernität, Samtmaterialien sind omnipräsent.

Zimmer gibt es in 11 Kategorien (DZ von 40 bis 68 m², in den Angaben auf der Hotelwebseite sind die zumeist recht großen Terrassen in die Zimmerfläche inkludiert!), sie zeigen sich schlicht gestaltet, eine Kategorie hat direkten Zugang zur Liegewiese mit Biotop, eine andere einen Whirlpool auf der Terrasse.

Das Spa steht auch Tagesgästen offen, es erstreckt sich über drei Ebenen und bietet unter anderem vier Saunen (eine davon textil) und eine 25 m lange Kombination aus Außen- und Innenpool. Die wunderbare Waldsauna ist in einem hübschen Baumhaus untergebracht und über eine kleine Brücke mit ein paar guten Schritten durch den Wald zu erreichen, dahinter rauscht der Bach in die Tiefe, und das Naturbecken darunter ist einfach herrlich nach der Sauna. Gute Massagen, kleines (teilweise aufpreispflichtiges) Aktivprogramm, auch Yoga, Waldbaden, geführte Wanderungen und E-Bike-Touren.

Schönes Restaurant, ebensolche Terrasse, reichhaltiges Frühstücksbuffet, gute Küche, Light Lunch und Nachmittagsjause sind inkludiert, zahlreiche Getränke ebenso, das nennt man hier so nonchalant wie unzutreffend kurzerhand „Luxury-All-in-Verpflegung". Freundliche und umsichtige, zumeist junge Mitarbeiter, präsente Gastgeberinnen. Wanderwege ohne Zahl beginnen vor der Haustüre, im Winter gibt es Schneeschuhe zur Gratisleihe. Check-out um 10.30 Uhr. Gratisgarage für alle. Für Kinder (trotz Kletterwand und Spielzimmer) eher ungeeignet. Hunde erlaubt. 42 Liegen, 130 Betten.

Freibecken, Hallenbad, Außensauna, Sauna, Massagen, Kosmetik, Ayurveda, Fitnessgeräte.
18-Loch-Parcours in 6 km, 20 % Greenfee-Rabatt.

39015 St. Leonhard in Passeier (BZ), Via Passo Giovo, 23
+39 0473 657700

HP-plus (inkl. Getränken) ab € 198,–

Das Sonnenparadies

WELLNESS

14 PUNKTE – 1 LILIE

Stroblhof Active Family Spa Resort ****S

Ortslage in St. Leonhard – Passeiertal

Kinderfreundlich. Jubel, Trubel, Heiterkeit: Ein familiengeführtes Großhotel, es liegt auf rund 690 m Seehöhe mitten im Ort sowie an der Straße zum Jaufenpass. Zur Anlage gehören das Stammhaus mit mehreren Zubauten sowie zwei Zweistern-Dependancen, die ein paar gute Schritte entfernt sind.

Drinnen zeigt sich moderne Ländlichkeit, was auch für die Zimmer (13 Varianten, DZ von 23 bis 90 m²) gilt. Alle haben Holzböden, einige auch freistehende Badewanne oder große Terrassen mit Sauna und Whirlpool, keines Klimaanlage. Wer bei offenem Fenster schlafen möchte, sollte sich vor einem straßenseitig gelegenen hüten, denn der Verkehr hinauf zum Jaufenpass übernimmt schon frühzeitig die Weckfunktion.

Das Spa steht auch externen Gästen offen, es bietet insgesamt sieben Saunen und je einen Bereich für Ruhesuchende und Familien, in beiden findet man sowohl einen Außen- als auch einen Innenpool, jener für Familien bietet eine 25 m lange Wasserrutsche. Im feinen Adults-only-Bereich fanden wir unter anderem zwei große Außenpools, eine riesige Eventsauna und eine FKK-Liegeterrasse. Täglich Aktivprogramm, auch Yoga, geführte Wanderungen und E-Bike-Touren.

Kleine Restaurantterrasse, reichhaltiges Frühstücksbuffet bereits ab 7 Uhr, gute Küche, eine Nachmittagsjause mit Heißgetränken ist inkludiert. Präsente Gastgeber, viele freundliche, jedoch mitunter etwas überforderte Mitarbeiter. Für Kids gibt es indoor wie outdoor einige Attraktionen, darunter Fußballplatz und Basketballfeld, zudem täglich 12,5 Stunden Betreuung. Abends gibt es Modeschauen, Hüttenfeste und Zaubershows. Gutes Preis-Leistungs-Verhältnis. Gratisgarage für alle. Hunde erlaubt. 80 Liegen, 300 Betten.

Freibecken, Freibecken (Sommer) mit Rutsche, Hallenbad, Babybecken, Sauna, Dampfbad, Massagen, Kosmetik, Ayurveda, Fitnessgeräte, Personal Trainer.
18-Loch-Parcours in 6 km, 20 % Greenfee-Rabatt, Tennisplätze.

39015 St. Leonhard in Passeier (BZ), Via Passiria, 28-29
+39 0473 010500
HP-plus ab € 184,–

WELLNESS
15 PUNKTE – 2 LILIEN

Das Sonnenparadies ****S

Grünlage mit Fernblick in Schenna bei Meran

Adults only (ab 18). Ruhevoll, schön und herzlich: Ausnahmsweise ein echtes Adults-only-Hotel ohne Wenn und Aber. Es handelt sich um einen kleinen, feinen Familienbetrieb, er liegt beinahe solitär weit oberhalb des Orts, nämlich auf 740 m, die nahe Straße sieht man nicht, der Ausblick ist herrlich. Letzterer muss wohl der Grund gewesen sein für die zahlreichen bodentiefen Glasflächen, die für dieses Hotel so typisch sind.

Draußen erfreut ein mediterraner Garten mit Palmen, Olivenbäumen und Lavendelbüschen, drinnen zeigt sich alles wie aus einem Guss, stylisch arrangierte Gemütlichkeit regiert. Stilvoll arrangierte Zimmer stehen in 19 Kategorien (DZ von 18 bis 55 m²) zur Auswahl, alle (mit Ausnahme der Einzelzimmer) haben Holzboden und Balkon, einige zudem Sauna und Whirlpool auf der Terrasse.

Das Spa steht auch externen Gästen offen, es bietet eine wunderbare Atmosphäre zur Entspannung und viele Rückzugsmöglichkeiten, zudem in vielen Bereichen das haustypische Panorama. Unter anderem fanden wir drei Saunen, einen großen Whirlpool im Freien und eine 25 m lange Innen-außen-Poolkombination – mit einer Schwimmschleuse, die die gesamte Breite umfasst, das finden wir nur selten! Kleines Aktivprogramm, auch Pilates und Workouts.

Reichhaltiges Frühstücksbuffet bis 10.30 Uhr (Check-out bereits um 10 Uhr), gute Küche, eine Nachmittagsjause ist im Preis inbegriffen. Atmosphärisch gestaltete Bar, fabelhafte Terrasse mit Feuerschalen, beweglichen Glaswänden und sogar mit Fußbodenheizung – schade nur, dass man hier nicht auch frühstücken und dinieren kann. Wunderbar freundliche und hilfsbereite Mitarbeiter, zuvorkommende Gastgeber, die auch selbst tüchtig mitanpacken. Garage für Suitengäste gratis. Hunde erlaubt. 69 Liegen, 90 Betten.

Freibecken, Hallenbad, Sauna, Dampfbad, Massagen, Kosmetik, Fitnessgeräte, Personal Trainer.
18-Loch-Parcours in 23 km, 20 % Greenfee-Rabatt.

39017 Schenna (BZ), Via Verdines, 41
+39 0473 945676

HP-plus ab € 158,–

WELLNESS
17 PUNKTE – 3 LILIEN

Erika Spa & Relax Hotel *****

Grünruhelage am Ortsrand mit Fernblick bei Meran

Kinderfreundlich. Viel für die ganze Familie: Ein Fünfsternhaus, es liegt auf 590 m Seehöhe am talseitigen Ortsrand und bietet einen wunderschönen Ausblick auf Meran. Geheimnisvoll verwinkelte Grundrisse, eine hochgemütliche Atmosphäre und eine sehr gute Küche zählen zu den Charakterzügen des Hotels, zudem der Umstand, dass die Dekoration der öffentlichen Räume täglich an die „Tagesfarbe“ angepasst wird.

Durchwegs moderne Zimmer gibt es in 30 Varianten (DZ von 24 bis 75 m²), sie sind stark unterschiedlich gestaltet und mitunter etwas hellhörig. Alle haben Holzböden, Klimaanlage, Balkon oder Terrasse, einige auch Whirlpool ebendort.

Der Wellnessbereich steht exklusiv den Gästen des Hauses offen, er ist weitläufig und gut ausgestattet, er bietet unter anderem einen 20 m langen, ganzjährig nutzbaren Außenpool sowie ein gutes Fitnessstudio mit Trainingsmöglichkeiten auch im Freien. Außerdem fanden wir 11 Saunen (zwei davon textil), drei große Pools und ein großes FKK-Tauchbecken. Für Kids gibt es einen Wasserpark, dazu gehören hier eine 40 m lange Röhrenrutsche und eine 30 m lange Breitrutsche, die auch für Erwachsene Spaßpotential birgt. Sehr gute Massagen, umfangreiches Aktivprogramm, auch Yoga, Pilates und geführte Wanderungen.

Fabelhafte Restaurantterrasse, reichhaltiges Frühstücksbuffet bis 11 Uhr, feine Tischkultur, Light Lunch und Nachmittagsjause sowie Heißgetränke sind inkludiert, alkoholfreie Getränke für Kinder ganztägig ebenso. Sehr freundliche und professionell agierende Mitarbeiter. Viele langjährige Stammgäste, nicht selten in Begleitung einer lebhaften Kinderschar. Check-out bis 12 Uhr. Gratisgarage für alle. Täglich acht Stunden Betreuung für Kinder ab drei Jahren. Hunde erlaubt. 61 Liegen, 170 Betten.

Freibecken, Solefreibecken, Hallenbad, Kinderbecken mit Rutsche, Babybecken mit Rutsche, Außensauna, Sauna, Dampfbad, Massagen, Kosmetik, Ayurveda, Fitnessstudio, Personal Trainer.
18-Loch-Parcours in 16 km, 20 % Greenfee-Rabatt.

39019 Dorf Tirol (BZ), Via Principale, 39
+39 0473 926111

HP-plus ab € 226,–

Castel Dorf Tirol

WELLNESS

20 PUNKTE – 4 LILIEN

Castel Dorf Tirol *****

Grünruhelage mit Fernblick am Ortsrand bei Meran

Wonnevoll für Feingeister: Ein selten schönes Exemplar von Familienbetrieb, es liegt auf etwa 600 m Seehöhe hoch über Meran inmitten von Weinhängen und Apfelhainen, der Ausblick ist traumhaft. Alles ist lichtdurchflutet, und alles fühlt sich hier niveauvoll und ästhetisch hochstehend an, sehr modern zwar, mit einer bemerkenswerten Absenz von Traditionellem. Doch es erzeugt Wohlgefühl von der ersten Minute an, der mediterrane Garten ist dann noch das Sahnehäubchen drauf.

Zimmer (DZ von 31 bis 93 m²) stehen in 11 edlen Kategorien zur Auswahl, sie sind schlicht in warmen Tönen und Pastellfarben gehalten, alle sind nach Süden hin ausgerichtet und haben Balkon, Klimaanlage und Espressomaschine, manche auch freistehende Badewanne oder Whirlpool auf der Terrasse. Bodentiefe Glasfronten eröffnen zudem feine Ausblicke, sogar vom Bett aus!

Das Spa steht exklusiv den Gästen des Hauses (ab 16 Jahren) offen, es wurde wenige Monate vor Redaktionsschluss großzügig erweitert, ein neuer, 20 m langer Außenpool ist nun mit dem 10 m langen Innenpool verbunden, der zu diesem Zweck um ein ganzes Stockwerk tiefer gelegt wurde – die Kosten alleine dafür möchte man sich gar nicht vorstellen! Unter anderem weiters ganz neu ist ein großer Außenwhirlpool, der, wie so vieles im Castel, einfach das Attribut „superber Logenplatz“ verdient.

Fabelhafte Terrassen mit Morgen- und Abendsonne, wunderbares Frühstücksbuffet bis 11 Uhr, ausgezeichnete Küche bei hochfeiner Tischkultur – die Bewertung bezieht sich wie immer auf die Halbpension und nicht auf das À-la-carte-Restaurant, das quasi seit Menschengedenken vom Guide Michelin mit zwei Sternen bewertet wird. Für dieses empfehlen wir übrigens die rechtzeitige Reservierung – es gibt nur fünf Tische! Tolle Weinkarte, kompetente (und sehr charmante) Weinberatung, stimmungsvolle Bar. Gut ausgebildete und erfrischend herzliche Mitarbeiter, viele langjährige finden sich darunter, präsente Gastgeber, und stets wird man als Gast mit seinem Namen angesprochen. Niveauvolles Publikum, viele langjährige Stammgäste. Check-out bis 11.30 Uhr. Gratisgarage für alle. Ungeeignet für Kinder, Hunde erlaubt. 33 Liegen, 90 Betten.

Unser Bestreben ist es, den Gästen eine ruhige, erholsame und genussvolle Auszeit zu schenken. Die traumhafte Lage unseres Hotels inmitten einer der schönsten Regionen der Welt ist dafür eine wundervolle Basis.

Daniel Dobitsch
Gastgeber Castel Dorf Tirol

Freibecken, Hallenbad, Sauna, Dampfbad, Massagen, Kosmetik, Fitnessgeräte, Personal Trainer.
18-Loch-Parcours in 16 km, 20 % Greenfee-Rabatt.

39019 Dorf Tirol (BZ), Vicolo dei Castagni, 18
+39 0473 923693

HP ab € 273,–

WELLNESS

14 PUNKTE – 1 LILIE

Gartner Designhotel ****S

Grünlage am Ortsrand mit Fernblick bei Meran

Für Design- und Musikliebhaber: Ein sehr persönlich geführtes Haus, es liegt auf rund 530 m Seehöhe direkt an der Hauptstraße, die aber nur in wenigen Zimmern und dann auch nur bei offenem Fenster gut zu hören ist. Ambientemäßig handelt es sich um ein Unikat in Südtirol (selbst unter den Designhotels), schrille Pop-Art, farbenfrohe Kuriositäten, außergewöhnliche Sitzmöbel, Bücher, Bildbände und Antiquitäten sind allgegenwärtig, lebensfrohe Klänge von Hip-Hop bis Jazz ebenso – der Whirlpool in einer Baumkrone passt da gut ins Bild.

Moderne Zimmer kann man aus 15 Kategorien (DZ von 26 bis 72 m²) wählen, auch sie überraschen immer wieder mit starken Designakzenten, und sie haben alle Klimaanlage und Balkon oder Terrasse.

Das Spa ist exklusiv für Hotelgäste, es ist in zwei Bereiche (alle ab 16 Jahren) aufgeteilt, der eine bietet unter anderem eine 21 m lange Poolkombi (innen und außen), der zweite einen Mini-Infinitypool, Sauna und Ruheraum, all das in einem eigenen Gebäude mit phantastischem Ausblick über Meran bis ins Etschtal. Die Gartenfläche ist äußerst bescheiden. Sehr gute Massagen, ganz kleines Aktivprogramm.

Wunderbares Frühstücksbuffet bis 11 Uhr, sehr gute Küche – „unglaublich köstlich", schrieb uns Leserin Helene aus München –, die Tischkultur ist fairly casual. Überaus herzliche und stets präsente Gastgeber, ausgesprochen freundliche Mitarbeiter, darunter viele langjährige. Das Spa kann nach dem Check-out noch ganztägig genutzt werden. Toll, und ganz nach der Art des Hauses: Wegen der zurzeit misslichen Situation auf der Brennerautobahn schlägt das Haus vor, schon in der Nacht loszufahren. Auf Frühstück und Day Spa bis zum Check-in ist man dann eingeladen. Chapeau! Das Spa kann am Abreisetag auch nach dem Check-out genutzt werden. Gratisgarage für alle. Eher ungeeignet für Kinder, Hunde erlaubt. 32 Liegen, 84 Betten.

Freibecken, Hallenbad, Sauna, Dampfbad, Massagen, Kosmetik, Fitnessgeräte, Personal Trainer.
18-Loch-Parcours in 16 km, 10 % Greenfee-Rabatt.

39019 Dorf Tirol (BZ), Via Principale, 65, +39 0473 923414
HP ab € 173,–

WELLNESS

15 PUNKTE – 2 LILIEN

Johannis Feel Good Resort ****S

Grünruhelage am Ortsrand mit Fernblick bei Meran

Familienfreundlich. Mit tollem Spa: Ein freundlicher Familienbetrieb inmitten von Weinhängen und Apfelhainen, er liegt ein gutes Stück östlich von Dorf Tirol. Es herrscht Ruhe, und der Ausblick ist großartig, wenn auch durch die Tunnelgroßbaustelle der Meraner Nord-West-Umfahrung momentan ein bisschen beeinträchtigt. Ein schöner mediterraner Garten mit Zypressen, Palmen, Lavendel und Feigenbäumen erfreut hier das Auge, alleine ein naher Starkstrommast trübt die Idylle. Inwendig zeigt sich alles in moderner Gemütlichkeit gestaltet, getreu dem Motto „feel good".

Zimmer kann man aus 13 Kategorien (DZ von 22 bis 90 m²) wählen, sie sind allesamt nach Süden ausgerichtet und entweder urban oder ländlich arrangiert. Alle haben A/C, Holzböden und Balkon, einige auch Sauna und Whirlpool auf der Terrasse, zwei Suiten in einem Nebengebäude teilen sich zudem einen eigenen Außenpool. Alles ist blitzsauber, das W-Lan langsam, der Plastikanteil des Bademantels stattlich. Im Hauptgebäude empfehlen wir die Zimmer im zweiten und dritten Stock, darunter ist der Ausblick eher nur für Restaurantdachenthusiasten erbaulich.

Das Spa ist auf drei Ebenen aufgeteilt und drinnen wie draußen wunderschön. Besonders angetan waren wir von der Adults-only-Zone (ab 16 Jahren) und den lauschigen Ruheplätzen, und nicht nur wir: Alleine das FKK-Tauchbecken wurde schon ein Star, erzielte es doch mehr als 500.000 Views auf unserer Instagram-Seite! Es gibt fünf Saunen (zwei davon textil), weiters unter anderem einen 23 m langen Infinity-Außenpool und sehr gute Massagen. Aktivprogramm, auch Yoga (zweimal wöchentlich) und Pilates.

Fabelhafte Terrasse für alle Mahlzeiten, nette Tischkultur, mitunter längere Wartezeiten im Restaurant. Faire Getränkepreise, eine süße Nachmittagsjause ist inkludiert. Freundliche Mitarbeiter, präsente und sympathische Gastgeber – „alle verdienen höchstes Lob", schrieb uns Leserin Marianne aus Unterfranken. Das sehen wir auch so. 48 Liegen, 140 Betten.

Freibecken, Hallenbad, Kinderbecken, Außensauna, Sauna, Dampfbad, Massagen, Kosmetik, Ayurveda, Fitnessgeräte.
18-Loch-Parcours in 14 km.

39019 Dorf Tirol (BZ), Via Aica, 37, +39 0473 233336
HP-plus ab € 163,–

Patrizia

WELLNESS

18 PUNKTE – 3 LILIEN

Patrizia ****S

Grünruhelage mit Fernblick am Ortsrand bei Meran

Küche, Ambiente und Ausblick für Feingeister: Ruhevoll auf 670 m Seehöhe, umgeben von Apfelhainen, liegt dieses familiengeführte Schmuckstück, dessen Wohlfühlqualitäten man gar nicht vermuten würde, sieht man doch zunächst nur die nach Zweckbau anmutende Rückseite des Hauses. Im Inneren offenbart sich dann eine von feiner Hand gestaltete Welt, so einnehmend, so liebevoll arrangiert, so harmonisch, dass man eigentlich die Schöpferin gerne kennenlernen würde.

Schöne Zimmer (DZ von 20 bis 85 m^2) kann man aus nicht weniger als 20 Kategorien wählen, kaum eines gleicht dem anderen, alle sind nach Süden hin ausgerichtet, fast alle haben Balkon mit herrlichem Ausblick, der Bademantel ist aus reiner Baumwolle, die Bewässerung der umliegenden Obstgärten mitunter (bei offenem Fenster) nächtens gut hörbar. Top-Choice aus unserer Sicht ist die Penthouse-Suite, weil: ganz oben, mit der größten Terrasse, zudem direkter Zugang zum FKK-Spa und last but not least good value for money.

Das Spa steht exklusiv den Hausgästen offen, es ist auf zwei Ebenen aufgeteilt und bietet unter anderem vier Saunen, einen kreisrunden Innenpool mit knapp 10 m Durchmesser, einen 19 m langen Außenpool in einem kleinen Garten sowie zwei Whirlpools im Freien, einer davon befindet sich auf der FKK-Dachterrasse, wo es auch einen feinen Liegebereich mit Himmelbetten gibt – traumhaftes 360-Grad-Panorama inklusive. Sehr gute Massagen, kleines Aktivprogramm, auch Pilates, Nordic Walking und Wassergymnastik.

Fabelhafte Restaurantterrasse für alle Mahlzeiten, das Restaurant wurde vor kurzem neu gestaltet, es ist wunderschön und fokussiert auf Kommunikation der Gäste untereinander – das ist ein ebenso beherzter wie sympathischer Gegenentwurf zu den „Kokon-Tischen“ à la Forestis, ganz nebenbei gesagt. Wunderbares Frühstücksbuffet bis 10.30 Uhr, für Langschläfer geht es an der Bar sogar bis in den frühen Nachmittag. Sehr gute Küche bei feiner Tischkultur, tolle Weinkarte. Viele ausgesprochen sympathische und professionell agierende Mitarbeiter, präsente Gastgeber, zahlreiche langjährige Stammgäste. Mountain- und

Amaril Boutique Hotel

E-Bikes gibt's zur Gratisleihe. Gratisgarage und überdachte Parkplätze für (fast) alle. Ungeeignet für Kinder, Hunde erlaubt. 40 Liegen, 85 Betten.

Freibecken, Hallenbad, Außensauna, Sauna, Dampfbad, Massagen, Kosmetik, Fitnessgeräte.
18-Loch-Parcours in 16 km, 20 % Greenfee-Rabatt.

39019 Dorf Tirol (BZ), Via Lutz, 5, +39 0473 923485
HP ab € 185,-

WELLNESS

14 PUNKTE – 1 LILIE

Sonnbichl Dorf Tirol ****S

Grünlage am Ortsrand mit Fernblick bei Meran

Ruhevoll mit guter Küche: Ein sehr persönlich geführtes Kleinhotel, es liegt im untersten Teil von Dorf Tirol. Man ist hier auf 515 m Seehöhe, also um gut 150 Höhenmeter tiefer als im höchstgelegenen Lilien-Hotel des Orts, dafür aber ganz schnell in Meran – der Sessellift ins Zentrum ist nur ein paar gute Schritte entfernt, und die luftige Fahrt über Weingärten und Apfelhaine ist ein schönes Erlebnis.

Hinter unscheinbaren Fassaden herrscht stimmungsvoll arrangierte Gemütlichkeit der ländlichen Art. Die Zimmer (13 Kategorien, DZ von 26 bis 52 m²) zeigen sich zeitgemäß und sehr gepflegt, alle haben Balkon mit Ausblick, Boxspringbetten und bodentiefe Fenster, die meisten feine Holzböden.

Das Spa steht neuerdings auch externen Gästen offen, unter anderem fanden wir indoor vier Saunen (ab 14 Jahren), einen 10 m langen Pool und ein Kneippbecken, im Freien einen lieblichen, mediterranen Garten mit herrlichem Ausblick sowie einen 20 m langen Außenpool. Gute Massagen, kleines Aktivprogramm, auch Yoga und Workouts, gegen einen kleinen Aufpreis auch geführte Wanderungen und E-Bike-Touren.

Fabelhafte Terrasse für alle Mahlzeiten, ab 7 Uhr gibt es im Spa ein kleines Frühstück für Early Birds, im Restaurant dann ein reichhaltiges Frühstücksbuffet bis 11 Uhr. Sehr gute, optisch ansprechende Küche bei netter Tischkultur, ausgezeichnete Weinkarte, faire Getränkepreise. Herzlicher, authentischer Gastgeber, freundliche und zuvorkommende Mitarbeiter, viele, viele langjährige Stammgäste. Gratisgarage für (fast) alle. Eher ungeeignet für Kinder, Hunde erlaubt. 23 Liegen, 68 Betten.

Freibecken, Hallenbad, Sauna, Dampfbad, Massagen, Kosmetik, Fitnessgeräte.
18-Loch-Parcours in 16 km, 20 % Greenfee Rabatt

39019 Dorf Tirol (BZ), Via Monte Benedetto, 15
+39 0473 923580
HP ab € 169,-

WELLNESS
13 PUNKTE – 1 LILIE

Amaril Boutique Hotel ****S

Grünruhelage am Ortsrand in Kastelbell – Vinschgau

Adults preferred (ab 14). Newcomer! Atmosphärisches Hideaway ohne Mainstream-Geruch: Ein sympathisches, familiengeführtes Boutiquehotel, es liegt gut eine halbe Autostunde westlich von Meran auf 610 m Seehöhe. Umringt von Apfelhainen und Marillenbäumen befindet es sich inmitten eines ruhevollen weitläufigen Gartens, der zwischen Lavendelbüschen, Rosen, Hortensien, Sonnenhüten und Prachtkerzen lauschige Rückzugsorte bietet – vielstimmiger Vogelgesang inklusive. Für uns einer jener Orte, wo man sich mit einem guten Buch den ganzen Tag über in den Schatten legt und entspannt. Ruhe und Natur, auch das ist Wellness.

Das Hotel besteht aus zwei Gebäuden: eines ausschließlich mit Apartments für bis zu sechs Personen, das andere mit Suiten, Rezeption, Restaurant und Spa. Drinnen zeigt sich einnehmend reduzierte luxuriöse Anmutung, die Zimmer (neun Kategorien, DZ von 50 bis 115 m²) sind hell, hochwertig und edel gestaltet (schönes Holz, Laaser Marmor), einige verfügen über einen Whirlpool auf der Dachterrasse, alle über Elektrosmog-Reduktion und hexagonal belebtes Leitungswasser.

Wie das Restaurant steht auch das Spa externen Gästen offen, es ist indoor aber kein Riese. Unter anderem fanden wir drei Saunen, ein 20 m langes, ganzjährig nutzbares Freibecken (mit Inneneinstieg) sowie einen kleinen Außenwhirlpool am Dach mit 360-Grad-Ausblick über den Vinschgau. Ein Yogaraum ist ebenso vorhanden wie Fitnessgeräte – sowohl im Innen als auch im Freien.

Fabelhafte Restaurantterrasse, hochwertiges Frühstücksbuffet bis 10.30 Uhr, sehr gute Küche. Die Preise auf der Hotelwebseite beinhalten nur NF, für Halbpension (viergängiges Menü) gilt ein Aufpreis von 40 Euro pro Tag und Person. Köstlich auch der Marillenschnaps vom benachbarten Bauern – eine Bar zum abendlichen Genuss desselben vermissten wir jedoch. Freundliche und zuvorkommende Mitarbeiter, präsentes und sympathisches Gastgeberehepaar, es führt das Haus als Quereinsteiger mit spürbarer Herzlichkeit. Gratisgarage für alle. Hunde erlaubt. 12 Liegen, 70 Betten.

Freibecken, Sauna, Dampfbad, Massagen, Kosmetik, Fitnessgeräte.

39020 Kastelbell-Tschars (BZ), Strada Vecchia, 21a
+39 0473 867000
HP ab € 189,-

WELLNESS
15 PUNKTE – 2 LILIEN

La Maiena Meran Resort *****

Grünlage am Ortsrand in Marling bei Meran

Familienfreundlich. „The Top of Meran“: Das stand bis vor kurzem mit großen Lettern am Eingang dieses schönen und traditionsreichen Familienbetriebs. Auf 370 m Seehöhe gelegen ist er von Apfelhainen umgeben, allerdings auch von Bahnlinien davor und dahinter – umso mehr strengt man sich an, das mit einnehmendem Ambiente, gastgeberischer Wärme und guter Küche wettzumachen.

Die im Vorjahr wiederum teilmodernisierte Anlage besteht aus vier unterirdisch miteinander verbundenen Gebäuden, eine stilvoll gestaltete Lobby empfängt, ebendort fanden wir die Augenweide einer 1957er BMW Isetta 300 – penibelst restauriert. Schöne Zimmer gibt es in 22 Kategorien (DZ von 22 bis 75 m²), fast alle haben Holzboden und Balkon, einige auch Whirlpool und Sauna, das abendliche Turn-down-Service gibt es nur auf Nachfrage.

Das Spa steht wie das Restaurant auch externen Gästen offen, es besteht aus zwei Teilen, die durch einen längeren Gang unterirdisch verbunden sind. Unter anderem fanden wir fünf Saunen, einen 10 m langen Innenpool, zwei Außenpools (der längste misst 24 m und ist mit seiner überdurchschnittlichen Breite von 9 m der zweitgrößte in Südtirol) sowie eine feine Terrasse auf dem Dach mit Liegen und zwei American Whirlpools. Der kleine Garten mit Olivenbäumen ist wunderbar gepflegt, Poolservice Standard, die Nachmittagssonne entschwindet schnell. Sehr gute Massagen, ganz kleines Aktivprogramm.

Giardino Marling

Restaurantterrasse (mit Morgensonne) für alle Mahlzeiten, reichhaltiges Frühstücksbuffet bis 11 Uhr, zumeist sehr gute Küche bei netter Tischkultur. Viele sehr freundliche und zuvorkommende Mitarbeiter, präsente Gastgeber. Breites Service für Biker (Garage, Wäscheservice, Tourenkarten, geführte Bike-Touren), für Kinder gibt es etwa Spielplatz, Indoor-Spielareal und Wasserrutsche (nur im Sommer) sowie täglich sechs Stunden Betreuung (Mo bis Fr, nur Juli und August). Check-out bereits um 10 Uhr. Gratisgarage für alle. Hunde erlaubt. 73 Liegen, 160 Betten.

Freibecken, Freibecken (Sommer), Hallenbad, Babybecken, Sauna, Dampfbad, Massagen, Kosmetik, Ayurveda, Fitnessgeräte, Personal Trainer.
18-Loch-Platz in 23 km, 20 % Greenfee-Rabatt, Tennisplatz.

39020 Marling (BZ), Via Tramontana, 15, +39 0473 447000
HP ab € 189,-

WELLNESS

19 PUNKTE – 4 LILIEN

Giardino Marling *****

Grünruhelage am Ortsrand in Marling bei Meran

Familienfreundlich. Schönheit und Harmonie! Ein niveauvoller Mutter-Tochter-Betrieb in angenehmer Größe, er liegt auf 400 m Seehöhe. Ringsum erfreuen Weingärten, Apfelhaine und vielstimmiger Vogelgesang, und am Ausblick konnten wir uns gar nicht sattsehen. Er geht auf Dorf Tirol und Schenna, Meran ist natürlich auch im Bild, mit einem Feldstecher kann man sogar die Pferderennen mitverfolgen, die Saisoneröffnung erfolgt übrigens stets am Ostermontag. Das Innere des Hauses zeigt sich von feiner Hand stilsicher (und mit einer gehörigen Portion von Perfektionismus) gestaltet, dazu kommen die vielen Schnittblumen und der namensgebende Garten: Hier wachsen Palmen, blühen Jasmin und duftende Rosen.

Die Zimmer (16 Kategorien, DZ von 30 bis 90 m²) zeigen sich mit der Leichtigkeit unaufdringlicher Eleganz, alle haben Klimaanlage, das allabendliche, anderswo längst ausgestorbene Turn-down-Service gibt es auf Wunsch, Abendsonne hingegen kaum.

Das Spa ist weitläufig und steht exklusiv den Hausgästen zur Verfügung, es bietet unterem anderem einen Saunabereich mit großen Glasfronten und vier Saunen, ein edles Hallenbad mit einem 12 m langen Steinfliesenbecken im Erdgeschoß und auf der Dachterrasse einen

17 m langen Sky-Pool und einen Sky-Whirlpool. Im bezaubernden Garten fanden wir zudem lauschige Ruheplätze, einen Außenwhirlpool und einen 15 m langen, mit Naturstein ausgekleideten Solepool. Kleines Aktivprogramm an sechs Tagen der Woche, auch Yoga, Faszientraining und Rückengymnastik, zu bestimmten Terminen werden Yoga-Retreats angeboten.

Fabelhafte Panoramaterrasse mit Morgensonne, hervorragendes Frühstücksbuffet, ausgezeichnete Küche bei feiner Tischkultur, großartige Weinkarte mit fairen Preisen. Viele freundliche und kompetente Mitarbeiter, wunderbare Gastgeberinnen.

Niveauvolles Publikum, keine externen Gäste, auch nicht im Restaurant. Täglich bis zu 5,5 Stunden Kinderbetreuung (in der Hochsaison und zu Ferienzeiten). Mountain- und E-Bikes zur Gratisleihe. Gratisgarage für alle. Hunde erlaubt. 47 Liegen, 104 Betten.

Freibecken, Solefreibecken (Sommer), Hallenbad, Sauna, Dampfbad, Massagen, Kosmetik, Fitnessgeräte, Personal Trainer.
18-Loch-Parcours in 22,5 km, Tennisplatz.

39020 Marling (BZ), Vicolo San Felice, 18, +39 0473 447177
HP ab € 198,-

WELLNESS
15 PUNKTE – 2 LILIEN

Tyrol Design-Hotel ****

Grünruhelage am Ortsrand in Partschins bei Meran

Hip und cool, nicht nur für Biker: Ein sympathisches familiengeführtes Haus von angenehmer Größe, es liegt auf 560 m Seehöhe fast am Ende einer Sackgasse und grenzt mit seiner Gartenseite an einen Apfelhain. Instagramtauglich in Szene gesetzte Designklassiker der Moderne prägen das Ambiente, und vor der Rezeption begrüßt eine riesige Plastikgiraffe, sie trägt einen Kristallluster im Maul. Zu den Gästen zählen mainstreamflüchtige Großstadt-Hipster ebenso wie langjährige deutsche Stammgäste, die dem Hotel auch nach der vor mehr als einem Jahrzehnt erfolgten Design-Ausrichtung die Treue halten – und so feine Dinge wie massives Silberbesteck lieben.

Die Zimmer (12 Kategorien, DZ von 22 bis 48 m²) verströmen geradlinige Schlichtheit, alle haben Holzböden, fast alle Balkon oder Terrasse, die meisten auch ein pin-up-mäßig drapiertes Sitzmöbel vom Typ leistbares Design aus der Mitte des vorigen Jahrhunderts.

Das Spa steht auch externen Gästen offen, ist aber weitläufig. Unter anderem fanden wir ein Badehaus, das ist ein zweistöckiger Kubus mit Wänden aus Glas und Sichtbeton sowie Böden aus Epoxidharz. Weiters: eine Zone für Adults only, fünf Saunen (drei davon textil), einen 12 m langen, ganzjährig nutzbaren Infinity-Skypool und einen Dachgarten mit beheiztem Whirlpool, zudem einen 18 m langen Außenpool im schön gepflegten Garten. Sehr gute Massagen, täglich Aktivprogramm, vornehmlich Yoga (10-mal pro Woche).

Kleine Restaurantterrassen (eine mit Morgensonne), reichhaltiges Frühstücksbuffet (allerdings: für eine halbe Avocado mussten wir extra zahlen) bis 11 Uhr, zumeist sehr gute Küche bei netter Tischkultur, und vom Kellner heißt es stets: „Haben Sie Intoleranzen oder Allergien?“ Große Weinkarte mit zahlreichen Offenen, faire Getränkepreise, stylische Bar. Bike-Garage mit Wasch- und Reparaturplätzen, auch geführte Rennrad-, Bike- und E-Bike-Touren sowie Techniktrainings. Gratisgarage für höhere Zimmerkategorien, ansonsten gegen 8 Euro pro Tag. Ungeeignet für Kinder, Hunde erlaubt. 30 Liegen, 90 Betten.

Freibecken, Freibecken (Sommer), Hallenbad, Sauna, Dampfbad, Massagen, Kosmetik, Fitnessgeräte.

39020 Partschins (BZ), Via Hans Guet, 40, +39 0473 967654
HP ab € 168,-

WELLNESS
15 PUNKTE – 2 LILIEN

Tuberis Nature & Spa Resort ****S

Grünlage mit Fernblick am Ortsrand – Münstertal

Hunde- und familienfreundlich. Mit Reitstall: Ein familiengeführter Traditionsbetrieb, er liegt auf 1.240 m Seehöhe inmitten einer Eintausend-Seelen-Gemeinde nahe an der Grenze zur Schweiz, im Winter sind es knapp 30 Autominuten ins nächstgelegene Skigebiet. Die Anlage besteht aus dem direkt an der Hauptstraße gelegenen Stammhaus und dem dahinterliegenden, zum Grünen hin ausgerichteten Zubau, in dem die Straße kaum mehr hörbar ist. Der Fokus des umweltbewussten Hauses liegt auf Wandern, Reiten und Biken.

Vor sechs Jahren wurde großzügig modernisiert, das Ambiente zeigt sich gepflegt und verströmt zeitgemäße Ländlichkeit. Gemütliche Zimmer gibt es in 11 Varianten (DZ von 25 bis 66 m²), helles Holz dominiert und wird mit modisch wirkenden Stoffen und Farben akzentuiert. Jene im neuen Trakt haben feine Holzböden und Bäder mit Glaswänden, alle Zimmer haben Balkon mit zumeist malerischem Ausblick, Badeslipper muss man aber selbst mitbringen.

Das Spa steht auch Tagesgästen offen, es ist in Bereiche für Familien und Ruhesuchende aufgeteilt. Unter anderem fanden wir vier Saunen (ab 14 Jahren), einen 13 m langen Innenpool, ein knapp 11 m langes Freibecken sowie eine weitläufige Liegewiese und einen feinen FKK-Außenbereich mit Whirlpool.

Reichhaltiges Frühstücksbuffet bis 10.30 Uhr, sehr gute Küche bei netter Tischkultur, für Veganes werden 10 Euro extra verrechnet, für gluten- und laktosefreie Gerichte 5 Euro. Dennoch sauberes Preis-Leistungs-Verhältnis. Viele freundliche Mitarbeiter, präsente Gastgeber, die auch selbst mitanpacken. Für Kinder gibt es unter anderem Spielplatz, Streichelzoo und Ponys. Schneeschuhe und Rodeln gibt's zur Gratisleihe. Check-out bereits um 10 Uhr. 60 Liegen, 135 Betten.

Freibecken, Hallenbad, Babybecken, Sauna, Dampfbad, Massagen, Kosmetik, Ayurveda, Fitnessgeräte.
Reitstall (Pferde und Ponys).

39020 Taufers im Münstertal (BZ), Via San Giovanni, 37
+39 0473 832168
HP ab € 219,-

WELLNESS
14 PUNKTE – 1 LILIE

Piris Jagdhof ****S

Grünruhelage am Ortsrand in Latsch – Vinschgau

Familienfreundlich. „Sporthotel, Yogahotel, Romantikhotel": Mit diesen und noch weiteren gegensätzlichen Attributen wirbt der sauber geführte Familienbetrieb, sein Fokus liegt jedenfalls auf Wellness mit Wandern, Biken und Action, all das für die ganze Familie. Das Haus liegt auf 640 m Seehöhe am Ortsrand neben Obsthainen. Vor sechs Jahren wurde großzügig modernisiert, seither regiert zeitgemäße Behaglichkeit das Ambiente.

Die Zimmer (17 Kategorien, DZ von 30 bis 72 m²) zeigen sich in klassischer oder eher schlichter neoalpiner Ländlichkeit, alle haben Holzboden, Balkon oder Terrasse, einige auch Infrarotliegen oder Whirlpool auf der Terrasse.

Das Spa steht auch externen Gästen offen, es ist auf drei Ebenen verteilt. Unter anderem fanden wir einen knapp 9 m langen Innenpool, einen 10 m langen Außenpool, ein Stockwerk darüber eine ältere Zone mit vier kleinen Saunen und Ruheraum sowie vier weitere Geschoße darüber das wunderschöne Adults-only-Spa (ab 16 Jahren). Ebendort: Ruhezonen innen und außen, ein Whirlpool (leider nicht textilfrei) und ein mit Pflanzen abgeschirmter FKK-Liegebereich mit prächtigem Panorama. Aktivprogramm, auch Yoga (viermal pro Woche), Meditation, Faszientraining, geführte Wanderungen und Bike-Touren (mehrmals täglich) sowie E-Bike-Touren.

Restaurantterrasse (leider nicht fürs Abendessen), reichhaltiges Frühstücksbuffet bis 10.30 Uhr, sehr gute bis ausgezeichnete Küche, sie versteht sich auch auf Veganes, eine Nachmittagsjause inklusive Softdrinks und Heißgetränken ist im Preis enthalten, die Tischkultur ist fairly casual. Ambitionierte Weinkarte, auch Natural Wines sind auf ihr zu finden. Omnipräsente Gastgeber, viele freundliche und zuvorkommende Mitarbeiter. Bike-Garage mit Reparaturecke, Bike-Waschplatz, Bike-Shop. Gratisgarage für (fast) alle. Täglich vier Stunden Betreuung für Kinder ab drei Jahren (nur Juli und August). Hunde erlaubt. 72 Liegen, 100 Betten.

Freibecken (Sommer), Hallenbad, Außensauna, Sauna, Dampfbad, Massagen, Kosmetik, Ayurveda, Fitnessgeräte.

39021 Latsch (BZ), Via Signori, 15, +39 0473 622299
HP-plus ab € 188,-

WELLNESS
14 PUNKTE – 1 LILIE

Das Dorner ****S

Grünlage am Ortsrand in Algund bei Meran

Familienfreundlich. Ein Familienbetrieb in angenehm überschaubarer Größe, er liegt auf etwa 330 m Seehöhe an der Hauptstraße, die mitunter auch nicht ganz zu überhören ist. Die Anlage besteht aus dem Stammhaus mit Rezeption, Lobby, Bar und Restaurant und einem großen, modernen Neubau inmitten eines prachtvollen mediterranen Gartens.

Die Zimmer (16 Varianten, DZ von 35 bis 45 m²) haben mehrheitlich stilvolle und luxuriöse Interieurs, Holzboden, Klimaanlage, Kaffeemaschine, Balkon oder Terrasse, einige auch Whirlpool und Sauna.

Das Spa steht auch Tagesgästen offen, es erstreckt sich über drei Ebenen: Im Untergeschoß befindet sich der Saunabereich mit drei Saunen (für Kinder in Begleitung von 14 bis 16

Uhr nutzbar), ebenerdig gibt es ein 20 m langes Freibecken und einen 10 m langen Indoorpool. Im fünften Stock schließlich wartet das Sky-Spa (ab 16 Jahren) mit Außensauna, Ruheräumen, Sonnenterrasse und einem 11 m langen Infinitypool – all das mit wunderschönem Ausblick. Gute Massagen, kleines Aktivprogramm, auch Yoga (zweimal wöchentlich), Pilates und geführte Wanderungen.

Restaurantterrasse für alle Mahlzeiten, reichhaltiges Frühstücksbuffet bis 10.30 Uhr, zumeist sehr gute Küche, sie versteht sich auch auf Vegetarisches. Viele freundliche Mitarbeiter, präsente Gastgeber. Für Kinder gibt es Spielplatz und Indoor-Spielareal. Check-out bis 10.30 Uhr. Gratisgarage für (fast) alle. Hunde erlaubt. 33 Liegen, 100 Betten.

Freibecken, Freibecken (Sommer), Hallenbad, Sauna, Dampfbad, Massagen, Kosmetik, Ayurveda, Fitnessgeräte. 18-Loch-Parcours in 21 km, bis zu 20 % Greenfee-Rabatt.

39022 Algund (BZ), Via Josef Weingartner, 40
+39 0473 443309
HP ab € 204,-

WELLNESS

15 PUNKTE – 2 LILIEN

Fayn Garden Retreat ****S

Grünruhelage am Ortsrand in Algund bei Meran

Echt fayn: Ein familiengeführtes kleines Hideaway, es liegt zwar ruhig, aber nicht abgeschieden, durch kluge Bepflanzung ist's dennoch wunderbar abgeschirmt. Der Garten betört die Sinne: Granatapfelbäume, Ringlotten, Olivenbäume, Oleander, Zypressen, Palmen. Äußerlich zeigt sich das Haus schlicht, inwendig erblüht es aber: Alles verströmt Harmonie und stilistische Feinheit – die Freude darüber greift spürbar sowohl auf Mitarbeiter als auch auf die Gäste über.

Vor kurzen wurde modernisiert, vor allem Restaurant, Bar und Garten sind nochmals bezaubernder geworden. Schöne Zimmer stehen in neun Kategorien (DZ von 28 bis 64 m^2) zur Auswahl, alle haben Holzböden und Balkon mit hochwertigen Liegen sowie neuerdings auch Klimaanlage.

Das Spa ist exklusiv für Hausgäste, unter anderem fanden wir vier Saunen, einen 13 m langen Innenpool, einen ebenso langen, mit Steinfliesen ausgekleideten Außenpool, weiters einen großen Außenwhirlpool sowie lauschige Ruheplätze und Himmelbetten unter herrlichen Bäumen.

Fabelhafte Restaurantterrasse mit Morgen- und Abendsonne, reichhaltiges Frühstücksbuffet bis 11 Uhr, sehr gute Küche bei feiner Tischkultur, eine Nachmittagsjause in außergewöhnlicher Qualität ist inkludiert. Vorbildliche Barkultur, wunderbare Cocktails! Präsente und sympathische Gastgeber, sehr freundliche und hilfsbereite Mitarbeiter. Sauberes Preis-Leistungs-Verhältnis, Check-out bis 11.00 Uhr. Erquickende Spazierwege und Jogging-Strecken beginnen vor der Haustüre. Valet Parking, Gratisgarage für alle. Eher ungeeignet für Kinder, Hunde erlaubt. 24 Liegen, 65 Betten.

Freibecken, Hallenbad, Sauna, Dampfbad, Massagen, Kosmetik, Ayurveda, Fitnessgeräte, Personal Trainer. 18-Loch-Parcours in 21,5 km.

39022 Algund (BZ), Via Breitofen, 9, +39 0473 220355
HP-plus ab € 196,-

WELLNESS

13 PUNKTE – 1 LILIE

Villa Verde garni

Grünruhelage am Ortsrand in Algund bei Meran

Kein Wellnessmuskelprotz, kein klassisches Hotel, sondern ein kleines, liebevoll geführtes B&B-Apartmenthaus, es besteht aus einer Jugendstilvilla sowie einem modernen Holzbau, all das auf 330 m Seehöhe zwischen Apfelhainen an der alten Dorfstraße. Die öffentlichen Räume zeigen sich luftig und stilvoll arrangiert, ein Faible für Antiquitäten ist offensichtlich, und überall erfreuen frische Blumen das Auge.

Apartments gibt es in acht schönen Varianten (von 55 bis 80 m^2 – Terrasse oder Balkon eingerechnet), sie bieten bis zu vier Personen Platz, haben Klimaanlage und eine komplette Kücheneinrichtung, die tägliche Reinigung ist inkludiert.

Das Spa steht auch Tagesgästen offen, es bietet unter anderem drei Saunen (eine davon im Freien), ein 20 m langes, auch im Winter nutzbares Solefreibecken sowie einen Naturbadeteich inmitten einer großen Liegewiese, die schöne Rückzugsmöglichkeiten gewährt – Himmelbetten und schattige Plätze unter Bäumen inklusive. Dreimal pro Woche gibt es Yoga, bei geeignetem Wetter sogar im Garten, auch viertägige Yoga-Retreats werden regelmäßig angeboten.

Fabelhafte Frühstücksterrasse mit Morgensonne, auch eine frischere an der Nordseite gibt es – für Adults only, hier trifft man auch auf externe Gäste. Gutes Frühstücksbuffet mit regionalen Produkten und Milch-Alternativen bis 11 Uhr, nachmittags erhält man feine Torten und Kuchen (auch vegan), allerdings nicht als Inklusivleistung. Präsente Gastgeberinnen, viele junge Mitarbeiter, sie sind zumeist recht zuvorkommend. Gratisgarage für alle. Ungeeignet für Kinder, Hunde erlaubt. 42 Liegen, 110 Betten.

Naturbadeteich, Solefreibecken, Außensauna, Sauna, Dampfbad, Massagen, Kosmetik.
18-Loch-Parcours in 21 km.

39022 Algund (BZ), Alte Landstraße 12, +39 0473 861600
NF ab € 181,-

WELLNESS
17 PUNKTE – 3 LILIEN

Das Gerstl Alpine Retreat ****S

Grünruhelage mit Fernblick bei Mals – Vinschgau

Hundefreundlich, Adults preferred (ab 6). Mit malerischem Panorama: Ein wunderschöner Familienbetrieb mit stimmiger Atmosphäre und guten Vibes, abseits des Südtiroler Overtourism liegt er auf 1.540 m Seehöhe ein gutes Stück außerhalb von Mals an der Schlinigpass-Straße. Das Innenleben präsentiert sich in gehobener und durchwegs kontemporärer Ländlichkeit, Zirben- und Eichenholz sorgt in den Stuben für eine behagliche Anmutung.

Schöne Zimmer sind aus 19 Kategorien (DZ von 28 bis 75 m²) wählbar, alle haben Holzböden und Balkon oder Terrasse, manche auch Sauna und Whirlpool auf der Terrasse, eines bietet sogar einen 8 m langen Infinity-Außenpool inmitten eines privaten Gärtleins. Brandneu ist die Möglichkeit, quasi unter den Sternen zu schlafen – in einem offenen Kämmerchen auf einem abgetrennten Teil der Liegewiese, sowohl Abendessen als auch Frühstück werden dort serviert.

Das Spa steht auch Tagesgästen offen, es wird nicht wie anderswo mit „5.000 m²" oder ähnlichen Marketingfieberphantasiezahlen beworben, sondern mit der Fläche, die es tatsächlich hat: 900 m²! Eine derartige Ehrlichkeit ist absolut rar, freilich umso einnehmender – und das muss auch einmal gesagt werden. Unter anderem fanden wir einen selten schönen, 17 m langen Infinity-Innenpool, der in einen Außenwhirlpool übergeht. Der Ausblick dort ist herrlich, auch leidlich fotogen: Instagram strotzt nur so von hier geschossenen Pärchen-Selfies. Im Freien warten ein 18 m langer Außen-Infinitypool und eine schöne Gartenanlage mit feinen Ruhezonen, auch solchen für FKK. Sechs Saunen gibt es insgesamt, im Bereich für Adults only (ab 16 Jahren) zudem je einen FKK-Whirlpool innen und außen. Kleines Aktivprogramm, vornehmlich geführte Wanderungen (im Winter auch mit Schneeschuhen) und E-Bike-Touren.

Reichhaltiges Frühstücksbuffet bis 11 Uhr mit vielen regionalen Produkten. Sehr gute Küche bei netter Tischkultur, eine Nachmittagsjause mit Suppe und Kuchenbuffet ist inkludiert. Freundliche und hilfsbereite Mitarbeiter. Viel junges Publikum. Wanderwege ohne Zahl; im Winter ist ein Shuttle ins nahe Skigebiet Watles sowie ins Langlaufzentrum Schlinig inkludiert. Gratisgarage für alle. Das Spa kann am Abreisetag bis 15 Uhr ohne Aufpreis genutzt werden. 93 Liegen, 140 Betten.

Freibecken, Hallenbad, Außensauna, Sauna, Dampfbad, Massagen, Kosmetik, Fitnessgeräte, Personal Trainer.

39024 Mals (BZ), Slingia, 4, +39 0473 831416
HP ab € 201,-

WELLNESS
16 PUNKTE – 2 LILIEN

Garberhof ****S

Grünlage am Ortsrand in Mals – Vinschgau

Charme, Stil und Ausblick: Ein schöner Familienbetrieb mit einnehmend feinem Ambiente, er liegt auf 1.050 m Seehöhe an der Reschenpass-Bundesstraße – umso mehr strengt man sich hier an, die „verkehrsgünstige" Lage mit einem Mehr an Service, Herzlichkeit und gutem Essen wettzumachen. An der straßenabgewandten Seite erstreckt sich eine große Gartenanlage, hier genießt man, ebenso wie aus den südseitigen Zimmern, einen tollen, unverbauten Ausblick in den Vinschgau, und von der Straße hört man nichts mehr.

Vor vier Jahren wurde großzügig modernisiert, die öffentlichen Räume schmeicheln den Sinnen, hier kann man nicht anders, als sich gleich beim Reinkommen wohlzufühlen: Lounge mit Kamin, ein strahlend weißes Gewölbe, das von V-förmigen Holzstützen getragen wird. Die Zimmer (11 Kategorien, DZ von 38 bis 100 m²) sind sehr gepflegt und verströmen neoalpine Ländlichkeit in warmen Farben. Auch zwei wunderschöne Chalets gibt es, sie stehen an der Südflanke der Anlage, der Weg dorthin führt durch den Garten. Sie haben Weinkühlschrank, freistehende Badewanne und bieten eine traumhafte Terrasse mit Sauna und Whirlpool.

Unsere Favoriten sind übrigens die ebenerdigen Zimmer mit Terrasse und direktem Einstieg in den glasklaren Naturbadeteich.

Das schöne Spa steht auch Tagesgästen offen, unter anderem fanden wir zwei Saunen, einen ganz kleinen FKK-Außenbereich mit Tauchbecken, einen 20 m langen Innenpool, ein 12 m langes Freibecken sowie einen großen Hamam, hier werden Reinigungsrituale und Peelings zelebriert. Kleines Aktivprogramm, auch Yoga (einmal pro Woche), Pilates und geführte Wanderungen.

Restaurantterrasse mit Ausblick in den Garten, reichhaltiges Frühstücksbuffet bis 10 Uhr, sehr gute Küche, sie verarbeitet saisonale und sehr hochwertige biologische Zutaten, die Teigwaren sind hausgemacht. Gemütliches Restaurant, schöne Tischkultur, stimmungsvolle Bar, faire Weinpreise. Präsente Gastgeber, freundliche und zuvorkommende Mitarbeiter, die meisten kommen aus der Region. Bikes gibt's zur Gratisleihe, E-Bikes gegen einen kleinen Aufpreis. Eher ungeeignet für Kinder. Hunde erlaubt. 64 Liegen, 95 Betten.

Naturbadeteich, Freibecken, Hallenbad, Sauna, Dampfbad, Massagen, Kosmetik, Ayurveda, Fitnessgeräte.

39024 Mals (BZ), Strada Statale, 25, +39 0473 831399
HP ab € 193,-

WELLNESS
14 PUNKTE – 1 LILIE

Glieshof Mein Almhotel

Absolute Naturlage im Matschertal – Vinschgau

Newcomer! Für Alpinsportler und Naturverliebte: beinahe am Talschluss und jedenfalls auf 1.824 m Seehöhe ein so ruhevoll wie herrlich gelegener Familienbetrieb mit sympathischer Ausstrahlung. Er besteht aus dem Stammhaus und einem neuen Zubau. Im Vorjahr wurde er umgebaut und auch fassadenmäßig im Sinne des herrschenden architektonischen Trends fesch gemacht, die lieblichen Blumenkistchen auf den Balkonen sind der Modernisierung allerdings zum Opfer gefallen. Weiterhin schön anzusehen ist die uralte Kapelle unmittelbar vor dem Hotel, sie ist dem Vinschgau-Heiligen Florinus geweiht.

Drinnen zeigt sich fein-moderne Ländlichkeit, und alles blitzt vor Sauberkeit. Sehr gemütliche Zimmer (DZ von 21 bis 38 m²) kann man aus sechs Kategorien wählen, alle haben Balkon oder Loggia, viele bieten einen wunderschönen Ausblick in die Natur. Das Quellwasser aus der Leitung schmeckt köstlich, der Polyesteranteil des Bademantels ist stattlich.

Das Spa ist exklusiv für Hausgäste und recht angenehm gestaltet, unter anderem fanden wir drei Saunen (ab 16 Jahren) und einen knapp 18 m langen Innenpool. Sehr gute Massagen, diese gibt's allerdings nur dienstags und donnerstags.

Fabelhafte Terrasse mit Nachmittags- und Abendsonne, reichhaltiges Frühstücksbuffet, gute Küche bei sehr netter Tischkultur, faire Getränkepreise. Zuvorkommende Gastgeber, fröhliches und geerdetes Umfeld mit sauberem Preis-Leistungs-Verhältnis. Gratisgarage für alle höheren Zimmerkategorien. Eher ungeeignet für Kinder. 40 Liegen, 98 Betten.

Hallenbad, Sauna, Dampfbad, Massagen, Kosmetik, Fitnessgeräte.

39024 Mals (BZ), Mazia, 69, +39 0473 842622
HP ab € 126,-

WELLNESS
16 PUNKTE – 2 LILIEN

Weisses Kreuz ****S

Ruhige Dorfzentrumslage bei Mals – Vinschgau

Hundefreundlich, Adults preferred (ab 14). Exzellente Küche: Ein kleines, romantisches Traditionshaus, es liegt mitten in einem fast mittelalterlich anmutenden Dörfchen und besteht aus Stammhaus, einem modernen Zubau sowie einer kleinen, denkmalgeschützten Dependance aus dem 13. Jahrhundert, die mit einem „Gassenhüpfer“ zu erreichen ist. Inwendig herrscht gemütliche Modernität mit historischen Akzenten – geheimnisvoll verwinkelte Grundrisse inklusive.

Die Zimmer (17 Kategorien mit zahlreichen Untervarianten, DZ von 25 bis 75 m²) sind stark unterschiedlich gestaltet, das Spektrum reicht von geschmackvoll-urig über zeitlos mit archaischen Zügen bis hin zu ultramodern, manche bieten Ausblick auf die Fürstenburg und das Marienberg-Kloster in der Ferne, eines verfügt sogar über Whirlpool, Sauna und südseitige Terrasse mit Panoramablick.

Das Spa steht auch Tagesgästen offen, es bietet unter anderem drei Saunen (geführte Aufgüsse sind allerdings rar), einen 20 m langen, ganzjährig nutzbaren Infinity-Außenpool und einen wohlig warmen Whirlpool an der Liegewiese. Kleines Aktivprogramm, auch Yoga (bis zu viermal pro Woche) und geführte Wanderungen (im

Winter auch mit Schneeschuhen). Regelmäßig werden auch Yoga-Retreats veranstaltet.

Fabelhafte Restaurantterrasse, Frühstücksbuffet in wunderbarer Qualität (bis 11 Uhr), ausgezeichnete Küche, der Gastgeber kocht selbst, und das mit Verve, gehobene Tischkultur (Stoffserviette auch zum Frühstück), kompetente Weinberatung. Viele freundliche Mitarbeiter, gemütliches Umfeld mit sauberem Preis-Leistungs-Verhältnis. Im Winter gibt's ein Gratis-Shuttle ins Skigebiet. Der Wellnessbereich ist nach dem Check-out ganztägig ohne Aufpreis nutzbar. Gratisgarage für alle. 53 Liegen, 94 Betten.

Freibecken, Hallenbad, Sauna, Dampfbad, Massagen, Kosmetik, Ayurveda.

39024 Mals (BZ), Burgusio, 82, +39 0473 831307
HP ab € 161,-

WELLNESS
18 PUNKTE – 3 LILIEN

Feldhof ****s

Ruhige Zentrumslage in Naturns – Vinschgau

Kinderfreundlich. Wohfühlpaket: Ein hochsolider Familienbetrieb, keine Spitzenklasse in atmosphärischen Dingen, aber trotz seiner Größe kompakt und überschaubar, jedes Detail zeugt von kluger Voraussicht, alles ist durchdacht und unkompliziert nutzbar. Das schöne Haus liegt auf 530 m Seehöhe zwar mitten im Ort, aber dennoch überaus ruhig. Ein freundliches Team, köstliches Essen und ein gutes Preis-Leistungs-Verhältnis zählen zu seinen Vorzügen.

Die Zimmer (21 Kategorien, DZ von 22 bis 80 m^2) sind angenehm luftig arrangiert, alle haben Balkon, Holzböden und Klimaanlage, manche auch Sauna und Whirlpool im Freien. Einen schönen Ausblick bieten besonders jene in den oberen Etagen.

Das Spa steht auch externen Gästen offen, es bietet mehrere schöne Areale: Im Garten warten viele Liegen und Himmelbetten, eine 17 m lange Breitwasserrutsche, ein 15 m langer Familienpool und ein knapp 17 m langer Sportpool. Indoor bietet das Family-Spa zwei Textilsaunen, allerlei Wasserspiele und eine gar 80 m lange Wasserrutsche. Der Adults-only-Bereich (ab 16) im vierten Stock und auf dem Dach ist ein Genuss: Infinitypool und Whirlpool, fünf Saunen (nur diese und das große Tauchbecken sind textilfrei, nicht der ganze Bereich) sowie ein herrlicher Ausblick in alle Richtungen. Ausgezeichnete Massagen, Aktivprogramm, auch Yoga, Aquafitness, Faszientraining und geführte Wanderungen.

Schöne Restaurantterrasse (bei Schlechtwetter überdacht), reichhaltiges Frühstücksbuffet bis 10.30 Uhr, sehr gute Küche bei gehobener Tischkultur, Light Lunch und Nachmittagsjause mit Kaffee, Tee und Säften sind inkludiert. Spannende Weinkarte mit zahlreichen Offenen. Präsente Gastgeber, die auch selber mitanpacken. Familienkino, Sportplatz und Indoor-Spielareal sowie täglich acht Stunden Betreuung für Kinder ab drei Jahren (mit saisonalen Einschränkungen). Gratisgarage für alle. Hunde erlaubt. 126 Liegen, 260 Betten.

Freibecken, Solefreibecken, Freibecken (Sommer), Kinderfreibecken mit Rutsche (Sommer), Hallenbad, Kinderbecken, Babybecken, Sauna, Dampfbad, Massagen, Kosmetik, Ayurveda, Fitnessgeräte, Personal Trainer.
9-Loch-Parcours in 23 km.

39025 Naturns (BZ), Via Municipio, 4, +39 0473 666366
HP-plus ab € 182,-

WELLNESS
13 PUNKTE – 1 LILIE

La Vimea Vegan-Hotel ****

Ruhige Zentrumslage in Naturns – Vinschgau

Adults preferred (ab 12). Das erste rein vegane Hotel Italiens liegt auf 540 m Höhe ruhig in einem Wohngebiet am Ortsrand. Die fünf Attribute „vegan, biologisch, nachhaltig, saisonal und selbstgemacht" stehen hier in allen Bereichen im Vordergrund. Das Ambiente präsentiert sich mit Fokus auf Funktionalität, mitunter sogar ein bisschen streng und nur bedingt lebensfroh. Überall herrscht orthodoxes Rauchverbot, sogar auf den Balkonen und im naturbelassenen Garten.

Zimmer kann man aus acht Kategorien (DZ von 25 bis 50 m^2) wählen, sie sind schlicht und vorwiegend mit Lärchenholz, das bei Vollmond geschlagen wurde, gestaltet. Alle haben Balkon oder Terrasse, das W-Lan wird über Nacht abgeschaltet, Klimaanlage gibt es nicht.

Das Spa ist mini, einfach gestaltet und ebenso ausgestattet, unter anderem fanden wir einen 10 m langen, chlorfreien Pool, drei kleine Saunen und einen Naturbadeteich, den auch die Gelsen lieben. Sehr gute Massagen, kleines Aktivprogramm, auch Yoga (sechsmal pro Woche) und Meditation.

Restaurantterrasse für alle Mahlzeiten, gutes

Preidlhof Luxury Resort

Frühstücksbuffet mit ayurvedischen Gerichten und selbstgebackenem Buchweizenbrot. Sehr gute vegane Bioküche, auch glutenfreie Gerichte gibt's auf Wunsch, die Tischkultur ist fairly casual. Junge, herzliche Mitarbeiter, die meisten haben die Ideologie des Hauses verinnerlicht. Hunde (und Katzen) erlaubt. 32 Liegen, 90 Betten.

Naturbadeteich, Solehallenbad, Außensauna, Sauna, Massagen, Ayurveda, Fitnessgeräte.
9-Loch-Parcours in 23 km.

39025 Naturns (BZ), Via August Kleeberg, 7, +39 0473 055035
HP ab € 200,–

WELLNESS

17 PUNKTE – 3 LILIEN

Preidlhof Luxury Resort *****

Grünruhelage am Ortsrand in Naturns – Vinschgau

Adults only (ab 16). Dolce Vita – nach deutschem Geschmack: Ein ruhig gelegenes, modernes Resort, umgeben von Apfelhainen liegt es auf etwa 570 m Seehöhe, der Ausblick ist mit Abstand der schönste von allen Lilien-Hotels in Naturns. Es besteht aus dem (neueren) Haupthaus („Lodge") und dem am Hang darüber liegenden und durch einen langen Gang angebundenen (älteren) „Sonnenschlössl", ein schöner Garten mit Pools und Außensauna befindet sich dazwischen.

Die Zimmer (19 Kategorien, DZ von 35 bis 125 m^2) werden hier alle Suiten genannt, auch wenn sie gar keine sind. Alle sind blitzsauber und nach Süden ausgerichtet, sie zeigen sich entweder in wunderschön klassischem Landhaus-Look (Sonnenschlössl) oder in mitunter recht aufreizender Modernität. Auch solche mit Whirlpool gibt es und sogar welche mit der Spa-Ausstattung eines kleinen Wellnesshotels – Außensauna, Fitnessgeräte und Infinity-Außenpool inklusive. Zubuchbare „Kuschelextras" gibt es so einige, etwa „erotische" Bettwäsche, Rosenblätter oder das außergewöhnlich „sündige Schoko-Fondue".

Das Spa steht auch Tagesgästen offen, es bietet viel, ist jedoch auf mehrere Bereiche aufgeteilt, was bisweilen einen längeren Fußmarsch und allerlei Treppen bedeutet. Das ist gut für die Fitness und hat zudem noch einen weiteren Vorteil. So ist etwa der größte und schönste Pool so weit vom Spa-Turm entfernt, dass man ihn nicht selten alleine für sich genießen kann. Im Turm fanden wir auf sechs Ebenen Saunen und

FKK-Zonen inklusive textilfreiem Soleaußenbecken sowie einen Fitnessbereich. Insgesamt gibt es sieben Saunen und zahlreiche wunderbare Ruhemöglichkeiten drinnen und draußen, all das mit großzügigen Öffnungszeiten. Die Liste der Treatments ist riesig, eine Arztpraxis bietet zudem medizinische Check-ups. Umfangreiches Aktivprogramm, auch Yoga, geführte Wanderungen und Bike-Touren (teilweise gegen Aufpreis).

Restaurantterrasse, üppiges Frühstücksbuffet bis 11 Uhr, die Küche versteht sich auf optische Präsentation und bietet auch vegetarische, laktose-, zucker-, gluten- und sojafreie Alternativen an. Light Lunch und Nachmittagsjause (beides reichlich) sind inkludiert. Viele freundliche Mitarbeiter, einige befinden sich allerdings noch unterwegs zum fünfsternwürdigen Servicegipfel. Breites Service für Biker; Vespas und Quads gibt's leihweise gegen eine kleine Gebühr. Gratisgarage für alle. Hunde erlaubt. 84 Liegen, 158 Betten.

Solefreibecken, Freibecken, Freibecken (Sommer), Hallenbad, Sauna, Dampfbad, Massagen, Kosmetik, Ayurveda, Fitnessgeräte, Personal Trainer.
9-Loch-Parcours in 23 km, Tennisplatz.

39025 Naturns (BZ), Via San Zeno, 13, +39 0473 666251
HP-plus ab € 239,-

WELLNESS

16 PUNKTE – 2 LILIEN

Lindenhof Pure Luxury Resort *****

Grünruhelage am Ortsrand in Naturns – Vinschgau

Familienfreundlich plus Adults only (ab 16, nur März und November!). Mehr Ruheliegen indoor gibt es nirgendwo in Südtirol! Ein ruhig gelegener Familienbetrieb, er fokussiert zu Ferienzeiten auf Familien mit Kindern (nur dann stehen übrigens alle Pools den Kindern offen), im März und im November gilt hingegen Adults only. Hinter kompromisslos funktionellen Fassaden in Rot, Weiß und Schwarz (fast so nüchtern wie ein doppelter Espresso) offenbart sich luxuriös gestylte Sachlichkeit, die nicht selten mit zeitgenössischer – mitunter etwas irritierender – Kunst akzentuiert ist.

Stark unterschiedliche Zimmer kann man aus 24 Varianten (DZ von 27 bis 136 m²) wählen, nicht alle zeigen sich ganz taufrisch, alle haben Balkon und Klimaanlage, der Polyesteranteil des Bademantels ist stattlich. Zu den zimmermäßigen Highlights zählen wir jene mit Glasdach, Sauna und Whirlpool, aber auch die mit Betten auf Rollen – unter den Sternen am Balkon träumt man süßer, und der Sonnenaufgang gerät zu einem Urlaubsluxusmoment!

Das Spa steht auch Tagesgästen offen, es ist weitläufig und auf sechs Ebenen verteilt, es bietet viel, in puncto Indoor-Liegen ist man gegenüber der Konkurrenz sogar mit weitem Abstand am besten aufgestellt. Die Bereiche für Erwachsene und Familien sind getrennt (zumindest innen), insgesamt gibt es sieben Saunen (und bis zu fünf geführte Aufgüsse täglich), weiters einen 10 m langen Innenpool, mehrere auch im Winter nutzbare Freibecken, einen FKK-Whirlpool auf der Dachterrasse (im Wasser hat man aber keinen Ausblick – Sichtschutz!) und einen 25 m langen Sportpool. Die Massagen sind sehr gut, bei entsprechender Witterung kann man sie auch im Freien genießen. Umfangreiches Aktivprogramm mit Spezialisierung auf Mountainbike und Rennrad, aber auch Yoga (fünfmal pro Woche), regelmäßig werden auch Yoga-Retreats veranstaltet.

Sonnige Frühstücksterrasse (neuerdings leider mit eingeschränktem Ausblick), reichhaltiges Frühstücksbuffet bis 11 Uhr, gute Küche bei netter Tischkultur, Light Lunch und Nachmittagsjause (reichlich) mit Tee, Kaffee und Fruchtsäften sind inkludiert. Schöne Weinkarte mit Schwerpunkt Südtirol. Viele sehr freundliche und umsichtige Mitarbeiter. Täglich (außer So) acht Stunden Betreuung für Kinder (mit saisonalen Einschränkungen), in den Ferienzeiten bis zu 12 Stunden. Breites Service für Biker und Rennradfahrer. Gratisgarage für alle. Gratis-Shuttle vom Bahnhof Naturns. Hunde erlaubt. 200 Liegen, 200 Betten.

Solefreibecken, Freibecken, Hallenbad, Kinderbecken, Außensauna, Sauna, Dampfbad, Massagen, Kosmetik, Ayurveda, Fitnessgeräte.
9-Loch-Parcours in 23 km, bis zu 25 % Greenfee-Rabatt, Tennisplatz.

39025 Naturns (BZ), Via della Chiesa, 2, +39 0473 666242
HP-plus ab € 230,-

WELLNESS

16 PUNKTE – 2 LILIEN

Sonnen Resort ****S

Zentrale Ortslage in Naturns – Vinschgau

Kinderfreundlich. Eine schöne Anlage, sie liegt

mitten im Ort und direkt an der Hauptstraße, von der man allerdings so gut wie nichts mitbekommt, da ein für Südtiroler Verhältnisse riesiges Spa-Haus dem Logiergebäude vorgelagert ist. Das Ambiente zeigt sich gehoben, warme Farben, helles Holz, edle Materialien und frische Blumen regieren.

Die Zimmer (14 Kategorien, DZ von 26 bis 73 m²) sind allesamt stylisch arrangiert, sie haben A/C, Holzböden (echt oder synthetisch) und Balkon, unsere Empfehlung gilt jenen im langgezogenen Zubau, dort genießt man den ganzen Tag Sonne.

Das auch externen Gästen offenstehende Spa ist auf drei Bereiche verteilt, den weitaus größten davon, den sogenannten „Aquagarden", teilt man mit den Gästen des Schwesterhotels Prokulus (rund 200 Betten) auf der gegenüberliegenden Straßenseite, welches unterirdisch angebunden ist (manche Prokulus-Gäste huschen allerdings auch im Bademantel über die Straße). Unter anderem fanden wir 11 Saunen und mehrere Pools, darunter ein 12 m langer Indoorpool, ein 10 m langer Sky-Infinitypool, ein FKK-Außenwhirlpool und ein 25 m langes Freibecken. Weiters gibt es eine 70 m lange Indoor-Reifenrutsche und – ganz neu – eine Kältekammer mit minus 110 Grad. Täglich breites Aktivprogramm, auch Yoga, Zumba und geführte Wanderungen.

Restaurantterrasse für alle Mahlzeiten (und alle Gäste), reichhaltiges Frühstücksbuffet mit einigen Überraschungen, schwankende Küchenleistung, zumeist isst man jedoch sehr gut. Bisweilen lange Wartezeiten im Restaurant sowie gefühlt kilometerlange Staus im Buffetbereich. Light Lunch (reichlich) und süße Nachmittagsjause sind inkludiert, Softdrinks und Heißgetränke bis 17 Uhr ebenso. Viele freundliche Mitarbeiter, die Gastgeber halten sich dezent im Hintergrund. Indoor und outdoor viel für Kids, zudem täglich 10 Stunden Betreuung (ab zwei Jahren). Mountainbikes gibt's zur Gratisleihe, E-Bikes gegen Gebühr. Garage gegen 23 Euro pro Tag, für Suitengäste inklusive. Hunde erlaubt. 241 Liegen, 220 Betten.

Freibecken, Solefreibecken, Hallenbad, Kinderbecken mit Rutsche, Babybecken, Außensauna, Sauna, Dampfbad, Massagen, Kosmetik, Ayurveda, Fitnessstudio.
9-Loch-Parcours in 18 km, 18-Loch-Parcours in 31 km, bis zu 25 % Greenfee-Rabatt, Tennisplatz.

39025 Naturns (BZ), Via Municipio, 2, +39 0473 667250
HP-plus ab € 217,–

WELLNESS

14 PUNKTE – 1 LILIE

Das Gerstl Family Retreat *****

Grünruhelage Nähe Reschenpass – Vinschgau

Hundefreundlich, Kinder- und Babyhotel. Newcomer! Ein brandneues Hotel, es liegt auf 1.498 m Seehöhe am Nordufer des auch im Sommer eiskalten Reschensees. Der Ausblick auf den See und die umliegenden Bergwälder bietet eine schöne Kulisse, allerdings gibt's rings um das Haus nur ganz wenig Grünfläche, und ab dem späteren Nachmittag wird das Anwesen von der Sonne nur spärlich bedacht. Drinnen zeigt sich funktionale Modernität, was auch für die Zimmer gilt. Das „Das Gerstl"-Branding ist omnipräsent, die Überwachungskameras sind es ebenso (wenn auch nicht so extrem wie im Seiwald im Tiroler Going).

Alle Zimmer (13 Kategorien, DZ von 38 bis 70 m²) haben Holzböden, Kaffeemaschine und Balkon oder Terrasse, fast alle Seeblick. Für Babys und Kinder steht von Wickelauflage bis Rückentrage alles bereit. Die „Hoppala-Station" mit Ersatzwäsche, Waschmaschine und Trockner ist eine gute Idee, das W-Lan kriecht schneckenartig.

Das Spa steht auch externen Gästen offen (für ein Kinderhotel absolut ungewöhnlich!), unter anderem fanden wir ein 17 m langes, ganzjährig beheiztes Freibecken, einen Teenie-Pool mit Netz und Toren, einen Baby- und Kleinkinderbereich mit Textilsauna sowie zwei Wasserrutschen – die längste misst 76 m. Die Adults-only-Zone (ab 16 Jahren) bietet einen schönen Ruheraum und drei Saunen. Die zweimal täglich stattfindenden Aufgüsse werden in der „Lake Sauna" durchgeführt, diese liegt weder am See, noch bietet sie Ausblick auf diesen. Unsere Massage war grottenschlecht – manchmal muss man die Dinge auch ganz klar beim Namen nennen. Kleines Aktivprogramm, auch Yoga (dreimal die Woche) und Pilates.

Frühstück (unsere Eier stammten aus Freilandhaltung) bis 10.30 Uhr (Check-out ist allerdings bis 10 Uhr), zumeist gute Küche, ein Light Lunch ist nur für Kinder inkludiert (haben wir auch noch nicht erlebt!), die Nachmittagsjause mit Heißgetränken sowie aromatisierten Wasservarianten vom Automaten für alle. Die Gastgeber sind vor Ort, halten sich aber dezent im Hintergrund. Viele freundliche Mitarbeiter, vor allem die jungen sind zurzeit noch unterwegs zum servicemäßigen Fünfsterngipfel. Vieles an

Abläufen muss sich noch einspielen, wie immer drücken wir da am Anfang noch ein Auge zu. Für Kinder gibt es indoor und outdoor so einiges, etwa Kletterwand, Gokarts, Trampolin samt Valo-Jump, Indoor-Minigolf, Bowlingbahn und Streichelzoo sowie knapp 45 Wochenstunden Betreuung (ab sechs Monaten) – allerdings nicht durchgehend, was für sportlich aktive Eltern etwas herausfordernd werden kann. Gratisgarage für alle. 138 Liegen, 280 Betten.

Freibecken, Hallenbad, Sauna, Dampfbad, Massagen, Kosmetik, Fitnessgeräte.

39027 Graun (BZ), Reschen, Via Paese Vecchio, 61
+39 0473 538555
HP ab € 193,-

WELLNESS

13 PUNKTE – 1 LILIE

Villa Waldkönigin Boutiquehotel ****

Grünruhelage Nähe Reschenpass – Vinschgau

Charmantes Kleinhotel in Seenähe: Ein familiengeführtes, beherbergungsmäßiges Kleinod, es liegt auf 1.470 m Seehöhe unweit vom Reschenpass und ist von Lärchenwäldern und Wiesen umringt. Zum Haidersee sind es nur ein paar gute Schritte, im Winter kann man dort eislaufen, und ein kostenloses Shuttle zur Talstation des Skigebiets Schöneben-Haideralm mit Anschluss an 65 Pistenkilometer sowie 11 Lifte und Seilbahnen gibt es dann auch. Es handelt sich um eine mehr als 110 Jahre alte Kaufmannsvilla, 1938 wurde sie übrigens um 45 Kühe verkauft, das wären nach heutigem Geld (trotz zurzeit exorbitant hoher Rinderpreise) nur etwa 150.000 Euronen – solche Immopreise hätten wir auch wieder gerne!

Heute steht hier ein liebevoll restauriertes Haus mit romantischer Schlösschenanmutung und modernem Zubau – eine willkommene Abwechslung für uns. Schöne Zimmer kann man aus acht sehr unterschiedlichen Kategorien (DZ von 25 bis 95 m^2) wählen, fast alle haben Holzboden, manche auch eine freistehende Badewanne. Jene in der Villa sind klassischer, jene im Zubau heißen ihren duftenden Interieurs entsprechend „Zirbelholzzimmer“.

Das Spa steht auch Tagesgästen offen, es bietet unter anderem drei Saunen und einen 9 m langen, mit Naturstein gefliesten Innenpool. Duschen sind etwas rar, die Massagen ausgezeichnet.

Restaurantterrasse mit Abendsonne, reichhaltiges Frühstücksbuffet bis 10 Uhr (Check-out ebenfalls), Langschläfern wird bis Mittag ein kleines Frühstück im Lounge-Bereich gereicht. Zumeist sehr gute Küche, eine Nachmittagsjause ist inkludiert. Sehr freundliche und umsichtige Mitarbeiter, für herzliche Italianità sorgen die stets präsenten und fürsorglichen Gastgeber. Viele (langjährige) Stammgäste, sauberes Preis-Leistungs-Verhältnis. Wanderwege ohne Zahl. Hunde erlaubt. 28 Liegen, 60 Betten.

Hallenbad, Sauna, Dampfbad, Massagen, Kosmetik, Ayurveda.

39027 St. Valentin auf der Haide (BZ), Via del Bosco, 17
+39 0473 634559
HP-plus ab € 142,-

WELLNESS

17 PUNKTE – 3 LILIEN

Hubertus Alpin Panorama

Grünlage mit Fernblick Nähe Bruneck – Pustertal

Adlerhorst mit Hingucker-Spa: Auf 1.280 m Seehöhe an einem steilen Hang nahe dem Kronplatz liegt dieser hochgradig instagramtaugliche Familienbetrieb, und zwar an der Straße hinauf zum Furkelpass, vom Verkehr hört man allerdings nicht allzu viel. Zur Olang-Gondelbahn, sie ist im Winter der Anschluss an 30 weitere Lifte und insgesamt 120 Pistenkilometer, sind's drei Autominuten, ein Ski-Shuttle fährt mehrmals pro Tag.

Hinter mit mächtigen Baumstämmen gestalteten Fassaden zeigt sich ein naturnahes, schickes Ambiente, alles scheint buchstäblich fürs Auge gemacht. So einiges wurde vor kurzem nochmals verschönert, so etwa auch die Terrasse vor der Bar. Die Zimmer (acht Kategorien, DZ von 30 bis 92 m^2) sind allesamt nach Osten hin ausgerichtet, alle haben Holzböden und Balkon mit herrlichem Ausblick, viele bodentiefe Glasfronten, einige auch Sauna und Whirlpool am Balkon.

Das Spa ist exklusiv für Hausgäste und bietet viel, etwa „Heaven and Hell“, eine freischwebende Plattform in schwindelnder Höhe, sie trägt nach oben und spiegelverkehrt nach unten ragende Häuschen. Der 22 m lange Sky-Infinitypool ist teilweise aus Glas gefertigt und scheint hoch über dem Boden zu schweben – all das vor grandiosem Bergpanorama. Schwimmen gerät deshalb mitunter zur Nebensache, weil Selfies hier oftmals als absolutes Muss empfunden werden. Unter anderem fanden wir neun Saunen (vier davon textil), fünf weitere, aber deutlich kleinere Pools, darunter auch ein FKK-Whirlpool, sowie feine Ruhezonen drinnen und draußen. Umfangreiches Aktivprogramm (Mo bis Sa), auch Pilates, Yoga (einmal pro Woche) sowie geführte Wanderungen und Bike-Touren.

Fabelhafte Terrasse mit Morgensonne, reichhaltiges Frühstücksbuffet, Light Lunch und Nachmittagsjause sind im Preis inkludiert. Präsente Gastgeber, viele freundliche und zuvorkommende Mitarbeiter, beim Service ist man zurzeit noch unterwegs auf den Gipfel. Check-out bis 10.30 Uhr. Eher ungeeignet für Kinder, Hunde erlaubt. 80 Liegen, 150 Betten.

Freibecken, Solefreibecken, Hallenbad, Außensauna, Sauna, Dampfbad, Massagen, Kosmetik, Ayurveda, Fitnessgeräte. 9-Loch-Parcours in 23 km, 25 % Greenfee-Rabatt.

39030 Geiselsberg-Olang (BZ), Via Furcia, 5, +39 0474 592104
HP-plus ab € 256,–

WELLNESS
17 PUNKTE – 3 LILIEN

Quelle Nature Spa Resort *****

Grünruhelage im Gsieser Tal – Pustertal

Kinderfreundlich. Am rauschenden Bach: Auf 1.370 m Seehöhe liegt dieser schmucke Familienbetrieb, direkt an der Straße durch das Tal, laut ist's aber nicht, denn sie endet nach drei Kilometern. Vieles wurde hier vor kurzem modernisiert, luxuriöse Landhausklassik mit modernen Akzenten macht sich schön fürs Auge. Die Grundrisse sind jedoch noch geheimnisvoller verwinkelt als zuvor, und einen Hoteleingang (abseits der Garage) fanden wir nicht. Zusammen mit den zugangsgesicherten Spa-Zonen und den Überwachungskameras gibt das dem Ganzen einen leicht festungsartigen Charakter, den unsere jüngste Testerin mit „Mama, Resort kann nicht stimmen, es müsste Tresor heißen!" kommentierte.

Zumeist wunderschöne Zimmer kann man aus 19 Kategorien (DZ von 32 bis 120 m²) auswählen, alle haben Holzboden und Balkon oder Loggia, manche auch Sauna und Whirlpool auf der Dachterrasse. Turn-down-Service gibt es nur auf Wunsch, der Polyesterfaseranteil des Bademantels ist stattlich.

Das Spa steht neuerdings auch externen Gästen offen, es bietet außerordentlich viel, das allerdings auch erwandert – und gefunden – werden will, ist es doch auf allerlei Zonen und Ebenen verteilt, sozusagen vom Keller bis aufs Dach. Auf Letzterem gibt es etwa eine hochfeine Adults-only-Zone mit Infinity-Außenpool und drei Saunen, im idyllischen Garten ein FKK-Areal, Naturbadeteich und lauschige Ruheplätze an einem wildromantischen Bächlein. Insgesamt fanden wir 14 Saunen (fünf davon textil), zudem acht Pools, der längste misst 20 m. Sehr gute Massagen, täglich (außer So) umfangreiches Aktivprogramm, auch Yoga, Pilates, geführte Wanderungen und Bike-Touren.

Restaurantterrasse für alle Mahlzeiten, wunderbares Frühstücksbuffet (auch Eier aus Freilandhaltung) bis 11 Uhr, sehr gute Küche bei hochfeiner Tischkultur, großartige Weinkarte mit fairen Preisen und kompetenter Beratung, Light Lunch und Nachmittagsjause sind inkludiert. Stimmungsvolle Bar, Cigar-Lounge mit feiner Auswahl an Rums und Puros. Viele freundliche und zuvorkommende Mitarbeiter, so einige befinden sich allerdings noch unterwegs zum fünfsternwürdigen Servicegipfel. Ringsum herrlichste Wanderwege ohne Zahl, breites Service für Langläufer. Mo bis Sa jeweils bis zu 12 Stunden Betreuung für Kinder ab drei Jahren. Gratisgarage für alle. Hunde (sehr eingeschränkt) erlaubt. 120 Liegen, 185 Betten.

Naturbadeteich, Freibecken, Hallenbad, Außensauna, Sauna, Dampfbad, Massagen, Kosmetik, Ayurveda, Fitnessstudio, Personal Trainer.
9-Loch-Parcours in 32 km.

39030 Gsies (BZ), Frazione Maddalena, 4, +39 0474 948111
HP-plus ab € 278,–

WELLNESS
15 PUNKTE – 2 LILIEN

Mirabell Dolomites Olang *****

Grünlage am Ortsrand Nähe Bruneck – Pustertal

Familienfreundlich. Ein schönes familiengeführtes Haus mit traditioneller, blumengeschmückter Südtiroler Fassade, es liegt an einer Kreuzung am Ortsrand, von einigen Zimmern ist die Straße daher gut zu hören. Vor zwei Jahrzehnten war man das allererste Wellnesshotel in Südtirol (und bis heute ist man das einzige mit einem eigenen Golfplatz vor der Türe), 10 Jahre später das erste Fünfsternhotel im Pustertal.

Drinnen zeigt sich erfrischend konservative Ländlichkeit mit modernen Akzenten, eine Besonderheit ist die Bar, die zunächst irritieren kann. Nein, es ist nicht die selbstverschuldete Berauschung – sie dreht sich tatsächlich um sich selbst! Behagliche Zimmer gibt es in 17 Varianten (DZ von 30 bis 70 m²), viele haben Balkon und schöne Vollholzinterieurs, nicht wenige auch Holzböden. Die Erstbefüllung der Minibar mit alkoholfreien Getränken ist inkludiert, bei offenem Fenster zu schlafen empfiehlt sich nur auf der straßenabgewandten Seite.

Das indoor nicht allzu große Spa steht auch externen Gästen offen, es bietet unter anderem sechs Saunen (zwei davon textil und nur auf Wunsch aktiv), weiters in einem gepflegten Garten einen 10 m langen, ganzjährig nutzbaren Außenpool, der mit einem ebenso großen Innenpool durch eine Schleuse verbunden ist, das Wasser ist nicht chloriert. Gute Massagen, kleines Aktivprogramm, auch Yoga (dreimal wöchentlich) und Qi Gong.

Frühstücksterrasse mit Morgensonne, schöne Stuben, reichhaltiges Frühstücksbuffet bis 10 Uhr, sehr gute Küche bei feiner Tischkultur, Light Lunch (reichlich!) und Nachmittagsjause sind inkludiert. Präsente, freundliche Gastgeber, überaus freundliche und zuvorkommende Mitarbeiter. Wanderwege ohne Zahl, im Winter gibt es ein kostenloses Shuttle ins nahe Skigebiet sowie Rodeln zur Gratisleihe. Nach dem Check-out freuten wir uns über il parabrezza pulito – die frisch geputzte Windschutzscheibe! Gratisgarage für (fast) alle. Hunde erlaubt. 55 Liegen, 140 Betten.

Freibecken, Hallenbad, Außensauna, Sauna, Dampfbad, Massagen, Kosmetik, Ayurveda, Fitnessgeräte, Personal Trainer. Hauseigener 3-Loch-Parcours, 9-Loch-Parcours in 12 km.

39030 Olang (BZ), Via Hans von Perthaler, 11
+39 0474 496191
HP-plus ab € 223,-

WELLNESS

14 PUNKTE – 1 LILIE

Weiher Green Lake ****S

Grünruhelage Nähe Bruneck – Pustertal

Für Feinschmecker und Naturliebhaber: Zwar nur ein Stück oberhalb von der Pustertaler Staatsstraße, aber man fühlt sich gleich wie in einer anderen Welt. Ringsum Nadelwälder, saftige Wiesen, ein Weiher.

Es handelt sich um einen schmucken Familienbetrieb in angenehm überschaubarer Größe, er besteht aus dem Stammhaus und einem neueren Zubau mit sogenannten Lake-Suiten. Die Zimmer (fünf Kategorien, DZ von 23 bis 45 m²) zeigen sich entweder in klassischem Landhausstil oder in ebenso gemütlicher Modernität, alle haben Balkon oder Terrasse, manche auch Infrarotsauna und freistehende Badewanne, die neuen bodentiefe Fenster, offene Bäder und große, zur Hälfte überdachte Terrassen, auf denen man abends den Springbrunnen plätschern hört.

Das Spa steht auch externen Gästen offen, es ist indoor recht überschaubar, unter anderem fanden wir drei Saunen (mit eingeschränkten Öffnungszeiten), einen 9 m langen Innenpool, der mit einem 18 m langen Außenpool (ein bisserl frisch) verbunden ist, und schöne Ruhezonen. Die beworbenen „zwei Badeteiche mit Steg" haben wir nicht gefunden, dafür aber zwei Fischteiche mit Forellen und Saiblingen!

Schöne Restaurantterrasse, ebensolche Stuben, reichhaltiges Frühstücksbuffet mit hochwertigen regionalen Zutaten (unsere Eier stammten aus biologischer Freilandhaltung), sehr gute bis ausgezeichnete Küche bei feiner Tischkultur, der Juniorchef kocht selbst, eine süße Nachmittagsjause ist inkludiert – und auch die Erzeugnisse der Patisserie sind wunderbar. Umfangreiche Wein- und Barkarte mit kompetenter Beratung, große Auswahl an alkoholfreien Varianten – ein Trend, der vielerorts zu beobachten ist. Zuvorkommende Gastgeberfamilie, viele freundliche Mitarbeiter, unter den Gästen sind Deutsche wie Italiener gleichermaßen anzutreffen. Frühstück bis 10.30 Uhr, Check-out ebenso. Eher ungeeignet für Kinder, Hunde erlaubt. 54 Liegen, 95 Betten.

Freibecken, Hallenbad, Außensauna, Sauna, Dampfbad, Massagen, Kosmetik, Fitnessgeräte.

39030 Pfalzen (BZ), Weiherplatz, 6, +39 0474 565227
HP-plus ab € 144,-

WELLNESS/KUR

14 PUNKTE – 1 LILIE

Bad Moos Dolomites Spa Resort ****S

Grünruhelage am Ortsrand bei Sexten – Hochpustertal

Familienfreundlich. Badetradition seit 1765: Ein familiengeführtes Hotel, es liegt auf 1.350 m Seehöhe ruhig im beschaulichen Fischleintal, im Winter ist man hier direkt an der Piste und der Talstation Rotwand, dem direkten Anschluss an vier weitere Lifte und 17 Pistenkilometer. Hinter schmucken Holzfassaden zeigen sich gemütliche, liebevoll gestaltete Ländlichkeit und, den vielen italienischen Mitarbeitern geschuldet, auch eine gehörige Portion Italien-Feeling – sehr guter Kaffee inklusive.

Die Anlage besteht aus Stammhaus und der ein paar Schritte entfernten Apartment-Resi-

Chalet Purmontes

dence, mit der es unterirdisch verbunden ist. Die Zimmer (23 Varianten, DZ von 20 bis 52 m²) unterscheiden sich stark. Drei Grundkategorien gibt es, jene von den Typen Economy und Classic sind sehr einfach und mitunter etwas angejahrt, alle anderen zeigen sich modern und schön gestaltet, sie haben Balkon, feine Holzböden, Kaffeemaschine und teilweise auch Sauna.

Das Spa steht auch Tagesgästen offen und ist recht atmosphärisch gestaltet, unter anderem fanden wir eine feine Adults-only-Zone, insgesamt sieben Saunen (eine davon textil), einen Grottenruheraum und eine separate Ladys-Sauna. Und auf der Liegewiese befindet sich eine separate Zone für Gäste mit Hunden. Gute Massagen, kleines (teilweise aufpreispflichtiges) Aktivprogramm, vornehmlich geführte Wanderungen.

Schöne Sonnenterrasse, die man sich mitunter mit vielen Tagesgästen teilen muss. Reichhaltiges Frühstücksbuffet, gute Südtiroler Küche, eine Nachmittagsjause (reichlich: Nudeln, Pizza, Süßspeisen) ist inkludiert. Viele freundliche Mitarbeiter, mit Italienischkenntnissen ist man im Vorteil, Gäste aus Italien sind auch zahlreich vertreten. Hunde erlaubt. 87 Liegen, 220 Betten.

Freibecken, Hallenbad, Babybecken, Sauna, Dampfbad, Massagen, Kosmetik, Fitnessgeräte, Personal Trainer.

39030 Sexten-Moos (BZ), Via Val Fiscalina, 27
+39 0474 713100
HP-plus ab € 155,-

WELLNESS

19 PUNKTE – 4 LILIEN

Chalet Purmontes

Grünruhelage am Ortsrand Nähe Bruneck – Pustertal

Hideaway: Viele Hotels werben mit dem Begriff, sind aber viel zu groß, um diesen Anspruch zu erfüllen. Hier ist ein echtes Haus dieser Art: Ein Mini-Luxusresort, es ist das exklusivste der vier familiengeführten Winkler-Hotels und liegt auf 910 m Seehöhe etwas erhöht über dem Ort, der Ausblick ist herrlich, und zwar aus fast allen Räumen – nur ein Strommast stört die Ausblicksidylle ein wenig. Es gibt nur fünf Suiten (aber was für welche!), im Restaurant und auf der Terrasse jeweils fünf Tische, und jeder Gast hat eine Ruheliege im Spa. Tischreservierungen und das unbeliebtheitspreisverdächtige Suchspiel „Finde eine freie Liege" machen hier also keinen Stress.

Ringsum Natur, drinnen zeigt sich Luxusambiente auf höchstem Niveau: heimelige Holzvertäfelungen, bodentiefe Glasflächen, hochwertiges Interieur mit Designerlampen und Leinensofas. Die Suiten sind 80 bis 130 m^2 groß, sie haben wunderbare Interieurs und ebensolche Betten mit einnehmend feiner Bettwäsche, zudem stets einen 8 m langen Infinitypool mit 36 Grad heißem Wasser, teilweise auch Sauna und Napoleongrill auf der Terrasse, weiters einen riesigen Whirlpool und ein offenes Luxusbad, zudem eine kleine Küche mit Weinkühlschrank und Kaffeemaschine.

Ein separates Spa für alle gibt es im Dachgeschoß, es ist, so wie sich das für ein Hideaway gehört, exklusiv für Hausgäste. Unter anderem fanden wir zwei Saunen – sie öffnen, wann immer man es wünscht –, einen FKK-Whirlpool mit Glasdach, weiters Badeteich mit Liegewiese und Sonnendecks. Sehr gute Massagen, Aktivprogramm (täglich außer So) mit Wanderschwerpunkt, so stehen pro Woche 12 geführte Wanderungen am Programm.

Wunderbares Frühstück bis 10.30 Uhr, ausgezeichnete Küche, mit großer Expertise zusammengestellte Weinkarte, eine kleine Nachmittagsjause ist inkludiert. Erfrischend junge Crew, präsenter Gastgeber, ein ganz außerordentlich zuvorkommendes Umfeld mit schlichtweg perfektem Service. E-Bikes gibt es zur Gratisleihe, im Winter ein kostenloses Shuttle ins Skigebiet Kronplatz. Eher ungeeignet für Kinder, Hunde erlaubt (55 Euro pro Nacht). 14 Liegen, 14 Betten.

Naturbadeteich, Freibecken, Sauna, Dampfbad, Massagen, Kosmetik, Ayurveda, Fitnessgeräte, Personal Trainer. 9-Loch-Parcours in 10 km, 100 % Greenfee-Rabatt.

39030 St. Lorenzen (BZ), Mantana, 47a, +39 0474 403205
HP-plus ab € 503,–

WELLNESS

14 PUNKTE – 1 LILIE

Alpenpalace Luxury Hideaway *****

Grünlage an der SS621 bei St. Johann – Ahrntal

Mit lieblichem Garten: Ein luxuriöses Fünfsternhotel unter Familienführung, es liegt auf 1.000 m Seehöhe an der Bundesstraße, im Winter gibt es ein kostenloses Shuttle zu den Skigebieten Klausberg und Speikboden. Das schöne Haus ist umgeben von einer großen und erstaunlich ruhigen Parkanlage, ebendort erfreuen Springbrunnen, Rosenbeete, Steinterrassen und lauschige Ruheplätze.

Ambientemäßig zelebriert man klassische Edelländlichkeit der behaglichen Art, und das setzt sich auch in den Zimmern (13 Kategorien, DZ von 35 bis 75 m^2) fort. Alle haben helle Vollholzmöbel und Balkon, die meisten Teppichböden, auch solche mit Dampfbad und Whirlpool stehen zur Auswahl, ein Fläschchen Moët sowie Cupcakes sind der Willkommensgruß, die Amenities von Bulgari.

Das Spa ist indoor kein Riese und steht auch Tagesgästen offen – im Winter kann's mitunter eng werden. Unter anderem fanden wir fünf Saunen, ein 12 m langes, ganzjährig nutzbares Freibecken und einen 10 m langen Innenpool. Kleines Aktivprogramm, auch geführte Wanderungen und E-Bike-Touren. Damit würde ein normales Hotel nie und nimmer eine Lilien-Auszeichnung erhalten, aber wie immer bewerten wir im RELAX Guide das „Gesamtprodukt" in Summe aller Wohlfühlqualitäten.

Wunderbares Frühstücksbuffet bis 11 Uhr, auch warme Gerichte à la carte werden gereicht. Sehr gute Küche bei hochfeiner Tischkultur, eine süße Nachmittagsjause mit hausgemachten Kuchen und Torten aus der hauseigenen Patisserie ist inkludiert. Stimmungsvolle Bar, Smokers Lounge. Viele freundliche Mitarbeiter, einige befinden sich allerdings noch unterwegs zum fünfsternwürdigen Servicegipfel. E-Bikes gibt's zur Gratisleihe. Valet Parking, Garage gegen 15 Euro pro Tag. Trotz Spielzimmer und separatem Kinderbecken eher ungeeignet für Kinder. Hunde erlaubt. 33 Liegen, 120 Betten.

Freibecken, Hallenbad, Kinderbecken, Außensauna, Sauna, Dampfbad, Massagen, Kosmetik, Ayurveda, Fitnessgeräte. 9-Loch-Parcours in 25 km, 20 % Greenfee-Rabatt.

39030 St. Johann im Ahrntal (BZ), Via Gisse, 32
+39 0474 670230
HP-plus ab € 221,–

WELLNESS

14 PUNKTE – 1 LILIE

Lanerhof ****S

Grünlage am Ortsrand Nähe Bruneck – Pustertal

Kinderfreundlich. Viel für Familien: Ein schmuckes, grundsolides Haus, es liegt auf 870 m Seehöhe inmitten eines beschaulichen Dörfchens und ist eines der vier familiengeführten Winkler-Hotels. Außen wie innen zeigt es sich auf recht nette Weise in traditioneller Alpenländlichkeit – schöne holzgetäfelte Stuben inklusive.

Zimmer gibt es im Haupthaus und in der ein paar gute Schritte entfernten Dependance, insgesamt stehen 19 mitunter stark unterschiedliche Varianten (DZ von 22 bis 170 m²) zur Auswahl, alle haben Bidet und Balkon, alle sind in gutem Zustand, viele richtig schön, auch solche mit Küche, freistehender Badewanne oder Whirlpool sind zu haben.

Das Spa ist exklusiv für Hausgäste, es bietet unter anderem acht Saunen (alle ab 16 Jahren, zwei davon textil) mit täglich drei geführten Aufgüssen, einen FKK-Sole-Whirlpool und ein 18 m langes Freibecken in einem schönen Garten. Sehr gute Massagen, täglich Aktivprogramm, auch Yoga (10-mal pro Woche), Meditation und geführte Wanderungen, regelmäßig finden auch Yoga-Retreats statt. Für Kinder gibt es indoor und outdoor viele Attraktionen, darunter ein Streichelzoo mit Schafen, Hasen und Lamas sowie ein großer Spielplatz mit Trampolin und Ponys zum Reiten.

Restaurantterrasse für alle Mahlzeiten, reichhaltiges Frühstücksbuffet, zumeist sehr gute Küche, eine süße Nachmittagsjause ist inkludiert. Außerordentlich freundliche Mitarbeiter, sympathisches Umfeld mit sauberem Preis-Leistungs-Verhältnis – ärgern muss man sich nicht. Ringsum Wanderwege ohne Zahl, im Winter gibt es ein kostenloses Shuttle ins nahe Skigebiet sowie einen hauseigenen Eislaufplatz. Ruhesuchenden empfehlen wir, außerhalb der Ferienzeiten einzuchecken. Täglich acht Stunden Betreuung für Kinder ab drei Jahren. Hunde erlaubt. 78 Liegen, 180 Betten.

Freibecken, Hallenbad, Babybecken, Außensauna, Sauna, Dampfbad, Massagen, Kosmetik, Ayurveda, Fitnessgeräte, Personal Trainer.
9-Loch-Parcours in 10 km, 100 % Greenfee-Rabatt.

39030 St. Lorenzen (BZ), Mantana, 42, +39 0474 403133
HP-plus ab € 128,–

WELLNESS

17 PUNKTE – 3 LILIEN

Winkler Sport & Spa Resort *****

Grünruhelage am Ortsrand Nähe Bruneck – Pustertal

Kinderfreundlich. Umfangreiches Aktivangebot: In einem Dörfchen auf 960 m Seehöhe, umgeben von Wiesen, liegt dieses familiengeführte Haus. Es besteht aus einem kleinen Stammhaus mit traditioneller Alpenlandfassade und einem wesentlich größeren Neubau, der sich außen wie innen eindrucksvoll präsentiert: reduziertes Design in warmen Erdtönen, viel Holz, viel Glas, etwas Sichtbeton.

Schöne Zimmer stehen in 24 Kategorien (DZ von 22 bis 100 m²) zur Auswahl, alle haben Bidet, Holzböden und Balkon, manche auch Sauna und Whirlpool, ganz toll sind die Poolsuiten: Sie bieten einen 7 m langen Außenpool und ein Gärtlein samt Feuerstelle.

Das schöne Spa steht auch Tagesgästen offen, unter anderem fanden wir sechs Saunen (eine davon textil) und sieben Pools, der längste misst 25 m, der schönste ist der 18 m lange Infinitypool auf der Dachterrasse der Adults-only-Zone, denn hier genießt man einen herrlichen 360-Grad-Ausblick ins Pustertal. Sehr gute Massagen, umfangreiches Aktivprogramm, auch Yoga, Pilates, Meditation und sechs geführte Wanderungen pro Woche sowie eine Sonnenaufgangswanderung (gegen geringen Aufpreis), regelmäßig finden auch Yoga-Retreats statt.

Restaurantterrasse für alle Mahlzeiten (nur etwa die Hälfte der Gäste findet hier Platz), reichhaltiges Frühstücksbuffet, zumeist sehr gute Küche, eine Nachmittagsjause (reichlich) ist inkludiert. Ausgesprochen freundliche und zuvorkommende Mitarbeiter. Ringsum Wanderwege ohne Zahl, im Winter wird ein kostenloses Shuttle ins nahe Skigebiet geboten, zudem befindet sich ein Eislaufplatz direkt am Hotel. Für Kinder gibt es unter anderem Sport- und Fußballhalle sowie täglich acht Stunden Betreuung (ab drei Jahren). Für Streichelzoo, Alpakawanderungen und zum Reiten geht es ins nahe Schwesterhotel Lanerhof. Gratisgarage für alle. Hunde erlaubt. 70 Liegen, 240 Betten.

Freibecken, Hallenbad, Babybecken mit Rutsche, Außensauna, Sauna, Dampfbad, Massagen, Kosmetik, Ayurveda, Fitnessgeräte, Personal Trainer.
9-Loch-Parcours in 3 km, 100 % Greenfee-Rabatt.

39030 St. Lorenzen (BZ), Santo Stefano, 28a
+39 0474 549020
HP-plus ab € 189,–

WELLNESS

16 PUNKTE – 2 LILIEN

Excelsior Dolomites Life Resort ****S

Grünruhelage am Ortsrand in St. Vigil – Enneberger Tal

Kinderfreundlich. Familiäres Umfeld: Ein sympathisch-solider Familienbetrieb, er liegt auf 1.280 m etwas erhöht am Ortsrand, was für einen schönen Ausblick sorgt, im Winter ist man hier direkt an der Piste und nahe der Talstation der Skitrans-Bronta-Gondelbahn, die an das Skigebiet Kronplatz mit 119 Pistenkilometern anschließt.

Die Anlage besteht aus Stammhaus und mehreren unterirdisch miteinander verbundenen Zubauten, geheimnisvoll verschlungene Grundrisse und gemütliche Modernität kennzeichnen sie. Schöne Zimmer stehen in 14 Kategorien (DZ von 22 bis 80 m²) zur Auswahl, alle haben Holzböden, bodentiefe Fenster und Balkon, auch solche mit Sauna und Whirlpool auf der Terrasse gibt es.

Das Spa steht auch externen Gästen offen, es ist auf drei auseinanderliegende Bereiche aufgeteilt. In jenen für Adults only fanden wir unter anderem vier Saunen und einen 15 m langen Infinitypool auf dem Dach, in jenem für Familien unter anderem ein Erlebnis- und Kinderbecken mit Rutsche sowie zwei Textilsaunen. Täglich kleines Aktivprogramm, auch Aquagym, geführte Wanderungen und Bike-Touren.

Wunderschönes Restaurant, reichhaltiges Frühstücksbuffet bis 10.30 Uhr, sehr gute Küche mit veganen Alternativen, Light Lunch (reichlich) und Nachmittagsjause mit Säften und Tee sind inkludiert. Präsente Gastgeber, durchwegs freundliche und aufmerksame Mitarbeiter. Breites Service für Biker (Garage, Tourenkarten, Wäscheservice, Bike-Shuttle). Gratisgarage für höhere Zimmerkategorien. Für Kids gibt's unter anderem Indoor-Spielareal, Kletterwände innen und außen sowie täglich (außer Sa) Betreuung (ab drei Jahren). Hunde erlaubt. 54 Liegen, 198 Betten.

Freibecken, Hallenbad, Kinderbecken, Sauna, Dampfbad, Massagen, Kosmetik, Ayurveda, Fitnessgeräte, Personal Trainer.
9-Loch-Parcours in 20 km, 25 % Greenfee-Rabatt.

39030 St. Vigil in Enneberg (BZ), Strada Valiares, 44
+39 0474 501036
HP-plus ab € 172,-

WELLNESS

13 PUNKTE – 1 LILIE

Monte Sella ****

Zentrale Ortslage in St. Vigil – Enneberger Tal

Charme und Harmonie: Ein mit authentischer Herzlichkeit geführter Familienbetrieb, er liegt auf 1.200 m Seehöhe direkt an der Gemeindestraße, gleich gegenüber der Talstation der Skitrans-Bronta-Gondelbahn. Das Hotel besteht aus einer viergeschoßigen Jugendstilvilla und zwei modernen Gebäuden in Holzbauweise.

Das Ambiente verströmt Italianità mit einer Prise Noblesse und zahlreichen historischen Akzenten. Die Zimmer (sechs Kategorien, DZ von 22 bis 67 m²) präsentieren sich schlicht und aufgeräumt, zumeist in Neojugendstil oder zeitloser Klassik, alle haben Holzböden und sind stilvoll, blitzsauber obendrein.

Das Spa steht auch externen Gästen offen, es ist jedoch recht überschaubar. Unter anderem fanden wir einen 8 m langen Indoorpool und drei Saunen mit sehr eingeschränkten Öffnungszeiten. Kleines Aktivprogramm, vornehmlich geführte Wanderungen, die Gastgeberin bietet höchstpersönlich Ayurveda, Naturkosmetik und Kräuterkunde an.

Kleine Terrasse, sehr, sehr gute Küche mit vielen typischen lokalen Gerichten, ausgezeichnete Patisserie, eine süße Nachmittagsjause ist inkludiert. Wunderbare Gastgeber – gleich vier Familienmitglieder packen hier tüchtig mit an –, viele Gäste aus Italien. Check-out bereits um 10 Uhr, das Spa kann am Abreisetag ohne Aufpreis ganztägig genutzt werden, ebenso das Zimmer – Verfügbarkeit vorausgesetzt. Im Winter gibt es Schneeschuhe und Rodeln zur Gratisleihe. Garage gegen 15 Euro pro Tag. Sauberes Preis-Leistungs-Verhältnis. Eher ungeeignet für Kinder, Hunde erlaubt. 27 Liegen, 100 Betten.

Hallenbad, Sauna, Dampfbad, Massagen, Kosmetik, Ayurveda, Fitnessgeräte.
9-Loch-Parcours in 20 km.

39030 St. Vigil in Enneberg (BZ), Via Catarina Lanz, 7
+39 0474 501034
HP-plus ab € 140,-

WELLNESS

13 PUNKTE – 1 LILIE

Terentnerhof ****s

Grünlage am Ortsrand in Terenten – Pustertal

Auf der Sonnenseite des Pustertals: Ein sympathischer Familienbetrieb, er liegt am Rande eines Dörfchens, gleichzeitig auch an der Pustertaler Sonnenstraße, die vom Tal auf 1.200 m Seehöhe heraufführt. Das kleine Haus ist auf Wanderer, Biker und Skifahrer fokussiert, im Winter gibt es sowohl Skibus als auch hoteleigenes Shuttle zu den (mindestens 15 km entfernten) Skigebieten Kronplatz und Gitschberg.

Das Ambiente zelebriert gemütliche Modernität, was auch für die Zimmer (10 Kategorien, DZ von 28 bis 42 m²) gilt. Alle haben Balkon

Petrus

oder Terrasse, auch solche mit Sauna gibt es – entweder innen oder im Freien –, Ruhesuchenden raten wir zu einem nordseitigen, der Straße abgewandten.

Das Spa ist kein Riese, zudem auch externen Gästen zugänglich. Es ist auf drei Geschoße verteilt und bietet unter anderem drei Saunen, eine separate Zone für Adults only, einen ganz kleinen Innenpool und einen 10 m langen Infinity-Außenpool auf dem Dach.

Reichhaltiges Frühstücksbuffet (auch: Eier aus biologischer Freilandhaltung) bis 10.30 Uhr, bodenständige, gute Küche mit kreativem Twist, der Hausherr kocht selbst, die Tischkultur ist nett, die Weinkarte erfreulich italophil. Light Lunch neuerdings gegen Aufpreis. Außergewöhnlich freundliche und zuvorkommende Mitarbeiter, alle sprechen Deutsch, stets präsente, zuvorkommende Gastgeberin. Sauberes Preis-Leistungs-Verhältnis. Check-out um 10 Uhr. Fahrräder gibt es zur Gratisleihe, E-Bikes gegen einen kleinen Aufpreis. Gratisgarage für alle. Hunde erlaubt. 44 Liegen, 101 Betten.

Freibecken, Hallenbad, Sauna, Dampfbad, Massagen, Kosmetik.

39030 Terenten (BZ), Strada del Sole, 7, +39 0472 546117
HP ab € 140,–

WELLNESS

15 PUNKTE – 2 LILIEN

Petrus ****S

Grünruhelage am Ortsrand Nähe Bruneck – Pustertal

Familienfreundlich. Anders als viele: Auf 960 m Seehöhe ruhig und schön im Tal gelegener Drei-Schwestern-plus-Eltern-Betrieb, im Winter sind es kaum 10 Gehminuten zu den Talstationen der beiden Kronplatz-Gondelbahnen, die an 30 weitere Lifte und insgesamt 119 Pistenkilometer anschließen, ein Ski-Shuttle fährt im 15-Minuten-Takt.

Außen zeigt sich das aus zwei Gebäudeteilen bestehende Haus so unscheinbar wie eine Austernschale, die Perle offenbart sich erst im Inneren, denn alles hier ist so heimelig wie liebevoll anmutend gestaltet, frische Blumen erfreuen das Auge auf Schritt und Tritt. Modernisierte Zimmer kann man aus 15 Kategorien (DZ von 30 bis 63 m²) wählen, alle haben Balkon, viele auch bodentiefe Glasflächen, eine eigene Infrarotkabine, Whirlpool oder sogar einen Wohnbereich im Freien, keines Klimaanlage.

Das Spa steht auch Tagesgästen offen und ist auf zwei auseinanderliegende Bereiche aufgeteilt, es bietet unter anderem vier Saunen

Alpen Tesitin Panorama Resort

(eine davon textil), mehrere kleinteilige und atmosphärisch gestaltete Ruhezonen sowie eine 25 m lange Kombination aus Außen- und Innenpool. Kleines Aktivprogramm, auch Yoga, geführte Wanderungen und Bike-Touren.

Fabelhafte Terrasse, wunderbares Frühstück bis 10.30 Uhr, es wird serviert – echt fein! –, sehr gute bis ausgezeichnete Küche mit tollen vegetarischen Optionen – die Bewertung bezieht sich wie immer auf die Halbpension und nicht auf das mehrfach prämierte À-la-carte-Restaurant Kaminstube. Obst, Gemüse und Kräuter stammen zum großen Teil aus der eigenen Landwirtschaft, Brot, Nudeln und Marmeladen werden selbstgemacht, eine Nachmittagsjause ist inkludiert. Und abends wird der Garten stimmungsvoll beleuchtet. Viele freundliche Mitarbeiter, die meisten kommen aus Italien – mit Italienischkenntnissen ist man im Vorteil –, Claudia, die Eierköchin, Kräuterspezialistin und Wanderführerin, sticht mit ihrer natürlichen Herzlichkeit besonders heraus. Der hoteleigene Reitstall liegt etwa 500 m vom Haus entfernt. Im Winter zu Ferienzeiten täglich zwei Stunden Kinderbetreuung. Garage gegen 8 Euro pro Tag. Hunde erlaubt. 46 Liegen, 130 Betten.

Freibecken, Hallenbad, Sauna, Dampfbad, Massagen, Kosmetik, Fitnessgeräte.
9-Loch-Parcours in 2 km, 100 % Greenfee-Rabatt.

39031 Reischach (BZ), Via Reinthal, 11, +39 0474 548263
HP-plus ab € 170,-

WELLNESS

18 PUNKTE – 3 LILIEN

Alpen Tesitin Panorama Resort *****

Naturlage mit Fernblick in Taisten – Pustertal

Familienfreundlich. Einfach wunderschön: Ein familiengeführtes Traditionshaus mit fünf Sternen, es liegt auf 1.300 m Seehöhe inmitten von Wiesen und Wäldern hoch über dem Tal, aus vielen Räumen genießt man hier einen traumhaften Fernblick. Die öffentlichen Räume zeigen sich gediegen und zeitgemäß, die Lobby ist gar ein Hingucker par excellence, und alles glänzt vor Sauberkeit.

Die Zimmer (15 Kategorien, DZ von 38 bis 120 m^2) wurden vor kurzem neu gestaltet, hochwertige Materialien und ebensolche Verarbeitung, schlichte Formen, massives Holz und schicke Lampen kennzeichnen sie. Alle haben Balkon oder Terrasse mit Tal- oder

Hangblick, manche auch Whirlpool oder Badewanne im Freien, manche wiederum versprühen ihren hochalpinen Charme ganz in Altholz.

Das Spa steht wie das Restaurant auch Tagesgästen offen, unter anderem fanden wir einen feinen Adults-only-Bereich mit großem FKK-Tauchbecken und wohlig warmem FKK-Solepool, neun Saunen (zwei davon textil), einen 20 m langen Außenpool und einen 21 m langen Innenpool, Letzterer ist mitunter fest in Kinderhand. Erwähnenswert auch der sehr schöne Yogaraum mit seinen bodentiefen Fenstern, die sich vollständig öffnen lassen. Sehr gute Massagen, täglich Aktivprogramm, auch Yoga (viermal pro Woche), geführte Wanderungen und Bike-Touren.

Fabelhafte Terrasse mit Morgensonne, reichhaltiges Frühstücksbuffet bis 11 Uhr, zudem bereits ab 7.15 Uhr, das kommt Wanderern und Skifahrern sehr entgegen. Sehr gute bis ausgezeichnete Küche bei feiner Tischkultur, Light Lunch und Nachmittagsjause sind inkludiert. Tolle Weinkarte (international, aber mit ganz vielen Italienern und Schaumweinen aus Südtirol und der Lombardei), faire Getränkepreise, die Flaschenweine starten bei knapp unter 30 Euro. Zigarrenlounge, stimmungsvolle Bar. Präsente Gastgeber, freundliche und zuvorkommende Mitarbeiter, sauberes Preis-Leistungs-Verhältnis. Check-out um 10.30 Uhr. Wanderwege ohne Zahl, im Winter gibt es ein kostenloses Shuttle ins nahe Skigebiet. Gratisgarage für höhere Zimmerkategorien, ansonsten gegen 8 Euro pro Tag. Hunde erlaubt (man zahlt einmalig 50 Euro pro Aufenthalt). 140 Liegen, 220 Betten.

Freibecken, Solefreibecken, Hallenbad, Außensauna, Sauna, Dampfbad, Massagen, Kosmetik, Fitnessstudio, Personal Trainer.
9-Loch-Parcours in 21 km.

39035 Taisten (BZ), Via Riva di Sotto, 22, +39 0474 950020
HP-plus ab € 240,–

WELLNESS
13 PUNKTE – 1 LILIE

Ambet Alpine Lifestyle ****

Grünlage mit Fernblick in Meransen – Pustertal

Hunde- und familienfreundlich. Ein sympathischer, kleiner Familienbetrieb, er liegt in 1.400 m Seehöhe in einem Dörfchen, im Winter ist man hier praktisch direkt an der Piste und unweit der Talstation der Achter-Kabinenbahn.

Inwendig herrscht kompromisslos gestaltete neoalpine Modernität. Die Zimmer (DZ von 32 bis 50 m²) stehen in sechs Kategorien zur Auswahl, sie sind schlicht arrangiert, haben übergroße Betten, bodentiefe Fenster und Balkon oder Terrasse, einige auch Außenwhirlpool und eine Badewanne, der Ausblick ist mitunter recht bescheiden, wer darauf Wert legt, ist mit einem südseitigen Zimmer besser dran.

Das Spa ist klein und auf drei Geschoße verteilt, im Untergeschoß bietet es einen Familienbereich mit 10 m langem Innenpool und zwei Textilsaunen. Vier Stockwerke darüber wartet eine FKK-Zone mit Finnsauna und Ruheraum und nochmals ein Stockwerk darüber ein 14 m langer Sky-Infinitypool mit herrlichem 360-Grad-Panorama, angenehm temperiert ist er obendrein.

Reichhaltiges Frühstücksbuffet, sehr gute Küche bei netter Tischkultur, eine süße Nachmittagsjause ist inkludiert. Stimmungsvolle Bar, gemütliches Umfeld. Herzliche und zuvorkommende Mitarbeiter, präsente und authentische Gastgeber. 24 Liegen, 110 Betten.

Freibecken, Hallenbad, Sauna, Dampfbad, Massagen, Kosmetik.

39037 Meransen (BZ), Via Ausserecker, 22, +39 0472 520115
HP ab € 158,–

WELLNESS
18 PUNKTE – 3 LILIEN

Familiamus *****

Grünruhelage mit Fernblick in Meransen – Pustertal

Kinder- und Babyhotel. Und was für eines! Ein von Mutter und zwei Töchtern mit Extraportionen von Herz und Hirn geführtes, junges Haus, es liegt auf 1.450 m Seehöhe hoch über dem Pustertal, im Winter ist man hier direkt an der Piste und am Schlepplift, über den man zur nahen Talstation der Gitschberg-Bahn gelangt und damit in ein familiengeeignetes Skigebiet mit 55 Pistenkilometern und 15 Liften.

Der moderne Bau ist schön in den Hang eingebettet, er bietet wunderbare Weitläufigkeit, rundum bodentiefe Glasfronten mit herrlichem Ausblick und italienisches Lebensgefühl über allem – Herzlichkeit und gute Vibes inklusive. Besonders fein: Eine Rutsche zieht sich vom fünften Stock abenteuerlich bis in die Lobby ins Erdgeschoß, dort befindet sich ein großer Sandspielplatz, und zwar in bester Ausblickslage von der Bar, das kommt Mamas und Papas nachmittags und vor allem abends sehr entgegen! Sehr schöne Zimmer kann man aus zwei Kategorien wählen (40 und 49 m²), sie haben riesige Familienkuschelbetten und bieten einen feinen Ausblick.

Das atmosphärisch gestaltete, aber indoor nicht gerade weitläufige Spa ist auf drei Geschoße verteilt, oben am Dach befindet sich eine Liegewiese mit Whirlpool, der Ausblick ist herrlich. Unter anderem fanden wir sechs kleine Pools (darunter einer mit Rutsche), fünf Saunen (eine davon textil) sowie einen kühlen FKK-Badeteich und ein großes FKK-Kaltwasserbecken. Kleines Aktivprogramm, großes Kinderprogramm, unter anderem mit dem Zauberer Magolix, der zweimal pro Tag mit den Kindern tanzt – Gute-Nacht-Singen und Seifenblasen vor dem Schlafen gehen inklusive. Schöne Spielzonen innen und außen, auch Tiere zum Streicheln und vieles mehr – und nichts ist aus Plastik!

Reichhaltiges Frühstücksbuffet (mit Eiern aus biologischer Freilandhaltung), zumeist sehr gute Küche, aber eine digitale Menükarte ... muss das sein? Light Lunch und Nachmittagsjause sind inkludiert, viele Getränke ebenso, ausgerechnet Aperol Spritz und Amari gibt's jedoch nur gegen Aufpreis. Authentische Gastgeberinnen, wunderbar freundliche Mitarbeiter. Die Stimmung überträgt sich auf die Gäste, sie kommen übrigens aus aller Welt. Das Spa kann an An- und Abreisetag ganztägig genutzt werden, Light Lunch und Nachmittagsjause sind dabei inkludiert. 80 Wochenstunden liebevolle Kinderbetreuung in vier Altersgruppen. 137 Liegen, 270 Betten.

Naturbadeteich, Freibecken, Hallenbad, Kinderpool mit Rutsche, Sauna, Dampfbad, Massagen, Kosmetik, Fitnessgeräte.

39037 Meransen (BZ), Via Kössler, 5, +39 0472 065000
HP-plus (inkl. Getränkeauswahl) ab € 380,–

WELLNESS

15 PUNKTE – 2 LILIEN

Gitschberg Biohotel

Grünruhelage mit Fernblick in Meransen – Pustertal

Logenplatz mit guten Vibes: Beinahe am Waldrand, jedenfalls am oberen Ortsrand von Meransen auf 1.415 m liegt dieses beherbergungsmäßige Kleinod mit Bio-Fokus, zur Gitschberg-Gondelbahn (im Winter der Anschluss an 14 weitere Lifte und insgesamt 55 Pistenkilometer) sind es 400 m. Bio bedeutet hier nicht orthodoxes Müsliprofessoren-Gehabe, sondern sozusagen ganzheitliche Unterstützung der Balance von Körper, Geist und Seele – energetische und geomantische Aktivierung inklusive.

Der Garten mit seinen blumenumringten Liegeinseln bezaubert, auch drinnen zeigt sich alles von sensibler Hand gestaltet. In den Zimmern (15 Kategorien, von 26 bis 79 m²) regiert stilvolle Leichtigkeit, alle haben Bettwäsche aus Biobaumwolle, feine Holzböden und großzügige Loggien, fast alle sind nach Süden hin ausgerichtet, die Spa-Suiten mit Sauna auf der Terrasse hingegen nordseitig. Das W-Lan wird nächtens deaktiviert.

Das wunderschöne Spa duftet herrlich nach Heu und ist neuerdings exklusiv für Hausgäste (auch das gibt es, meistens ist's jedoch umgekehrt, man öffnet zusätzlich für Externe!), es ist indoor allerdings kein Riese, und auch die Saunazeiten sind beschränkt. Unter anderem fanden wir einen 10 m langen Innenpool, einen 15 m langen Infinity-Außenpool und vier Saunen (ab 14 Jahren).

Reichhaltiges Frühstücksbuffet (auch wunderbar: das „Klosterbrot" aus Dinkel) bis 10 Uhr, gute Küche (auch vegetarisch und vegan) bei netter Tischkultur, eine Nachmittagsjause ist inkludiert. Umfangreiche Weinkarte mit biologischer und biodynamischer Ausrichtung. Präsente und sympathische Gastgeber, authentisch freundliche Mitarbeiter, fast alle kommen aus der Region. Das Spa kann am Anreisetag ganztägig und am Abreisetag bis 13 Uhr aufpreisfrei genutzt werden. Garage gegen 2,50 Euro pro Tag. Eher ungeeignet für Kinder. 44 Liegen, 90 Betten.

Freibecken, Hallenbad, Außensauna, Sauna, Dampfbad, Massagen, Kosmetik, Fitnessgeräte.

39037 Meransen (BZ), Via Endereck, 2, +39 0472 520170
HP ab € 155,–

WELLNESS

13 PUNKTE – 1 LILIE

Huberhof Panoramahotel ****S

Grünruhelage mit Fernblick in Meransen – Pustertal

Hunde- und familienfreundlich. Logenplatz: Direkt an der Kante eines steil ins Pustertal abfallenden Berghangs, auf 1.290 m Seehöhe, liegt dieser freundliche Familienbetrieb. Hinter blumengeschmückten, traditionellen Fassaden zeigt sich zeitgemäß arrangierte Gemütlichkeit.

Durchwegs schlicht-moderne Zimmer kann man aus 11 Kategorien (DZ von 24 bis 51 m²) wählen, alle haben Holzböden und Balkon, fast alle sind südseitig ausgerichtet, alle haben

Sonnenberg Panorama Dolomites

Balkon, der Ausblick ist herrlich. Ein Säckchen Schüttelbrot dient als Willkommensgruß, der Polyesteranteil des Bademantels ist stattlich.

Das schöne, jedoch indoor nicht gerade weitläufige Spa steht auch externen Gästen offen, es ist auf vier Bereiche verteilt. Unter anderem erfreuen getrennte Zonen für Adults only, ein kleiner Innenpool für Kids, fünf Saunen (ab 16 Jahren), eine Poolkombi (innen 10 m, außen 17 m) sowie schöne Liegemöglichkeiten im Freien, kurz vor Redaktionsschluss sind noch ein Außenwhirlpool und ein Tauchbecken hinzugekommen. Gute Massagen, täglich zwei Aufgüsse nach guter alter Handwerkskunst – ohne theatralische Darbietungen. Ganz kleines Aktivprogramm, auch Yoga und geführte Wanderungen.

Reichhaltiges Frühstücksbuffet bis 10.30 Uhr (mit Eiern vom eigenen Bauernhof, zudem Stoffservietten!), zumeist gute Küche, sie versteht sich auch auf Vegetarisches, Veganes und Glutenfreies. Feine Tischkultur, eine Nachmittagsjause (reichlich) ist inkludiert. Freundliche Mitarbeiter, präsente Gastgeber, die auch selbst fleißig mitanpacken. Sympathisches Umfeld mit italienischem Grundfeeling und sauberem Preis-Leistungs-Verhältnis. Wanderausrüstung und Mountainbikes gibt es zur Gratisleihe, E-Bikes gegen Gebühr. Auf Kids warten Spielplatz mit Trampolin, Streichelzoo, Alpakas und Haflingerpferde. 56 Liegen, 110 Betten.

Naturbadeteich für Kinder, Freibecken, Hallenbad, Sauna, Dampfbad, Massagen, Kosmetik, Fitnessgeräte.

39037 Meransen (BZ), Via Huber, 21, +39 0472 520250
HP-plus ab € 165,–

WELLNESS

17 PUNKTE – 3 LILIEN

Sonnenberg Panorama Dolomites ****S

Grünlage mit Fernblick in Meransen – Pustertal

Familienfreundlich. Mit Weitblick ins Pustertal: Ein Familienbetrieb in angenehm überschaubarer Größe, er liegt an einem sanften Hang in 1.450 m Seehöhe, im Winter ist man quasi direkt an der Skipiste. Bis kurz vor Redaktionsschluss wurde hier vieles modernisiert und erweitert, all das übrigens in unglaublich kurzer Zeit. Auch fassadenmäßig hat sich das Haus vollständig verwandelt, es ist jedenfalls kaum wiederzuerkennen.

Ausnahmslos moderne Zimmer (DZ von 25 bis 63 m²) kann man nun aus 12 Kategorien wählen, fünf davon sind brandneu, alle haben

Holzböden und Balkon, die meisten sind nach Süden oder Westen ausgerichtet (und damit der Straße abgewandt), und auch solche mit Sauna und Whirlpool gibt es, wunderbar und ebenfalls brandneu sind feine Suiten mit Westbalkon plus Südbalkon, Letzterer erfreut zudem mit einem Whirlpool. Alle Zimmer haben Klimaanlage, der Polyesteranteil des Bademantels ist stattlich.

Das wunderschöne Spa steht auch externen Gästen offen, es ist nunmehr auf vier Ebenen verteilt, ganz neu ist eine zusätzliche Adults-only-Zone im sechsten Stock, ebendort fanden wir eine Eventaußensauna mit FKK-Sonnenterrasse, einen 10 m langen Skypool und eine weitere Sonnenterrasse. Vier Ebenen darunter gibt es ebenfalls ein Areal für Adults only, unter anderem mit drei Saunen und einem FKK-Außenwhirlpool. Zum Familienbereich gehören auch drei Textilsaunen, ein 16 m langer Außenpool sowie eine Liegewiese mit Naturbadeteich. Alle Pools sind angenehm temperiert, und in so manchen Räumen duftet es angenehm nach Weihrauch.

Reichhaltiges Frühstücksbuffet bis 10.30 Uhr, zumeist sehr gute Küche mit regionaler und mediterraner Ausrichtung, Light Lunch und ein nachmittägliches Kuchenbuffet sind im Preis inkludiert. Viele freundliche und bemühte Mitarbeiter. Ringsum Wanderwege ohne Zahl, Fahrräder gibt es zur Gratisleihe, E-Bikes gegen einen kleinen Aufpreis. Bei einem Aufenthalt ab zwei Tagen kann das Spa am Abreisetag bis 19 Uhr ohne Aufpreis genutzt werden. Die Preise sind fix und transparent, das ist leider sehr selten geworden, aber umso einnehmender. Überdachte Stellplätze und Garage gratis. Check-out bis 10.30 Uhr. Hunde erlaubt. 124 Liegen, 150 Betten.

Naturbadeteich, Freibecken, Hallenbad, Sauna, Dampfbad, Massagen, Kosmetik, Fitnessgeräte.

39037 Meransen (BZ), Via Ausserecker, 35, +39 0472 520232
HP-plus ab € 198,-

WELLNESS

13 PUNKTE – 1 LILIE

Milla Montis ****

Grünlage mit Fernblick in Meransen – Pustertal

Außergewöhnlich in Look und Feel: Ein ruhevolles Kleinhotel, es liegt auf 1.300 m Seehöhe etwas unterhalb des Dörfchens Meransen, im Winter sind es keine vier Autominuten zur Talstation der Achter-Kabinenbahn, dem Anschluss an das Skigebiet Gitschberg-Jochtal mit fünf Liften und 55 Pistenkilometern, ein kostenloses Shuttle fährt im Viertelstundentakt. Das Ambiente zeigt sich von stilsicherer Hand gestaltet, Deko gibt es nicht, alles zeigt sich gleichsam mit maximaler Reduktion auf das Wesentliche, strahlt aber dennoch Geborgenheit in hohen Dimensionen aus.

Puristisch arrangierte Zimmer (DZ von 34 bis 42 m^2) stehen in vier Kategorien zur Auswahl, einige haben Sauna, alle Loggia oder Terrasse, und alle sind nach Süden ausgerichtet, was für einen herrlichen Ausblick über das Pustertal bis hin zum Schlern steht.

Das schöne Spa steht exklusiv den Hausgästen zur Verfügung, es ist ins Stilkonzept des Hauses eingepasst, bietet aber nicht viel Infrastruktur. Unter anderem fanden wir zwei Saunen (ab 14 Jahren) und einen auch im Winter nutzbaren, knapp 17 m langen Außenpool mit freiem Ausblick. Bei einem Mainstream-Hotel würde das niemals für eine Lilie reichen, doch wie immer bewerten wir auch hier nicht nur das Spa, sondern das „Gesamtprodukt" unter Einbeziehung aller alltagsabgewandten Wohlfühlmomente.

Wunderbares Frühstücksbuffet bis 10.30 Uhr, ausgezeichnete Küche bei feiner Tischkultur, der Hausherr kocht selbst, und das mit Verve. Eine süße Nachmittagsjause ist inkludiert. Ästhetisch niveauvolle und gut bestückte Bar, freundliche Mitarbeiter, wunderbare Gastgeber. Check-out bis 10.30 Uhr. Ungeeignet für Kinder, Hunde erlaubt. 22 Liegen, 65 Betten.

Freibecken, Sauna, Dampfbad, Massagen.

39037 Meransen (BZ), Via Huber, 25, +39 0472 520278
HP-plus ab € 205,-

WELLNESS

15 PUNKTE – 2 LILIEN

Masl ****S

Grünruhelage am Ortsrand im Vallertal – Pustertal

Familienfreundlich. Viel Neues: Ein freundlicher Familienbetrieb mit eigener Landwirtschaft, er liegt auf 1.300 m Seehöhe an einer ruhigen Straße, im Winter gelangt man mit ein paar guten Schritten zum Schlepplift, dem Einstieg in die Skigebiete Gitschberg-Jochtal mit insgesamt 55 Pistenkilometern. Bis kurz vor unserem Redaktionsschluss wurde hier modernisiert und großzügig erweitert, das Haus ist stattlich gewachsen und kaum wiederzuerkennen – die Barockengel über der Rezeption haben allerdings überlebt.

Schöne Zimmer kann man nun aus 14 Kategorien (DZ von 35 bis 80 m²) wählen, alle haben Balkon, und alle liegen an der straßenabgewandten Seite mit Ausblick in die fast unverbaute Natur. Ganz neu ist ein Gebäudetrakt mit Suiten, diese haben alle Sauna, manche auch einen Whirlpool auf der Terrasse.

Das Spa ist exklusiv für Hausgäste, es bietet nun einen stark vergrößerten Bereich für Adults only (ab 14 Jahren), unter anderem mit drei Saunen, einem 19 m langen Außenpool, einer feinen FKK-Zone mit Whirlpool und Himmelbetten im Freien und last but not least einer „Erlebnissauna" vom Typ „Wem fällt so etwas ein?". Die Familienzone wurde rundum erneuert, ebendort fanden wir unter anderem drei Textilsaunen, Innen- und Außenpool und eine neue, 13 m lange Breitwellenrutsche. Weiters dazu gehört ein sehr schöner Garten mit Liegewiese und lauschigen Ruheplätzen, die Hintergrundmusik empfanden wir allerdings als absolut entbehrlich. Gute Massagen, kleines Aktivprogramm.

Reichhaltiges Frühstücksbuffet bis 10.30 Uhr, die Küche versteht sich auf die schöne Präsentation der Speisen, eine Nachmittagsjause (süß und pikant) ist inkludiert. Präsente Gastgeber, viele freundliche Mitarbeiter, viele langjährige Stammgäste. Für Kids gibt's einen Streichelzoo mit Ziegen, Ponys und Kälbchen, die man auch füttern darf. Ringsum Wanderwege ohne Zahl. Gratisgarage für alle. Check-out um 10.30 Uhr. Hunde erlaubt. 73 Liegen, 200 Betten.

Freibecken, Hallenbad, Babybecken mit Rutsche, Außensauna, Sauna, Dampfbad, Massagen, Kosmetik, Fitnessgeräte. Tennisplatz.

39037 Vals (BZ), Unterlände, 21, +39 0472 547187
HP-plus ab € 183,-

WELLNESS

16 PUNKTE – 2 LILIEN

Silena Soulful Hotel ****s

Grünruhelage am Ortsrand im Vallertal – Pustertal

Adults preferred (ab 14). Praktisch für Skifahrer: Auf 1.370 m Seehöhe nahezu solitär liegt dieser sympathische Familienbetrieb, zu den Talstationen zweier Seilbahnen sind es nur ein paar gute Schritte, im Winter bedeutet das den direkten Anschluss an das Skigebiet Gitschberg-Jochtal mit 55 Pistenkilometern. Die Fassaden sind eine Reminiszenz an das nahe Moor und zeigen stilisierte Sumpfpflanzen auf dunklen, gitterähnlichen Elementen. Dahinter wartet stilvolle Reduktion mit starken südostasiatischen Akzenten – ein ganz besonderes, ruhevolles Ambiente, das auf Schritt und Tritt an Bali erinnert.

Die Zimmer (14 Kategorien, DZ von 30 bis 80 m²) sind wunderschön, alle haben bodentiefe Fenster und Balkon, fast alle Holzböden, einige auch Sauna, Outdoor-Badewanne und einen Meditationsplatz, und alles glänzt vor Sauberkeit.

Das atmosphärisch gestaltete Spa ist exklusiv für Hausgäste, es ist auf eine Textilzone im Erdgeschoß sowie eine FKK-Zone im Dachgeschoß verteilt. Unter anderem fanden wir einen 15 m langen Außenpool, einen (etwas frischen) Onsen auf dem Dach und drei Saunen. Kleines Aktivprogramm, auch Yoga (täglich), Qi Gong und geführte Wanderungen.

Fabelhafte Terrasse, reichhaltiges Frühstücksbuffet bis 11 Uhr, gute Küche, auch vegetarisch und vegan, die Tischkultur ist fairly casual. Schöne Bar mit japanischer Tee-Ecke, Bibliothek, Freiluftkino. Freundliche und zuvorkommende Mitarbeiter, präsente Gastgeber. Gratisgarage bei einigen Zimmerkategorien, bei den anderen gegen 15 Euro pro Tag. Hunde erlaubt. 75 Liegen, 96 Betten.

Freibecken, Hallenbad, Außensauna, Sauna, Dampfbad, Massagen, Kosmetik, Personal Trainer.

39037 Vals (BZ), Via Birchwald, 10, +39 0472 547194
HP ab € 204,-

WELLNESS

16 PUNKTE – 2 LILIEN

Lüsnerhof Naturhotel ****s

Grünruhelage mit Fernblick Nähe Brixen – Lüsnertal

Yoga und Wandern: Ein schmucker, hochsolider Familienbetrieb in reizvoller Landschaft, er liegt auf 1.160 m Seehöhe, im Winter fährt ein kostenloser Bus ins Skigebiet Plose. Die Anlage besteht aus Stammhaus, einem ein paar Schritte abseits gelegenen Badehaus mit Suiten und drei Fewo-Dependancen (150 m und 1,8 km entfernt).

Hinter wunderschönen Holzfassaden geht es ruhevoll, bodenständig und authentisch zu: heimische Hölzer und Polstermöbel aus Naturmaterialien, und alles ist sehr sauber. Die Zimmer (12 Kategorien, DZ von 24 bis 80 m²) zeigen sich in stilvoll gestalteter Ländlichkeit, besonders fein sind die großen, nahezu archaisch arrangierten Suiten mit ihren hohen Dachgiebeln, offenem Steinkamin, Whirlpool und Sauna, das W-Lan wird nächtens deaktiviert.

Das Spa steht auch externen Gästen offen,

unter anderem fanden wir neun zumeist kleinteilige Saunen, einen knapp 6 m langen Innenpool, einen 8 m langen Außenpool sowie einen wunderschönen Raum für Yoga und Meditation im Dachgeschoß. Der naturbelassene Garten mit Whirlpools, lauschigen Ruhezonen und kleinem FKK-Teich ist bezaubernd, die „Waldbadpromenade" freilich nicht minder. Dabei handelt es sich um einen sinnlichen Barfußweg mit mehreren Stationen: Schwitzhütte, Infrarotschaukel, wildromantische Sauna am Bergbach bis hin zum Dolomiten-Ausblicksplatz, wo man auf Holzliegen der Sprache des Waldes lauschen kann – Wellness pur! Ausgezeichnete Massagen, auch allerlei (schamanische) Rituale. Unbedingt empfehlenswert: die stresslösenden Silberquarzit-Rituale. Mehrmals pro Jahr veranstaltet man Retreats (Yoga, Meditation, schamanische Praktiken). Kleines, teilweise aufpreispflichtiges Aktivprogramm, auch Yoga, Qi Gong, geführte Wanderungen und E-Bike-Touren.

Fabelhafte Restaurantterrasse für alle Mahlzeiten, reichhaltiges Frühstücksbuffet mit feiner Auswahl an Veganem in Bioqualität. Gute Küche, sie ist auf Veganes und Vegetarisches spezialisiert, bietet aber stets auch Fisch oder Fleisch, eine Nachmittagsjause ist inkludiert. Präsente Gastgeber, herzliche und zuvorkommende Mitarbeiter – Fiorella aus Venetien entpuppte sich sogar als wahrer Schatz –, viele Stammgäste. Ringsum herrliche Wanderwege ohne Zahl, breites Service für Wanderer. Das Spa kann am Anreisetag ohne Aufpreis ganztägig genutzt werden, am Abreisetag bis 14 Uhr. Gratisgarage für alle. Hunde erlaubt. 47 Liegen, 130 Betten.

Naturbadeteich, Freibecken, Hallenbad, Außensauna, Sauna, Dampfbad, Massagen, Kosmetik, Ayurveda, Fitnessgeräte.

39040 Lüsen (BZ), Via Rungg, 20, +39 0472 413633
HP-plus ab € 191,–

WELLNESS

18 PUNKTE – 3 LILIEN

Manna Luxury Resort *****

Grünlage mit Fernblick – Nähe Kalterer See

Adults preferred (ab 12). Klein mit ganz großem Luxus: Das südlichste Lilien-Hotel dieser Ausgabe liegt auf 700 m Seehöhe unweit der Straßenverbindung vom Etschtal ins Fleimstal, am Rand des Naturparks Trudner Horn, nach Trento sind es nur knapp 35 Autominuten. Es handelt sich um ein wahres Wohlfühlrefugium, das den Nachnamen der Witwe des 2022 verstorbenen Pinot-Noir-Virtuosen Franz Haas trägt und von ihr geschaffen und gestaltet wurde.

Das Ambiente zeigt sich von stilsicherer Hand gestaltet und zelebriert Innenarchitektur in hochwertigster Anmutung. Zur Auswahl stehen 15 wunderschöne Suiten (von 30 bis 40 m²), jede ist mit ihrem Interieur thematisch einem Land oder einem Kontinent zugeordnet. Weiters gibt es vier Chalets für zwei bis vier Personen, jedes mit eigener Sauna, Badewanne und Holzkamin. Alle Wohneinheiten sind wunderschön, der Bademantel ist aus reiner Baumwolle und der Garten verströmt mediterranes Flair – Rosmarin, Lavendel und Zypressen inklusive.

Auch das Spa ist höchst einnehmend mit asiatischen Akzenten gestaltet, es ist freilich nicht groß, aber in Relation zur Bettenanzahl des Resorts immerhin eines der größten in Südtirol. Es bietet unter anderem vier Saunen, eine 15 m lange und wohlig warme Kombination aus Innen- und Außenpool sowie im Freien herrliche Liegebereiche. Die Massagen werden von Thai-Damen durchgeführt, sie sind sehr gut.

Fabelhafte Restaurantterrasse – der Ausblick geht auf Apfelhaine, dahinter die Trentiner Dolomiten, rechts die Ausläufer des Mandelkamms –, wunderbares Frühstück, es wird serviert. Sehr gute bis ausgezeichnete Küche, die Tischkultur ist slightly casual, die Servicequalität schlechthin erquickend. Tolle Weinkarte mit ebensolchen Champagnern. Wermutstropfen: Spa, Restaurants und Bar sind an den meisten Tagen auch für externe Gäste geöffnet, und die Straße hört man im Freien doch ein bisschen. Check-out erst um 12 Uhr. Gratisgarage für alle. Hunde erlaubt. 28 Liegen, 42 Betten.

Naturbadeteich, Freibecken, Hallenbad, Sauna, Dampfbad, Massagen, Kosmetik, Fitnessgeräte, Personal Trainer.

39040 Montan-Kalditsch (BZ), Vicolo Klamm, 3
+39 0471 1430095
HP ab € 232,–

WELLNESS

16 PUNKTE – 2 LILIEN

Seehof Nature Retreat ****S

Grünruhelage außerhalb von Natz – Nähe Brixen

Adults preferred (ab 14). Unser Liebling im Raum Brixen ist etwas ganz Besonderes, ein außergewöhnlich harmonischer Familienbetrieb nämlich. Er liegt wunderschön auf 860 m Seehöhe über dem Eisacktal, ringsum nur Wiesen, Wälder, eiszeitliche Findlinge, ein ganz großer

Seehof Nature Retreat

Teich – und vielstimmiger Vogelgesang. Drinnen ist's so gemütlich und einnehmend schön gestaltet, dass man von der ersten Sekunde an wohlige Geborgenheit empfindet, selbst wenn man die nervenzerfetzenden Staus auf der Brennerautobahn hinter sich hat.

Auch die Zimmer (10 Kategorien, DZ von 21 bis 50 m²) folgen dem hohen ästhetischen Anspruch, alle haben Balkon und Böden aus Eiche, der Polyesteranteil des Bademantels ist stattlich. Wir empfehlen die etwas teureren Suitenvarianten mit Ausblick aufs Wasser, dieser ist den Aufpreis wert, und die Morgensonne erfreut obendrein. Für ein Zimmer über der Küche hingegen sollte sich nicht entscheiden, wer gerne bei offenem Fenster schläft, das schreibt uns Leser Thomas aus dem Aargau, denn man hört und riecht es vor und nach den Mahlzeiten. Wunderbar sind die neuen Sky-Suiten, es sind zwar keine Suiten, sondern sehr große Doppelzimmer mit offenen Bädern, aber mit großer Terrasse und Daybeds sowohl drinnen als auch draußen, zudem gibt's im Freien eine Badewanne.

Das Spa steht auch Tagesgästen offen, es ist einfach wunderschön und bietet unter anderem drei Saunen (zwei geführte Aufgüsse täglich), einen 17 m langen, ganzjährig nutzbaren Außenpool, zahlreiche kleinteilige Ruheräume und Terrassen direkt am Teich – Nachmittags- und Abendsonne inklusive. (Fast) täglich kleines Aktivprogramm, auch Yoga (zweimal pro Woche), Qi Gong und Faszientraining. Tipp: Der 90-minütige Spaziergang nach Brixen ist sehr schön, und die Altstadt mit ihren Laubengängen, dem Dom und seinen Fresken ist es ebenso!

Fabelhafte Restaurantterrasse mit Morgensonne, feine Qualität beim Frühstücksbuffet, sehr, sehr gute Küche, die sich auch bestens auf vegetarische Gerichte versteht, Light Lunch und Nachmittagsjause sind inkludiert. Faire Getränkepreise, die Tischkultur ist rather casual. Viele freundliche und professionell agierende Mitarbeiter, denen die Arbeit Freude macht. Präsente Gastgeber, die selbst eifrig mitanpacken. Der Wellnessbereich kann am Abreisetag ohne Aufpreis bis 19 Uhr genutzt werden, beim Light Lunch darf auch nach dem Check-out noch kräftig zugelangt werden. Hunde erlaubt. 58 Liegen, 112 Betten.

Naturbadeteich, Freibecken, Sauna, Dampfbad, Massagen, Kosmetik, Fitnessgeräte.

39040 Natz-Schabs (BZ), Via Flötscher, 2, +39 0472 412120
HP-plus ab € 175,–

WELLNESS

17 PUNKTE – 3 LILIEN

Plunhof ****S

Grünruhelage am Ortsrand bei Ridnaun – Ridnauntal

Familienfreundlich. Ein Stückchen heile Welt: „Mama" Paula und ihre acht tüchtigen Kinder führen dieses Haus, dessen Spa etwas ganz Außergewöhnliches ist und neuerdings noch weitere Attraktionen bietet. Das rein äußerlich unprätentiöse Haus liegt auf 1.300 m auf einer kleinen Anhöhe, im Winter gelangt man mit ein paar guten Schritten zum hauseigenen Schlepplift (Preis inkludiert) für Kinder und Anfänger, Langläufer und Tourengeher können hingegen direkt vom Haus losstarten. Bis knapp vor Redaktionsschluss wurde hier ganz groß modernisiert und erweitert, viele öffentliche Räume zeigen sich nun elegant und großzügiger, das ist auch nötig, weil die Zimmeranzahl deutlich angewachsen ist.

Gemütliche Zimmer kann man nun aus 28 Kategorien (DZ von 25 bis 70 m²) wählen, alle haben feine Holzböden sowie Balkon oder Terrasse, die neuen teilweise auch Whirlpool auf der Terrasse, der Polyesteranteil des Bademantels ist stattlich. So manche Suite ist allerdings gar keine Suite, sondern einfach ein größeres Zimmer – der abgetrennte Schlafraum fehlt.

Das wunderschöne und indoor relativ weitläufige Spa ist exklusiv für Hotelgäste und ein Paradies für Saunaenthusiasten. Es erstreckt sich über vier Ebenen, ein Teil befindet sich stilisiert „unter Tag", wo es gluckert und plätschert, man nimmt auch optisch Bezug auf die Vorfahren der Familie, die hier bis in die 1980er Jahre noch Silber und Blei geschürft haben. Unter anderem fanden wir sechs Saunen, ein 17 m langes Außenbecken, einen Badeteich mit Liegen im Wasser, einen 20 m langen Innenpool sowie einen warmen FKK-Solewhirlpool im Freien. Wunderbar und ganz neu ist ein 25 m langer Außenpool für Adults only. Ausgezeichnete Massagen, kleines Aktivprogramm, auch Waldbaden, Yoga, Qi Gong und geführte Wanderungen. Unbedingt erwähnenswert: 24 Duschen, das ist Südtirol-Rekord (relativ zur Hotelgröße)! Empfehlenswert: die stresslösenden Silberquarzit-Rituale.

Wunderschönes Restaurant mit würdevollen Tischgrößen und ebensolchen Abständen zwischen den Tischen, reichhaltiges Frühstücksbuffet (mit vielen süßen Sachen) bis 11 Uhr, sehr gute Küche bei netter Tischkultur. Stimmungsvolle Bar. Präsente Gastgeber, viele freundliche Mitarbeiter. Ringsum Wanderwege ohne Zahl, auf Kids warten ein kleiner Waldspielplatz und ein Spielraum mit Holzstämmen zum Klettern und Rutschen – sehr nett! Check-out um 10.30 Uhr. Das Spa ist nach dem Check-out bis 19 Uhr ohne Aufpreis nutzbar. Sauberes Preis-Leistungs-Verhältnis. Gratisgarage für alle. Hunde erlaubt. 126 Liegen, 220 Betten.

Naturbadeteich, Freibecken, Hallenbad, Sauna, Dampfbad, Massagen, Kosmetik, Fitnessgeräte.

39040 Ratschings-Ridnaun (BZ), Obere Gasse, 7
+39 0472 656247
HP ab € 185,-

WELLNESS

14 PUNKTE – 1 LILIE

Sensoria Dolomites ****S

Grünlage am Ortsrand bei Seis – Nähe Seiser Alm

Adults preferred (ab 14). Schön fürs Auge: Ein familiengeführtes Haus, es liegt an der Straße nach Völs bzw. zur Talstation der Seiser Alm Bahn und ist nur 250 m von dieser entfernt. Das Haus ist wohldurchdacht angelegt, verströmt schlichte Schönheit, charakteristisch sind helles Fichtenholz, viel Indigoblau und eine offene Ästhetik, wie sie in traditionellen japanischen Häusern durch verschiebbare Shoji erzeugt wird.

Auch die Zimmer (neun Kategorien, DZ von 30 bis 125 m², allerdings inklusive Balkon) folgen dem Gestaltungskonzept, alle haben Klimaanlage, feine Holzböden, bodentiefe Fenster und Balkon oder Loggia, auch solche mit Sauna und Außenwhirlpool sind zu haben. Der Bademantel ist aus reiner Baumwolle, die Minibar ist inklusive und wird täglich befüllt, nur in Sachen Stauraum wäre weniger Minimalismus mehr.

Das indoor kleine Spa steht auch Tagesgästen offen, unter anderem fanden wir vier Saunen (mit etwas bescheidenen Abkühlmöglichkeiten), schöne Ruhezonen und im Freien eine kleine, mitunter etwas aufdringlich beschallte Liegewiese sowie einen 10 m langen Außenpool – der werblich angeführte Innenpool ist wohl eher nur als Inneneinstieg zu bezeichnen. Gute Massagen, kleines Aktivprogramm, auch geführte Wanderungen (im Winter mit Schneeschuhen), Pilates, Meditation und fünfmal pro Woche Yoga, bei Schönwetter auf der Terrasse.

Reichhaltiges Frühstücksbuffet, gute Küche bei netter Tischkultur, Nachmittagsjause und eine größere Auswahl an Getränken sind inkludiert. Viele freundliche junge Mitarbeiter, präsente Gastgeber, herzliches Umfeld – vorausgesetzt, die Chemie stimmt. Breites Service für Biker, Wanderausrüstung gibt's zur Gratisleihe. Valet Parking, Gratisgarage für alle. Hunde erlaubt. 61 Liegen, 130 Betten.

Freibecken, Sauna, Dampfbad, Massagen, Kosmetik.
18-Loch-Parcours in 1,6 km, 20 % Greenfee-Rabatt.

39040 Seis (BZ), Via Sciliar, 37, +39 0471 706522
HP-plus (inkl. Getränkeauswahl) ab € 258,–

WELLNESS
18 PUNKTE – 3 LILIEN

Adler Lodge Alpe *****

Naturlage mit Fernblick auf der Seiser Alm

Adults preferred (ab 8). Malerische Lage: Ein wunderschönes, kleines Resort mit Hideaway-Charakter, in 1.900 m Seehöhe liegt es so idyllisch wie ruhig auf der autofreien Seiser Alm, die Zufahrt ist nur mit Sondergenehmigung erlaubt, im Winter sogar eingeschränkt, denn man ist hier direkt an der Piste. Drinnen herrscht sensibel arrangierte Behaglichkeit in luxuriösen Dimensionen, große Glasfronten gewähren einen atemberaubenden Ausblick auf die Langkofelgruppe und machen den Aufenthalt schlechthin zum Naturerlebnis.

Man wohnt entweder im Haupthaus (DZ mit 45 m²) oder in einem der 12 Chalets (75 m²), diese haben Sauna und teilweise auch ein separates Kinderzimmer. Große Balkone, wunderbare Fichten- oder Lärchenholzinterieurs gehören stets dazu. Alles zeigt sich bestens gepflegt und sauber, Alkoholfreies aus der Minibar ist inkludiert.

Das auch externen Gästen offenstehende Spa ist indoor gut überschaubar und zugleich wunderschön, der belebende Ausblick aus vielen Räumen erfreut stets aufs Neue. Unter anderem fanden wir drei Saunen (ab 14 Jahren) und einen wohlig warmen Infinity-Außenpool von 18 m Länge, der mit einem kleinen Innenpool verbunden ist, welcher wohl eher nur als Inneneinstieg zu verstehen ist. Sehr gute Massagen, kleines Aktivprogramm, auch Yoga (viermal wöchentlich), geführte Wanderungen und E-Bike-Touren.

Fabelhafte Restaurantterrasse, Frühstück bis 11 Uhr, sehr gute Küche, Light Lunch (reichlich) und Nachmittagsjause sind im Zimmerpreis enthalten. Das All-inclusive-Konzept erlaubt es, den ganzen Tag lang alle Getränke (auch Flaschenweine, Craftbeer, Schnäpse und Cocktails, all das auf gutem Niveau) ohne Aufpreis zu konsumieren. Freundliche und zuvorkommende Mitarbeiter, mit Englisch- oder Italienischkenntnissen ist man bei der Kommunikation im Vorteil. Niveauvolle Magazine und internationale Zeitungen liegen auf. E-Bikes gibt's zur Gratisleihe. Gratisgarage für alle, fortgeschrittene Einparkkünste sind dabei von Vorteil – wie gut, dass es Valet Parking gibt. 31 Liegen, 70 Betten.

Freibecken, Sauna, Dampfbad, Massagen, Kosmetik, Fitnessgeräte.
18-Loch-Parcours in 18 km.

39040 Seiser Alm (BZ), Via Piz, 11, +39 0471 723000
All-inclusive-VP ab € 321,–

WELLNESS
13 PUNKTE – 1 LILIE

Como Alpina Dolomites

Grünruhelage mit Fernblick auf der Seiser Alm

Kinderfreundlich. Ski in, ski out: Ein modernes Luxushotel vor atemberaubender Naturkulisse, es liegt auf 1.850 m Seehöhe auf der Seiser Alm neben der Bergstation der Gondelbahn, im Winter ist man hier demnach direkt an der Piste.

Der ehemals beliebte Familienbetrieb wird seit knapp zwei Jahren von der Como-Gruppe aus Singapur betrieben, er wurde zwischenzeitlich inwendig neu gestaltet. Die großartige Symbiose aus Südtiroler Gemütlichkeit und hochwertiger Anmutung ist dabei unter die Räder gekommen und einem vergleichsweise beliebigen Kettencharme zum Opfer gefallen. Die Zimmer (acht Varianten, DZ von 50 bis 150 m²) sind ausnahmslos großzügig geschnitten, sie haben feine Holzböden und Balkon, einige auch Infrarotsaunen.

Das schöne Spa ist exklusiv für Hausgäste, es bietet unter anderem einen atmosphärisch gestalteten Saunabereich mit fünf Saunen (eine davon textil), einen 20 m langen Innenpool und einen 11 m langen Außenpool. Sehr gute Massagen, täglich Aktivprogamm, auch Yoga (täglich, teilweise mehrmals), Pilates, Pranayama, Meditation, Stretching und geführte Wanderungen.

Kleine Frühstücksterrasse mit Morgensonne, zumeist gute Küche, die Tischkultur ist utterly casual, zur Auswahl stehen drei À-la-carte-Restaurants, ein schöner Ausblick ist immer dabei. Freundliche und zuvorkommende Mitarbeiter, Englischkenntnisse sind hilfreich. Check-in ab 16 Uhr, Check-out um 12 Uhr. Wenig berauschendes Preis-Leistungs-Verhältnis. Valet Parking, Gratisgarage für alle. Täglich (außer

Goldknopf Alpine Lifestyle

So) sechs Stunden Betreuung für Kinder ab vier Jahren. 54 Liegen, 150 Betten.

Freibecken, Hallenbad, Sauna, Dampfbad, Massagen, Kosmetik, Ayurveda, Fitnessgeräte, Personal Trainer.
18-Loch-Parcours in 13 km.

39040 Seiser Alm (BZ), Compatsch, 62/3, +39 0471 796004
NF ab € 375,-

WELLNESS
14 PUNKTE – 1 LILIE

Goldknopf Alpine Lifestyle ****

Absolute Naturlage mit Fernblick auf der Seiser Alm

Faszinierende Stille: Gefühlt auf dem Dach der Seiser Alm liegt dieser sympathische Familienbetrieb auf 2.070 m Seehöhe, er ist das am höchsten gelegene Hotel der Seiser Alm und das am höchsten gelegene Lilien-Hotel Südtirols. Man ist hier beinahe auf Bergstation-Niveau und im Winter natürlich in „Ski in, ski out"-Poleposition, allerdings ist das Haus dann nicht mit dem Auto zu erreichen, die Anfahrt dafür erlebnisreich, nämlich mit der Pistenraupe. Im Sommer hingegen führt ein Schotterweg herauf, die nötige Sondergenehmigung für die grundsätzlich autofreie Seiser Alm ist über das Hotel erhältlich.

Die solitäre Lage und das phantastische Panorama betören, das einnehmend gemütliche Ambiente, köstliches Essen und ein überaus freundliches und zuvorkommendes Umfeld sind weitere Vorzüge dieses schmucken Hauses. Gemütliche Zimmer kann man aus 18 Kategorien (DZ von 18 bis 40 m^2) wählen, kaum eines gleicht dem anderen, alle sind recht frisch renoviert, viele haben Bäder mit Glaswänden, alle Holzböden, fast alle Balkon mit dem für das Haus so einzigartigen Panorama.

Das Spa steht auch externen Gästen offen, es ist klein und fein und eher als Add-on für Skifahrer und Wanderer konzipiert. Unter anderem fanden wir drei Saunen indoor und zwei feine Außensaunen – der bezaubernde Ausblick bleibt uns unvergesslich –, einen 12 m langen Infinity-Indoorpool, im Freien einen American Whirlpool sowie einen herrlichen Naturbadeteich, der auch im Sommer richtig frisch ist.

Sonnenterrasse, reichhaltiges Frühstücksbuffet mit vielen selbstgemachten Köstlichkeiten, sehr gute Küche, der Juniorchef kocht selbst, und das mit Verve. Check-out bis 10 Uhr. Gratisgarage für alle (im Sommer), im Winter Gratisparkplatz in einem Partnerhotel im Tal.

Eher ungeeignet für Kinder. 29 Liegen, 80 Betten.

Naturbadeteich, Hallenbad, Außensauna, Sauna, Massagen, Kosmetik.
18-Loch-Parcours in 17 km.

39040 Seiser Alm (BZ), Via Joch, 18, +39 0471 727915
HP ab € 175,-

WELLNESS
14 PUNKTE – 1 LILIE

Rosa Eco Alpine Spa ****s

Grünlage mit Fernblick auf der Seiser Alm

Familienfreundlich. Klein und fein: Ein liebevoll geführter Familienbetrieb, er wird bereits in dritter Generation geführt und liegt auf 1.810 m Seehöhe nah an der Geländekante der Seiser Alm, und zwar etwas oberhalb der Straße, die von Kastelruth heraufführt. Hinter unscheinbaren Fassaden zeigt sich drinnen überraschend gemütlich arrangierte Eleganz.

Schöne Zimmer stehen in sieben Kategorien (DZ von 20 bis 45 m²) zur Auswahl, sie sind zeitgemäß und behaglich gestaltet, alle haben feine Holzböden, die meisten Balkon.

Das indoor recht kleine Spa steht auch Tagesgästen offen, unter anderem fanden wir drei Saunen (mit sehr eingeschränkten Öffnungszeiten), ein 13 m langes Freibecken, Außenwhirlpool und einen netten Garten mit Liegewiese. Ebendort steht auch die „Kugl", eine Art romantisches Séparée zum Abendessen für zwei.

Reichhaltiges Frühstücksbuffet, sehr gute bis ausgezeichnete Küche bei feiner Tischkultur, im Winter ist eine süße Nachmittagsjause mit Heißgetränken inkludiert. Freundliche und wunderbar zuvorkommende Mitarbeiter. Gratisgarage für alle. Für Kids gibt's einen Spielplatz mit Trampolin. Hunde erlaubt. 28 Liegen, 65 Betten.

Freibecken, Hallenbad, Außensauna, Sauna, Dampfbad, Massagen, Kosmetik, Fitnessgeräte.
18-Loch-Parcours in 13 km.

39040 Seiser Alm (BZ), Compatsch, 13, +39 0471 727950
HP ab € 180,-

WELLNESS
14 PUNKTE – 1 LILIE

Tirler Dolomites Living ****s

Naturlage mit Fernblick auf der Seiser Alm

Familienfreundlich. Inmitten der Natur: Ein familiengeführtes Biohotel auf 1.700 m Seehöhe, es liegt in einem Seitental der Seiser Alm, im Winter ist man hier direkt an der Piste. Das schmucke Anwesen ist weitgehend aus Holz gebaut, es besteht aus einem hufeisenförmigen Zimmertrakt mit Rezeption und Wellnessbereich, über einen unterirdischen Gang gelangt man zu einer urigen Almhütte auf der gegenüberliegenden Straßenseite, ebendort befinden sich Gaststube, Restaurant und auch einige Zimmer, hier werden Ruhesuchende allerdings nur bedingt glücklich.

Alles zeigt sich gemütlich, Holz, Stein und andere Naturmaterialien regieren. Die Zimmer (fünf Kategorien, DZ von 40 bis 69 m²) sind mit viel Holz behaglich arrangiert, alle haben Lehmwände und Holzböden, es gibt auch solche mit offenem Kamin, Infrarotsauna oder Finnsauna auf dem Balkon.

Das Spa ist klein und steht zudem auch Tagesgästen offen, es bietet unter anderem vier Saunen (mit sehr eingeschränkten Öffnungszeiten), einen 13 m langen Außenpool und sehr gute Massagen.

Fabelhafte Restaurantterrasse, man muss sie jedoch zumeist mit Scharen von Tagesgästen teilen, und wer sich gerne mit Musik berieseln lässt, ist hier klar im Vorteil. Frühstücksbuffet bis 11 Uhr, zumeist gute Küche. Viele freundliche und zuvorkommende Mitarbeiter, bodenständiges Umfeld. Check-out bis 10.30 Uhr. Das Spa kann am Abreisetag ohne Aufpreis ganztägig genutzt werden. Ringsum herrlichste Wanderwege ohne Zahl, im Winter beginnen 7 km Loipen vor der Haustüre, Rodeln gibt es zur Gratisleihe. Spielplatz mit Streichelzoo, Gratisgarage für alle Direktbucher. 20 Liegen, 100 Betten.

Freibecken, Sauna, Dampfbad, Massagen, Kosmetik, Fitnessgeräte.
18-Loch-Parcours in 20 km.

39040 Seiser Alm (BZ), Via Saltria, 59, +39 0471 727927
HP ab € 162,-

WELLNESS
13 PUNKTE – 1 LILIE

Plattenhof Tramin ****

Grünruhelage beim Kalterer See – Nähe Bozen

Familienfreundlich. Kleinhotel mit schönem Panorama: Wunderbar ruhig auf 410 m Seehöhe inmitten von Weingärten liegt dieser 23-Zimmer-Familienbetrieb, zum Kalterer See

Aki Family Resort Plose

sind es knapp 10 Autominuten.

Alles zeigt sich harmonisch gestaltet sowie sauber und gepflegt. Die Zimmer (sechs Kategorien, DZ von 50 bis 77 m²) sind durchwegs recht großzügig geschnitten, alle haben Böden in Holzoptik, Klimaanlage sowie Balkon mit Ausblick in die Weingartenidylle ringsum und auf den Kalterer See in der Ferne.

Das Spa ist indoor sehr klein, jedoch exklusiv für Hausgäste. Es bietet unter anderem drei Saunen (ab 18 Jahren) und einen netten Außenbereich mit einem 10 m langen, ganzjährig nutzbaren (mitunter aber etwas zu frischen) Naturpool auf der Liegewiese, die Massagen sind sehr gut.

Wunderbares Frühstücksbuffet bis 11 Uhr, gute Küche, kompetente Weinberatung, faire Getränkepreise. Äußerst freundliche und umsichtige Mitarbeiter, präsente und hilfsbereite Gastgeber. Ringsum herrliche Wanderwege ohne Zahl, für Kinder gibt es einen Spielplatz. Gleich neben dem Hotel befinden sich ein Restaurant und ein Weingut, beides gehört ebenfalls zum Plattenhof. Der Wellnessbereich kann am Abreisetag ohne Aufpreis ganztägig genutzt werden. Gratisgarage für alle. Hunde erlaubt.
11 Liegen, 50 Betten.

Freibecken, Sauna, Dampfbad, Massagen.
9-Loch-Parcours in 22 km.

39040 Tramin (BZ), Via Söll, 33, +39 0471 861454
HP ab € 164,-

WELLNESS

18 PUNKTE – 3 LILIEN

Aki Family Resort Plose *****

Grünruhelage mit Fernblick bei Brixen

Kinder- und Babyhotel. Newcomer! Ein brandneues High-End-Familienresort – noch luxuriöser geht es zurzeit nirgendwo, auch The Grand Green (Thüringer Wald) und Familiamus (Meransen) müssen sich hier hinten anreihen! –, es liegt oberhalb von Brixen, und zwar auf 1.005 m am Berghang inmitten der Natur. Draußen wie drinnen zeigt sich geradliniger Minimalismus, dunkle Farben, helles unbehandeltes Holz und stylische Lichtquellen regieren, und alles ist bestens durchdacht.

Die Anlage besteht aus sechs zweigeschoßigen Logiergebäuden, die Zimmer (drei Kategorien, von 50 bis 70 m²) bieten edle Interieurs sowie kluge Details. Für Babys ist alles Nötige vorhanden, nur der Stauraum ist etwas knapp. Die täglich mit alkoholfreien Getränken aufgefüllte Minibar ist inkludiert, Turn-down-Service gibt es nur auf Wunsch. Der Polyesterfaseranteil des Bademantels ist stattlich, die Schnur bereits eingefädelt.

Das Spa ist exklusiv für Hotelgäste und zweigeteilt. Die Familienzone bietet unter anderem fünf Pools – der längste ist (schwimmbar) 15 m lang und 14 m breit –, zwei Textilsaunen und drei Rutschen. Adults only gewidmet ist das „Wald-Spa", es befindet sich mitten im Wald und ist schlechthin von selten erlebter Schönheit – zwei Saunen, Feuerstelle und Ruheraum mit Kamin inklusive. Unsere Abhyanga-Massage war zwar entspannend, hatte allerdings mit einer ayurvedischen Anwendung nichts gemein. Umfangreiches Aktivprogramm für Groß und Klein, auch Yoga (täglich), Meditation, Qi Gong und geführte Wanderungen.

Kleine Restaurantterrasse (für Frühstück und Lunch), reichhaltiges Frühstücksbuffet (unsere Eier stammten aus Bodenhaltung), sehr gute Küche, viel Verführerisches aus der Patisserie. Alkoholfreie Getränke sind inkludiert, eine Auswahl an alkoholfreien Weinen, Schaumweinen, Bier, Cocktails und Spirituosen ebenso. Sobald jedoch auch nur ein Prozent Alkohol dabei ist, kostet es extra – und das nicht wenig! Auf Kids warten Spielscheune, Mal- und Holzatelier sowie eine riesige Turnhalle, die sich am Abend in ein Theater mit Tribüne verwandelt. Weiters ein Biotop mit Floß und Wasserspielplatz, Lagerfeuer, Streichelzoo und vieles mehr. Alles ist aus Holz oder anderen Naturmaterialien, nichts aus Plastik – chapeau! Täglich 12 Stunden Kinderbetreuung (ab dem 30. Lebenstag). Gäste aus aller Welt, viele kommen aus dem UK und den USA. Gratisgarage für alle. 104 Liegen, 320 Betten.

Freibecken, Hallenbad, Außensauna, Sauna, Dampfbad, Massagen, Kosmetik, Ayurveda, Fitnessgeräte, Personal Trainer.

39042 Brixen (BZ), Mellaun, Via Koja, 20, +39 0472 317000
HP-plus (inkl. Getränkeauswahl) ab € 375,–

WELLNESS

18 PUNKTE – 3 LILIEN

Forestis *****

Absolute Naturlage mit Fernblick Nähe Brixen

Hundefreundlich, Adults preferred (ab 14). Outstanding! Gäste (und Mitarbeiter!) aus aller Welt: vielleicht ein Manhattan im Nano-Format, jedenfalls aber ein beherbergungsmäßiger Leckerbissen, nur halt nicht für Kleinanleger. Denn die Preise sind sozusagen höher als die Nachfrage, daher setzt man neuerdings, nach eher holprigen Phasen, auf Gäste aus Übersee. So trifft man auf Japaner, US-Amerikaner und praktisch den ganzen Rest der Welt – Hollywood-Größen inklusive (wobei man die nicht wirklich trifft, die verstecken sich gut). Und während anderswo in Südtirol Mitarbeiter aus Osteuropa oder neuerdings aus Süditalien überwiegen, findet man hier etwa auch solche aus Südamerika. Jedenfalls funktioniert's, und es scheint, als hätte das Haus damit seine Melodie gefunden, und das ist schön. Es handelt sich um ein vor fünf Jahren eröffnetes Luxushotel. Es liegt auf 1.770 m Seehöhe, gute 15 km von Brixen entfernt, im Winter ist man hier praktisch direkt an der Piste des Skigebiets Plose. Drei „Hochhäuser" stehen an einem steilen Hang mitten im Wald, der Ausblick ist grenzgenial. Alles zeigt sich in geradezu atemberaubender Besonderheit: nahezu Zen-artig reduziert, lehmverputzte Wände, Licht, Glas und Fichtenholz regieren.

Die Zimmer (vier Kategorien, DZ von 35 bis 200 m²) folgen dem ästhetischen Konzept, jene in den Türmen haben Daybeds auf der Terrasse, die auf Wunsch auch aufgebettet werden, damit man unter freiem Himmel übernachten kann. Die Penthouse-Suiten haben zudem Sauna und einen kleinen Infinitypool auf der Dachterrasse! Die Bademäntel sind aus reiner Baumwolle, die Kleiderhaken für Südtiroler Verhältnisse etwas dürftig, die Ablageflächen auf short stay geeicht.

Das schöne Spa steht exklusiv den Hausgästen offen, es ist weitläufig, bietet unter anderem fünf Saunen (eine davon textil), eine FKK-Zone im Freien, einen mit Steinfliesen ausgekleideten, 20 m langen Innenpool sowie einen ebenso langen, auch im Winter nutzbaren Außenpool. Täglich Aktivprogramm, auch Meditation und Stretching.

Fabelhafte Terrasse, das Restaurant ist wie ein Kinosaal stufenförmig angelegt, somit kann man von überall aus das imposante Panorama genießen. Feine Qualität beim Frühstücksbuffet, gute Küche, die sich auch bestens auf die optische Präsentation versteht. Nette Tischkultur, für das Studium der Weinkarte bräuchte man gut einen halben Tag – gäbe es Seitenzahlen und ein Inhaltsverzeichnis, ginge es ein bisserl schneller! Toll (unter anderem): die vielen Schaumweine jenseits der Industriemarken. Viele ausgesprochen freundliche Mitarbeiter, die meisten sind recht jung, aber herzlich und sehr bemüht. Überdachte Stellplätze gratis. 95 Liegen, 130 Betten.

Freibecken, Hallenbad, Außensauna, Sauna, Dampfbad, Massagen, Kosmetik, Fitnessgeräte.

39042 Brixen (BZ), Palmschoß, 292, +39 0472 521008
HP ab € 550,–

WELLNESS

13 PUNKTE – 1 LILIE

Fischer ****

Grünruhelage mit Fernblick oberhalb von Brixen

Ein kleiner, sauber geführter Familienbetrieb, er liegt auf 870 m Seehöhe am Rand eines 50-Häuser-Dörfchens, zur Talstation der Kabinenbahn, dem Anschluss an die 43 Pistenkilometer des Skigebiets Plose, sind es sieben Autominuten.

Drinnen regiert gemütliche Modernität, und alles glänzt vor Sauberkeit. Die Zimmer (acht Kategorien, DZ von 27 bis 65 m^2) haben alle Holzböden und Balkon oder Terrasse, moderne Vollholzinterieurs herrschen vor, der Bademantel ist aus reiner Baumwolle.

Das Spa steht auch externen Gästen offen, es bietet unter anderem vier Saunen (eine davon textil), einen 12 m langen Innenpool sowie einen 14 m langen Infinitypool und Liegedecks in einem kleinen Garten.

Fabelhafte Restaurantterrasse, gutes Frühstücksbuffet bis 10 Uhr, gute bis sehr gute Küche bei feiner Tischkultur, gute Weinkarte mit kompetenter Beratung, moderate Getränkepreise. Viele freundliche und zuvorkommende Mitarbeiter. Ringsum Wanderwege ohne Zahl. Ruhesuchenden empfehlen wir, eventuell stattfindende Tagungen oder Gruppenreisen vor der Buchung abzuklären. Gratisgarage für höhere Zimmerkategorien, ansonsten gegen 5 Euro pro Tag. Eher ungeeignet für Kinder, Hunde erlaubt. 35 Liegen, 90 Betten.

Freibecken (Sommer), Hallenbad, Sauna, Dampfbad, Massagen, Ayurveda, Fitnessgeräte.

39042 Brixen-St. Andrä (BZ), Cleran, 196, +39 0472 852075
HP ab € 144,–

WELLNESS

16 PUNKTE – 2 LILIEN

My Arbor *****

Grünruhelage mit Fernblick bei Brixen

Adults only (ab 16). „Baumhotel" mit schönem Ausblick: Ein familiengeführtes Fünfsternhaus, es liegt ruhevoll auf 1.080 m Seehöhe am Waldrand. Der langgezogene Komplex ist extravagant in die Landschaft eingepasst, architektonisch ist mit zahlreichen Stelzen angedeutet, dass das Gebäude quasi selbst eine Baumkrone unter vielen sei, ein Konzept, das optisch recht gut funktioniert und dem Haus zudem einen weiten Ausblick beschert. Die öffentlichen Räume sind modisch und mit viel Holz gestylt, dennoch wirkt es vielleicht ein bisschen kühl und mitunter sogar ein wenig künstlich, das fällt jedoch eher nur bei Schlechtwetter auf, denn die Glasflächen sind riesig und bringen die umgebende Natur förmlich herein – also vielleicht ist dieser Kontrast sogar vom Architekten beabsichtigt.

Alle Zimmer (drei Varianten, DZ von 38 bis 100 m^2) sind nach Westen ausgerichtet und gemütlich arrangiert, sie haben feine Holzböden, bodentiefe Fenster, Vertäfelungen aus gebürsteter Lärche, Daybeds, Balkon oder Terrasse sowie überbreite Boxspringbetten, manche auch Sauna.

Das Spa ist indoor nicht riesig, es steht dennoch auch Tagesgästen offen. Unter anderem bietet es fünf Saunen (eine davon im Hallenbad und textil) mit täglich vier geführten Aufgüssen und eine FKK-Zone im Freien mit Kaltwasserpool und einem großen Whirlbecken. Die Pools sind zum richtigen Schwimmen zu klein, fein fanden wir die offenen Doppelliegenhäuschen auf der Wiese, hier kann man sich auch massieren lassen. Kleines Aktivprogramm, darunter Wandern, Waldbaden, Qi Gong und Yoga.

Fabelhafte Frühstücksterrasse, ausgezeichnetes Frühstücksbuffet bis 11 Uhr (für Langschläfer geht es reduziert auch bis 12 Uhr), gute bis sehr gute Küche, die Tischkultur ist rather casual. Eindrucksvolle Weinkarte mit zahlreichen Offenen, großartige Auswahl an Schaumweinen, nämlich abseits der typischen internationalen Industrienobelmarken – wunderbar! Freundliche und bemühte Mitarbeiter, bisweilen kommt man aber nur mit Englisch durch, und auch an der Fünfsternprofessionalität könnte da und dort noch ein wenig gefeilt werden. Das Spa ist nach dem Check-out ohne Aufpreis nutzbar. Valet Parking, Gratisgarage für alle. Hunde erlaubt. 119 Liegen, 216 Betten.

Freibecken, Hallenbad, Sauna, Dampfbad, Massagen, Kosmetik, Fitnessgeräte, Personal Trainer.

39042 Brixen-St. Andrä (BZ), Via San Leonardo, 26
+39 0472 694012
HP ab € 245,–

Santre Dolomythic Home

WELLNESS

14 PUNKTE – 1 LILIE

Santre Dolomythic Home *****

Grünlage am Ortsrand mit Fernblick bei Brixen

Hunde- und familienfreundlich. Jung und stylisch: Ein vor vier Jahren eröffnetes Haus mit markanter Architektur, es liegt auf 920 m Seehöhe an einem abfallenden Steilhang direkt unterhalb der Straße über das Würzjoch, der Ausblick über das Eisacktal ist aus vielen Räumen zu genießen, zur Talstation des Plose-Skigebiets mit 40 Pistenkilometern sind es vier Autominuten. Drinnen zeigt sich alles betulich cool gestaltet, bodentiefe Glasflächen, edle Materialien und ein atmosphärisches Lichtsystem gehören dazu, ein seltsamer, blinder Golem, riesig auf den Liftschacht gemalt und zudem auf Acryl scheinwerferbestrahlt zu bewundern, ebenso.

Einnehmend schöne Zimmer stehen in vier Kategorien (DZ von 38 bis 72 m²) zur Auswahl, sie haben geradlinige helle Vollholzinterieurs, befinden sich allesamt an der straßenabgewandten Seite und sind nach Westen hin, also talseitig, ausgerichtet. Alle haben Klimaanlage und feine Holzböden, viele Daybeds vor dem Panoramafenster, einige auch Sauna oder Whirlpool plus Sauna auf der Gartenterrasse. Eine Yogamatte ist Standard, Turn-down-Service nicht.

Das indoor nicht allzu große Spa steht auch Tagesgästen offen, unter anderem fanden wir einen separaten Adults-only-Bereich mit FKK-Außenwhirlpool, insgesamt vier Saunen (eine davon textil), einen knapp 17 m langen Außenpool und eine Fitnesszone, auch sie mit dem für das Haus so typischen Ausblick. Täglich (außer So) kleines Aktivprogramm, auch geführte Wanderungen, Kickboxen, Tabata, Pilates und Yoga.

Fabelhafte Restaurantterrasse für alle Mahlzeiten, reichhaltiges Frühstücksbuffet bis 11 Uhr, zumeist gute Küche, die sich auch auf Vegetarisches und Veganes versteht, auf schöne Präsentation der Speisen obendrein, die Tischkultur ist fairly casual. Zum Hausbrauch zählen Online-Check-in und Hotelinformationen über eine App. Junges, freundliches Team, in puncto Professionalität und Service ist man noch unterwegs zum Gipfel, ein lupenreines Fünfsternfeeling stellte sich bei uns nicht ein. „Großes Potenzial“, schrieb uns etwa auch Leserin Sybille aus Südhessen, „aber es fehlt noch eine persönliche Gastgeberkultur“. Innen und außen Spielzonen für Kids. Gratisgarage für alle. 65 Liegen, 150 Betten.

Naturbadeteich, Freibecken, Hallenbad, Kinderbecken mit Rutsche, Außensauna, Sauna, Dampfbad, Massagen, Kosmetik, Fitnessgeräte.

39042 Brixen-St. Andrä (BZ), Via Centrale, 19
+39 0472 694979
HP ab € 245,-

WELLNESS

14 PUNKTE – 1 LILIE

Gnollhof ****

Absolute Naturlage mit Fernblick Nähe Brixen

Hundefreundlich. Traumhaft gelegen: Ein in vierter Generation geführter Familienbetrieb, er liegt auf 1.160 m Seehöhe, im Winter gibt's ein hoteleigenes Shuttle in eines der umliegenden Skigebiete, darunter Seiser Alm, Sellaronda und Plose. Die ruhevolle, solitäre Lage betört mit wunderschönen Ausblicken (Dolomitengipfel, Zillertaler Gletscher, Sarntaler Alpen), sie sind aus vielen Räumen, auch aus Restaurant und Spa, zu genießen. Das Ambiente ist nicht durchgängig ganz taufrisch, verströmt jedoch Wärme und Herzlichkeit, alles ist blitzsauber, und viele Blumen erfreuen stets aufs Neue.

Schöne Zimmer sind aus 11 Varianten (DZ von 30 bis 50 m²) wählbar, alle haben Balkon, nicht wenige bieten einen tollen Blick ins Villnößtal.

Das auch externen Gästen offenstehende Spa ist indoor von überschaubaren Dimensionen, es bietet unter anderem vier Saunen (ab 16 Jahren) mit großzügigen Öffnungszeiten, einen 7 m langen Innenpool, einen knapp 13 m langen Infinity-Außenpool und ein ebenso großes, aber nur während der warmen Jahreszeit nutzbares Schwimmbecken auf der weiten Liegewiese – hier dürfen sich im unteren Bereich auch Hunde aufhalten. Mini-Aktivprogramm, auch Pilates und geführte Wanderungen (im Winter auch mit Schneeschuhen).

Fabelhafte Restaurantterrasse mit Morgensonne, schöne Stuben (in einer davon sind auch Vierbeiner willkommen), reichhaltiges Frühstücksbuffet bis 10 Uhr, zumeist sehr gute, regional ausgerichtete Küche bei netter Tischkultur, Light Lunch (reichlich) und süße Nachmittagsjause sind inkludiert. Ausgesprochen freundliche und kompetente Mitarbeiter, zahlreiche langjährige befinden sich darunter. Ringsum herrliche Wanderwege ohne Zahl. Eher ungeeignet für Kinder. Check-out bis 10 Uhr. Für Hunde zahlt man 10 Euro pro Tag. 40 Liegen, 110 Betten.

Freibecken, Freibecken (Sommer), Hallenbad, Sauna, Dampfbad, Massagen, Kosmetik, Fitnessgeräte.
Tennisplatz.

39043 Klausen (BZ), Gudon, 81, +39 0472 847323
HP-plus ab € 148,-

WELLNESS

15 PUNKTE – 2 LILIEN

Adler Balance Spa Resort *****

Zentrale Ortslage in St. Ulrich – Grödnertal

Adults preferred (ab 14). „Zurück zum Gleichgewicht": So lautet der werbliche Claim dieses kleinen 30-Zimmer-Refugiums, das auf Gesundheit und ganzheitliche Regeneration fokussiert, was übrigens neuerdings gerne mit dem Modewort Longevity bezeichnet wird. Es liegt auf 1.240 m Seehöhe etwas erhöht im Ort, zu den Talstationen Seiser Alm und Seceda sind's jeweils sieben Gehminuten.

Das Ambiente tut das Seinige zur Regeneration, es zeigt sich in nahezu archaisch-heimeliger Zeitlosigkeit, stilsicher in Szene gesetztes, naturbelassenes Holz regiert. Die Zimmer (zwei Kategorien, DZ mit 35 oder 45 m²) folgen dem Konzept eines erfrischend zeitlosen Geborgenheitsgefühls, alle haben Südbalkon mit schönem Ausblick über St. Ulrich und die Nordhänge der Seiser Alm. Klimaanlage gibt es keine, das macht uns aber nichts aus, einzig das Turn-down-Service fehlt uns.

Das auch externen Gästen offenstehende Spa ist drinnen und draußen weitläufig, muss aber mit den Gästen des nahen Adler-Stammhauses geteilt werden. Es ist über einen längeren Gang zu erreichen und bietet unter anderem einen schönen Garten mit 16 m langem Außenpool sowie einen Adults-only-Bereich mit FKK-Zone im Freien – glasklarer FKK-Badeteich und Whirlpool inklusive. Insgesamt gibt es sieben Saunen, die Massagen sind ausgezeichnet, und auch eine Kältekammer zur Ganzkörperbehandlung bei minus 160 Grad ist zu haben. Täglich umfangreiches Aktivprogramm, auch Yoga, Nordic Walking und im Winter geführte Skitouren sowie Wanderungen mit Schneeschuhen. Das hauseigene Gesundheitszentrum ist auf Diagnostik, Prävention und Therapie von stressbedingten Gesundheitsstörungen spezialisiert, ebenso werden Entgiftungskuren für Darm und Leber sowie ästhetische Medizin angeboten.

Sehr gute Küche bei feiner Tischkultur, eine Nachmittagsjause ist inkludiert, alternativ wird auch eine Vollpension angeboten. Präsenter und zuvorkommender Gastgeber, freundliche und zuvorkommende Mitarbeiter, manche sind jedoch in puncto Professionalität noch auf dem Weg zum Gipfel. Unterm Strich ein wunderbares, ruhevolles Umfeld. Ringsum Wanderwege ohne Zahl. E-Bikes gibt es zur Gratisleihe. Gratisgarage für alle. 60 Betten.

Naturbadeteich, Freibecken, Solefreibecken, Hallenbad, Solehallenbad, Außensauna, Sauna, Dampfbad, Massagen, Kosmetik, Ayurveda, Fitnessstudio, Personal Trainer.
18-Loch-Parcours in 16 km.

39046 St. Ulrich (BZ), Via Stufan, 5, +39 0471 775002
HP-plus ab € 226,-

WELLNESS
14 PUNKTE – 1 LILIE

Albion Spa Resort ****S

Grünlage außerhalb von St. Ulrich – Grödnertal

Kinderfreundlich. Italo-Feeling: Ein herzlich geführter Familienbetrieb, er liegt auf 1.375 m Seehöhe direkt an der Straße, die das Grödnertal mit dem Eisacktal über den Panider Sattel verbindet.

Die Anlage besteht aus dem Stammhaus und drei weiteren Gebäuden, die über Gänge angebunden sind. Der Ausblick ist aus vielen Räumen wunderschön, und alles glänzt vor Sauberkeit. Die Zimmer (acht Kategorien, DZ von 30 bis 50 m^2) präsentieren sich in einfachem bis gehobenem Landhausstil, es gibt auch solche mit Sauna und Außenwhirlpool auf der Terrasse.

Das Spa steht auch externen Gästen offen, es ist schön gestaltet, indoor jedoch von recht überschaubaren Dimensionen. Unter anderem fanden wir fünf Saunen (ab 14 Jahren), einen 8 m langen Innenpool sowie einen Außenbereich mit Liegewiese, Tauchbecken und einem 18 m langen Infinitypool. Gute Massagen, kleines Aktivprogramm, vornehmlich Radtouren und Wanderungen.

Frühstücksterrasse mit Morgensonne, reichhaltiges Frühstücksbuffet, sehr gute Küche, die Tischkultur ist fairly casual. Gut gelaunte, authentisch freundliche und zuvorkommende Mitarbeiter, viele Gäste aus Italien, lebensfrohe Atmosphäre. Breites Service für Biker, Rodeln und Schneeschuhe gibt es zur Gratisleihe, im Winter fährt ein kostenloses Shuttle ins nahe Skigebiet. Auf Kids wartet ein toller Spielpark mit einer 8 m langen Turmrutsche. Vier Stunden Betreuung für Kinder ab vier Jahren an sechs Tagen der Woche. Sauberes Preis-Leistungs-Verhältnis. Gratisgarage für (fast) alle. Hunde erlaubt. 35 Liegen, 170 Betten.

Naturbadeteich, Freibecken, Hallenbad, Außensauna, Sauna, Dampfbad, Massagen, Kosmetik, Ayurveda, Fitnessgeräte.
18-Loch-Parcours in 16 km, Tennisplatz.

39046 St. Ulrich (BZ), Strada Pinei, 38, +39 0471 700010
HP ab € 134,-

WELLNESS
14 PUNKTE – 1 LILIE

Cavallino Bianco Family Grandhotel ****S

Zentrale Ortslage in St. Ulrich – Grödnertal

Baby- und Kinderhotel. Märchenhafte Erscheinung mit Retro-Charme: Ein schönes Hotel mit großem Namen, es liegt an der Hauptstraße, nur ein paar Schritte von der Talstation der Gondelbahn entfernt, im Winter ist diese der Anschluss an 175 Pistenkilometer. Im Inneren zeigt sich stilvolle Gemütlichkeit klassischer Prägung, und alles ist blitzsauber.

Elegante Zimmer sind aus 16 Kategorien (DZ von 25 bis 140 m^2) wählbar, sie sind ganz auf Familienbedürfnisse ausgerichtet, vom Kinderwagen bis hin zu Schwimmflügerln gibt es alles zur Gratisleihe. Die Erstbestückung der Minibar ist inkludiert, der Polyesterfaseranteil des Bademantels stattlich.

Das Spa ist, wie es für Kinderhotels üblich ist, exklusiv für Hausgäste, allerdings etwas unterdimensioniert, die Außenanlagen zudem zur Straße hin ausgerichtet. Unter anderem fanden wir fünf Saunen, ein 18 m langes Innenbecken und zwei kleinere Außenpools. Täglich breites Aktivprogramm, auch Yoga, Pilates und Qi Gong.

Reichhaltiges Frühstücksbuffet bis 10 Uhr, Light Lunch und Nachmittagsjause sind inkludiert. In Sachen Küche, Freundlichkeit und Service hat man neuerdings etwas an Terrain verloren. Für Kids gibt es innen und außen zahlreiche Spielareale und täglich 13,5 Stunden Betreuung in vier Altersgruppen (bis 14 Jahre), das pädagogische Konzept des Hotels Familiamus in Meransen gefällt uns allerdings besser. Check-out bis 10 Uhr. Gratisgarage für alle. 90 Liegen, 300 Betten.

Freibecken, Hallenbad, Kinderbecken, Babybecken, Sauna, Dampfbad, Massagen, Kosmetik, Ayurveda, Fitnessgeräte.
18-Loch-Parcours in 16 km, bis zu 20 % Greenfee-Rabatt.

39046 St. Ulrich (BZ), Strada Rezia, 22, +39 0471 783333
HP ab € 198,-

WELLNESS

18 PUNKTE – 3 LILIEN

Granvara Relais & Spa *****

Grünruhelage bei Wolkenstein – Grödnertal

Im Steigflug: Acht Jahre ist es her, seit wir zum ersten Mal in diesem Hotel waren, damals gab es 13 Punkte und eine Lilie. Seither hat man sukzessive alle Bereiche verbessert, das Ergebnis ist wunderschön! Es handelt sich um ein familiengeführtes Luxushaus mit herrlichem Ausblick auf die Dolomiten. Auf 1.560 m Seehöhe liegt es oberhalb von Wolkenstein auf einem Sonnenplateau, im Winter ist der direkte Einstieg mit den Skiern über die Saslong B in die Sellaronda möglich.

Das Ambiente verströmt Eleganz und Harmonie, Sitzmöbel von Minotti und ein Wendl&Lung-Flügel aus Wien gehören dazu. Marmor, Glas und Licht regieren mit Meisterschaft. Feine Zimmer sind aus 14 Kategorien (DZ von 25 bis 120 m^2) wählbar, alle haben Holzböden, Balkon oder Terrasse, auch solche mit freistehender Badewanne, Sauna und Dampfbad auf der Terrasse sind zu haben. Die Beleuchtung des Rasierspiegels schaltet sich automatisch ein, wenn man reinschaut, der Polyesteranteil des Bademantels ist stattlich. Brandneu sind drei riesige Chalets mit Gärtlein, Sauna und Dampfbad.

Das Spa ist exklusiv für Hausgäste, zudem wunderschön, zusammenhängend auf einer Ebene untergebracht und in Zonen für Familien und Adults only (ab 16 Jahren) aufgeteilt. Unter anderem fanden wir sechs Saunen (zwei davon textil) mit etwas beschränkten Öffnungszeiten, einen 17 m langen Innenpool, einen brandneuen Außenpool (laut Werbung: 22 m lang, unsere Messung: 19,5 m) sowie schöne Ruhezonen mit Ausblick auf Langkofel, Sellastock und Cirspitzen. Ausgezeichnete Massagen, ganz kleines Aktivprogramm, vornehmlich geführte Wanderungen und Bike-Touren.

Reichhaltiges Frühstücksbuffet (unsere Eier stammten aus Käfighaltung) bis 10.15 Uhr, sehr, sehr gute Küche bei netter Tischkultur, eine Nachmittagsjause (reichlich) ist inkludiert. Große italophile Weinkarte mit zahlreichen Offenen. Stets präsente Gastgeber, außergewöhnlich freundliche und professionell agierende Mitarbeiter, auch langjährige finden sich darunter – Maria entpuppte sich sogar als wahrer Schatz. Ringsum Wanderwege ohne Zahl. Valet Parking, Gratisgarage für alle. Für den Hubschrauberlandeplatz hatten wir auch diesmal keine Verwendung. Eher ungeeignet für Kinder. 64 Liegen, 140 Betten.

Naturbadeteich, Freibecken, Hallenbad, Sauna, Dampfbad, Massagen, Kosmetik, Ayurveda, Fitnessstudio.

39048 Wolkenstein (BZ), Strada La Selva, 66, +39 0471 795250
HP ab € 210,–

WELLNESS

13 PUNKTE – 1 LILIE

Belvedere *****

Naturlage mit Fernblick Nähe Bozen

Designhotel hoch über Bozen: auf 1.080 m (und 800 m höher als Bozen) mitten im Wald gelegener Familienbetrieb mit herrlichem Ausblick über die Stadt. Geheimnisvoll verschlungene Grundrisse und geradliniger Purismus regieren das Ambiente.

Letzteres gilt auch für die Zimmer (acht Kategorien, DZ von 30 bis 75 m^2), alle haben feine Holzböden und Balkon oder Terrasse, der Wohlfühlfunke ist bei uns aber nicht vollständig übergesprungen.

Das Spa steht auch Tagesgästen offen, es ist auf drei Ebenen verteilt. Unter anderem fanden wir vier Saunen (ab 16 Jahren), einen etwas uncharmanten, 10 m langen Sommerpool und einen 9 m langen Infinity-Außenpool mit schönem Panorama. Kleines Aktivprogramm, auch Yoga, geführte Wanderungen und Bike-Touren.

Fabelhafte Restaurantterrasse mit Morgen- und Abendsonne, reichhaltiges Frühstücksbuffet bis 10.30 Uhr. Viele junge Mitarbeiter, sie sind freundlich und bemüht. Eher ungeeignet für Kinder. Hunde erlaubt. 55 Liegen, 130 Betten.

Freibecken, Freibecken (Sommer), Außensauna, Sauna, Dampfbad, Massagen, Kosmetik, Fitnessgeräte.

39050 Jenesien (BZ), Via Pichl, 15, +39 0471 354127
HP ab € 186,–

WELLNESS

14 PUNKTE – 1 LILIE

Cyprianerhof *****

Grünlage mit Fernblick Nähe Bozen – Tierser Tal

Familienfreundlich. Wandern, bergsteigen und mountainbiken: Auf das sagenumwobene Bergmassiv Rosengarten geht der Ausblick hier in 1.135 m Seehöhe, und die Talstation der Tiers-Seilbahn ist lediglich einen Steinwurf entfernt. Die öffentlichen Räume zeigen sich wunderbar behaglich gestaltet, Holz, Stein und andere Naturmaterialien regieren.

Die Zimmer (17 Kategorien, DZ von 35 bis 93 m^2) sind wunderschön, alle haben Holzböden, manche auch Sauna und Dampfbad, eines sogar einen 8 m langen Infinity-Außenpool. Amenities gibt es nicht, nicht einmal Duschgel, ein Stück Seife muss reichen, man will das Klima retten!

Das indoor nicht allzu große Spa steht auch Tagesgästen offen, unter anderem fanden wir fünf Saunen, feine Ruhezonen, einen FKK-Außenwhirlpool, einen 12 m langen Außenpool sowie einen kleinen Badeteich auf einer weitläufigen Liegewiese, die allerdings entlang einer Straße liegt, die Motorradfahrer schätzen. Täglich umfangreiches Aktivprogramm, auch Yoga, Meditation und geführte Wanderungen (im Winter auch mit Schneeschuhen und Tourenskiern).

Fabelhafte Terrasse mit Morgensonne, Frühstücksbuffet ab 7 Uhr, die Küche bietet auch rein vegane Alternativen. Viele freundliche Mitarbeiter, manche sind aber noch unterwegs zum Servicegipfel. „Fünf Sterne mit Charakter und Substanz“ lautet der werbliche Claim, das haben wir hier nicht vollends gefunden. Gratisgarage für alle. Hunde erlaubt. 90 Liegen, 210 Betten.

Naturbadeteich, Freibecken, Hallenbad, Außensauna, Sauna, Dampfbad, Massagen, Kosmetik, Fitnessgeräte.

39050 Tiers am Rosengarten (BZ), Via San Cipriano, 69
+39 0471 642143
HP ab € 280,-

WELLNESS

14 PUNKTE – 1 LILIE

Parc Hotel am See ****S

Grünruhelage am Kalterer See – Nähe Bozen

Familienfreundlich. Gediegenes Strandhotel: Ein feiner, sehr persönlich geführter Familienbetrieb, er liegt auf 215 m Seehöhe so schön wie ruhig am Ufer des Kalterer Sees.

Die Lobby erinnert an einen noblen Yachtclub, die Zimmer (DZ von 20 bis 76 m²) sind mehrheitlich seeseitig und damit nach Westen ausgerichtet, man kann sie aus 14 Kategorien mit sehr unterschiedlichen Interieurs wählen, alle sind zeitgemäß gestaltet und haben Holzböden und bodentiefe Glasfronten, weiters Klimaanlage sowie Balkon oder Terrasse.

Das Spa ist indoor von überschaubarer Größe, es steht zudem auch Tagesgästen offen. Unter anderem fanden wir vier Saunen, einen knapp 10 m langen Innenpool und einen 13 m langen Soleaußenpool, weiters Seesauna sowie einen knapp 100 m langen Badestrand mit schöner Liegewiese. Kleines Aktivprogramm, auch Yoga und geführte Wanderungen.

Fabelhafte Frühstücksterrasse, reichhaltiges Frühstücksbuffet bis 10.45 Uhr, sehr gute Küche, ein nachmittägliches Kuchenbuffet ist inkludiert. Freundliche und zuvorkommende Mitarbeiter, präsente Gastgeber. Viele Stammgäste, die allermeisten kommen aus Deutschland. Tretboote sowie SUP-Boards gibt es zur Gratisleihe. Gratisgarage für alle. 25 Liegen, 100 Betten.

Seebadestrand, Solefreibecken (Sommer), Hallenbad, Außensauna, Sauna, Dampfbad, Massagen, Kosmetik, Fitnessgeräte, Personal Trainer.

39052 Kaltern (BZ), Vadena / Klughammer, 9
+39 0471 960000
HP-plus ab € 210,-

WELLNESS

13 PUNKTE – 1 LILIE

Seehotel Ambach 1973

Grünruhelage am Kalterer See – Nähe Bozen

Außergewöhnlich in Look und Feel: Ein bezauberndes Kleinhotel in ruhevoll-versteckter Lage am Nordufer des Kalterer Sees (215 m Seehöhe), es wurde von einem namhaften Südtiroler Architekten entworfen und 1973 eröffnet. Innen wie außen zeigt sich das bauliche Juwel bestens gepflegt sowie, wo immer modernisiert oder erneuert, stets sorgfältig dem Look von damals verpflichtet – die Trendfarben von damals inklusive.

Die Zimmer (neun Kategorien, DZ von 22 bis 42 m²) sind alle blitzsauber, haben Klimaanlage und noch die originalen Vollholzinterieurs, lediglich die Bäder sind im Zeitgeist von heute modernisiert.

Das Spa steht auch externen Gästen offen, es ist indoor jedoch alles andere als ein Riese, was freilich bei den vielen Sonnentagen eine eher nur untergeordnete Bedeutung hat. Unter anderem fanden wir einen 20 m langen Außenpool sowie ein schönes, aber recht kleines Badehaus mit drei Saunen und Whirlpool, all das inmitten eines weitläufigen Gartens. Aktivprogramm im Sommer: frühmorgens Yoga und Pilates am Badesteg.

Fabelhafte Restaurantterrasse für alle Mahlzeiten, reichhaltiges Frühstücksbuffet, sehr gute bis ausgezeichnete Küche. Die Mitarbeiter machen Freude, fast alle sind bemüht, herzlich und wunderbar authentisch. Niveauvolle Zeitungen und Magazine liegen auf. Tretboote, Kajaks sowie Ruderboote und SUP-Boards gibt's zur Gratisleihe. Das Spa kann nach dem Check-out ohne Aufpreis noch ganztägig genutzt werden. Für Kinder eher ungeeignet. 10 Liegen, 69 Betten.

Seebadestrand, Freibecken, Sauna, Dampfbad, Massagen, Kosmetik.

39052 Kaltern (BZ), Strada del Vino, 3, +39 0471 960098
HP ab € 159,-

WELLNESS
15 PUNKTE – 2 LILIEN

Seeleiten *****

Grünlage beim Kalterer See – Nähe Bozen

Kinder- und hundefreundlich (Vierbeiner dürfen mit ins Seebad). Rundum-sorglos-Paket: Das „Lake Spa Hotel", wie es sich im Namenszusatz nennt, ist ein familiengeführtes Traditionshaus, es liegt nicht am „Lake", sondern etwa 600 m entfernt direkt an der stark befahrenen Weinstraße – eine Lärmschutzwand versucht ihr Bestes.

Das stimmige Ambiente der öffentlichen Räume und ein ruhiger mediterraner Garten mit Palmen, Zitronen- und Olivenbäumen, mit Springbrunnen und großem Naturbadeteich zählen zu den Vorzügen der Anlage. Ausnahmslos moderne Zimmer sind aus 10 Kategorien (DZ von 36 bis 127 m^2) wählbar, sie sind minimalistisch arrangiert, alle haben Klimaanlage, einige auch Sauna oder einen Whirlpool auf der Terrasse, der Polyesteranteil des Bademantels ist stattlich.

Das Spa steht auch externen Gästen offen und ist indoor eher überschaubar, aber in Zonen für Familien und Adults only aufgeteilt. Unter anderem fanden wir sechs Saunen (zwei davon textil), ein 15 m langes Freibecken für Adults only und eine kleine FKK-Zone outdoor. Ganz neu ist eine Kältekammer mit minus 110 Grad. Ausgezeichnete Massagen, täglich kleines Aktivprogramm, auch Yoga (dreimal pro Woche), Zirkeltraining und geführte Bike-Touren. Am hauseigenen Badestrand am See gibt es zweimal pro Woche morgens Yogastunden sowie gegen Gebühr Tretboote, Ruderboote und SUP-Boards.

Reichhaltiges Frühstücksbuffet, gute bis sehr gute Küche bei schöner Tischkultur, ein Light Lunch (reichlich) ist inkludiert. Präsente Gastgeber, viele freundliche und zuvorkommende Mitarbeiter. Gratisgarage für alle. Ganztägige Betreuung für Kinder ab drei Jahren (Mo bis Sa, mit saisonalen Einschränkungen). 88 Liegen, 190 Betten.

Naturbadeteich, Freibecken, Hallenbad, Kinderbecken, Sauna, Dampfbad, Massagen, Kosmetik, Ayurveda, Fitnessgeräte, Personal Trainer.

39052 Kaltern (BZ), Strada del Vino, 30, +39 0471 960200
HP-plus ab € 266,-

WELLNESS
13 PUNKTE – 1 LILIE

Thalhof am See ****

Grünlage beim Kalterer See – Nähe Bozen

Familienfreundlich. Nett mit guten Preisen: Ein freundlicher, nur in der wärmeren Jahreszeit geöffneter Familienbetrieb, er liegt sozusagen verkehrsgünstig (das ist fein für allerlei Ausflugsziele), nämlich direkt an der stark befahrenen Weinstraße. Irgendwie handelt es sich jedoch um eine Art von Akustikwunder, denn im Garten hört man von den vielen Autos praktisch nichts (auf der Restaurantterrasse im obersten Geschoß hingegen schon). Außen wie innen zeigt sich alles in unprätentiöser, geradliniger Modernität, der Ausblick geht auf den Kalterer See.

Zimmer kann man aus 11 Kategorien (DZ von 36 bis 75 m^2) wählen, sie sind großzügig geschnitten, alle haben Böden in Holzoptik, A/C und Balkon, und alle sind hell und freundlich arrangiert sowie nach Süden oder Südosten ausgerichtet.

Das Spa ist kein Riese, jedoch exklusiv für Hausgäste. Unter anderem bietet es einen 15 m langen und mitunter recht frischen Außenpool, zwei kleinere Innenpools sowie drei Saunen, von denen die „Panoramasauna" allerdings das Panorama vermissen lässt – außer man empfände eine weißgetünchte Mauer als solches.

Gutes Frühstücksbuffet bis 11 Uhr, gute Küche bei netter Tischkultur, faire Getränkepreise. Freundliche Mitarbeiter, ebensolche Gastgeber. Im Garten fanden wir einen kleinen Spielplatz sowie ein Kinderbecken. Ringsum schöne Wander- und Radwege, E-Bikes gibt's zum Ausleihen. Zum See sind es fünf Gehminuten, der Eintritt in eines der Seebäder ist wochentags im Zimmerpreis inkludiert. Sauberes Preis-Leistungs-Verhältnis, Gratisgarage für (fast) alle. Hunde (auf Anfrage) erlaubt. 22 Liegen, 150 Betten.

Freibecken (Sommer), Hallenbad, Sauna, Dampfbad, Massagen, Kosmetik, Fitnessgeräte.

39052 Kaltern (BZ), San Giuseppe al Lago, 10, +39 0471 960163
HP ab € 129,-

WELLNESS
15 PUNKTE – 2 LILIEN

Tann ****

Naturlage mit Fernblick am Ritten – Nähe Bozen

Einfach berührend: Ein mit Liebe zu Natur, Mensch und Heimat geführtes Kleinhotel, es liegt solitär auf 1.500 m Seehöhe am Waldrand,

Tann

der Ausblick ist herrlich, er geht auf die Seiser Alm, auf Schlern und Rosengarten. Im Inneren zeigt sich wohltuende Ursprünglichkeit, lehmverputzte Wände, große Glasflächen und viel helles Massivholz schaffen ein heimeliges Wohlgefühl, über dem Eingang zu einer uralten Bauernstube mit drei Tischen hängt ein „Demutsbrett" – ein Weckruf zur Dankbarkeit gegenüber der Schöpfung.

Zimmer (DZ von 16 bis 90 m²) kann man aus 10 Varianten wählen, sie zeigen sich in schlichter Schönheit, alle haben wunderbar gemütliche Vollholzinterieurs, feine Holzböden, hochwertige Matratzen aus Südtiroler Schafwolle, einen Trinkbrunnen mit Quellwasser sowie zumeist Balkon mit tollem Ausblick (und Rauchverbot), die „Top Suite" glänzt zudem mit einer eigenen Sauna.

Der indoor nicht allzu große Wellnessbereich steht exklusiv den Gästen des Hauses zur Verfügung, er bietet unter anderem ein ganzjährig beheiztes Solefreibecken von 12 m Länge, schöne Ruhezonen innen und außen (und sogar im Wald) sowie fünf Saunen, auch solche nach alter bäuerlicher Tradition, nämlich ein Brotbad mit 40 Grad Strahlungswärme und gutem Duft – hier wird das Sauerteigbrot des Hauses selbstgemacht – sowie ein Brechlbad (Dampf mit ätherischen Ölen aus Tannenzweigen). Gute Massagen, kleines Aktivprogramm, es beinhaltet einmal pro Woche Waldbaden und eine begleitete Kneippanwendung, zu gewissen Terminen werden auch Yoga-Retreats veranstaltet.

Fabelhafte Restaurantterrasse mit Bilderbuchpanorama für alle Mahlzeiten, reichhaltiges Frühstücksbuffet bis 12 Uhr, sehr, sehr gute Küche bei liebevoller Tischkultur. Gastgeberin Barbara kocht selbst, so manches kommt aus dem eigenen Garten oder gar aus dem Wald – Wildkräuter, Pilze, Beeren und Wurzeln, aber auch Fichtennadeln und Baumsprossen –, eine Nachmittagsjause ist im Preis inkludiert. Herzerfrischend gut gelaunte Gastgeber, die tüchtig und mit viel Hingabe mitanpacken. Fazit: Ein so entspannendes wie inspirierendes Kleinod, aber nichts für Schnösel und klandestine Herrenfahrer. Wanderwege ohne Zahl, im Winter sind es 10 Gehminuten zur Talstation Rittner Horn. Die Anreise ist nur Do, Sa und So möglich. Eher ungeeignet für Kinder. 24 Liegen, 60 Betten.

Solefreibecken, Außensauna, Sauna, Dampfbad, Massagen, Kosmetik.

39054 Klobenstein-Ritten (BZ), Via Tann, 22, +39 0471 356264
HP-plus ab € 171,-

Adler Lodge Ritten

WELLNESS

19 PUNKTE – 4 LILIEN

Adler Lodge Ritten *****

Grünruhelage mit Fernblick bei Oberbozen

Adults preferred (ab 8). Toller Platz und Verpflegung (fast) all inclusive: So herausfordernd die Anfahrt (unser Navi gab sein Bestes, aber ohne Erfolg), so geheimnisvoll die Zufahrt: ein mächtiges rostiges Tor, eine Schotterstraße durch einen Märchenwald, magische Berge im Hintergrund. Und dann, auf einer Lichtung auf 1.250 m Seehöhe ein Chaletdörfchen mit Haupthaus und zwei Logiergebäuden: wunderschön, harmonisch, dezent. Fernab von Modischem, aber auch nicht der regionalen Tradition verbunden, fast wie aus einer anderen Welt. Im Inneren geht es weiter so: viel schön verziertes Holz, gute Atmosphäre, stimmungsvolles Licht, Tische mit würdevollem Abstand.

Man wohnt entweder in einem der 20 Zimmer (45 oder 140 m^2) oder in einem der 20 Chalets (55 oder 90 m^2, mit Holzkamin und Biosauna), die um einen Naturbadeteich platziert sind. Jede Wohneinheit zelebriert das schöne Interieurkonzept der Anlage: Vertäfelungen aus Lärche oder Fichte, viel Glas und einnehmend stilvolle Schlichtheit, die dennoch wohltuend Wärme verströmt. Der Bademantel ist aus reiner Baumwolle.

Wie das Restaurant ist auch das Spa exklusiv für Hausgäste, es bietet unter anderem einen 23 m langen Außen-Infinitypool und einen 9 m langen Innenpool, beides mit sehr angenehmem Salzwasser. Im Freien erfreuen Liegewiese und zwei Außensaunen, die mit Feingefühl inmitten eines Wäldchens platziert wurden, auch der Yogaraum befindet sich hier – das verströmt etwas ganz Besonderes! Aktivprogramm, auch Yoga (11-mal pro Woche), Meditation und geführte Wanderungen, regelmäßig stehen auch Yoga-Retreats im Angebot.

Fabelhafte Terrasse, Frühstück und Abendessen werden im Restaurant serviert – mit herrlichem Ausblick, und das Dach wird bei geeigneter Witterung geöffnet. Frühstücksbuffet bis 11 Uhr (vergleichweise kleine Auswahl, aber gute Sachen), gute bis sehr gute Küche bei gehobener Tischkultur (Tischsets aus Plastik gibt es nur beim Frühstück), Light Lunch und Nachmittagsjause sind inkludiert, ebenso alkoholfreie Getränke und eine größere Auswahl an Weinen und Spirituosen. Höflich und nett agierende Mitarbeiter (nicht alle ganz perfekt), charmante und präsente Gastgeberin. E-Bikes gibt's zur Gratisleihe. Das Spa kann am Anreisetag ganztägig genutzt werden, auch das Mittagessen ist dann inkludiert. All das hat freilich seinen Preis, doch dieser steht durchaus in einem sauberen Verhältnis zum Gebotenen. Valet Parking, Gratisgarage für alle. 50 Liegen, 100 Betten.

Solefreibecken, Solehallenbad, Außensauna, Sauna, Dampfbad, Massagen, Kosmetik, Fitnessgeräte.

39054 Oberbozen (BZ), Stella, 20, +39 0471 1551700
All-inclusive-VP ab € 326,-

WELLNESS

14 PUNKTE – 1 LILIE

Holzner Parkhotel ****S

Grünruhelage mit Fernblick in Oberbozen

Kinderfreundlich. Ein optisch außergewöhnliches Haus, es zeigt sich in vielen Bereichen in gut erhaltenem Schweizer alpinen Jugendstil, der Ausblick ist wunderschön. Nur ein paar gute Schritte sind es übrigens zur Seilbahn, mit der man kostenlos direkt ins Zentrum von Bozen kommt. Die öffentlichen Räume verströmen gehobenes nostalgisches Flair und eine angenehme gastliche Atmosphäre.

Stark unterschiedliche Zimmer stehen in 19 Kategorien (DZ von 30 bis 97 m²) zur Auswahl, alle haben Holzböden, Terrasse oder Balkon.

Das Spa steht auch Tagesgästen offen, es bietet unter anderem fünf Saunen (zwei davon textil, wie die Außensauna werden diese nur auf Wunsch eingeschaltet), einen Hamam und einen 16 m langen, ganzjährig nutzbaren Außenpool mit lauschigen Ruheplätzen. Kleines Aktivprogramm, auch Yoga und Pilates.

Fabelhafte Restaurantterrasse für alle Mahlzeiten, wunderschönes Restaurant mit Tischen in würdigem Abstand zueinander, feine Tischkultur, bei Küche und Service sehen wir aber noch etwas Luft nach oben. Stimmungsvolle Bar, charaktervoller Salon mit internationalen Zeitungen. Freundliche Mitarbeiter, viele langjährige Stammgäste, mehrheitlich kommen sie aus Deutschland. Bis zu 40 Wochenstunden Betreuung für Kinder ab drei Jahren (mit saisonalen Einschränkungen). Gratisgarage für alle. Hunde erlaubt. 57 Liegen, 130 Betten.

Freibecken, Hallenbad, Babybecken, Außensauna, Sauna, Dampfbad, Massagen, Kosmetik, Fitnessgeräte, Personal Trainer.

39054 Oberbozen (BZ), Via del Paese, 18, +39 0471 345231
HP ab € 245,-

WELLNESS

14 PUNKTE – 1 LILIE

Weihrerhof ****

Grünruhelage mit Fernblick bei Oberbozen

Familienfreundlich. Beinahe wie Waldbaden: Ein schmucker Kleinbetrieb, er liegt auf 1.180 m Seehöhe am Ufer des kleinen Wolfsgrubener Sees, ringsum herrlich duftender Mischwald, Moosteppiche, Schwarzbeerstauden, schmale Waldpfade, verborgene Kraftplätze. Im Inneren regiert das Wohlfühlflair eines Naturhotels: Kachelöfen, viel Holz, warme Farben, Naturmaterialien, Bibliothek.

Schöne Zimmer stehen in neun blitzsauberen Varianten zur Auswahl (DZ von 25 bis 52 m²), alle haben bodentiefe Fenster und Balkon, die meisten Schafwollteppichböden, viele bieten Ausblick auf den See und den majestätischen Schlern dahinter. Zimmerkarten gibt es in einigen Südtiroler Hotels neuerdings aus Holz, das ist angenehm, aber in diesem Haus gibt es noch den guten alten Schlüssel – ein haptisches Glück, das wir nur mehr selten erleben. Der Polyesteranteil des Bademantels ist stattlich, das W-Lan schnell, es wird zur Reduktion von Elektrosmog und damit zur Erhöhung der Schlafqualität nächtens abgeschaltet.

Der Wellnessbereich steht auch Tagesgästen offen, er bietet unter anderem einen 9 m langen Innenpool und drei Saunen mit bescheidenen Öffnungszeiten. Im Freien genießt man eine herrliche Liegewiese, Badestrand und eine Seesauna mit FKK-Zone.

Fabelhafte Restaurantterrasse für alle Mahlzeiten, hochfeines Frühstücksbuffet bis 11 Uhr (auch: Stoffservietten), gegen ein bisschen Aufpreis wird es auf einem Inselchen im See gereicht. Sehr gute bis ausgezeichnete Küche mit vielen regionalen Produkten. Feine Tischkultur, eine süße Nachmittagsjause ist inkludiert. Präsente und sympathische Gastgeber, viele ungekünstelt freundliche Mitarbeiter, auch langjährige finden sich zahlreich darunter. Tret- und Ruderboote, Kajaks sowie SUP-Boards gibt es zur Gratisleihe. Fazit: Ein Hotel zum Entschleunigen, zum Lesen und Ausruhen unter alten Obstbäumen. Sauberes Preis-Leistungs-Verhältnis. Gratisgarage für (fast) alle. Hunde erlaubt. 27 Liegen, 55 Betten.

Seebadestrand, Hallenbad, Außensauna, Sauna, Dampfbad, Massagen, Kosmetik. Tennisplatz.

39054 Oberbozen (BZ), Costalovara, 22, +39 0471 345102
HP-plus ab € 185,-

Moser Gartenhotel

WELLNESS

15 PUNKTE – 2 LILIEN

Engel Gourmet & Spa

Grünruhelage mit Fernblick in Welschnofen

Kinderfreundlich. Substanz statt Oberfläche: ein sympathischer Familienbetrieb mit wunderbar entspannter Atmosphäre und ausgezeichneter Kinderbetreuung. Dem Rosengarten liegt man hier quasi zu Füßen, zur Talstation der Carezza-Gondelbahn sind es vier Autominuten. Das Ambiente zelebriert edle Klassik, auch ein Lesezimmer mit Ohrensesseln gehört dazu.

Die Zimmer (10 Kategorien, DZ von 25 bis 75 m²) sind schön, aber stark unterschiedlich arrangiert, alle haben feine Holzböden, fast alle Balkon oder Gartenterrasse mit Ausblick nach Süden (und neuerdings mit Rauchverbot), der Polyesteranteil des Bademantels ist stattlich.

Das auch externen Gästen offenstehende Spa ist klein und fein. Unter anderem fanden wir vier Saunen und einen 20 m langen Infinity-Außenpool, nachmittags werden hier Obstspieße gereicht – und alle Pools sind wohlig temperiert! Ausgezeichnete Massagen, kleines Aktivprogramm, auch Yoga (täglich) und geführte Wanderungen.

Schöne Terrasse für alle Mahlzeiten, reichhaltiges Frühstücksbuffet bis 10.30 Uhr, Light Lunch und Nachmittagsjause sind inkludiert. Gute Küche, sie versteht sich auch bestens auf Vegetarisches, hat aber im Vergleich zum Vorjahr ein bisschen an Terrain verloren. Wie immer bezieht sich unsere Küchenbewertung auf die Halbpension und nicht auf das À-la-carte-Restaurant, das mit einem Stern vom Guide Michelin ausgezeichnet wurde. Feine Tischkultur, spannende Weinkarte, die Preise haben aber deutlich zugelegt. Viele freundliche Mitarbeiter, beim Service im Restaurant gibt es aber noch etwas Luft nach oben, und mit Italienisch- und Englischkenntnissen ist man im Vorteil. Pädagogisch außergewöhnlich gute und liebevolle Kinder- und Jugendbetreuung im Ausmaß von 66 Wochenstunden (ab drei Jahren, mit saisonalen Einschränkungen). Mountainbikes gibt's zur Gratisleihe, E-Bikes gegen Gebühr. Sauberes Preis-Leistungs-Verhältnis. Hunde erlaubt. 45 Liegen, 140 Betten.

Freibecken, Hallenbad, Sauna, Dampfbad, Massagen, Kosmetik, Ayurveda, Fitnessgeräte.

39056 Welschnofen (BZ), Via San Valentino, 3
+39 0471 613131
HP-plus ab € 188,–

WELLNESS

16 PUNKTE – 2 LILIEN

Moser Gartenhotel ****S

Grünruhelage außerhalb von Eppan – Nähe Bozen

Kinderfreundlich. Ein sympathischer Familienbetrieb, er liegt sehr ruhig auf 500 m Seehöhe inmitten von Apfelhainen und Weingärten, zum Ufer des Montiggler Sees sind es keine fünf Gehminuten. Das Hotel wurde vor kurzem in vielen Bereichen modernisiert, geblieben ist der weitläufige Garten mit seinen lauschigen Plätzen unter alten Obstbäumen, Weiden, Ahornbäumen und Palmen – und auch die Alpakas erfreuen Alt und Jung weiterhin, Wanderungen mit ihnen gibt es täglich.

Durchwegs schöne Zimmer sind aus 15 Varianten (DZ von 28 bis 100 m²) wählbar, alle haben Holzböden, Klimaanlage und Balkon, einige sogar ein Gärtlein, Infrarotkabine und Whirlpool auf dem Balkon, ein Ausblick auf den See ist allerdings nicht zu haben.

Das Spa steht auch externen Gästen offen, es ist indoor auf drei Bereiche aufgeteilt und bietet unter anderem einen 15 m langen Innenpool sowie eine neue, zusätzliche Adults-only-Zone (ab 16 Jahren) im Dachgeschoß des Stammhauses. Ebendort befinden sich schöne Ruheräume sowie ein 14 m langer Infinity-Außenpool mit Liegeterrasse. Insgesamt gibt es vier Saunen (eine davon textil), im Garten fanden wir einen kristallklaren FKK-Badeteich, den bisweilen auch Trixie, eine liebe Ringelnatter, zu schätzen weiß. Das große Freibecken eignet sich eher nur für den Hochsommer, die Massagen sind sehr gut. Aktivprogramm, auch Yoga (bis zu dreimal täglich) und Meditation, regelmäßig werden auch Yoga-Retreats veranstaltet.

Fabelhafte Terrasse mit Morgensonne, Frühstücksbuffet bis 11 Uhr (unsere Eier stammten aus biologischer Freilandhaltung), zumeist gute Küche, Light Lunch und Nachmittagsjause sind inkludiert – auch am Abreisetag, so wie die Spa-Nutzung! Große Weinkarte mit zahlreichen Offenen, Flaschen ab 24 Euro, die teuerste ist ein Sassicaia um 430 Euro. Präsente, authentische Gastgeber, viele freundliche Mitarbeiter, langjährige finden sich zahlreich unter ihnen, bei den Stammgästen ist das auch so. Kanus, Ruderboote sowie SUP-Boards am See gibt es zur Gratisleihe. Auf Kids warten ein großer Spielplatz mit Lagerfeuer, ein eingezäunter Fußballplatz und ein Animationsbereich im Freien, eine Vogelbeobachtungsstation, zudem 56 Wochenstunden Betreuung (ab drei Jahren), sie ist sehr, sehr nett. Gratisgarage für alle. 130 Liegen, 230 Betten.

Naturbadeteich, Freibecken (Sommer) mit Rutsche, Hallenbad, Babybecken, Sauna, Dampfbad, Massagen, Kosmetik, Ayurveda, Fitnessgeräte.
9-Loch-Parcours in 12 km, 20 % Greenfee-Rabatt.

39057 Eppan (BZ), Lago di Monticolo, 104, +39 0471 662095
HP-plus ab € 177,–

WELLNESS

17 PUNKTE – 3 LILIEN

Weinegg Wellviva Resort *****

Grünruhelage mit Fernblick bei Eppan – Nähe Bozen

Hunde- und familienfreundlich. De-luxe-Sommerparadies: Eine weitläufige Fünfsternanlage, sie liegt ruhig auf 430 m Seehöhe und ist von Weingärten und Apfelhainen umringt. Eine mediterrane Gartenlandschaft mit Sandstrand und Himmelbetten, ein 60 m langer Pool, köstliches Essen und freundliche Mitarbeiter zählen zu den Vorzügen des Hauses.

Das Ambiente ist so stimmig wie modern gestaltet, wunderschöne Zimmer gibt es in 14 recht unterschiedlichen Kategorien (DZ von 30 bis 100 m²), alle haben Klimaanlage, viele Sauna, jene im Erdgeschoß des Neubaus Daybeds und einen direkten Einstieg in einen Außenpool, der sich über die gesamte Gebäudefront erstreckt.

Das Spa steht auch Tagesgästen offen, es bietet noch fünf weitere Pools, zudem sieben Saunen (vier davon textil) mit großzügigen Öffnungszeiten. Sehr gute Massagen, täglich Aktivprogramm, auch Yoga, Pilates sowie geführte Wanderungen und E-Bike-Touren.

Fabelhafte Restaurantterrasse, reichhaltiges Frühstücksbuffet (auch: Eier aus biologischer Freilandhaltung) bis 12 Uhr, Light Lunch und Nachmittagsjause (beides reichlich) sind inkludiert. Sehr gute Küche bei feiner Tischkultur. Viele freundliche und zuvorkommende Mitarbeiter. Zu Ferienzeiten täglich neun Stunden Betreuung für Kinder ab drei Jahren. Gratisgarage für alle. Für Hunde bis 9,9 kg gilt ein Aufpreis von 34 Euro, schwerere kosten um 40 Prozent mehr – eine Gassirunde vor dem Check-in könnte sich also mitunter lohnen. 67 Liegen, 250 Betten.

Freibecken, Freibecken (Sommer), Kinderfreibecken (Sommer) mit Rutsche, Hallenbad, Kinderbecken mit Rutsche, Sauna, Dampfbad, Massagen, Kosmetik, Ayurveda, Fitnessgeräte. Tennisplatz, Basketballplatz.

39057 Eppan-Girlan (BZ), Via Lamm, 22, +39 0471 662511
HP-plus ab € 269,–

Hotelname	Kategorie	Punkte	PLZ	Ort	Seite
A-Rosa Ifen-Hotel *****	Wellness	12	6992	Hirschegg	
A-Rosa Kitzbühel *****	Wellness	11	6370	Kitzbühel	
A-Rosa Straubinger Grandhotel	Wellness	**14**	5640	Bad Gastein	97
Acerina ***S	Wellness	11	6764	Lech	
Achensee Sporthotel ****	Wellness	11	6215	Achenkirch	
Adapura Wagrain ****	Wellness	11	5602	Wagrain	
Adler Au ****	Wellness	**13**	6883	Au	170
Adler Damüls ****	Wellness	12	6884	Damüls	
Adler Montafon ****	Wellness	11	6771	St. Anton im Montafon	
Adler Warth ***	Wellness	10	6767	Warth	
Agathawirt	Wellness	10	4822	Bad Goisern	
Aichinger ****	Wellness	11	4865	Nußdorf am Attersee	
Aigo Familotel ****S	Wellness	11	4160	Aigen	
Aja Bergresort ****S	Wellness	11	5453	Werfenweng	
Aja Fürstenhaus ****S	Wellness	12	6213	Pertisau	
Alber Ferienhotel ***	Wellness	9	9822	Mallnitz	
Albona Nova ****S	Wellness	11	6763	Zürs	
Aldiana Club Ampflwang	Wellness	10	4843	Ampflwang	
Aldiana Salzkammergut ****	Wellness	11	8983	Bad Mitterndorf	
Alexander ****	Wellness	10	6365	Kirchberg	
Alexanderhof ****	Wellness	11	9872	Millstatt	
Alfa Hotel Serfaus ****	Wellness	11	6534	Serfaus	
All in Red	Wellness	10	7361	Lutzmannsburg	
Allegria Resort ****	Wellness	**15**	7551	Stegersbach	180
Allmer ****	Wellness	10	8344	Bad Gleichenberg	
Almesberger ****S	Wellness	11	4160	Aigen	
Almgut ****S	Wellness	11	5581	St. Margarethen	
Almhof Family Resort & Spa ****S	Wellness	**16**	6281	Gerlos	131
Almhof Galtür ****S	Wellness	10	6563	Galtür	
Almhof Schneider *****S	Wellness	12	6764	Lech	
Almmonte Präclarum Suites	Wellness	12	5602	Wagrain	
Almrausch ****	Wellness	12	9546	Bad Kleinkirchheim	
Almtalhof ****	Wellness	11	4645	Grünau im Almtal	
Almwelt Austria	Wellness	11	8973	Pichl	
Alpbacherhof Mountain & Spa ****S	Wellness	**14**	6236	Alpbach	125
Alpen Adria ****	Wellness	11	9620	Hermagor	
Alpen-Herz Romantik & Spa ****	Wellness	12	6532	Ladis	
Alpen-Karawanserai ****	Wellness	12	5754	Saalbach-Hinterglemm	
Alpenblick Kreischberg ****	Wellness	10	8861	St. Lorenzen ob Murau	
Alpenblick Sportresort ****S	Wellness	12	5700	Zell am See-Schüttdorf	
Alpendorf ****	Wellness	11	5600	St. Johann	

Hotelname	Kategorie	Punkte	PLZ	Ort	Seite
Alpenfriede	Wellness	10	6450	Sölden	
Alpenhof Ehrwald ****	Wellness	10	6632	Ehrwald	
Alpenhof Gerlos ****	Wellness	11	6281	Gerlos	
Alpenhof Hintertux ****S	Wellness	**13**	6294	Tux	137
Alpenhotel Karwendel Leutasch ****	Wellness	**14**	6105	Leutasch	117
Alpenhotel Kitzbühel ****S	Wellness	12	6370	Kitzbühel	
Alpenhotel Montafon ****S	Wellness	12	6780	Schruns	
Alpenhotel St. Christoph ****	Wellness	11	6580	St. Anton	
Alpenjuwel ****	Wellness	10	6293	Tux	
Alpenjuwel garni ****	Wellness	10	6534	Serfaus	
Alpenjuwel Residenz garni ****	Wellness	10	6534	Serfaus	
Alpenklang ****	Wellness	10	5611	Großarl	
Alpenland ****	Wellness	11	5562	Obertauern	
Alpenlove ****	Wellness	10	6100	Seefeld	
Alpenpark Resort ****S	Wellness	11	6100	Seefeld	
Alpenresort Walsertal ****S	Wellness	12	6733	Fontanella	
Alpenrose Aktiv & Spa ****	Wellness	11	6780	Schruns	
Alpenrose Kinderhotel ****S	Wellness	12	6631	Lermoos	
Alpenrose Kühtai ****	Wellness	11	6183	Kühtai	
Alpenrose Maurach *****	Wellness	**16**	6212	Maurach	119
Alpenrose Naturhotel ****	Wellness	**14**	9872	Millstatt	223
Alpenrose Zauchensee ****	Wellness	**13**	5541	Altenmarkt	84
Alpenschlössl Söll ****	Wellness	10	6306	Söll	
Alpenschlössl St. Johann ****	Wellness	11	5600	St. Johann	
Alphotel Familotel ****	Wellness	10	6992	Hirschegg	
Alpin Juwel ****S	Wellness	11	5754	Saalbach-Hinterglemm	
Alpina Alpendorf ****S	Wellness	12	5600	St. Johann	
Alpina Bad Hofgastein ****	Wellness	10	5630	Bad Hofgastein	
Alpina Obergurgl ****S	Wellness	11	6456	Obergurgl	
Alpina Traumhotel ****S	Wellness	12	6281	Gerlos	
Alpina Wagrain ****	Wellness	11	5602	Wagrain	
Alpina Wellness & Spa ****S	Wellness	11	6345	Kössen	
Alpine Palace *****S	Wellness	11	5754	Saalbach-Hinterglemm	
Alpinresort ****	Wellness	12	5753	Saalbach	
Alps Lodge garni	Wellness	11	6533	Fiss	
Alpvita Piz Tasna ****S	Wellness	10	6561	Ischgl	
Alte Post Bad Hofgastein ****	Wellness	10	5630	Bad Hofgastein	
Alte Post Fieberbrunn ****	Wellness	11	6391	Fieberbrunn	
Alte Post St. Anton ****S	Wellness	11	6580	St. Anton	
Alte Schmiede Seefeld ****	Wellness	10	6100	Seefeld	
Alte Schmiede Serfaus ****	Wellness	9	6534	Serfaus	

Hotelname	Kategorie	Punkte	PLZ	Ort	Seite
Althof Retz ****	Wellness	**13**	2070	Retz	52
Am Holand ***	Wellness	**17**	6883	Au	169
Amerika-Holzer ****S	Wellness	**13**	9122	St. Kanzian	208
Amiamo Familotel ****	Wellness	11	5700	Zell am See-Schüttdorf	
Andreas Hofer ****	Wellness	9	6481	St. Leonhard	
Andy	Wellness	11	6474	Jerzens	
Angela Ischgl garni ****	Wellness	10	6561	Ischgl	
Angela Lech ****S	Wellness	10	6764	Lech	
Angerer Alm ****	Wellness	11	6456	Hochgurgl	
Angerer Hof ***	Wellness	11	8184	Anger	
Anthony's Life & Style ****	Wellness	11	6580	St. Anton	
Anton Aparthotel garni ****	Wellness	11	6580	St. Anton	
Aqua Dome ****S	Wellness	12	6444	Längenfeld	
Arabella Jagdhof	Wellness	11	5322	Hof bei Salzburg	
Arlberg Lech *****S	Wellness	12	6764	Lech	
Arlmont ****S	Wellness	12	6580	St. Anton	
Arx	Wellness	10	8971	Schladming-Rohrmoos	
Asia Leoben	Wellness	11	8700	Leoben	
Aumühle	Wellness	12	4360	Grein	
Aurelio Hotel & Chalet *****S	Wellness	**14**	6764	Lech	166
Austria Familienhotel	Wellness	9	8971	Schladming-Rohrmoos	
Auszeit St. Lambrecht ****	Wellness	10	8813	St. Lambrecht	
Avita Resort ****S	Wellness	**13**	7431	Bad Tatzmannsdorf	176
Aviva make friends ****S	Wellness	12	4170	St. Stefan am Walde	
Babymio ****	Wellness	12	6382	Kirchdorf	
Bacher	Wellness	11	5771	Leogang	
Bachmann ****	Wellness	10	6787	Gargellen	
Bachmanngut ****	Wellness	12	5360	St. Wolfgang	
Bad Hochmoos Gasthof ***	Kur	10	5092	St. Martin bei Lofer	
Bad Reuthe Gesundheitshotel ****S	Kur/Wellness	11	6870	Reuthe	
Bad Vigaun ****	Kur/Wellness	11	5424	Bad Vigaun	
Badehospiz Kurtherme	Kur	11	5640	Bad Gastein	
Badener Hof	Kur	11	2500	Baden bei Wien	
Bär Leading Family *****	Wellness	12	6534	Serfaus	
Bärenhof Gesundheitszentrum	Kur	11	5640	Bad Gastein	
Bärenwirt Sport- & Familienhotel ****	Wellness	10	8966	Aich	
Ballonhotel Thaller	Wellness	11	8224	Kaindorf	
Ballunspitze Kinderhotel ****	Wellness	11	6563	Galtür	
Banyan garni ****	Wellness	11	6580	St. Anton	
Barbarahof ****S	Wellness	11	5710	Kaprun	
Bauernhofer Naturhotel ****	Wellness	**13**	8172	Heilbrunn	187

Hotelname	Kategorie	Punkte	PLZ	Ort	Seite
Beck Sporthotel	Wellness	11	6708	Brand	
Beim Hochfilzer Hotel & Chalets ****S	Wellness	**13**	6306	Söll	138
Bellevue Ferienclub ****	Wellness	9	6344	Walchsee	
Bellevue Obergurgl ****S	Wellness	12	6456	Obergurgl	
Benglerwald Berg-Chaletdorf	Wellness	12	6653	Bach im Lechtal	
Berg-Leben	Wellness	11	5611	Großarl	
Bergbaur	Wellness	12	5741	Neukirchen	
Bergblick Fiss ****	Wellness	11	6533	Fiss	
Bergblick Grän *****	Wellness	**15**	6673	Grän	159
Bergcristall ****	Wellness	12	6167	Neustift	
Berger Familienhotel ***S	Wellness	10	8255	St. Jakob im Walde	
Bergergut ****S	Wellness	**14**	4170	Afiesl	64
Bergfried Tux *****	Wellness	**16**	6293	Tux	134
Bergfrieden	Wellness	9	6533	Fiss	
Berghaus Alpinhotel ****	Wellness	12	6293	Tux	
Berghof Hintertux ****S	Wellness	**14**	6294	Tux	137
Berghof Nauders ****	Wellness	10	6543	Nauders	
Berghof Ramsau ****	Wellness	**13**	8972	Ramsau	200
Berghof St. Johann ****S	Wellness	**16**	5600	St. Johann	90
Berghotel Schmittenhöhe	Wellness	11	5700	Zell am See	
Bergkönig Activehotel ****	Wellness	11	6167	Neustift	
Bergkristall Lech ****S	Wellness	11	6764	Lech	
Bergkristall Mallnitz ****	Wellness	10	9822	Mallnitz	
Bergkristall Silbertal ****	Wellness	11	6782	Silbertal	
Bergland Lermoos ****	Wellness	9	6631	Lermoos	
Bergland Seefeld ****	Wellness	10	6100	Seefeld	
Bergland Sölden *****	Wellness	11	6450	Sölden	
Bergresort Seefeld ****S	Wellness	11	6100	Seefeld	
Bergrose Hideaway ****	Wellness	11	5350	Strobl	
Bergwelt ****S	Wellness	12	6456	Obergurgl	
Bergwiesenglück	Wellness	12	6553	See	
Bergzeit Natur- & Biohotel	Wellness	11	6677	Zöblen	
Bi You Ecoquartier garni	Wellness	10	8971	Schladming-Rohrmoos	
Biberkopf Berghotel	Wellness	10	6767	Warth	
Bichlhof ****S	Wellness	12	6370	Kitzbühel	
Bio-Thermen-Hotel ****	Kur/Gesundheit	11	8271	Bad Waltersdorf	
Biolandhaus Arche ***	Wellness	10	9372	St. Oswald-Eberstein	
Birkenhöhe ****	Wellness	12	6992	Hirschegg	
Birkenhof Gols ****	Wellness	10	7122	Gols	
Birkenhof Hinterglemm	Wellness	11	5754	Saalbach-Hinterglemm	
Birkenhof Strandhotel ****	Wellness	10	9122	St. Kanzian	

Hotelname	Kategorie	Punkte	PLZ	Ort	Seite
Bischofsmütze ****	Wellness	11	5532	Filzmoos	
Bismarck Verwöhnhotel ****S	Wellness/Kur	**15**	5630	Bad Hofgastein	96
Bleib Berg F. X. Mayr Retreat	Gesundheit	12	9530	Bad Bleiberg	
Bliems Familienhotel ****	Wellness	11	8967	Haus	
Blü	Wellness	10	5630	Bad Hofgastein	
Brandauers Villen ****S	Wellness	12	5350	Strobl	
Brennseehof Familien-Sport-Hotel ****S	Wellness	**14**	9544	Feld am See	216
Brigitte ****S	Wellness	11	6561	Ischgl	
Bruckwirt Kinderhotel ***S	Wellness	10	4131	Obermühl	
Brückenwirt Altenmarkt	Wellness	10	5541	Altenmarkt	
Brückenwirt St. Johann ****	Wellness	11	5600	St. Johann	
Brücklwirt ****	Wellness	10	8712	Niklasdorf	
Bründl ****	Kur/Wellness	11	4190	Bad Leonfelden	
Brunner Stadthotel	Wellness	10	8970	Schladming	
Buchau Familienresort ****S	Wellness	**13**	6212	Maurach	119
Burg Oberlech ****S	Wellness	11	6764	Lech	
Burg Vital Resort *****S	Wellness	**13**	6764	Lech	166
Burgstaller Familiengut ****	Wellness	11	9873	Döbriach	
Burgstein ****	Wellness	11	6444	Längenfeld	
Castello Königsleiten ****	Wellness	10	5742	Wald	
Central Gerlos ****	Wellness	10	6281	Gerlos	
Central Nauders ****	Wellness	10	6543	Nauders	
Central Seefeld ****	Wellness	10	6100	Seefeld	
Cervosa Gourmet & Spa *****	Wellness	**14**	6534	Serfaus	151
Charlotte ***S	Wellness	11	6100	Seefeld	
Chesa Monte ****	Wellness	11	6533	Fiss	
Chesa Valisa Naturhotel ****S	Wellness	**15**	6992	Hirschegg	171
Cinderella *****	Wellness	10	5562	Obertauern	
Coolnest	Wellness	11	6284	Ramsau im Zillertal	
Cortisen am See ****S	Wellness	**14**	5360	St. Wolfgang	74
Crystal Gartenhotel ****S	Wellness	12	6263	Fügen	
Curhaus Bad Kreuzen ***	Kur	12	4362	Bad Kreuzen	
Curhaus Bad Mühllacken ***	Gesundheit	11	4101	Feldkirchen	
Dachsteinkönig Familux Resort ****S	Wellness	**15**	4824	Gosau	73
Damülser Hof ****S	Wellness	12	6884	Damüls	
Das Adler Inn ****S	Wellness	11	6294	Tux	
Das Alois ****S	Wellness	12	6293	Tux	
Das Alpenhaus Gasteinertal ****	Wellness	11	5630	Bad Hofgastein	
Das Alpenhaus Kaprun ****	Wellness	11	5710	Kaprun	
Das Alpenwelt Resort ****S	Wellness	11	5742	Wald-Königsleiten	
Das Balance Pörtschach ****S	Wellness	**13**	9210	Pörtschach	209

Hotelname	Kategorie	Punkte	PLZ	Ort	Seite
Das Blaufränkisch	Wellness	10	7301	Deutschkreutz	
Das Central Sölden *****	Wellness	12	6450	Sölden	
Das Chaletdorf Pitztal	Wellness	10	6481	St. Leonhard	
Das Edelweiss Mountain Resort *****	Wellness	**16**	5611	Großarl	92
Das Falkenstein ****	Wellness	11	5710	Kaprun	
Das Goldberg *****	Wellness	**15**	5630	Bad Hofgastein	95
Das Kaiser garni	Wellness	11	6341	Ebbs	
Das Kaiserblick ****S	Wellness	12	6352	Ellmau	
Das Kaltenbach Aparthotel ****	Wellness	11	6272	Kaltenbach	
Das Kaltschmid Familotel ****	Wellness	10	6100	Seefeld	
Das Kappel ****	Wellness	12	8442	Kitzeck	
Das Köhle garni ****	Wellness	11	6534	Serfaus	
Das Kohlmayr ****S	Wellness	**15**	5562	Obertauern	87
Das Kronthaler ****S	Wellness	12	6215	Achenkirch	
Das Kurhaus	Kur/Wellness	11	8344	Bad Gleichenberg	
Das Lafairs ****	Wellness	10	6542	Pfunds	
Das Leonhard Naturparkhotel ****	Wellness	11	9762	Weißensee	
Das Marent	Wellness	12	6533	Fiss	
Das Mei ****	Wellness	11	6162	Mutters	
Das Moerisch ****S	Wellness	12	9871	Seeboden	
Das Naturjuwel garni	Wellness	11	6533	Fiss	
Das Posthotel Zell am Ziller *****	Wellness	11	6280	Zell am Ziller	
Das Ronacher Therme & Spa *****	Wellness	**17**	9546	Bad Kleinkirchheim	217
Das Schäfer ****S	Wellness	**14**	6733	Fontanella	166
Das Schiff in den Bergen ****	Wellness	11	6883	Au	
Das Schiff Romantik-Hotel ****	Wellness	**15**	6952	Hittisau	171
Das Seekarhaus *****	Wellness	**14**	5562	Obertauern	88
Das Sieben ****S	Gesundheit	**13**	6323	Bad Häring	139
Das Sonnreich ****	Wellness	11	8282	Loipersdorf Therme	
Das Traunsee ****S	Wellness	11	4801	Traunkirchen	
Das Zeitwert	Wellness	11	8530	Bad Schwanberg	
Das Zwölferhaus ****S	Wellness	12	5754	Saalbach-Hinterglemm	
Defereggental ****S	Wellness	11	9962	St. Veit	
Dei Hotel Schönblick ****	Wellness	11	9220	Velden	
Denggerhof Landhotel	Wellness	9	6290	Mayrhofen	
Der Bär	Wellness	**17**	6352	Ellmau	144
Der Böglerhof *****	Wellness	**17**	6236	Alpbach	126
Der Brandstetterhof ****	Wellness	11	6135	Stans	
Der Daberer – das Biohotel ****S	Wellness	**18**	9635	Dellach im Gailtal	219
Der Engel ****S	Wellness	**17**	6673	Grän	160
Der Gollinger	Wellness	10	5754	Saalbach-Hinterglemm	

Hotelname	Kategorie	Punkte	PLZ	Ort	Seite
Der Greil ****	Wellness	11	6306	Söll	
Der Grüne Baum	Wellness	10	6632	Ehrwald	
Der Hubertushof ****	Wellness	10	4820	Bad Ischl	
Der Kaprunerhof ****	Wellness	11	5710	Kaprun	
Der Lärchenhof Erpfendorf *****	Wellness	**15**	6383	Erpfendorf	146
Der Löwe ****S	Wellness	12	5771	Leogang	
Der Reschenhof ****	Wellness	10	6068	Mils	
Der Steirerhof *****	Wellness	**20**	8271	Bad Waltersdorf	185
Der Thaller ****	Wellness	10	8184	Anger	
Der Waldhof Zell am See ****	Wellness	10	5700	Zell am See	
Der Wiesenhof Pertisau ****S	Wellness	**14**	6213	Pertisau	120
Der wilde Eder ****	Wellness	12	8171	St. Kathrein am Offenegg	
Die Alpbacherin Boutiquehotel	Wellness	12	6236	Alpbach	
Die Berge Lifestyle garni ****	Wellness	11	6450	Sölden	
Die Forelle Genießerhotel ****S	Wellness	**14**	9762	Weißensee	220
Die Hochkönigin ****S	Wellness	**15**	5761	Maria Alm	102
Die Klause Gesundheitsgut	Gesundheit	**18**	8344	Bad Gleichenberg	191
Die Krone von Lech *****	Wellness	11	6764	Lech	
Die Post ****	Wellness	**15**	9546	Bad Kleinkirchheim	217
Die Schrothkur	Gesundheit/Kur	**17**	9821	Obervellach	222
Die Seitenalm Kinderhotel ****	Wellness	12	5550	Radstadt	
Die Sportalm St. Leonhard ****	Wellness	11	6481	St. Leonhard	
Die Wälderin ****	Wellness	12	6881	Mellau	
Die Wasnerin G'sund & Natur ****S	Wellness	**18**	8990	Bad Aussee	201
Dilly Nationalpark Resort ****S	Wellness	**14**	4580	Windischgarsten	67
Dolomitengolf ****S	Wellness	11	9900	Lavant	
Donauschlinge ****	Wellness	11	4083	Haibach	
Donnerhof ****	Wellness	10	6166	Fulpmes	
Dormero Beho Zugspitze	Wellness	10	6633	Biberwier	
Dornauhof ****	Wellness	10	6292	Finkenberg	
Dr. Jilly Seehotel ****S	Wellness	10	9210	Pörtschach	
Dr. Lumper Kneippkurhaus	Kur	10	3251	Purgstall an der Erlauf	
Dr. Petershofer Kurhaus ****	Kur	11	4902	Wolfsegg am Hausruck	
Drei Eichen Landhotel ****	Wellness	10	5301	Eugendorf	
Drei Sonnen ****S	Wellness	11	6534	Serfaus	
Edelweiss & Gurgl ****S	Wellness	11	6456	Obergurgl	
Edelweiss Lermoos ****	Wellness	10	6631	Lermoos	
Edelweiss Naturhotel Wagrain ****S	Wellness	**15**	5602	Wagrain	91
Edelweiss Obertauern ****S	Wellness	11	5562	Obertauern	
Edelweiss Schoppernau ****	Wellness	10	6886	Schoppernau	
Edelweiss Vitalhotel ****S	Wellness	**14**	6167	Neustift	118

Hotelname	Kategorie	Punkte	PLZ	Ort	Seite
Edelweiss Zürs	Wellness	10	6763	Zürs	
Eden ****S	Wellness	12	6100	Seefeld	
Edenlehen ****	Wellness	12	6290	Mayrhofen	
Eder Hochkönig ****	Wellness	11	5761	Maria Alm	
Egger ****	Wellness	11	5754	Saalbach-Hinterglemm	
Eggerwirt Wellnesshotel ****S	Wellness	**17**	5582	St. Michael	89
Eichingerbauer ****S	Wellness	**13**	5310	Mondsee-St. Lorenz	73
Einwaller Seehotel ****	Wellness	12	6213	Pertisau	
Eisenberg ****	Wellness	11	8383	Eisenberg an der Raab	
Eldorado ****	Wellness	10	6561	Ischgl	
Elisabeth Fügen ** **	Wellness	**14**	6263	Fügen	127
Elisabeth Kirchberg ****S	Wellness	11	6365	Kirchberg	
Elisabeth Pörtschach garni ****	Wellness	10	9210	Pörtschach	
Elisabeth Sölden ***S	Wellness	10	6450	Sölden	
Elisabeth Werfenweng ****	Wellness	11	5453	Werfenweng	
Elisabeth-Hotel ****S	Wellness	12	6290	Mayrhofen	
Elisabethpark	Wellness	10	5640	Bad Gastein	
Elixhauser Wirt Romantik-Hotel ****S	Wellness	12	5161	Elixhausen	
Elizabeth Arthotel *****	Wellness	11	6561	Ischgl	
Ellmauhof Kinderhotel ****S	Wellness	12	5754	Saalbach-Hinterglemm	
Engel Fastenpension ***	Gesundheit	11	6952	Hittisau	
Engstler Seehotel ****	Wellness	11	9220	Velden	
Entners am See ****S	Wellness	12	6213	Pertisau	
Enzian Obertauern ****S	Wellness	12	5562	Obertauern	
Enzian Seehotel ** **	Wellness	**14**	9762	Weißensee	221
Enzian Sölden ****S	Wellness	**15**	6450	Sölden	149
Enzianhof Naturhotel	Wellness	10	8563	Ligist	
Erika Boutiquehotel	Wellness	11	6370	Kitzbühel	
Erlebach ****S	Wellness	12	6991	Riezlern	
Erzherzog Johann ** **	Wellness	**14**	8990	Bad Aussee	202
Europäischer Hof ****S	Wellness/Kur	10	5640	Bad Gastein	
Eva Village ****S	Wellness	10	5753	Saalbach	
Ever.Grün Alpine Lifestyle ****	Wellness	10	5710	Kaprun	
Exel ****	Wellness	9	3300	Amstetten	
Falkensteiner Bad Leonfelden ****	Wellness	11	4190	Bad Leonfelden	
Falkensteiner Balance Resort *** **	Wellness	**14**	7551	Stegersbach	180
Falkensteiner Carinzia ****S	Wellness	11	9631	Hermagor	
Falkensteiner Club Funimation	Wellness	11	9863	Rennweg	
Falkensteiner Cristallo ****S	Wellness	11	9863	Rennweg	
Falkensteiner Montafon *****	Wellness	11	6774	Tschagguns	
Falkensteiner Schladming ****S	Wellness	12	8970	Schladming	

Hotelname	Kategorie	Punkte	PLZ	Ort	Seite
Falkensteiner Schloss Velden *****	Wellness	**13**	9220	Velden	211
Falkensteiner Sonnenalpe ****	Wellness	11	9620	Hermagor	
Fasching Dorfhotel ****S	Wellness	**19**	8654	Fischbach	193
Fastenhaus Dunst	Gesundheit	11	8190	Miesenbach	
Feistererhof Biohotel	Wellness	10	8972	Ramsau	
Felben Kinderhotel	Wellness	11	5730	Mittersill	
Felbermayer ****	Wellness/Gesundheit	10	6793	Gaschurn	
Felsenhof ****	Wellness	12	9546	Bad Kleinkirchheim	
Felsenhof Flachau ****	Wellness	11	5542	Flachau-Reitdorf	
Fernau Alpenhotel ****	Wellness	10	6167	Neustift	
Fernblick Montafon ****	Wellness	**17**	6781	Schruns-Bartholomäberg	168
Fessler Heilfasteninstitut	Gesundheit	11	4460	Losenstein	
Feuerberg Mountain Resort ****S	Wellness	**20**	9551	Bodensdorf	207
Filomena Aparthotel garni ****	Wellness	11	6764	Lech	
First Peak Zauchensee ****	Wellness	11	5541	Altenmarkt	
Fischer am See ****	Wellness	11	6611	Heiterwang	
Fisserhof ****	Wellness	11	6533	Fiss	
Fliana ****S	Wellness	12	6561	Ischgl	
Fluchthorn Alpenresort ****	Wellness	9	6563	Galtür	
Fontana Thermalhotel ****S	Kur	11	8490	Bad Radkersburg	
Forster's Naturresort ****	Wellness	12	6167	Neustift	
Forsthofalm Holzhotel ****S	Wellness	11	5771	Leogang	
Forsthofgut Naturhotel *****	Wellness	**17**	5771	Leogang	103
Four Points by Sheraton ****	Business/Wellness	11	6850	Dornbirn	
Freigold ****S	Wellness	12	4240	Freistadt	
Friedheim Sonnenresidenz ****	Wellness	11	6133	Weerberg	
Friesacher ****S	Wellness	11	5081	Anif bei Salzburg	
Fritsch am Berg Mental-Spa Resort ****	Wellness/Gesundheit	**13**	6911	Lochau	170
Furtherwirt Familotel ****	Wellness	11	6382	Kirchdorf	
G'Schlössl Murtal	Wellness	**15**	8734	Großlobming	196
Gabi garni ****	Wellness	11	5071	Wals-Siezenheim	
Galtenberg Family Resort ****S	Wellness	11	6236	Alpbach	
Galzig Skihotel garni ****	Wellness	11	6580	St. Anton	
Gams zu zweit ****S	Wellness	12	6870	Bezau	
Gartnerkofel ****	Wellness	11	9620	Hermagor	
Gaspingerhof ****S	Wellness	11	6281	Gerlos	
Gassner ****S	Wellness	12	5741	Neukirchen	
Gastagwirt ****	Wellness	10	5301	Eugendorf	
Geinberg Spa Resort ****S	Wellness	12	4943	Geinberg	
Geinberg5 Private Spa Villas	Wellness	**17**	4943	Geinberg	73
Genusshotel Riegersburg	Wellness	11	8333	Riegersburg	

Hotelname	Kategorie	Punkte	PLZ	Ort	Seite
Gerl Naturally Urban	Wellness	11	5071	Wals	
Glemmtalerhof ****S	Wellness	11	5754	Saalbach-Hinterglemm	
Glockenstuhl garni ***	Wellness	9	6290	Mayrhofen	
Glockenstuhl Gerlos ****	Wellness	10	6281	Gerlos	
Glücksschmiede Dorfhotel	Wellness	10	5754	Saalbach-Hinterglemm	
Gmachl Genussdorf ****S	Wellness	**19**	5101	Bergheim	81
Goies Alpine Resort ****S	Wellness	12	6532	Ladis-Obladis	
Goldener Berg ****S	Wellness	12	6764	Lech	
Goldener Ochs ****	Wellness	11	4820	Bad Ischl	
Goldenes Schiff ****	Wellness	11	4820	Bad Ischl	
Goldried ***	Wellness	10	9971	Matrei	
Goldstück ****	Wellness	11	5753	Saalbach	
Gotthard ****S	Wellness	11	6764	Lech	
Gotthard Zeit ****S	Wellness	11	6456	Obergurgl	
Gradonna Mountain Resort ****S	Wellness	**14**	9981	Kals am Großglockner	162
Grafenast Biohotel	Wellness	11	6136	Pill	
Gramai Alm	Wellness	12	6213	Pertisau	
Grand Elisabeth ****S	Wellness	10	4820	Bad Ischl	
Grand Hotel Zell am See ****S	Wellness	**13**	5700	Zell am See	98
Grand Tirolia	Wellness	12	6370	Kitzbühel	
Grandau Sporthotel ****	Wellness	11	6791	St. Gallenkirch	
Grandhotel Lienz *****	Wellness	**14**	9900	Lienz	161
Gridlon ****	Wellness	**15**	6574	Pettneu	154
Grieshof ****	Wellness	10	6580	St. Anton	
Grimmingblick ****	Wellness	11	8983	Bad Mitterndorf	
Grischuna garni ****	Wellness	11	6580	St. Anton	
Großarler Hof ****S	Wellness	10	5611	Großarl	
Grünauerhof ****	Wellness	12	5071	Wals	
Grüne Au ****S	Wellness	12	8225	Pöllau	
Gschirnwirt Landhotel ****	Wellness	10	5301	Eugendorf	
Gugerbauer ****	Gesundheit	**15**	4780	Schärding	69
Guggenberger ****	Wellness	12	5603	Kleinarl	
Guglwald ****S	Wellness	**17**	4191	Schönegg	64
Gut Berg Naturhotel ****	Wellness	12	5600	St. Johann	
Gut Brandlhof ****S	Wellness	12	5760	Saalfelden	
Gut Sonnberghof ****S	Wellness	**16**	5730	Mittersill	101
Gut Stiluppe	Wellness	**14**	6290	Mayrhofen	132
Gut Weissenhof ****S	Wellness	**17**	5550	Radstadt	87
Gutjahr ****S	Wellness	11	5441	Abtenau	
H+ Hotel Salzburg	Wellness	10	5020	Salzburg	
H2O-Therme ***	Wellness	9	8271	Bad Waltersdorf	

Hotelname	Kategorie	Punkte	PLZ	Ort	Seite
Habachklause Kinderhotel ****	Wellness	11	5733	Bramberg am Wildkogel	
Habicher Hof ****S	Wellness	12	6433	Oetz	
Haidachhof Boutique-Hotel ****S	Wellness	**14**	6263	Fügen	127
Haidvogl Mavida ****	Wellness	11	5700	Zell am See-Schüttdorf	
Haldenhof ****	Wellness	11	6764	Lech	
Haldensee ****	Wellness	**15**	6672	Nesselwängle	157
Haller's Genuss & Spa ****S	Wellness	12	6993	Mittelberg	
Hanneshof ****	Wellness	10	5532	Filzmoos	
Hartl ****	Wellness	10	5542	Flachau	
Hasenauer ****S	Wellness	11	5754	Saalbach-Hinterglemm	
Haugschlag Golfresort	Wellness	10	3874	Haugschlag	
Haus Hirt Alpine Spa ****	Wellness	**14**	5640	Bad Gastein	97
Haus Rosalia ****	Kur	11	7202	Bad Sauerbrunn	
Hauserbauer Landhotel	Wellness	12	5632	Dorfgastein	
Haven Mountain Retreat	Wellness	11	5600	St. Johann	
Heidi Kinderhotel ****	Wellness	11	9564	Patergassen	
Heilmoorbad Schwanberg	Kur/Wellness	11	8541	Schwanberg	
Heilthermen Resort Bad Waltersdorf ****	Wellness	**15**	8271	Bad Waltersdorf	189
Held ****S	Wellness	**16**	6263	Fügen	128
Herrschaftstaverne ****	Wellness	10	8967	Haus	
Hinteregger ***	Wellness	10	9971	Matrei	
Hinteregger Familienhotel ****	Wellness	11	9863	Rennweg am Katschberg	
Hirschen Schoppernau ****S	Wellness	11	6886	Schoppernau	
Hirschwang Seminar-Parkhotel ****	Wellness	10	2651	Reichenau an der Rax	
Hochfilzer Ellmau ****	Wellness	10	6352	Ellmau	
Hochfirst *****	Wellness	12	6456	Obergurgl	
Hochhäderich Almhotel ****	Wellness	10	6943	Riefensberg	
Hochschober ****S	Wellness	**17**	9565	Turracher Höhe	218
Hochsölden Sonnenhotel garni ****	Wellness	10	6450	Sölden	
Höflehner Naturhotel ****S	Wellness	**16**	8967	Haus	198
Hofer ***S	Wellness	11	4881	Straß im Attergau	
Hohe Salve Sportresort ****	Wellness	12	6361	Hopfgarten	
Hohenfels Genusshotel ****	Wellness	11	6675	Tannheim	
Hohenhaus Alpenbad ****	Wellness	10	6294	Tux	
Hohes Licht ****	Wellness	12	6884	Damüls	
Hollweger ****	Wellness	11	5340	St. Gilgen	
Holzleb'n Feriendorf	Wellness	11	5611	Großarl	
Holzleiten Bio-Hotel ****	Wellness	**16**	6416	Obsteig	148
Holznerwirt ****	Wellness	10	5301	Eugendorf	
Hopfgarten Familotel ****	Wellness	11	6361	Hopfgarten	
Hoppet ****	Wellness	10	6265	Hart	

Hotelname	Kategorie	Punkte	PLZ	Ort	Seite
Hotel im Park ****S	Wellness/Kur	**13**	8490	Bad Radkersburg	196
Huber's Boutiquehotel ****	Wellness	11	6290	Mayrhofen	
Hubertushof Großarl	Wellness	10	5611	Großarl	
Hubertushof Seehotel ****	Wellness	11	9220	Velden	
Ideal Sporthotel ***S	Wellness	10	6456	Hochgurgl	
IFA Alpenhof Wildental ****	Wellness/Gesundheit	11	6993	Mittelberg	
Iglhauser Schlosshotel ****	Wellness	10	5163	Mattsee	
Igls Sporthotel	Wellness	11	6080	Igls	
Im Weissen Rössl Romantik-Hotel ****S	Wellness	11	5360	St. Wolfgang	
Imlauer Hotel Schloss Pichlarn *** **	Wellness	**13**	8943	Aigen	197
Impuls Tirol ****S	Wellness/Kur	11	5630	Bad Hofgastein	
Inns Holz ****	Wellness	11	4161	Ulrichsberg	
Innsbruck ****	Wellness	11	6020	Innsbruck	
Inntaler Hof ****	Wellness	11	6100	Seefeld	
Interalpen-Hotel Tyrol *****S	Wellness	**15**	6410	Telfs-Buchen	147
Jäger Alpenhof ***S	Wellness	10	6991	Riezlern	
Jäger Tux ***S	Wellness	11	6293	Tux	
Jägeralpe ****S	Wellness	12	6767	Warth	
Jägerhof Gerlos	Wellness	10	6281	Gerlos	
Jägerwirt Romantik-Seehotel ****S	Wellness	11	8864	Turracher Höhe	
Jagdhof Neustift *** **	Wellness	**17**	6167	Neustift	118
Jagdhof Ramsau ****	Wellness	10	8972	Ramsau	
Jagdhof Riezlern ****	Wellness	10	6991	Riezlern	
Jenewein ****	Wellness	10	6456	Obergurgl	
Jennys Schlössl ****S	Wellness	12	6534	Serfaus	
Jerzner Hof ****S	Wellness	**16**	6474	Jerzens	151
Jesacherhof ****S	Wellness	12	9963	St. Jakob in Defereggen	
Johann Schladming	Wellness	11	8970	Schladming	
Johannesbad Palace ****	Wellness/Kur	10	5630	Bad Hofgastein	
Josefinenhof	Kur/Wellness	11	9504	Warmbad-Villach	
Josl Mountain Lounging ****	Wellness	11	6456	Obergurgl	
Jufenalm Boho-Hotel	Wellness	11	5761	Maria Alm	
Juffing ****S	Wellness	**18**	6335	Thiersee	140
Jungbrunn – Der Gutzeitort	Wellness	**17**	6675	Tannheim	159
Kärntnerhof Bad Kleinkirchheim ****	Wellness	10	9546	Bad Kleinkirchheim	
Kärntnerhof Heiligenblut ***S	Wellness	10	9844	Heiligenblut	
Kaiser Franz Josef ****	Wellness	10	9872	Millstatt	
Kaiser in Tirol ****	Wellness	11	6351	Scheffau	
Kaiserbad ***	Kur	11	2405	Bad Deutsch-Altenburg	
Kaiserhof Ellmau *****S	Wellness	**19**	6352	Ellmau	143
Kaiserhof Familotel ****	Wellness	11	6622	Berwang	

Hotelname	Kategorie	Punkte	PLZ	Ort	Seite
Kaiserhof Seefeld	Wellness	10	6100	Seefeld	
Kanzler	Wellness	11	8983	Bad Mitterndorf	
Karawankenhof Thermenhotel ****	Wellness	**14**	9504	Warmbad-Villach	214
Karla ****	Wellness	10	5570	Mauterndorf	
Karlbauer Landhaus	Wellness	10	8972	Ramsau	
Karlwirt ****	Wellness	10	6213	Pertisau	
Karnerhof ****S	Wellness	**15**	9580	Egg am Faaker See	218
Karwendel Pertisau ****S	Wellness	**16**	6213	Pertisau	120
Kempinski Das Tirol *****S	Wellness	11	6373	Jochberg	
Kendler ****S	Wellness	12	5753	Saalbach	
Kielhuberhof ****	Wellness	11	8972	Ramsau	
Kindl Alpenhotel ****	Wellness	11	6167	Neustift-Milders	
Kindl Schlössl ****	Wellness	12	8344	Bad Gleichenberg	
Kirchberger Hof Alpenglück ****	Wellness	10	6365	Kirchberg	
Kirchenwirt ***S	Wellness	10	5412	Puch	
Kirchheimerhof ****	Wellness	12	9546	Bad Kleinkirchheim	
Kirchler Thermal Badhotel ****	Wellness	11	6294	Tux	
Kitzhof ****S	Wellness	11	6370	Kitzbühel	
Kitzspitz Naturhotel ****	Wellness	**13**	6392	St. Jakob in Haus	146
Klausnerhof ****	Wellness	12	6294	Tux	
Kleines Hotel Kärnten ****	Wellness	11	9580	Egg am Faaker See	
Kleinsasserhof	Wellness	12	9800	Spittal an der Drau	
Klockerhof ****	Wellness	11	6631	Lermoos	
Kloster Pernegg Fastenzentrum	Gesundheit	10	3753	Pernegg	
Klosterberg ****S	Gesundheit/Wellness	12	3921	Langschlag	
Klosterbräu *****	Wellness	**16**	6100	Seefeld	115
Knappenhof	Wellness	12	2651	Reichenau an der Rax	
Kobaldhof	Wellness	11	8972	Ramsau	
Kocher Revita ****	Wellness	12	4084	St. Agatha	
Königsberg Gesundheitsresort ****	Kur/Rehabilitation	11	2853	Bad Schönau	
Königsleiten Vital Alpin ****	Wellness	10	5742	Wald	
Königswieser Hof	Wellness	12	4280	Königswiesen	
Kogler ****	Wellness	10	8983	Bad Mitterndorf	
Kohlerhof ****	Wellness	11	6263	Fügen	
Kolbitsch ****	Wellness	11	9762	Weißensee	
Kollers ****S	Wellness	**17**	9871	Seeboden	223
Kolmhof ****	Wellness	10	9546	Bad Kleinkirchheim	
Kornock	Wellness	11	8864	Turracher Höhe	
Kosis Sports Lifestyle ****	Wellness	10	6263	Fügen	
Kothmühle Relax-Resort ****S	Wellness	**13**	3364	Neuhofen an der Ybbs	57
Kowald ****	Wellness	**13**	8282	Loipersdorf Therme	190

Hotelname	Kategorie	Punkte	PLZ	Ort	Seite
Kraftalm	Wellness	12	6305	Itter	
Krainz Vitalhotel ****	Wellness	10	8282	Loipersdorf Therme	
Krallerhof *****	Wellness	**16**	5771	Leogang	104
Kramerwirt ****	Wellness	10	6290	Mayrhofen	
Kreinerhof Landhotel ***	Wellness	9	9813	Möllbrücke	
Kreischberg Relax-Resort ****	Wellness	9	8861	St. Georgen ob Murau	
Kreuz	Wellness	9	6881	Mellau	
Kreuzwirt Kinderhotel ****	Wellness	12	9762	Weißensee	
Kristall Finkenberg ****	Wellness	10	6292	Finkenberg	
Kristall Gerlos ****	Wellness	10	6281	Gerlos	
Kristall Leutasch	Wellness	12	6105	Leutasch	
Kristall Verwöhnhotel ****S	Wellness	**16**	6213	Pertisau	121
Kröller Kinderhotel	Wellness	12	6281	Gerlos	
Krone Au ****	Wellness	12	6883	Au	
Krone Schoppernau ****	Wellness	10	6886	Schoppernau	
Krumers Alpin ****S	Wellness	11	6100	Seefeld	
Krutzler ****	Wellness	11	7522	Heiligenbrunn	
Kühtai Sporthotel	Wellness	9	6183	Kühtai	
Kürschner Schlank-Schlemmer	Wellness	11	9640	Kötschach-Mauthen	
Kurhaus Barmherzige Brüder ****	Kur	11	4780	Schärding	
Kurhotel Bad Zell	Kur	10	4283	Bad Zell	
Kurz Sport-Hotel	Wellness	10	7350	Oberpullendorf	
Kurz Thermenhotel ****	Wellness	9	7361	Lutzmannsburg	
Lacknerhof Schlosshotel ****S	Wellness	10	5542	Flachau	
Lacus ****	Wellness	10	9762	Weißensee	
Laderhof Kinderhotel ****	Wellness	11	6532	Ladis	
Lärchenhof Familotel	Wellness	10	6416	Obsteig	
Lärchenhof Feichten	Wellness	10	6524	Feichten	
Lärchenhof Lermoos ****	Wellness	12	6631	Lermoos	
Lärchenhof Seefeld ****S	Wellness	11	6100	Seefeld	
Lake's	Wellness	11	9210	Pörtschach	
Landauerhof ****	Wellness	10	8971	Schladming-Rohrmoos	
Lanersbacher Hof ****	Wellness	10	6293	Tux	
Langwies ****	Wellness	10	5424	Bad Vigaun	
Lanserhof Lans	Gesundheit	**20**	6072	Lans	114
LaPosch – Dein Bergaway	Wellness	12	6633	Biberwier	
Larimar ****S	Wellness/Kur	**16**	7551	Stegersbach	181
Laschenskyhof ****S	Wellness	**14**	5071	Wals-Viehhausen	81
Laterndl Hof ****S	Wellness	12	6672	Haller	
Latini ****	Wellness	11	5700	Zell am See-Schüttdorf	
Laurentius Kinderhotel ****S	Wellness	12	6533	Fiss	

Hotelname	Kategorie	Punkte	PLZ	Ort	Seite
Laurenzhof	Wellness	10	9811	Lendorf	
Lavendel ****	Wellness	12	4580	Windischgarsten	
Lebens-Resort Ottenschlag	Kur/Gesundheit	11	3631	Ottenschlag	
Lebensquell Gesundheitsresort ****S	Kur/Wellness	11	4283	Bad Zell	
Leitenmüller Bio-Bauernhof	Wellness	11	8972	Ramsau	
Leitner Thermalhotel ****	Wellness	11	8282	Loipersdorf Therme	
Lembacher Hof	Wellness	10	4132	Lembach	
Lengauer Hof Familotel ****	Wellness	10	5754	Saalbach-Hinterglemm	
Leonardo Kurhotel ****	Kur/Wellness	10	3945	Nondorf	
Leonhard ****	Wellness	11	5771	Leogang	
Leutascherhof Biohotel ****	Wellness	10	6105	Leutasch	
Liebe Sonne ****S	Wellness	11	6450	Sölden	
Liebes Caroline ****	Wellness	12	6213	Pertisau	
Liebes Rot-Flüh ****S	Wellness	11	6673	Grän	
Liebnitzmühle ****	Wellness	10	3820	Raabs an der Thaya	
Linde Gartenhotel ****S	Wellness	12	6531	Ried	
Linde Sulzberg ****	Wellness/Gesundheit	11	6934	Sulzberg	
Lindenhof Ramsau ****S	Wellness	**14**	8972	Ramsau	201
Linsberg Asia ****S	Wellness	11	2822	Bad Erlach	
Lisi Family Hotel	Wellness	11	6370	Reith bei Kitzbühel	
Löwe Leading Family ****S	Wellness	12	6534	Serfaus	
Löwen-Hotel ****S	Wellness	11	6780	Schruns	
Lohningerhof ****	Wellness	10	5761	Maria Alm	
Loisium Wine & Spa Langenlois ****S	Wellness	12	3550	Langenlois	
Loisium Wine & Spa Südsteiermark ****S	Wellness	12	8461	Ehrenhausen	
Lorünser *****	Wellness	11	6763	Zürs	
Lucia ***S	Wellness	10	6884	Damüls	
Lürzerhof Alpin Life Resort ****S	Wellness	**16**	5561	Untertauern	85
Luggi	Wellness	10	6563	Galtür	
Luis Mountain Hotel ****	Wellness	11	5710	Kaprun	
Lumberger Hof ****	Wellness	11	6673	Grän	
Lux Alpinae ****	Wellness	11	6580	St. Anton	
Macun	Wellness	11	6458	Vent	
Madlein ****	Wellness	10	6561	Ischgl	
Magdalena ****	Wellness	11	6273	Ried	
Magdalensberg Gipfelhaus ** **	Wellness	**13**	9064	Magdalensberg	207
Maiensee ****	Wellness	11	6580	St. Anton	
Maierl Alm & Chalets	Wellness	12	6365	Kirchberg	
Maiers Kuschelhotel deluxe ****S	Wellness	10	8282	Loipersdorf Therme	
Maiers Oststeirischer Hof ****	Wellness	10	8362	Söchau	
Malerhaus ****	Wellness	11	6263	Fügen	

Hotelname	Kategorie	Punkte	PLZ	Ort	Seite
MalisGarten *****S	Wellness	**15**	6280	Zell am Ziller	130
Mallaun	Wellness	11	6553	See	
Mandira Ayurveda Resort ****S	Gesundheit/Wellness	**15**	8271	Bad Waltersdorf	
Manggei garni	Wellness	12	5562	Obertauern	
Manni ****	Wellness	10	6290	Mayrhofen	
Margarethenbad ****	Wellness	10	9833	Rangersdorf	
Mari Pop	Wellness	11	6273	Ried	
Marienhof Reichenau	Wellness	10	2651	Reichenau an der Rax	
Marienhof Velden ****	Wellness	11	9220	Velden-Sonnental	
Marienkron	Kur/Gesundheit	12	7123	Mönchhof	
Marko ****	Wellness	10	9220	Velden	
Marten ****	Wellness	10	5754	Saalbach-Hinterglemm	
Matschner	Wellness	11	8972	Ramsau	
Maximilian Reutte ***	Wellness	9	6600	Reutte-Ehenbichl	
Mein Almhof ****S	Wellness	**14**	6543	Nauders	153
Mein Hotel Fast ****	Wellness	11	8254	Wenigzell	
Melanie garni ****	Business/Wellness	12	5071	Wals-Siezenheim	
Mia Alpina Family Retreat	Wellness	12	6263	Fügen	
Milderer Hof ****S	Wellness	11	6167	Neustift	
Minglers Sportalm Gourmethotel ****	Wellness	12	6365	Kirchberg	
Miramonte ****	Wellness	11	5640	Bad Gastein	
Miraverde ****	Wellness/Kur	**13**	4540	Bad Hall	66
Mittagspitze ****S	Wellness	10	6884	Damüls	
Mitterwirt ****	Wellness	11	5652	Dienten am Hochkönig	
Moar Gut Familien Natur Resort *****	Wellness	**17**	5611	Großarl	94
Mohr Life Resort ****S	Wellness	**15**	6631	Lermoos	155
Moisl ****	Wellness	10	5441	Abtenau	
Molzbachhof Naturhotel ****	Wellness	**16**	2880	Kirchberg	55
Mondi Bellevue Gastein ****	Wellness	9	5640	Bad Gastein	
Montafoner Hof ****	Wellness	11	6774	Tschagguns	
Montes garni ****	Wellness	10	6533	Fiss	
Moorbad Großpertholz ****	Kur	12	3972	Bad Großpertholz	
Moorheilbad Harbach	Kur/Gesundheit	11	3970	Moorbad Harbach	
Moorhof Landhotel ****	Wellness	10	5131	Franking	
Mooshaus Winterresort ****S	Wellness	12	6183	Kühtai	
Mori ****	Wellness	11	9122	St. Kanzian	
Moselebauer ****	Wellness	11	9462	Bad St. Leonhard	
Moser Schladming ***S	Wellness	10	8971	Schladming-Rohrmoos	
Moserhof Reutte ****	Wellness	10	6600	Reutte-Breitenwang	
Moserhof Seeboden ****	Wellness	11	9871	Seeboden	
Mountains Hotel	Wellness	11	6100	Seefeld	

Hotelname	Kategorie	Punkte	PLZ	Ort	Seite
Mühle Resort 1900 ****S	Wellness	10	6456	Obergurgl	
Mühltalhof ****	Wellness	11	4120	Neufelden	
Mutterberg Alpensporthotel ****	Wellness	9	6167	Neustift	
Nagalu garni ****	Wellness	11	6533	Fiss	
Narzissen Vital Resort	Wellness	11	8990	Bad Aussee	
Nationalpark Lodge Großglockner ****	Wellness	11	9844	Heiligenblut	
Natürlich garni ****	Wellness	11	6533	Fiss	
Naudererhof Alpin Art & Spa ****S	Wellness	12	6543	Nauders	
Nesslerhof *****	Wellness	**18**	5611	Großarl	93
Neubergerhof ****	Wellness	12	5532	Filzmoos	
Neue Post Hippach ****	Wellness	10	6283	Hippach	
Neue Post Mayrhofen ****S	Wellness	11	6290	Mayrhofen	
Neue Post Zell am See ****S	Wellness	11	5700	Zell am See	
Neuhaus Sport & Spa ****S	Wellness	11	5753	Saalbach	
Neuhaus Zillertal Resort ****	Wellness	11	6290	Mayrhofen	
Neuhintertux ****	Wellness	10	6294	Tux	
Neustift Sporthotel ****S	Wellness	11	6167	Neustift	
Neuwirt ***	Wellness	9	5570	Mauterndorf	
Nexenhof Ayurveda-Verein	Wellness	11	2041	Wullersdorf	
Nidum Casual Luxury	Wellness	**13**	6100	Mösern	115
Niederreiter ***S	Wellness	10	5761	Maria Alm	
Nock Resort ****	Wellness	10	9546	Bad Kleinkirchheim	
Norica ****S	Wellness	10	5630	Bad Hofgastein	
Nova Hotel & Therme ****	Kur/Wellness	11	8580	Köflach	
Nova Moments garni	Wellness	11	6213	Pertisau	
Novapark ***S	Wellness	10	8051	Graz	
Oberforsthof ****S	Wellness	**14**	5600	St. Johann	90
Oblasser Ferienhof garni ****	Wellness	10	6290	Mayrhofen	
Ochsensberger Gartenhotel ****	Wellness	11	8181	St. Ruprecht an der Raab	
Österreichischer Hof ****	Wellness/Kur	10	5630	Bad Hofgastein	
Olymp ****	Wellness	11	6456	Hochgurgl	
Olympia-Relax ****	Wellness	11	6292	Finkenberg	
Orchidee Strandhotel ****	Wellness	10	9122	St. Kanzian	
Original Mayr Medical Resort ****	Gesundheit	**17**	9082	Maria Wörth-Dellach	208
Ortners Eschenhof ****	Wellness	12	9546	Bad Kleinkirchheim	
Oswalda Hus Bio-Hotel ****	Wellness	12	6991	Riezlern	
Outside ****S	Wellness	12	9971	Matrei	
Pacheiner Alpinhotel ****	Wellness	**14**	9521	Treffen	215
Panorama Ladis ****	Wellness	11	6532	Ladis	
Panorama Obertauern ****S	Wellness	**13**	5562	Obertauern	88
Panorama Royal ****S	Wellness	**18**	6323	Bad Häring	139

Hotelname	Kategorie	Punkte	PLZ	Ort	Seite
Panorama Turracher Höhe ****	Wellness	10	9565	Turracher Höhe	
Paradiesquelle ****	Wellness/Gesundheit	10	2734	Puchberg am Schneeberg	
Paradiso ****S	Wellness	**15**	4701	Bad Schallerbach	70
Park Igls Medical Spa Resort	Gesundheit	**16**	6080	Igls	115
Park's	Wellness	10	9220	Velden	
Parkhotel Bad Deutsch-Altenburg ***	Kur	10	2405	Bad Deutsch-Altenburg	
Parkhotel Bad Schallerbach ****	Wellness	11	4701	Bad Schallerbach	
Parkhotel Hagenberg ****	Business/Wellness	11	4232	Hagenberg	
Parkhotel Hall ****	Business/Wellness	11	6060	Hall	
Parkhotel Pörtschach ****S	Wellness	**13**	9210	Pörtschach	210
Parkhotel Seefeld ****	Wellness	10	6100	Seefeld	
Parkhotel Tristachersee ****S	Wellness	**13**	9908	Amlach bei Lienz	162
Parkhotel Zur Klause ****	Kur/Wellness	10	4540	Bad Hall	
Penzinghof ****	Wellness	12	6372	Oberndorf	
Perner ****	Wellness	12	5562	Obertauern	
Peternhof ****S	Wellness	**14**	6345	Kössen	141
Pfandler ****	Wellness	11	6213	Pertisau	
Pfeffel Gartenhotel	Wellness	11	3601	Dürnstein	
Pfleger Vital-Landhotel ****	Wellness	10	9912	Anras	
Pichlmayrgut ****	Wellness	10	8973	Pichl	
Pichlschloss	Gesundheit/Wellness	11	8812	Mariahof	
Pierer Almwellness ****S	Wellness	**17**	8163	Fladnitz	186
Pinzger ***	Wellness	10	6275	Stumm	
Pirchner Hof ****	Wellness	12	6235	Reith im Alpbachtal	
Plattenhof Lech ****S	Wellness	10	6764	Lech	
Platzer ****S	Wellness	10	6281	Gerlos	
Ponyhof ***S	Wellness	10	8673	Ratten	
Poppengut ****	Wellness	**14**	4573	Hinterstoder	66
Post am See Pertisau ****	Wellness	11	6213	Pertisau	
Post am See Traunkirchen ****S	Wellness	**14**	4801	Traunkirchen	71
Post Bezau	Wellness	11	6870	Bezau	
Post Familienhotel ****	Wellness	10	9872	Millstatt	
Post Family Resort ****S	Wellness	**15**	5091	Unken	82
Post Großkirchheim **	Wellness	10	9843	Großkirchheim	
Post Ischgl ****S	Wellness	12	6561	Ischgl	
Post Kaltenbach ****	Wellness	12	6272	Kaltenbach	
Post Karlon	Wellness	9	8623	Aflenz-Kurort	
Post Lech *****	Wellness	**17**	6764	Lech	167
Post Lermoos ****S	Wellness	**17**	6631	Lermoos	156
Post See ****	Wellness	10	6553	See	
Post Seefeld ****	Wellness	11	6100	Seefeld	

Hotelname	Kategorie	Punkte	PLZ	Ort	Seite
Post St. Anton ****	Wellness	11	6580	St. Anton	
Posthotel Achenkirch *****	Wellness	**18**	6215	Achenkirch	123
Posthotel Kassl ****S	Wellness	10	6433	Oetz	
Posthotel Lechtal ***	Wellness	10	6654	Holzgau	
Posthotel Serfaus ****	Wellness	11	6534	Serfaus	
Prägant ****	Wellness	12	9546	Bad Kleinkirchheim	
Prechtlgut Chaletdorf	Wellness	12	5602	Wagrain	
Priesteregg Premium Eco Resort	Wellness	**18**	5771	Leogang	107
Princess Bergfrieden	Wellness	9	6100	Seefeld	
Puchas Plus ****	Wellness	11	7551	Stegersbach	
Puint ****	Wellness	10	6532	Ladis	
Puitalm Natur Aparthotel	Wellness	12	6471	Arzl	
Pulverer Thermenwelt *****	Wellness/Gesundheit	**13**	9546	Bad Kleinkirchheim	218
Puradies – Mein Naturresort ****S	Wellness	**15**	5771	Leogang	105
Pyramide Eventhotel ****	Wellness	10	2334	Vösendorf	
Quellengarten Vitalhotel ***S	Wellness	9	6951	Lingenau	
Quellenhof Leutasch ****S	Wellness	**18**	6105	Leutasch	117
Radkersburger Hof ****	Kur/Wellness	10	8490	Bad Radkersburg	
Raffl's St. Antoner Hof *****	Wellness	11	6580	St. Anton	
Ramsauhof Biohotel ****	Wellness	11	8972	Ramsau	
Ramsi Kinderhotel ****	Wellness	11	9620	Hermagor	
Rasmushof ****	Wellness	11	6370	Kitzbühel	
Rastbichlhof ****	Wellness	11	6167	Neustift-Kampl	
Ratscher Landhaus	Wellness	**14**	8461	Ratsch an der Weinstraße	196
Raunerhof ****	Wellness	10	8973	Pichl	
Rauter ****	Wellness	10	9971	Matrei	
Raxalpenhof	Wellness	11	2654	Prein an der Rax	
Reduce Hotel Thermal ****S	Kur/Wellness	**14**	7431	Bad Tatzmannsdorf	177
Reduce Hotel Vital ****S	Wellness/Kur	**14**	7431	Bad Tatzmannsdorf	177
Refugium Lunz	Wellness	12	3293	Lunz am See	
Regina Sölden ****S	Wellness	11	6450	Sölden	
Regitnig ****	Wellness	11	9762	Weißensee	
Rehbach Ruhe- & Naturresort	Wellness	**14**	6677	Schattwald	161
Reiterhof Natur- & Aktiv-Resort ****S	Wellness	**16**	6215	Achenkirch	125
Reiters Finest Family ****S	Wellness	**18**	7431	Bad Tatzmannsdorf	178
Reiters Supreme *****	Wellness	**19**	7431	Bad Tatzmannsdorf	179
Retter Bio-Natur-Resort ****S	Wellness	**14**	8225	Pöllauberg	188
Rickatschwende F. X. Mayr Health Retreat	Gesundheit	**16**	6850	Dornbirn	168
Riederalm Good Life Resort ****S	Wellness	**16**	5771	Leogang	106
Riederhof ****	Wellness	11	6531	Ried	
Riedl Kössen ****	Wellness	10	6345	Kössen	

Hotelname	Kategorie	Punkte	PLZ	Ort	Seite
Riedl Stumm	Wellness	11	6275	Stumm	
Rieser Achensee Resort ****S	Wellness	**18**	6213	Pertisau	122
Rigele Royal ****S	Wellness	11	5562	Obertauern	
Riml ****S	Wellness	12	6456	Hochgurgl	
Ring Bio-Hotel	Kur/Gesundheit	11	8230	Hartberg	
Rissbacher Natur Resort ****	Wellness	12	6275	Stumm im Zillertal	
Ritzenhof ****S	Wellness	12	5760	Saalfelden	
Ritzlerhof ****S	Wellness	12	6432	Sautens	
Robinson Alpenrose Zürs ****	Wellness	10	6763	Zürs	
Robinson Club Amadé ****	Wellness	11	5603	Kleinarl	
Robinson Fieberbrunn ****	Wellness	11	6391	Fieberbrunn	
Rockenschaub ****	Wellness	11	4252	Liebenau	
Römerhof Alpenhotel ****S	Wellness	10	5562	Obertauern	
Römerhof Dorfgastein ****	Wellness	11	5632	Dorfgastein	
Rössle Au ****	Wellness	11	6883	Au	
Rogner Bad Blumau ****	Wellness	**13**	8283	Bad Blumau	190
Romantik-Hotel Zell am See ****	Wellness	11	5700	Zell am See	
Ronach Mountainclub ****	Wellness	10	5742	Wald	
Rosenhof Mittelberg ****	Wellness	11	6993	Mittelberg	
Rosenhof Murau ****	Wellness	11	8850	Murau	
Rosentaler Hof ****	Wellness	10	9184	St. Jakob im Rosental	
Rote Wand Gourmethotel ****	Wellness	12	6764	Lech	
Rotspitz ***	Wellness	9	6212	Maurach	
Royal Bad Ischl ****S	Wellness/Kur	**15**	4820	Bad Ischl	72
Royer Sporthotel ****S	Wellness	10	8970	Schladming	
Rudolfshütte Berghotel ***	Wellness	12	5723	Uttendorf	
Rundeck garni ****	Wellness	10	6580	St. Anton	
Rupertus Biohotel ****	Wellness	**14**	5771	Leogang	108
Saalbacher Hof ****	Wellness	11	5753	Saalbach	
Sacher Alpin Resort *****S	Wellness	**18**	6100	Seefeld	116
Sägerhof ****	Wellness	10	6675	Tannheim	
Sailer Familotel ***	Wellness	10	6473	Wenns	
Saliter Hof	Wellness	11	5760	Saalfelden	
Salnerhof ****S	Wellness	11	6561	Ischgl	
Salzburger Hof Bad Gastein ****	Wellness	10	5640	Bad Gastein	
Salzburger Hof Leogang ****S	Wellness	**14**	5771	Leogang	107
Salzburger Hof Zauchensee ****S	Wellness	12	5541	Altenmarkt	
Salzburgerhof *****S	Wellness	**16**	5700	Zell am See	99
Schachner ****	Wellness	**14**	3672	Maria Taferl	59
Schafhuber Landhotel	Wellness	10	5761	Maria Alm-Hinterthal	
Schalber Wellness-Residenz *****S	Wellness	**18**	6534	Serfaus	152

Hotelname	Kategorie	Punkte	PLZ	Ort	Seite
Scheer Gasthof ***	Wellness	10	8344	Bad Gleichenberg	
Scheffer's ****	Wellness	10	5541	Altenmarkt	
Scheiblhofer The Resort ****S	Wellness	**13**	7163	Andau	175
Schermer Landhotel ****S	Wellness	**13**	6363	Westendorf	145
Schiestl ****	Wellness	11	6264	Fügenberg	
Schillerkopf Alpinresort ****S	Wellness	11	6707	Bürserberg	
Schloss an der Eisenstraße ****	Wellness	10	3340	Waidhofen an der Ybbs	
Schloss Dürnstein *****	Wellness	12	3601	Dürnstein	
Schloss Kammer Landgasthof ****	Wellness	10	5751	Maishofen	
Schloss Lebenberg ****S	Wellness	11	6370	Kitzbühel	
Schloss Mittersill ****S	Wellness	12	5730	Mittersill	
Schloss Mönchstein *****S	Wellness	12	5020	Salzburg	
Schloss Mondsee ****	Wellness	10	5310	Mondsee	
Schloss Rosenau ****S	Wellness	11	3924	Schloss Rosenau	
Schloss Seefels *****S	Wellness	**17**	9212	Pörtschach	210
Schlosshotel Fiss *** **	Wellness	**15**	6533	Fiss	151
Schlosspark Mauerbach ****S	Wellness	**15**	3001	Mauerbach bei Wien	56
Schmelzhof ****	Wellness	11	6764	Lech	
Schneeberghof ****S	Wellness	11	2734	Puchberg am Schneeberg	
Schneekönig Kinderhotel ***	Wellness	9	9564	Patergassen	
Schneider Obertauern ****S	Wellness	12	5562	Obertauern	
Schönblick Eichenberg ****	Wellness	11	6911	Eichenberg	
Schöne Aussicht Sölden ****S	Wellness	**14**	6450	Sölden	150
Schönruh Gerlos ****	Wellness	11	6281	Gerlos	
Schönruh Seefeld ****	Wellness	11	6100	Seefeld	
Schörhof ****	Wellness	10	5760	Saalfelden	
Schröckerhof ****	Wellness	10	8971	Schladming-Fastenberg	
Schütterhof ** **	Wellness	**15**	8971	Schladming-Rohrmoos	199
Schwaigerhof ****S	Wellness	**16**	8971	Schladming-Rohrmoos	199
Schwarz Alm ****	Wellness	12	3910	Zwettl	
Schwarz Alpenresort *** **	Wellness	**18**	6414	Mieming	147
Schwarzbrunn ****S	Wellness	11	6135	Stans	
Schwarzer Adler Innsbruck	Wellness	11	6020	Innsbruck	
Schwarzer Adler Kitzbühel ****S	Wellness	11	6370	Kitzbühel	
Schwarzer Adler St. Anton ****S	Wellness	12	6580	St. Anton	
Schwarzer Adler Tannheim	Wellness	11	6675	Tannheim	
Schweitzer Biohotel ***	Wellness	11	6414	Mieming	
Schweizerhof Kitzbühel ****	Wellness	11	6370	Kitzbühel	
Schwengerer ***S	Wellness	10	8252	Mönichwald	
Seefischer Romantik-Hotel ****S	Wellness	**14**	9873	Döbriach	225
Seeglück Forelle ****S	Wellness	**13**	9872	Millstatt	224

Hotelname	Kategorie	Punkte	PLZ	Ort	Seite
Seehof Mondsee *****	Wellness	11	5311	Loibichl am Mondsee	
Seehof Walchsee ****S	Wellness	11	6345	Kössen	
Seehotel Europa ****S	Wellness	**13**	9220	Velden	211
Seehotel Grundlsee	Wellness	12	8993	Grundlsee	
Seehotel Rust ****	Wellness	11	7071	Rust	
Seeland Appartement-Hotel ****	Wellness	11	9762	Weißensee	
Seepark Wörthersee Resort	Wellness	11	9020	Klagenfurt	
Seerose Ossiacher See ****	Wellness	12	9551	Bodensdorf	
Seespitz ****S	Wellness	11	6100	Seefeld	
Seetal Alpin Family Resort ****	Wellness	12	6272	Kaltenbach	
Seethaler Bio-Landhaus	Wellness	10	6335	Thiersee	
Seevilla Altaussee ****S	Wellness	**14**	8992	Altaussee	203
Seevilla Freiberg ****	Wellness	11	5700	Zell am See	
Seevilla Wolfgangsee ** **	Wellness	**14**	5360	St. Wolfgang	75
Seewirt Mattsee	Wellness	11	5163	Mattsee	
Seewirt Podersdorf ****	Wellness	11	7141	Podersdorf	
Seewirt Schlosshotel ****	Wellness	12	8864	Turracher Höhe	
Seiblishof ****	Wellness	10	6561	Ischgl	
Seiwald Wellnessresort ****S	Wellness	12	6353	Going	
Sendlhofer's ****	Wellness/Kur	11	5630	Bad Hofgastein	
Sepp Maria Alm ****	Wellness	10	5761	Maria Alm	
Seppl Mutters ****	Wellness	10	6162	Mutters	
Seppl Sport & Vital ****	Wellness	11	6481	St. Leonhard	
Severin's Lech	Wellness	12	6764	Lech	
Silberberger ****	Wellness	10	6311	Wildschönau-Oberau	
Sillian Sporthotel ****S	Wellness	12	9920	Sillian	
Silvretta Montafon ****	Wellness	12	6793	Gaschurn	
Silvretta St. Gallenkirch ****	Wellness	9	6791	St. Gallenkirch	
Simon ****	Wellness/Kur	11	7431	Bad Tatzmannsdorf	
Singer ****S	Wellness	**15**	6622	Berwang	155
Sole-Felsen-Welt ****	Wellness	11	3950	Gmünd	
Somamed Home of Ayurveda	Gesundheit/Kur	**17**	4682	Geboltskirchen	69
Sommerau Bio-Vital	Wellness/Gesundheit	11	5423	St. Koloman	
Sommerhof ****	Wellness	10	4824	Gosau	
Sonja Alpine Resort ****	Wellness	11	5721	Piesendorf	
Sonnalp ****	Wellness	10	6212	Maurach	
Sonne Kirchberg ****S	Wellness	11	6365	Kirchberg	
Sonne Mellau ****S	Wellness	**14**	6881	Mellau	168
Sonne Saalbach ****S	Wellness	11	5753	Saalbach	
Sonnelino Kinderhotel ****	Wellness	10	9122	St. Kanzian	
Sonnenburg Genuss- & Aktivhotel ****	Wellness	11	6991	Riezlern	

Hotelname	Kategorie	Punkte	PLZ	Ort	Seite
Sonnenburg Lech *****	Wellness	11	6764	Lech	
Sonnenhof Grän ****S	Wellness	11	6673	Grän	
Sonnenhof Zell ****S	Wellness	12	6280	Zell am Ziller	
Sonnenpark Lutzmannsburg ****S	Wellness	**14**	7361	Lutzmannsburg	175
Sonnenspitze ****	Wellness	11	6632	Ehrwald	
Sonngastein Familotel ****	Wellness	11	5640	Bad Gastein	
Sonnhof Alpendorf ****S	Wellness	**14**	5600	St. Johann	92
Sonnhof Ayurveda Resort ****	Gesundheit/Wellness	**15**	6335	Thiersee	141
Sonnhof by Vitus Winkler ****	Wellness	12	5621	St. Veit	
Sonnhof Großarl garni ***	Wellness	10	5611	Großarl	
Sonnleiten ****	Wellness	10	6532	Ladis	
Sonnschein ****	Wellness	10	6314	Wildschönau-Niederau	
Spa Resort Styria	Wellness	11	8271	Bad Waltersdorf	
Spanberger Gesundheitshotel ****	Gesundheit	**13**	8962	Gröbming	197
Speckbacherhof	Wellness	11	6069	Gnadenwald	
Sperlhof	Wellness	**13**	4580	Windischgarsten	68
Spielmann Romantik-Hotel ****	Wellness	**13**	6632	Ehrwald	158
Spirodom ****	Wellness	10	8911	Admont	
Sport-Residenz Zillertal ****S	Wellness	12	6271	Uderns	
Sporthotel am Semmering	Wellness	9	2680	Semmering	
St. Georg Landhaus	Wellness	10	8962	Gröbming	
St. Georg zum See ****	Wellness	11	6212	Maurach-Eben	
St. Hubertus Großdorf ***	Wellness	11	6863	Egg-Großdorf	
St. Martins Therme & Lodge ****S	Wellness	**14**	7132	Frauenkirchen	174
Stäfeli ****	Wellness	11	6764	Lech	
Stanglwirt Bio-Hotel *****	Wellness	**14**	6353	Going	144
Staribacher ****	Wellness	10	8430	Leibnitz-Kaindorf	
Stefan ****	Wellness	11	6450	Sölden	
Stefanie Alpenhotel ****	Wellness	11	6283	Hippach	
Steffisalp ****	Wellness	10	6767	Warth	
Stegerhof Kinderhotel	Wellness	11	8953	Donnersbachwald	
Steigenberger Krems	Wellness	11	3500	Krems	
Steinberger ****	Wellness	9	3033	Altlengbach	
Steinbock ***S	Wellness	10	6993	Mittelberg	
Steiner ****S	Wellness	**13**	5562	Obertauern	89
Steirerhof Wander-Vitalhotel ****	Wellness	10	8973	Pichl	
Stenitzer ****	Wellness	11	8344	Bad Gleichenberg	
Stern Ehrwald ***	Wellness	9	6632	Ehrwald	
Stern Elbigenalp ****	Wellness	10	6652	Elbigenalp	
Sternsteinhof Beauty Vitalhotel	Beauty	10	4190	Bad Leonfelden	
Stock Resort *****S	Wellness	**18**	6292	Finkenberg	134

Hotelname	Kategorie	Punkte	PLZ	Ort	Seite
Stocker's Erlebniswelt ****	Wellness	11	8971	Schladming-Rohrmoos	
Stofflerwirt Landhotel ***S	Wellness	10	5582	St. Michael	
Stoiser Thermenhotel ****	Wellness	**14**	8282	Loipersdorf Therme	190
Strandhotel am Weissensee ****S	Wellness	12	9762	Weißensee	
Strass Sport & Spa ****	Wellness	10	6290	Mayrhofen	
Strasser Landhaus garni	Wellness	11	6306	Söll	
Strasserwirt Ansitz ****	Wellness	11	9918	Strassen	
Streklhof ****	Wellness	**14**	9220	Velden	211
Strobl Vital ****	Wellness	10	7533	Ollersdorf	
Strobler Hof ****	Wellness	10	5350	Strobl	
Stubaier Hof Alpin Resort ****S	Wellness	11	6166	Fulpmes	
Styria Vitalhotel ****	Wellness	11	8163	Fladnitz	
Sundance Mountain Resort	Wellness	10	8864	Turracher Höhe	
Talhof ****	Wellness	9	6610	Wängle	
Tandler Naturhotel ****	Wellness	11	9963	St. Jakob in Defereggen	
Tannbergerhof	Wellness	10	6764	Lech	
Tannenhof Ischgl ***S	Wellness	9	6561	Ischgl	
Tannenhof St. Johann ****S	Wellness	11	5600	St. Johann	
Tauern Spa ****S	Wellness	**13**	5710	Kaprun	100
Tauernhof Großarl	Wellness	**14**	5611	Großarl	95
Tauernhof Kaprun ****	Wellness	11	5710	Kaprun	
Tauernhof Kleinarl	Wellness	11	5603	Kleinarl	
Tauferberg ***	Wellness	10	6441	Umhausen	
Taurerwirt Wanderhotel ****	Wellness	**13**	9981	Kals am Großglockner	162
Teichwirt ****	Wellness	11	8163	Fladnitz	
Tennerhof *****	Wellness	12	6370	Kitzbühel	
The Comodo	Wellness	10	5640	Bad Gastein	
The Crystal ****S	Wellness	12	6456	Obergurgl	
The Secret Sölden	Wellness	11	6450	Sölden	
The View ***S	Wellness	11	5754	Saalbach-Hinterglemm	
Theresa Genießer-Hotel ****S	Wellness	**17**	6280	Zell am Ziller	129
Theresia Gartenhotel ****S	Wellness	12	5754	Saalbach-Hinterglemm	
Thermal Biodorf ****	Wellness	11	8271	Bad Waltersdorf	
Therme Laa ****S	Wellness	**15**	2136	Laa an der Thaya	53
Thermenoase garni ****	Wellness	10	8283	Bad Blumau	
Thier	Wellness	9	2872	Mönichkirchen	
Thurnhers Alpenhof *****S	Wellness	11	6763	Zürs	
Tirol Fiss ****S	Wellness	12	6533	Fiss	
Tirol Ischgl ****	Wellness	11	6561	Ischgl	
Tirolerhof Ehrwald ****	Wellness	10	6632	Ehrwald	
Tirolerhof Flachau ****	Wellness	**13**	5542	Flachau	84

Hotelname	Kategorie	Punkte	PLZ	Ort	Seite
Tirolerhof Nauders ****	Wellness	11	6543	Nauders	
Tirolerhof Tux ****S	Wellness	**13**	6293	Tux	135
Tirolerhof Wildschönau ***	Wellness	10	6311	Wildschönau-Oberau	
Tirolerhof Zell am See ****S	Wellness	11	5700	Zell am See	
Toalstock ****	Wellness	11	6533	Fiss	
Told Almhotel ***S	Wellness	11	6673	Grän	
Top Hochgurgl	Wellness	12	6456	Hochgurgl	
Toscanina garni ****	Wellness	11	8490	Bad Radkersburg	
Trattlerhof ****	Wellness	11	9546	Bad Kleinkirchheim	
Trattnig ****	Wellness	10	9873	Döbriach	
Traube Braz ****	Wellness	12	6751	Braz	
Traube Pfunds ****	Wellness	11	6542	Pfunds	
Traumvogel	Wellness	10	8380	Jennersdorf	
Trebesingerhof ****	Wellness	11	9852	Trebesing	
Triest ****	Kur/Wellness	11	8490	Bad Radkersburg	
Trofana ****	Wellness	10	6561	Ischgl	
Trofana Royal *****S	Wellness	**13**	6561	Ischgl	154
Truyenhof ****	Wellness	12	6531	Ried	
Tuffbad Almwellness-Resort ****S	Wellness	**15**	9654	St. Lorenzen im Lesachtal	220
Tulbingerkogel ****	Wellness	10	3001	Mauerbach bei Wien	
Tuxerhof Aktivhotel	Wellness	11	6280	Zell am Ziller	
Tuxerhof Alpin Spa *****	Wellness	**16**	6293	Tux	136
Tuxertal ****	Wellness	**13**	6293	Tux	136
Tyrol am Haldensee ****	Wellness	12	6673	Haldensee	
Tyrol Söll ****	Wellness	11	6306	Söll	
Tyrolerhof Sölden ****	Wellness	11	6450	Sölden	
Übergossene Alm Resort ****S	Wellness	**14**	5652	Dienten am Hochkönig	98
Ullrhaus ****	Wellness	12	6580	St. Anton	
Universo garni ***	Wellness	11	6534	Serfaus	
Unser Berghof ****	Wellness	10	6383	Erpfendorf	
Unterlechner ****	Wellness	12	6392	St. Jakob in Haus	
Unterschwarzachhof ****S	Wellness	12	5754	Saalbach-Hinterglemm	
Urban Nature Badeschloss	Wellness	12	5640	Bad Gastein	
Urslauerhof ****	Wellness	12	5761	Maria Alm-Hinterthal	
Val Blu Resort ***	Wellness	11	6700	Bludenz	
Valamar Kesselspitze *****	Wellness	11	5562	Obertauern	
Valavier Aktivresort ****S	Wellness	12	6708	Brand	
Valluga ****	Wellness	11	6580	St. Anton	
Vaya Achensee	Wellness	11	6215	Achenkirch	
Vaya Resort Galtür	Wellness	10	6563	Galtür	
Vaya Resort Pfunds	Wellness	10	6542	Pfunds	

Hotelname	Kategorie	Punkte	PLZ	Ort	Seite
Vaya Resort Seefeld	Wellness	10	6100	Seefeld	
Vergeiner's Traube ****	Wellness	11	9900	Lienz	
Via Salina ****	Wellness	12	6672	Nesselwängle	
Vier Jahreszeiten Landhaus ****	Wellness/Kur	11	8490	Bad Radkersburg	
Vier Jahreszeiten Loipersdorf ****	Wellness	11	8282	Loipersdorf Therme	
Vier Jahreszeiten Maurach ****	Wellness	10	6212	Maurach	
Vier Jahreszeiten Pitztal ****S	Wellness	11	6481	St. Leonhard	
Vier Jahreszeiten Thermenhotel	Wellness	10	7361	Lutzmannsburg	
Vila Vita Pannonia ****S	Wellness	**15**	7152	Pamhagen	175
Villa Gleichenberg	Wellness	**14**	8344	Bad Gleichenberg	192
Villa Martini Boutiquehotel ****	Wellness	11	9220	Velden-Lind	
Villa Postillion am See ****	Wellness	**14**	9872	Millstatt	225
Villa Seilern Vital Resort ****S	Wellness/Kur	12	4820	Bad Ischl	
Vital & Sporthotel Brixen ****	Wellness	10	6364	Brixen im Thale	
Vitalhotel Bad Radkersburg ****	Wellness/Kur	10	8490	Bad Radkersburg	
Vitalquelle Montafon ****S	Wellness	11	6780	Schruns	
Vivea Bad Bleiberg ****	Kur/Gesundheit	**15**	9530	Bad Bleiberg	215
Vivea Bad Eisenkappel ****	Kur/Gesundheit	**15**	9135	Bad Eisenkappel	209
Vivea Bad Häring ****	Kur/Gesundheit	12	6323	Bad Häring	
Vivea Bad Traunstein ****	Kur/Gesundheit	**15**	3632	Bad Traunstein	58
Vivea Bad Vöslau ****	Kur/Gesundheit	**13**	2540	Bad Vöslau	54
Vivea Umhausen ****	Kur/Gesundheit	**14**	6441	Umhausen	148
Vivea Zum Landsknecht ****	Kur/Gesundheit	**14**	2853	Bad Schönau	54
Vivea Zur Quelle ****	Kur/Gesundheit	**14**	2853	Bad Schönau	54
Völserhof ****	Wellness/Kur	10	5630	Bad Hofgastein	
Vortuna Gesundheitsresort	Kur/Rehabilitation	11	4190	Bad Leonfelden	
Vulkanlandhotel Legenstein ****	Wellness	12	8344	Bad Gleichenberg	
Wachtelhof Hinterthal	Wellness	11	5761	Maria Alm-Hinterthal	
Wagner Panoramahotel	Wellness	10	2680	Semmering	
Wagnerhof ****	Wellness	**14**	6213	Pertisau	123
Wagrain Sporthotel ****S	Wellness	11	5602	Wagrain	
Wagrainerhof ****	Wellness	10	5602	Wagrain	
Waidringer Hof Glückshotel ****S	Wellness	11	6384	Waidring	
Waldfrieden Schladming ****	Wellness	11	8971	Schladming-Rohrmoos	
Waldhof Fuschlsee Resort ****S	Wellness	**15**	5330	Fuschl am See	83
Waldhof Kinderhotel	Wellness	12	5611	Großarl	
Waldklause Naturhotel *****	Wellness	**16**	6444	Längenfeld	149
Walliserhof	Wellness	10	6708	Brand	
Walliserstube ****	Wellness	10	6884	Damüls	
Walserhof Hirschegg ****	Wellness	11	6992	Hirschegg	
Warmbaderhof *****	Wellness/Kur	**15**	9504	Warmbad-Villach	214

Hotelname	Kategorie	Punkte	PLZ	Ort	Seite
Warther Hof ****S	Wellness	12	6767	Warth	
Wastlhof ****	Wellness	11	6314	Wildschönau-Niederau	
Wastlwirt ****	Wellness	10	5582	St. Michael	
Weiden ****	Wellness	11	8971	Schladming-Rohrmoos	
Weinspitz Boutiquehotel	Wellness	11	3620	Spitz an der Donau	
Weisses Rössl *****	Wellness	12	6370	Kitzbühel	
Weitlanbrunn ****	Wellness	10	9920	Sillian	
Wende ****	Wellness	10	7100	Neusiedl am See	
Werzer's Resort ****S	Wellness	12	9210	Pörtschach	
Werzer's Wallerwirt ****	Wellness	11	9212	Techelsberg	
Weststeirischer Hof	Wellness	10	8524	Bad Gams	
Wiesergut	Wellness	**19**	5754	Saalbach-Hinterglemm	102
Wildspitze ****S	Wellness	12	6481	St. Leonhard	
Winkel Art garni	Wellness	12	8461	Sulztal	
Winterbauer ****	Wellness	11	5542	Flachau	
Winzer ****	Wellness	12	4880	St. Georgen im Attergau	
Wirlerhof ****	Wellness	11	6563	Galtür	
Wöscherhof ****S	Wellness	**15**	6271	Uderns	129
Wulfenia ****S	Wellness	11	9620	Hermagor	
Zaglgut Chalets & Suiten	Wellness	12	5710	Kaprun	
Zalwonder	Wellness	11	6561	Ischgl	
Zamangspitze ****	Wellness	11	6791	St. Gallenkirch	
Zapfenhof Landgut ****	Wellness	10	6280	Zell am Ziller	
Zauchenseehof Familotel ****	Wellness	10	5541	Altenmarkt	
Zedern Klang ****S	Wellness	11	9961	Hopfgarten	
Zelloon garni	Gesundheit	12	6280	Zell am Ziller	
Zentral Kirchberg ****S	Wellness	10	6365	Kirchberg	
Zenzerwirt Landhotel ****	Wellness	11	6283	Hippach	
Zhero *****	Wellness	11	6555	Kappl	
Zillergrund Rock ****S	Wellness	**14**	6290	Mayrhofen	133
Zinnkrügl ****S	Wellness	12	5600	St. Johann	
Zu den drei Brüdern ****	Wellness	11	5091	Unken	
Zürserhof *****S	Wellness	12	6763	Zürs	
Zugspitz Resort ****S	Wellness	11	6632	Ehrwald	
Zum Gourmet ****	Wellness	11	6100	Seefeld	
Zum Jungen Römer ****	Wellness	11	5550	Radstadt	
Zum Mohren ****	Wellness	10	6600	Reutte	
Zum Ritter ****	Wellness	10	6675	Tannheim	
Zum Stern Bad Hofgastein ****S	Wellness	11	5630	Bad Hofgastein	
Zur Post Döbriach ***S	Wellness	10	9873	Döbriach	
Zur Post Goldegg ****	Wellness	10	5622	Goldegg	

RAUM FÜR NOTIZEN

RAUM FÜR NOTIZEN